企业集群创新网络内多主体间的合作创新机理研究

Research on Multi-agent Cooperation Innovation
Mechanism in Enterprise Cluster Innovation Network

李星 著

中国社会科学出版社

图书在版编目（CIP）数据

企业集群创新网络内多主体间的合作创新机理研究/李星著.—北京：中国社会科学出版社，2016.8
ISBN 978-7-5161-8257-4

Ⅰ.①企⋯　Ⅱ.①李⋯　Ⅲ.①企业集团—企业管理—研究　Ⅳ.①F276.4

中国版本图书馆 CIP 数据核字（2016）第 116771 号

出 版 人	赵剑英
责任编辑	侯苗苗
特约编辑	明　秀
责任校对	张　英
责任印制	王　超

出　　版	中国社会科学出版社
社　　址	北京鼓楼西大街甲 158 号
邮　　编	100720
网　　址	http://www.csspw.cn
发 行 部	010-84083685
门 市 部	010-84029450
经　　销	新华书店及其他书店
印刷装订	三河市君旺印务有限公司
版　　次	2016 年 8 月第 1 版
印　　次	2016 年 8 月第 1 次印刷
开　　本	710×1000　1/16
印　　张	22
插　　页	2
字　　数	338 千字
定　　价	79.00 元

凡购买中国社会科学出版社图书，如有质量问题请与本社营销中心联系调换
电话：010-84083683
版权所有　侵权必究

目 录

第一章 绪论 …… 1

　第一节 选题背景 …… 1
　第二节 国内外研究现状及述评 …… 5
　　一 产业集群研究现状 …… 5
　　二 集群创新网络研究现状 …… 7
　　三 合作创新研究现状 …… 11
　第三节 研究目标及研究意义 …… 16
　　一 研究目标 …… 16
　　二 研究意义 …… 17
　第四节 研究思路与研究方法 …… 18
　　一 研究思路 …… 18
　　二 研究方法 …… 19
　第五节 结构框架与研究内容 …… 20
　第六节 创新之处 …… 23
　本章小结 …… 23

第二章 相关理论与概念 …… 25

　第一节 复杂网络理论 …… 25
　　一 复杂网络的统计描述 …… 26
　　二 复杂网络的演化模型 …… 28
　第二节 合作博弈理论 …… 31
　　一 合作博弈基本概念介绍 …… 31
　　二 动态合作博弈 …… 44

第三节　复杂网络上的演化博弈理论 …………………… 52
　　一　演化博弈理论 …………………………………… 52
　　二　网络上的演化博弈 ……………………………… 60
第四节　企业集群创新网络理论 ………………………… 64
　　一　企业集群创新的内涵及其特征分析 …………… 64
　　二　企业集群创新优势的产生机理 ………………… 70
　　三　企业集群创新网络的形成原因 ………………… 82
　　四　集群创新网络对创新的影响机理分析 ………… 85
　　五　企业集群创新网络的资源云理论 ……………… 98
第五节　企业集群创新网络多主体间的合作创新风险 …… 108
　　一　企业集群创新网络多主体间合作的外部风险 … 109
　　二　企业集群创新网络多主体间合作的内部风险 … 113
本章小结 …………………………………………………… 118

第三章　企业集群创新网络多主体间的互动机制与合作动力 …… 119

第一节　企业集群创新网络中的多主体分析 …………… 119
　　一　企业集群创新网络中的行为主体及
　　　　链接模式分析 ……………………………………… 120
　　二　企业集群创新网络的结构属性分析 …………… 134
第二节　企业集群创新网络多主体间合作的互动
　　　　机制分析 …………………………………………… 147
　　一　企业集群创新网络核心层主体间的互动 ……… 147
　　二　企业集群创新网络的支撑层与核心
　　　　层之间的互动 ……………………………………… 149
　　三　企业集群创新内部网络与外部网络
　　　　之间的互动 ………………………………………… 152
第三节　企业集群创新网络多主体间合作的动力
　　　　因素分析 …………………………………………… 154
第四节　企业集群创新网络最优边界确定 ……………… 161
第五节　结论与建议 ……………………………………… 165

第四章 企业集群创新网络多主体间的决策行为影响与合作涌现 ……… 170

第一节 企业集群创新网络中主体决策行为分析 ……… 170
一 主体决策行为模式分析 ……… 175
二 主体决策的影响函数分析 ……… 177
三 主体行为的调整模型分析 ……… 180

第二节 企业集群创新网络中主体决策行为加权影响指数分析 ……… 181
一 群体对主体决策行为影响的正面权重指数设计 ……… 181
二 群体对主体决策行为影响的负面权重指数设计 ……… 183
三 实例分析 ……… 183

第三节 企业集群创新网络多主体决策行为相互影响下的合作涌现 ……… 186
一 模型的构建 ……… 186
二 仿真与结果分析 ……… 189

第四节 集群创新网络内创新行为涌现与创新决策过程的演化分析 ……… 193
一 产业集群内创新行为的涌现 ……… 194
二 产业集群创新决策过程的演化模型 ……… 196
三 仿真与结果分析 ……… 201

第五节 集群创新网络内的创新扩散行为分析 ……… 207
一 集群创新网络中创新扩散模型的建立 ……… 209
二 仿真与结果分析 ……… 211

本章小结 ……… 218

第五章 企业集群创新网络多主体合作博弈模型及创新绩效分析 ……… 220

第一节 企业集群创新网络中的合作博弈模型 ……… 220

一　企业集群创新网络内的自主创新分析 …………… 225
　　二　企业集群创新网络内的合作创新分析 …………… 227
　第二节　企业集群创新网络中合作博弈模型的数值模拟及
　　　　　结果分析 …………………………………………… 229
　第三节　企业集群创新网络多主体间合作利益分配
　　　　　机制的建立 ………………………………………… 236
　第四节　集群创新网络内异质性主体间的合作安排分析 …… 238
　　一　整体理性要求的满足条件 ………………………… 239
　　二　个体理性要求的满足条件 ………………………… 243
　　三　实例分析 …………………………………………… 247
　第五节　集群创新网络内的创新能力与创新绩效分析 ……… 252
　　一　变量选取与数据来源 ……………………………… 253
　　二　实证结果分析 ……………………………………… 256
　本章小结 ………………………………………………………… 258

第六章　企业集群创新网络多主体间合作的信任机制分析 ……… 261

　第一节　集群创新网络多主体间合作信任机制的动态性
　　　　　分析 ………………………………………………… 262
　　一　集群创新网络多主体间信任机制的转移模型及
　　　　信任关系的逗留 …………………………………… 266
　　二　模型仿真和结果分析 ……………………………… 271
　　三　案例分析 …………………………………………… 275
　第二节　集群创新网络结构对多主体间合作信任机制
　　　　　的影响 ……………………………………………… 277
　　一　企业集群创新网络信任机制演化模型的构建 …… 279
　　二　模型的仿真与结果分析 …………………………… 283
　　三　实例分析 …………………………………………… 291
　本章小结 ………………………………………………………… 293

第七章　企业集群创新网络多主体间的合作促进对策 …………… 296

　第一节　从核心网络的角度 …………………………………… 296

第二节　从支撑网络的角度 …………………………………… 301
　　第三节　从内部网络与外部网络的互动关系角度 …………… 303
　　本章小结 ………………………………………………………… 307

第八章　结论与展望 …………………………………………… 308
　　第一节　主要结论 ……………………………………………… 309
　　第二节　本书的不足及展望 …………………………………… 322

参考文献 ………………………………………………………… 324

后记 ……………………………………………………………… 342

图目录

图 1-1　本书的结构框架 …………………………………………… 21
图 2-1　网络结构演化 ……………………………………………… 29
图 2-2　企业集群创新优势产生机理 ……………………………… 75
图 2-3　集群正式创新网络 ………………………………………… 86
图 2-4　集群非正式创新网络 ……………………………………… 87
图 3-1　中小企业集群创新网络 …………………………………… 121
图 3-2　中小企业集群网络演化的鲁棒性 ………………………… 138
图 3-3　中小企业集群网络演化的脆弱性 ………………………… 139
图 4-1　集群创新网络结构洞 ……………………………………… 174
图 4-2　集群创新网络中观点数目随重连概率 φ 的变化 ………… 189
图 4-3　观点达到一致的平均时间与参数 p 的关系 ……………… 190
图 4-4　主体观点倾向程度随时间变化（$\varepsilon=0.2$） ……………… 191
图 4-5　主体观点倾向程度随时间变化（$\varepsilon=0.5$） ……………… 192
图 4-6　价格的动态变化 …………………………………………… 201
图 4-7　集群企业规模分布 ………………………………………… 202
图 4-8　资本利润率的动态变化 …………………………………… 203
图 4-9　产品平均单位成本的动态变化 …………………………… 204
图 4-10　产品平均竞争力的动态变化 ……………………………… 205
图 4-11　市场占有率的动态变化 …………………………………… 206
图 4-12　集群网络结构和主体的平均个体偏好对主体
　　　　创新行为的影响 ………………………………………… 212
图 4-13　集群网络中的创新扩散速度 ……………………………… 213
图 4-14　集群创新扩散过程中创新采纳者所占比重的变化 …… 214
图 4-15　集群创新扩散过程中创新采纳者的度的变化 ………… 215

图4-16 集群创新扩散过程中主体对社会影响的
　　　　敏感程度 ································· 216
图4-17 社会影响对集群创新扩散速度的影响 ········· 217
图5-1 合作创新与自主创新下投入资本对企业技术
　　　　水平的影响 ······························· 230
图5-2 合作创新与自主创新下技术水平对企业价值
　　　　函数的影响 ······························· 232
图5-3 合作创新与自主创新下企业所获得的价值对
　　　　企业投资策略的影响 ······················· 233
图5-4 企业共同合作时的仿真 ····················· 249
图5-5 企业自主创新的仿真 ······················· 252
图6-1 信任状态转移概率第一次仿真 ··············· 271
图6-2 信任状态逗留期第一次仿真 ················· 272
图6-3 信任状态转移概率第二次仿真 ··············· 273
图6-4 信任状态逗留期第二次仿真 ················· 273
图6-5 企业集群简单网络 ························· 275
图6-6 企业集群内4个企业构成的网络 ·············· 283
图6-7 初始状态下企业间信任状态 ················· 284
图6-8 集群整体信任状态期望值变化 ··············· 285
图6-9 中心度改变后集群整体信任状态期望值变化 ··· 286
图6-10 路径长度改变后集群整体信任状态期望值变化 ········ 287
图6-11 连接强度改变后集群整体信任状态期望值变化 ········ 289
图6-12 结构自治度改变后集群整体信任状态期望值变化 ······ 290

表目录

表号	标题	页码
表1-1	我国产业集群主要分布地区及发展水平汇总	2
表4-1	行为倾向节点和决策节点	184
表5-1	54个高新技术开发区的集群创新能力指标数据	254
表5-2	54个高新技术开发区的创新绩效指标数据	255
表5-3	合作创新对集群创新能力提升的影响	256
表5-4	集群创新能力对创新绩效的影响	257
表6-1	企业间信任状态的初始值	283
表6-2	初始状态企业间信任状态的期望值	284

第一章 绪论

第一节 选题背景

20世纪80年代以来，企业之间的竞争逐渐转变为其供应链之间的竞争，进入21世纪以来，企业之间的竞争又出现了一种新的竞争形式，即企业集群的竞争。近年来，随着经济全球化的发展与国际竞争的加剧，企业集群作为推动区域经济发展的一种模式，已经成为区域经济发展模式和产业发展的重要组织形式，引起了许多国家和地方政府及有关国际组织的广泛重视，成为现代产业发展的重要特征。企业集群在世界发达国家和地区已十分普遍和成熟，如美国的硅谷、128号公路、底特律汽车制造业集群、西雅图飞机制造业集群，日本筑波，英国M4走廊，法国Sophia – Antipolis，韩国的Teadok，印度的班加罗尔，芬兰的赫尔辛基，以色列的特拉维夫，中国台湾的新竹等，而这些成功的科技园区之所以能引起人们的高度关注，在于它们具有较强的持续竞争优势，企业集群的竞争力不仅体现在市场占有率上，而且体现在增长速度、结构转化方面，尤其是在创新能力方面。

从20世纪80年代开始，我国本土也孕育出了一些国内与国际知名的企业集群，从区域来看，我国企业集群主要集中在东部沿海发达地区的镇、县，特别是在珠江三角洲、长江三角洲和环渤海湾地区的核心区域，集群已占本区域工业产出的50%以上；中西部地区产业集群逐步发展，东北地区装备制造业集群优势开始显现。从行业来看，企业集群已经覆盖到大部分传统产业、高技术领域和文化创意等新兴产业领域。因此，企业集群作为地方经济的重要载体显现出了创新能力强的优势，已经成为我国经济发展的重要源泉和发动机，如2007年，江苏企业集群的销售收入和利润总额分别占全省的40%和53%；福建企业集群的销售收入和利润总额分别占全省的59.35%和55%；浙江省企业集群的产值约占全省工业总产值的46.2%。从经济的角度来讲，企业集群作为国家竞争优势来源与地区经济发展的"增长极"不仅具有吸附效应，而且还具有扩散效应，吸附效应主要体现于龙头企业主导式的企业集群，它往往能吸引外部大批配套和服务企业的跟进，而扩散效应主要体现于它不但可以促进当地经济的发展，还可以带动周边地区和相关产业的发展；从企业集群的社会集聚分析，它可以推动人口就业与国家城镇化建设，据浙江有关部门统计，全省专业化的发展至少使600多万本省农民和400多万外省劳动力成为第二、三产业从业人员，而人口大规模集中正是推动城镇化的基础（见表1-1）。

表1-1　　我国产业集群主要分布地区及发展水平汇总

地区		集群总量	销售收入占全省（市）比例	利润占比	销售收入<10亿元集群数量及占比	销售收入10亿—50亿元集群数量及占比	销售收入50亿元以上集群数量及占比
长三角	浙江	510	46.2%	—	251（50.5%）	185（36%）	74（14.5%）
	江苏	155	40%	53%	3（2%）	73（47%）	79（51%）
	上海	—	60%	—	—	—	—
珠三角及福建	广东	123	—	—	4（6%）	26（40.5%）	34（53.5%）
	福建	49	59.35%	55%	3（6%）	15（30%）	31（64%）
环渤海湾地区	北京	—	—	—	—	—	—
	天津	17	—	—	10（59%）	3（17.5%）	4（23.5%）
	河北	238	28.1%	23%	88（37%）	109（46%）	41（17%）
	山东	220	28.2%	26%	46（21%）	113（51%）	61（28%）
东北地区	辽宁	105	—	—	7（37%）	8（42%）	4（21%）

续表

地区		集群总量	销售收入占全省（市）比例	利润占比	销售收入<10亿元集群数量及占比	销售收入10亿—50亿元集群数量及占比	销售收入50亿元以上集群数量及占比
西南地区	四川	39	11.2%	16%	16（41%）	17（43.5%）	6（15.5%）
	重庆	23	84%	86%	3（13%）	9（39%）	11（48%）
华中地区	湖北	206	60%	69%	131（64%）	60（29%）	15（7%）
	河南	143	31.2%	—	85（59%）	47（33%）	11（8%）
西北地区	陕西	103	—	—	42（41%）	39（38%）	22（21%）

资料来源：魏江等：《中国产业集群发展报告》，机械工业出版社2009年版。

目前，我国企业集群发展虽然已具有一定的规模，并具备一定的竞争优势，但由于企业集群形成的自发性，面临着紧迫的升级问题，中外一些著名的产业集群走向衰落值得我们去深思，而这些集群衰落的一个共同特征就是没有适时地实现产业升级。现阶段在我国的一些集群尚属于低成本型集群，处在低端道路的发展阶段，因此需要创新。即使有集聚优势的区域，如果不创新也会衰退。例如，在"二五"期间按照相关企业在工艺和工程设施方面协调而规划的工业区和工业城镇中，有的已经成为不景气的区域。一个区域要不断地往前走，只考虑降低劳动成本，根本不考虑创新的问题，这样的企业就注定会死掉或者继续转移到更低成本的地方去。如果没有创新，没有新产品开发，没有新的工艺使用，产业集群必将衰退。同时，作为制造业大国，建立在低成本基础上的产业集群（包括高新技术的）是现阶段我国集群发展的主流。我国的制造业集群以传统制造业为主，大多集群主要分布在低附加值的劳动密集型终端产品上，而随着劳动力成本和其他商务成本的上升，劳动密集型产业集群的成本竞争优势正在不断削减，劳动密集型产业集群升级压力日益增加。因此，在发展过程中遇到的成本上升、产业转移、贸易壁垒和绿色壁垒等障碍使得创新和升级迫在眉睫，而且，随着现代技术的不断进步，技术研发呈现出开放性、系统性和复杂性等特点，集群内企业技术创新活动中面对的技术问题越来越复杂，技术的综合性和集群性越来越强，因而对中小企业集群创新速度和质量要求越来越高，创新风险与创新投入也越来越大，使得中小企业集群创新必然超越自身现有的资源与要素，积极参与构建创新网络，寻求利用更多的外部创新资源，保持和提高竞争力。与大型企业相比，中小企业虽富有创新活力，但由于规模小，在资金、人才和信息的获取、研究开发、市场开拓等方面均处于明显的劣势地位，单个企业即使是大型企业想依靠自身能力取得技术创新的成功亦相当困难，更何况中小企业。为了尽量规避创新带来的巨大风险，中小企业应尽力寻找共同体和协作。当代经济发展过程中的显著特征是技术创新在经济增长中的作用越来越大，据有关研究结果显示，因技术创新实现的技术进步对发达国家经济增长的贡献率，20 世纪初只占 5% 左右，90 年代已经达到 80% 左右，信息高速公路联网后，甚至将提高到 90%，也就是说，在这样的经济发展环境下，谁能获得创新优势，谁就能够拥有较强的竞争优势，因而以企业间分工合作方式进行重大的技术创新，将成为新形势下企业技术创新的必然趋势。另外，集群企业间创新的发生是一个相互作用的非线性的复杂过程，随着创新的复杂性和不确定性、市场竞争日益激烈、产品生产周期的日益缩短，集群企业由于规模小、技术落后与资源有限等因素的制约，任何单个的创新主体不可能拥有所有的全部知识与信息。对于中小企业集群而言，创新能力的不足普遍成为制约集群持续快速发展的"瓶颈"所在，Kleinknecht 较早地分析了一系列阻碍中小企业创新的因素，其中最关键的因素集中于资金的不足、管理能力的缺乏、创新所需的知识信息和实用技术获得的难度很大，后两个要素清楚地表明，知识和信息的滞留在很大程度上制约了中小企业的创新活动，因而企业竞争力的提高，取决于整合各类资源的能力。因此，为了解决上述集群发展中存在的问题，集群企业需要与集群网络内的其他行为主体以及与网络外部的各行为主体之间进行多方位、多层次的合作，以达到资源共享和相互学习，从而能够拓展集群创新的空间，以获得提高集群企业创新能力而不具备的互补性资源，因而集群企业之间的创新会演变成一种网络化的创新。

然而，现有对集群创新网络中的合作问题的研究并没有从网络的角度出发，而企业集群具有典型的网络形态特征，一方面，集群合作行为包括经济性和非经济性合作关系，而企业间的经济合作关系形成了企业的商务网络，企业间经济性和非经济性的合作关系共同作用形成了社会经济网络；另一方面，网络理论与集群都强调非经济环境对企业经济行为的影响，而且网络理论中研究的企业关系的基础与类型以及调节企业关系的机制在集群中均得到了很好的体现，因而从网络理论的角度来对集群相关问题进行研究已经成为集群研究的趋势。因此，本书在研究中小企业集群创新网络多主体间的合作问题时，更多的是考虑到集群创新网络结构的特殊性，从网络的角度来研究其对主体间的互动机制、主体的决策行为、合作涌现与信任机制等方面影响，同时还结合实际案例进行了分析，给出了促进集群企业间合作创新的建议，因此，本书的研究不仅是对现有理论的补充，同时还具有一定的实践意义。

第二节　国内外研究现状及述评

一　产业集群研究现状

随着产业集群在经济社会中的作用越来越突出，产业集群相关问题成为国内外学者们研究的热点。国内外关于产业集群的研究主要集中于产业集群的概念、产业集群的形成机制、产业集群的优势与产业集群的衰退。在国外的研究中，最早对产业集群进行研究的是英国的经济学家马歇尔（Marshall A.），他在《经济学原理》一书中指出专业人才、原材料供应、运输便利以及技术扩散所造成的"外部经济"促使大量企业在某一地理位置上聚集并相互依赖。近代工业区理论的奠基人韦伯（Weber. A）在《工业区位论》一书中把集聚因素分为通过企业自身扩大而产生区域聚集和各个企业通过相互联系而实现地方工业化两个阶段，强调集群是企业的一种空间组织形式，是集群企业在一定地理范围内形成的集聚体。新经济地理学派代表人物保罗·克鲁格曼运用外部经济、规模经济等经济学核心概念对产业的空间聚集问题进行了分析。美国哈佛大学管理学教授波特系统地提出了新竞争经济学的产业集群理论，认为产业集群是某一特定产业的中小企业和机构大量聚集于一定的地域范围内而形成的稳定的、具有持续竞争优势的集合体。奥地利区域经济学家 Tichy 将产业集群的生命周期划分为诞生期、成长期、成熟期和衰退期四个时期。新经济社会学代表人物格兰诺维特认为，当产业集群的外部环境发生改变时，由于集群网络内部的路径依赖可能会导致系统的锁定，从而引发集群衰退甚至发生灭亡。德国的经济地理教授格拉伯赫通过对鲁尔工业区钢铁集群的研究发现，该集群的衰退主要与各个组织间的强社会关系所导致的"锁定效应"有关。Henry G. Overman、Stephen Redding 等（2001）从经济地理学的角度探讨贸易流的方式、要素价格和生产的区位问题，认为地理条件是要素价格的重要决定因素，并提出了基于地理的贸易流和要素价格影响产业集群产生与发展的机理。Anthony J. Venables（2001）认为，新技术改变了地理位置对人们的影响，但地理位置仍然是国际收入不平衡的重要因素，是产业集聚的重要条件。J. Vernon Henderson、Zmarak Shalizi 和 Anthony J. Venables（2000）从经济发展和地理的角度探讨了产业群集的原因以及企业离开集群的影响等问题。Catherine Beaudry 和 Peter Swann（2001）对产业集群的强度影响集群企业绩效的方式进行了分析，研究表明在不同的产业存在着集群正效应和负效应。

20 世纪 90 年代，我国学者根据国外理论的研究前沿，并结合国内具体的区域实践，对国内产业集群的理论与实践进行了分析。仇保兴是国内较早对产业集群进行研究的，他从专业化分工的视角对集群的形成机制进行了分析，认为企业集群是由众多相互关联的企业根据专业化分工和协作的关系在某一地理空间高度聚集而形成的组织，此种组织的结构介于纯市场和纯科层组织之间。同样，杨冬梅、陈柳钦（2005）也认为，企业集群是指集中于一定区域特定产业的众多具有合作关系的不同规模等级的企业和与发展有关的各种机构、组织等行为主体通过纵横交错的网络关系紧密联系在一起的空间集聚体。王辑慈等（2001）指出，企业集群一般主要是由市场自发形成，但会受到地区比较优势和其他因素的影响。王志敏（2007）从企业集群形成机制的研究现状出发，重点分析和阐述了企业集群的形成过程以及在不同阶段企业集群形成的动力机制。魏守华、王辑慈等从区域经济发展理论角度对产业集群进行了研究，研究表明众多企业以集群的方式参与市场竞争不仅具有比较优势，而且还具备竞争优势。曹宝明、王晓清（2008）对企业选址的分散行为和聚集行为进行了分析，指出了企业的区位选择与企业集群的关系。王珺以珠江三角洲西岸的产业集群为研究对象，通过对集群生产条件和转化过程的理论分析，提出了衍生型集群的概念。聂泳祥（2008）从企业家合作能力的角度分析了企业集群合作博弈的性质与形成机制。叶建亮从知识溢出的角度分析了产业集群形成的原因，同时认为集群内的知识溢出也可能会导致集群内部产品的同质化和集群企业间恶性竞争的产生。叶华光（2009）对横向企业集群形成的外部动力机制与内部动力机制进行了详细的研究。贾生华系统地从产业演进与企业创新等方面对浙江当地的产业集群进行了理论和实践的研究。胡宇辰、罗贤栋（2003）认为，企业集群竞争力主要来源于其集群内部固有的根植性、共生性、互动性和柔韧性。曹瑄玮、席酉民从社会心理学的角度分析了产业集群发展中路径依赖的形成以及路径依赖给集群发展带来的危害。王燕（2009）认为，物流企业集群创新机制形成的原因在于全球产业链下资源的集聚与物流需求、地方知识的积累与快速流动、企业竞争合作、地方政府支持、集体学习机制等重要因素。李君华、彭玉兰（2004）认为，企业集群的竞争优势在于低成本的信息转换系统、竞争性的治理与创新机制和基于信任与合作的网络文化。

二 集群创新网络研究现状

1. 创新网络研究现状[①]

对创新网络的研究开始于 20 世纪 80 年代，学者们从产业经济学、社会网络、管理学等多个学科视角对其进行了研究。Olaf Amdt 和 Rolf Stemberg 将创新网络定义为各种不同的参与者（包括创新主体、金融机构、中介结构、供应商等）基于自身某种原因共同形成一个群体，群体各成员之间是一种合作关系，共同承担某种新产品的研

---

① 廖文琛：《基于产业集群的创新网络研究》，硕士学位论文，福建师范大学，2006年。

发、生产与产品销售过程，各成员在合作的过程中共享资源，各种创新信息在群体中不断扩散。[①] 罗斯韦尔（R. Rothwen）与扎格维德（W. ZegVeld）认为，创新网络的参与者不仅包括创新企业家与企业相关管理人员，而且还应包括政府、社会机构与贸易组织。[②] 美国的萨克森宁（Saxenian）认为，硅谷地区之所以能取得较大成功的主要原因在于在硅谷地区形成了一种区域创新网络，包括产业间的合作分工网络，员工自身的社会关系所构成的社会网络。由 Andreas Pykat 和 Gunter Kuppers 主编的研究成果 "Innovation Networks：Theory and Practice（2002）" 对各种组织间创新网络的形成与演化过程进行了较为深入的探讨。AbHia（2000）通过对1979—1991年全球化学产业发展过程的研究，认为每个企业由于自身能力的有限，在创新过程中，均期望与具有较大知名度与竞争优势的企业之间建立各种关系，他们试图通过建立起的这种关系来获得自身发展所需的各种资源。

国内的研究者们对于创新网络研究的开展主要开始于20世纪90年代中后期，他们的研究关注点主要集中于沿着地理空间与组织间的创新网络两个方面来展开。而且研究者们似乎更多的是关注区域创新网络的研究。研究的代表学者主要如下：学者盖文启与王缉慈（1999）以北京中关村地区为例，主要分析了区域创新网络的创建对于促进区域发展产生的影响，并通过实际实例，分析了区域发展的新型模式。学者童昕与王缉慈（2000）以深圳与东莞的制造业作为研究对象，通过分析制造业在地理位置上聚集的动力机制，来研讨新兴制造业集聚区域如何在全球化生产的环境下取得快速发展。王大洲等（2001）基于创新治理的视角，对美国硅谷创新网络的形成与发展进行分析，并提出了硅谷发展经验给我们的启示。国内学者目前对组织间的创新网络的相关研究不多，学者李新春（2000）基于乡镇经济的研究视角，认为传统加工业集聚的乡村专业镇也属于一种创新网络范式，并探讨了专业镇作为一种企业创新网络的形成与发展机制。霍云

[①] 程铭、李纪珍：《创新网络在技术创新中的作用》，《科学学与科学技术管理》2001年第8期。

[②] R. Rothwen, R. W. ZegVeld, *Reindustrialization and Technology*, Long man group Ltd., 1985, 50.

福等（2002）学者对企业创新网络的链接模式及其网络结构特征进行了深入分析。陈新跃等（2002）通过对企业创新网络理论进行系统分析，依照每个企业创新网络的特性，构建了企业创新网络的链接模式与机制。学者沈必扬与吴添祖（2004）基于理论研究与实证研究相结合的方式，对建立于企业家精神的企业创新网络进行了研究，认为企业家精神对于浙江企业创新网络的建立与发展起到了非常重要的作用。另外，国内的部分学者也从其他视角对创新网络展开了相关研究。吴贵生等（2000）分析了以企业技术能力为核心所构成的技术创新网络的结构模型。贾根良等（2003）将自组织理论运用到创新网络中，提出了一种自组织创新网络，这样为后期研究者对创新网络的研究提供了一种新的视角。彭纪生（2000）对技术创新网络中的中介机构进行了分析，提出中介机构在创新网络的形成与发展中所产生的作用，并提出了如何发展中介机构的建议与对策。梁丹等（2005）对创新网络的定义、基本特征及其对一个城市竞争力的提高会产生怎样的影响进行了充分论证。

2. 产业集群创新网络研究现状

国外学者 Freeman、Debresson 与 Amesse（1991）认为，产业集群内存在着多个主体，如企业、大学或科研机构、金融机构、中介机构等，而且这些主体之间存在着各种联系，因而产业集群本身可以被看作一种网络形态，而且由于集群内主体之间的各种正式与非正式关系组成了正式网络与非正式网络，而非正式网络往往能够促进集群内企业之间的合作创新。因为各种创新所需的隐性知识更多通过非正式网络来进行传递与扩散。学者 Beaudry 与 Breschi（2003）对产业集群中的企业创新问题也进行了深入的研究。Dyer、Linda、Ross、Christopher（2003）认为，集群网络主要由顾问式的网络、葡萄藤式的网络与商业式的网络三种网络来组成。Nooteboom（2003）主要针对集群创新网络的三种根植性进行了深入研究，他们包括基于制度上的根植性、基于网络结构上的根植性，以及基于网络节点的类型与强度的根植性。学者 Chris Hendry 与 James Brown（2006）通过研究表明，集群作为一种网络形态，往往更加有利于集群内创新的产生与新产品的研发。

目前，国内对集群创新网络的研究也不多。主要研究代表学者的观点如下：徐维祥（2000）认为，高新技术产业集群网络资源主要有组织资源、企业家队伍、金融支持、政府、大学或科研机构、中介组织、孵化器与无形资源等。学者魏江（2003）通过对中小企业集群创新网络的知识溢出效应的研究，分析了中小企业集群创新网络的形成与创新网络中知识溢出所产生的经济效益。魏旭（2003）基于社会资本的角度研究了集群式创新模式的效率，以及集群式创新所带来的社会资本优势。学者何秀玲与熊义杰（2004）基于经济利益的视角出发，对集群创新网络的产生与发展进行了较为深入的研究。学者魏旭与赵桂杰（2004）基于集群式创新所带来的竞争力优势的视角，深入分析东北老工业基地目前的产业发展现状以及产业转型升级等问题。学者邱海雄与徐建牛（2004）通过研究表明，产业集群所处的国家或区域的制度环境对于集群内不同行为主体的动机与决策行为会产生较大影响，进而会对区域的产业集群在技术创新过程中带来重要影响。学者赵涛与高永刚（2004）将创新网络中的创新要素分为主要参与者与次要参与者两类，主要参与者主要包含研发机构、中介机构等；而次要参与者主要是指对主要参与者的研发、生产、销售活动产生间接影响的各种机构。唐华（2004）构建了以知识与技术中心、企业家和创业者、地方政府和非正式组织、核心产业和辅助产业为主要构成要素的高新技术产业集群创新网络，同时还建立了包括上述各种要素的产业集群创新网络模型。鲍华俊（2004）主要对非正式创新网络进行了深入研究，包括非正式创新网络的理解与主要表现形式，同时还分析了我国高技术企业研发人员所构成的非正式创新网络的发展现状，以及非正式创新网络运行过程中的影响因素。学者雷如桥与陈继祥（2005）对各种纺织产业集群的发展模式进行了分析，并基于正式的经济网络与非正式的社会网络两个角度探讨了集群创新网络的产生与演化机理。学者廖文深（2006）基于产业集群理论与创新网络理论的视角，综合运用网络分析方法、系统分析方法、演化经济学等多种方法对产业集群创新网络理论进行了分析。重点对集群创新网络的定义、结构特征、结构功能与形成机理进行了分析，同时还对集群创新网络的运行机理与演化机制进行了深入分析。谢冰（2007）主要对软件产业集群创新网络的创新主体与网络结构特征进行了分析，并从理论层面与实践层面探讨了创新网络的运行机理及其演化过程。孙运建（2007）对中小企业集群创新网络的形成与发展进行了深入探讨，并对创新网络中的企业、当地政府、大学或研究机构、金融机构与中介机构等方面提出了相关建议与措施。梁孟荣（2007）以产业集群区域中的技术创新活动作为分析对象，基于产业经济学的理论视角研究了产业集群对于促进技术创新资源的共享与扩散机理。王洋（2008）基于创新网络理论的研究视角，将钢铁产业集群创新网络作为分析对象，结合钢铁产业自身的特点，分析了钢铁产业集群创新网络的建设途径、运行机制与网络治理机制。徐盟（2009）重点探讨了产业集群创新网络的产生动力、集群创新网络的形成机制、激励机制及其学习机制。王甲（2009）基于复杂网络理论视角，对集群创新网络结构及其演化过程进行了分析，重点论述了集群创新网络的结构特征对创新效率以及网络内资源的共享所产生的影响。

三 合作创新研究现状

随着技术创新在提升产业集群及集群内企业竞争力方面作用的增强，集群内企业的技术创新活动已经成为产业集群研究的重点，而产业集群的地理集中性与网络结构的特殊性使得集群内的企业纷纷采取合作创新的形式。关于产业集群内企业合作创新问题，国内外许多学者都进行了一定程度的研究。

在国外的研究中，威廉姆斯（D. E. Williamson）认为，技术的特殊属性决定建立在信任基础上，企业间共同承担风险的合作创新是一种交易成本较低的技术创新方式。Cyert 和 Goodman（1997）通过对集群企业合作创新过程中冲突协调问题的分析，提出了提高企业间合作创新效率的方式。Michael Fritsch 认为，地理上的距离对于建立和维持合作关系是不利的。同时，他认为要实现合作各方的利益的最大化，就必须保持区域网络与外部环境的互动。Aspremont、Claude 和 Jacquemin 等建立了线性双头垄断竞争模型，通过研究表明在技术溢出效应很高的情况下，企业间合作创新行为不仅有利于技术溢出效应的内部化，而且还能有效地避免企业的重复性创新行为对社会资源的浪费。Jorge Alves、Maria José Marques、Irina Saur 和 Pedro Marques 认为，产品创新源于大量创新型的思想，而创新思想往往容易在合作的环境中产生。Smilor 和 Gibson 通过对技术转移与学习效率的分析，研究表明交流程度、差异、不确定性和动机四个因素与合作组织中的技术转移过程有关。Tobias Schmidt 通过对加拿大企业的调查发现影响合作决策的主要因素是外部知识的获取，而企业为了获得这些外部知识，往往通过相互间的合作来实现。Bransteteer 和 Sakakibara 通过研究发现，对合作联盟的经常参与程度与研究投入及创新产出率呈正向关系。而频繁参与能提高创新产出率的主要原因在于其提高了合作组织内部的知识溢出和技术转移。Ingham 和 Mothe 通过研究发现企业的技术学习能力、创造能力与合作方的相互信任、企业中研究开发活动的集成性、获得足够的互补性资产、合作过程中各成员的参与程度和合作动机、企业自身的研究开发经验及技术联盟中企业的数量六个因素有关。美国的亨利·埃茨科威兹和荷兰的勒特·雷德斯道夫（Henry Etzkowitz & Loet Leydesdorff，1995）首先提出了官产学关系的"三重螺旋"创新模型。Bernhard Dachs、Bernd Ebersberger 和 Hans Loof（2008）通过对五个欧洲国家的外资企业与本国企业的创新绩效进行比较，研究表明外资企业所有权与创新投入水平有关，但高的创新产出与劳动生产率息息相关。Mehta（2002）提出应将社会公共部门作为第四根轮轴纳入大学、产业、政府协同关系中以形成"四重螺旋"。

国内对合作创新的研究起步相对较晚。目前国内这方面的研究主要涉及合作创新的概念、合作创新的动机、合作创新的组织方式、合作创新的交易成本与利益分配等。

关于合作创新的概念。傅家骥（1998）认为，合作创新是指企业间或企业、研究机构、高等院校之间的联合创新行为。它是由多个主体共同投入资源参与到创新过程中，利用彼此间共同的创新成果进行下一步的差异化创新。苏敬勤和王延章（2002）认为，合作创新是参与合作创新的各个要素主体以不同形式的合作方式来提高企业能力标志，以各参与合作创新主体获得的效用函数一致为目标的活动。郭晓川提出网络合作化技术创新是指由多个企业形成的技术合作契约关系，参与合作技术创新的各方共同投资、共同参与，并利用共同的创新成果进行后续的差异化创新，属于一种反复交易行为。

关于合作创新的动因。罗炜（2002）认为，企业合作创新动机包括与研究开发有关的合作动机、与技术学习和技术获取有关的合作动机、与市场进入有关的合作动机三个方面。左健民（2002）认为，产学研合作的动力主要来源于利益的驱动、对合作目标的认同以及技术发展环境的诱导等因素。朱涛（2007）认为，企业选择合作创新动机主要包括五个方面：解决技术的外部性、分担研究开发成本和风险、获得合作伙伴的缄默性知识、实现技术转移以及获得巨大的国内和国际市场。陈云和王浣尘（2004）从一个简单的信息共享模型论述了企业集群中企业之间的信息共享与合作创新行为，他们认为当集群中的企业合作创新时，企业愿意提供更多的信息进行共享。祖廷勋（2006）等从制度经济学的角度认为产学研合作的动力既来源于包括市场和政府制度等外部因素，同时也来源于合作各方对于潜在利润的追求和对非物质利益的向往、合作各影响因素交互作用形成产学研合作博弈的动力机制等内部因素。冯长利、王勇、张羿（2009）认为，随着知识经济时代的到来以及新技术复杂性的不断升级，企业越来越倾向于采用联盟合作的方式来实现技术创新。李京文、任伶（2009）认为，合作创新为各参与企业提供了知识交流与融合的平台，合作创新过程中的知识转移为企业核心能力的提升提供了便捷途径。刘杨根（2008）认为，集群内的企业通过有效的分工合作既可以增强企业本身的能力，也可以扩大整个产业集群的产业能力。而合作创新机制可以有效地降低集群内企业的交易费用和生产成本，增加经济收益，改善集群的创新环境。夏若江、吴宇茜、谢威炜（2007）认为，产业集群对由于受到技术和市场生命周期更迭的影响而导致的路径依赖的控制能力取决于对共性技术的跟踪和创新能力，而共性技术的创新能力则取决于产业集群合作创新机制的形成和配套服务网络的完善。

关于合作创新的模式。姜照华、李桂霞（1994）归结出了产学研合作的15种类型和模式。方卫华（2003）从概念、结构等方面对官产学三重螺旋创新理论进行了研究。周赵丹、刘景江和许庆瑞（2003）从理论上探讨了合作创新的主要形式，并总结了我国合作创新的模式和机制，这给我国企业合作创新形式的选择提供了重要借鉴和启示。陈培樘和屠梅曾（2003）以第三代移动通信技术（C3G）技术联盟为例，分析了产学研技术联盟合作系统的运行方式和成功因素，指出产学研技术联盟合作创新系统对提升我国的技术创新能力有着非常重要的现实意义。周静珍（2005）创造性地提出了产学研合作创新的一种新模式，即权变模式。她认为在模式的构建中要根据各个合作主体所处的内外环境和条件随机应变，以做出最合适的选择。李新安（2007）认为，产业集群内企业间的合作创新是在一定制度框架下构成的组织模式中进行的，通过对集群组织模式的演变研究，他们认为产业集群的创新优势在很大程度上取决于集群内部的专业化分工程度和所处的发展阶段。边伟军、罗公利（2009）建立三螺旋创新模型，该模型为官产学建立长期的合作创新提供了理论依据，他们认为政府、产业、大学三机构除了完成他们的传统功能外，还表现出另外两机构的作用。刘荣、汪克夷（2009）通过对企业合作创新风险内在本质和系统构成的分析，建立了企业合作创新的综合评价指标体系。朱桂龙和彭有福（2009）提出了产学研合作创新网络组织的定义，总结出了它的组织模式和运作机制，并引用加拿大机器人与智能系统网络中心的案例介绍了它的成功经验。皮星（2009）在分析横向联盟技术创新模式的基础上提出了补缺联盟技术创新模式。周荣辅、单莹洁、吴玉文（2009）认为，在合作创新的联盟中，成员之间的相互信任、良好沟通及协同努力是合作创新成败的关键。费钟琳（2009）在国家创新体系框架下分析了产学研合作创新的内涵，指出产学研合作创新是产、学、研两方或三方联合创新的行为，是企业技术创新和制度创新的融合体。沈静、蔡建峰、曾令炜（2009）建立了企业合作创新知识转移模型，并对企业合作创新每个阶段涉及的知识转移影响因素作了深入分析，建立了企业合作创新知识转移机制。

关于合作创新的交易成本与利益的分配，李廉水（1997）认为，经济利益是产学研合作创新各方合作的动力和目的，合理的利益分配机制是有效保障各方收益的关键。张米尔、武春友（2001）认为，产学研合作创新已成为推动产业结构转型与升级，以及实现科技和经济协调发展的重要手段。但产学研合作创新的实施中一个尚未引起足够重视的影响因素就是产学研合作创新过程中的交易费用。朱涛（2007）通过对合作创新的博弈分析表明，企业要形成合作创新的联盟，该联盟必须满足超可加性。同时，他认为合理的利益分配方案是合作创新的基础。

关于合作创新中存在问题的研究，杨东占（1995）认为，我国产学研合作当中存在合作动力不足、资金不足、校企技术势差大、利益分配不当等问题。王笑君（2001）认为，目前制约产学研联合技术创新发展的重要问题是集群主体间风险承担不合理。胡恩华（2002）认为，当前我国产学研合作创新中存在技术供给、技术需求、利益分配、风险投资、外部环境等问题。周竺（2004）认为，产学研合作中各方的知识产权冲突是影响知识流动的重要因素，并建议国家应该通过科技立法来解决产学研合作的知识产权冲突问题。

另外，许多学者从博弈论的角度对集群合作创新问题进行了研究。李新安（2005）通过对产业集群内企业合作创新的自增强机制进行了博弈分析，研究表明如果集群内企业间进行合作创新的周期较短时，那么在集群合作创新内部容易产生"搭便车"的行为，而集群企业间的长期合作创新则可能形成一种自增强的集群创新机制。陈旭和李仕明（2007）在 A–J 模型的基础上，引入企业集群内双寡头企业间的距离衰减系数变量，采用3阶段博弈对企业技术合作创新问题进行了分析，为企业集群内企业技术合作创新决策提供了重要的依据。刘磊、李梦奇、綦振法（2008）利用不完全信息动态博弈分析了集群内企业间合作的必然性，构建了双人合作博弈模型，研究表明参与合作的企业双方应该理性选择加大科技投入来最大化自身收益，减少磨合成本以降低损失，从而促进集群企业间合作创新关系良性循环。张奇、张志刚、王晓蓬（2009）运用博弈论的基本理论和方法构建了校企合作创新的博弈模型，分析了校企间信息不对称技术许可合作的创新过程。雷静、潘杰义（2009）利用一个两阶段的 A–J 博弈模型分析了企业合作创新的战略选择对 R&D 溢出水平、产量、利润和社会净福利的影响。林洁（2010）通过构建产业集群合作创新动态博弈模型，揭示了产业集群合作创新的动态演化过程和演化的内在机理，研究表明产业集群合作创新的演化方向取决于参与合作创新的时点收益，而产业集群内参与合作创新的企业的比例对企业集群合作创新具有重要影响。

显然，虽然目前国内外对产业集群的合作创新的相关问题进行了大量的研究，但也存在以下几个方面的问题：（1）对集群合作创新问题的研究并没有置于网络的视角下来进行，因为集群创新网络作为一个复杂系统，同样具有"小世界效应"和"无标度"特征，因而应该考虑整个集群创新网络本身对网络内主体的各种行为产生的影响，如主体间的合作动力、合作涌现等行为。（2）对集群创新网络内企业间合作的信任机制的研究还是典型的从二维范式的角度来进行研究，而并没有考虑到集群创新网络信任机制的特殊性，它不同于一般的企业间的信任，它是一种嵌入在集群创新网络中的信任机制，因此，在研究过程中，应该考虑到集群创新网络的特殊结构对信任机制的影响。（3）在集群合作创新博弈方面的研究，并没有结合集群创新实际来进行，集群内企业间的合作从本质上来说，它是一个互赖—互动—互信—互惠的动态过程。显然，在这样一个动态的环境下，企业间的合作将变得更加困难，企业间合作的复杂性也将大为增加。因此，对集群合作创新问题的研究必须考虑到环境的动态性和时间的连续性，不仅要满足合作联盟的整体理性，同时也必须要满足联盟中每个企业的个体理性，这样才能保证企业间的合作取得成功。也就是说，对集群创新网络企业间的合作博弈要从微分博弈的角度来进行研究。

第三节　研究目标及研究意义

一　研究目标

本书的总体目标是针对目前对企业集群创新网络多主体间合作问题研究中存在的缺陷，从复杂社会网络的角度出发，更多地考虑到集群创新网络结构的特殊性，从网络角度来研究其对主体间的合作互动机制与合作动力机制、合作决策行为与合作涌现机制、合作创新行为与合作信任机制等方面的影响。并基于企业集群创新网络的结构特征提出促进网络内多主体间有效合作的策略，进而提供政策指导和实践参考依据。

（1）运用复杂网络理论分析企业集群创新网络中的节点、节点间的链接模式，剖析企业集群创新网络中的企业、政府、大学或科研机构、金融机构、中间机构等多个节点之间的相互作用机理与合作动力机制，为我们了解现实中的企业集群创新网络的结构属性提供借鉴。

（2）通过分析企业集群创新网络结构特征对网络内主体合作决策行为的影响，以及在这种影响下的合作涌现机制，同时对合作创新行为的涌现及其创新决策过程的演化进程进行分析，为我们了解现实企业集群创新网络中的合作涌现机制与决策过程提供理论指导。

（3）通过建立企业集群创新网络内多企业动态合作创新微分博弈模型，比较分析在合作创新与自主创新情形下企业所采取的最优策略及其对应的最优价值函数；同时，为保障合作取得成功，构建基于主体理性要求的合作安排与利益分配机制，为我们在现实中对于创新方式的选择及其利益分配问题提供理论依据。

（4）基于概率论中的状态转移方程分析集群创新网络多主体合作信任机制的动态性，同时，利用仿真手段分析集群创新网络的结构特性对网络内企业间信任关系状态的影响，为我们在现实中更好地增强合作主体间的信任关系提供理论导向。

（5）基于企业集群创新网络的结构属性，提出促进网络内多主体间的合作取得成功的对策，为我们在现实中更好地促进合作提供政策指导。

二　研究意义

1. 理论意义

本书从集群创新、集群创新网络概念的界定出发，分析了集群创新网络的构成要素、结构属性，并从集群创新网络结构的角度分析了在集群创新网络核心层内、支撑层与核心层、外部网络与内部网络之间的相互作用机制，并对网络内多主体间的合作动力机制进行了分析，深化了对企业集群创新网络功能结构及其对合作主体间的互动机制的研究。

基于企业集群创新网络结构的特殊性，首先考虑该网络结构对多主体间的合作决策行为、创新决策过程以及合作涌现机制的影响；接着分析该网络结构对合作主体间信任机制所产生的动态影响，这是对企业集群创新网络结构影响机理的有益探索。

本书立足于提高企业集群创新网络内多主体间的合作，进而对其合作博弈过程进行分析，同时为保障合作取得成功，构建了利益分配机制，提出了满足整体理性与个体理性的现实条件，从而揭示了合作创新取得成功的内在机理。

2. 实践意义

深入剖析企业集群创新网络的结构特征，对网络内各行为主体之间的互动机制与合作动力机制进行探索性与验证性的研究，分析企业集群创新网络结构对多主体的合作涌现机制、合作创新过程、合作信任机制的影响机理，为提升区域合作创新水平，缩小企业间的创新差异，提供了依据与路径选择。

系统分析企业集群创新网络结构特征对网络内多主体间合作的影响机理后，借鉴典型国家合作创新经验与基本规律，提出促进企业集群创新网络内多主体间合作的政策建议，对增强合作创新成功地开展，提高企业创新能力，进而提升集群创新整体竞争力，具有重要的现实参考价值。

第四节　研究思路与研究方法

一　研究思路

本书基于复杂社会网络的视角，综合运用产业集群理论、创新管理理论、复杂科学管理理论、合作博弈与演化博弈理论等多学科交叉的方法，对企业集群创新网络内多主体间的互动机制与合作动力机制、决策行为影响与合作涌现机制、合作创新博弈过程与创新机制、合作信任机制等方面展开研究，深入分析企业集群创新网络内多主体间的合作机理。

因此，本书主要解决以下几个方面的问题：

（1）真实掌握企业集群创新网络的结构特征，了解企业集群创新网络内各行为主体间是如何进行互动的，通过何种途径与方式，以及他们的合作动力是什么？

（2）深入分析企业集群创新网络如何对行为主体的决策产生影

响，它对网络内各行为主体之间的合作涌现会产生怎样的影响？它对各行为主体的创新决策过程又会产生怎样的影响？

（3）深入探讨企业集群创新网络中多主体间的合作创新博弈过程，网络内各行为主体该选择怎样的创新方式，是合作创新还是自主创新？如何分配合作创新利益？同时要保障各行为主体间的合作取得成功，应该满足怎样的整体理性与个体理性要求？创新能力与创新绩效之间到底存在怎样的关系？

（4）深入探索企业集群创新网络内合作主体间信任关系的动态变化过程，同时考察企业集群创新网络的结构特征对合作主体间的信任关系会产生怎样的影响？

二　研究方法

本书在研究过程中，主要采取了以下三种方法：

（1）文献查阅法。一方面，搜集国内外关于产业集群创新及合作等相关资料，真实了解目前的研究现状，找出目前研究的不足之处，提出本书所要解决的主要问题；另一方面，搜集本书研究过程中所需要的理论知识，包括复杂网络理论、合作博弈理论、演化博弈理论以及企业集群创新网络理论，为后期研究打好基础。

（2）定量分析法。一是分析了创新网络内行为主体的决策行为模式、群体（或社团结构）对创新网络内行为主体的影响函数，提出了在群体（或社团结构）影响下，创新网络内主体行为调整的结构模型，并引入了正面权重影响指数和负面权重影响指数来衡量群体（或社团结构）对创新网络内行为主体的影响程度，在此基础上，利用Opinion动力学对创新网络中主体决策行为相互影响下的合作涌现机制进行了分析，包括模型的构建与仿真结果的分析，然后对集群创新网络内创新行为涌现与创新决策过程的演化进行了分析，包括演化模型的构建与仿真结果的分析。二是建立了一个企业集群创新网络内多企业动态合作创新微分博弈模型，从主体理性的角度比较分析了在合作创新与自主创新情形下集群创新网络内企业所采取的最优策略及其对应的最优价值函数。三是构建了集群创新网络内多主体间合作信任机制的转移模型与信任关系的逗留模型，对模型进行了仿真与结果分析。考虑到集群创新网络结构对多主体间合作信任机制的影响，从复杂社会网络的角度构建了信任机制的演化模型，并对演化模型进行了仿真分析。

（3）实证分析法。选取54个国际级高新产业技术开发区作为实证样本，以参与合作创新的大学R&D经费支出（UNIEXP）、研究机构R&D经费支出（RESEXP）为自变量，以科技活动人员数量（HUINPUT）、科技活动经费支出（CAPINPUT）、创新产出（OUTPUT）为因变量；在研究创新能力的提升对创新绩效的影响时，以大学R&D经费支出（UNIEXP）、研究机构R&D经费支出（RESEXP）、科技活动人员数量（HUINPUT）、科技活动经费支出（CAPINPUT）、创新产出（OUTPUT）为自变量，以工业生产总值（PRO）、出口总值（EXPORT）和产品销售收入（SALES）为因变量。实证分析了集群创新网络内企业间的合作创新对于创新能力提升的影响，以及集群创新能力对创新绩效的影响。

第五节　结构框架与研究内容

本书的结构框架如图1-1所示。

第一章为绪论。主要介绍本书的选题背景与研究意义，对目前国内外关于产业集群、集群创新网络以及集群合作创新的研究现状进行了分析，并在对研究现状进行评述的基础上提出了本书所要研究的问题与研究的主要内容。

第二章为相关理论与概念。主要简单介绍了复杂网络理论（包括复杂网络的统计描述与复杂网络的演化模型）、动态合作博弈（包括博弈论经典模型、两人微分合作博弈与多人动态合作博弈）、复杂网络上的演化博弈理论以及企业集群创新网络理论的相关知识与概念。

第三章为企业集群创新网络多主体间的互动机制与合作动力。首先，对企业集群创新网络中的多主体进行了分析，包括各行为主体之间的链接模式（分为核心网络层、支撑网络层、外部网络层）与集群创新网络的结构属性；其次，从各行为主体之间的链接模式出发，分别对核心网络层各行为主体之间的互动、核心网络层与支撑网络层各

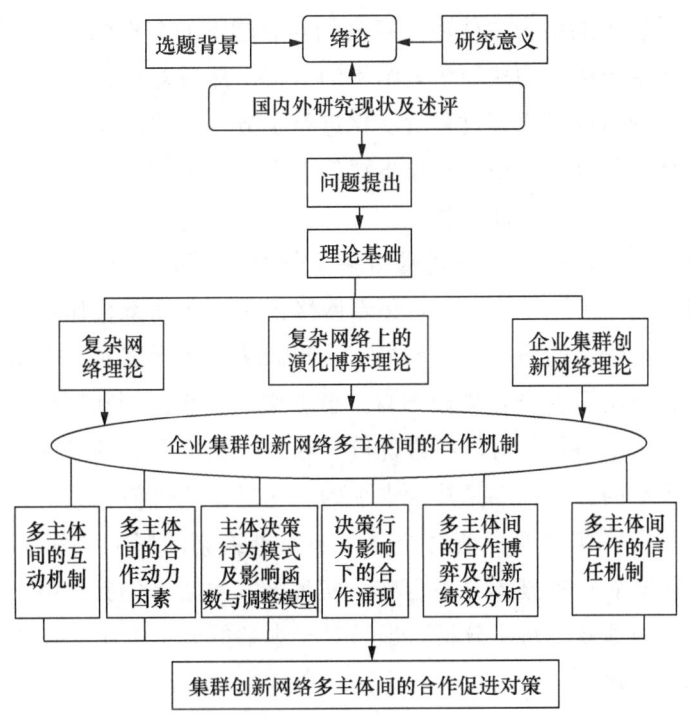

图 1-1 本书的结构框架

行为主体之间的互动、内部网络层（包括核心网络层与支撑网络层）与外部网络层之间的互动进行了分析；再次，在对多主体间互动机制分析的基础上，从三个方面论述了集群创新网络中多主体间合作的动力因素，并对企业集群创新网络的最优边界问题进行了界定；最后，基于企业集群创新网络的结构，从企业、大学与科研机构、中介服务机构、金融机构、政府五个方面提出优化企业集群创新网络的建议。

第四章为企业集群创新网络多主体间的决策行为影响与合作涌现。在阐述企业集群创新网络结构特点的基础上，分析了创新网络内行为主体的决策行为模式、群体（或社团结构）对创新网络内行为主体的影响函数，提出了在群体（或社团结构）影响下，创新网络内主体行为调整的结构模型，并引入了正面权重影响指数和负面权重影响指数来衡量群体（或社团结构）对创新网络内行为主体的影响程度，利用一个实例对这两种指数进行了解释，在此基础上，利用 Opinion

动力学对创新网络中主体决策行为相互影响下的合作涌现机制进行了分析，包括模型的构建与仿真结果的分析，然后对集群创新网络内创新行为涌现与创新决策过程的演化进行了分析，包括演化模型的构建与仿真结果的分析，最后基于本章的分析提出了加强主体间的互动与提供良好互动环境方面的建议。

第五章为企业集群创新网络多主体合作博弈模型及创新绩效分析。首先建立了一个企业集群创新网络内多企业动态合作创新微分博弈模型，在给定的两个假设前提下，我们结合实际案例从主体理性的角度比较分析了在合作创新与自主创新情形下集群创新网络内企业所采取的最优策略及其对应的最优价值函数：一是企业的投资策略对企业技术水平的影响；二是技术水平的变化对企业价值函数的影响；三是企业投资所获得的价值对企业未来投资策略的影响。其次选取54个国际级高新产业技术开发区作为实证样本对集群创新网络中的创新能力与创新绩效进行了分析。最后基于本章的分析提出了加强主体间合作创新的建议。

第六章为企业集群创新网络多主体间合作的信任机制分析。首先，对集群创新网络内信任机制的动态性进行了分析，主要构建了网络多主体间合作信任机制的转移模型与信任关系的逗留模型，对模型进行了仿真与结果分析，并利用一个实例对分析结果进行了验证；其次，考虑到集群创新网络结构对多主体间合作信任机制的影响，从复杂社会网络的角度构建了信任机制的演化模型，对演化模型进行了仿真分析，并利用一个实际案例对仿真结果进行了说明；最后基于本章的分析提出了改善主体间合作信任机制的建议。

第七章为企业集群创新网络多主体间的合作促进对策。在前几章分析的基础上，从集群创新网络的结构特征出发，提出了从核心网络层、支撑网络层、内部网络与外部网络的互动关系三个方面来促进网络内多主体间合作的对策。

第八章为结论与展望，对全书内容进行总结，提出本书的不足，并对未来研究进行了展望。

第六节　创新之处

本书的创新之处主要体现在以下几个方面：

（1）在阐述企业集群创新网络结构特点的基础上，分析了创新网络内行为主体的决策行为模式、群体（或社团结构）对创新网络内行为主体的影响函数，提出了在群体（或社团结构）影响下，创新网络内主体行为调整的结构模型，并引入了正面权重影响指数和负面权重影响指数来衡量群体（或社团结构）对创新网络内行为主体的影响程度，在此基础上，利用理论物理中的 Opinion 动力学对创新网络中主体决策行为相互影响下的合作涌现机制进行了分析，包括模型的构建与仿真结果的分析。

（2）建立了一个企业集群创新网络内多企业动态合作创新微分博弈模型，在给定的两个假设前提下，结合实际案例从主体理性的角度比较分析了在合作创新与自主创新情形下集群创新网络内企业所采取的最优策略及其对应的最优价值函数：一是企业的投资策略对企业技术水平的影响；二是技术水平的变化对企业价值函数的影响；三是企业投资所获得的价值对企业未来投资策略的影响。

（3）利用概率论中的状态转移方程对集群创新网络多主体合作信任机制的动态性进行了分析，并利用仿真手段分析了企业集群创新网络中企业间的信任关系的动态演变特性。同时，利用仿真手段分析了集群创新网络的结构特性对网络内企业间信任关系状态的影响：一是网络中企业的中心度（即企业的影响力）；二是网络中企业间的路径长度（即地理位置的接近性）；三是网络中企业间的强弱连接；四是网络中企业的结构自治度。

本章小结

本章在对本书研究背景进行阐述的基础上，通过文献资料的查阅，对目前国内外关于产业集群研究现状、集群创新网络研究现状、合作创新研究现状进行深入剖析，找出目前国内外关于集群创新网络合作创新方面的研究中存在的不足，进而提出本书研究过程中拟解决的关键问题。在此基础上，提出了本书的主要研究目标以及本书的理论意义与实践意义。同时，提出了本书在研究过程中的研究思路与研究方法。然后，提出了本书的研究结构框架以及主要研究内容。最后，提出了本书在研究过程中的创新之处。

第二章 相关理论与概念

第一节 复杂网络理论

复杂网络来源于现实世界的真实网络，具有丰富的幂率连接度分布行为，是一门包括各种学科的新兴领域，其中，两个重要的研究成果是 Watts 和 Strogatz 的小世界网络模型以及 Barabasi 和 Albert 的无标度网络模型。复杂网络提出后，迅速并广泛应用于各个领域，如政治领域、经济领域、社会领域、经济管理领域、工程技术领域等，而且在各个领域都展现出了广泛的前景。各个领域的相关专家与学者均运用复杂网络理论较好地分析现实中的各种网络，如科研数据库万维网、好莱坞的演员网络等，他们通过分析得出，这些网络均具有相同的无标度网络特性，而且这种网络结构特征显示出了对外部的抗压打击能力，但面对协同式攻击时，则也体现出了它脆弱的一面，所有这些新发现的研究成果将更加有助于人们认识自身所处的这个复杂世界。

网络主要是由所有节点以及连接这些节点的边所构成，按照网络中节点之间相互作用方向的不同，可以将网络分为有向网络和无向网络两种。而无向网络则体现于拥有相等地位的节点之间相互作用的网络中。另外，按照节点在网络中所起作用程度的不同，可以将网络分为权重网络和非权重网络。

随着对复杂网络研究的深入，人们提出了许多概念和度量方法，用于表示复杂网络的结构特性。

一 复杂网络的统计描述

（1）度（dgree）。度是对网络中节点互相连接统计特性的最重要描述，同时也反映了网络演化特征。度也称为连通度，网络中节点的度指的是与该节点连接的边数，可记为 $k_i = \sum_j a_{ij} = \sum_j a_{ji}$，平均度可以定义为 $<k> = <k_i> = 1/N \sum_i k_i = 1/N \sum_{ij} a_{ij}$。最大度可以定义为 $k_{max} = \max_i k_j$。

当然，不同的复杂网络中，度表示的意义不尽相同，一般来说，个体在网络中的度越大，它在网络中所处的地位就越大，那么它对网络中其他个体的影响也就越大。在有向网络中，一个节点的度还可以分为出度和入度两种，节点的出度指从该节点出发连向其他节点边的数目，而入度指从其他节点出发连向该节点的边的数目。

（2）度分布（Degree Distribution）。度分布也属于对复杂网络进行表征的另外一个重要统计指标，度分布主要用来表征节点在网络中的度的概率分布函数 $P(k)$，从概率的意义上来讲，$P(k)$ 表示网络中任意选取的一个节点的连接度恰好为 k 的概率，而从统计的意义来讲，$P(k)$ 表示度为的节点占网络中总节点数的比例。一般来说，我们将度分布定义为任意一个节点，它的度正好为 k 的概率。在目前研究者的分析中，我们见得比较多的度分布主要包含如下两种：指数度分布，$P(k)$ 随着 k 的增大以指数形式减弱；幂律分布，即 $P(k) \sim k^{-\gamma}$，其中 γ 称为度指数。

（3）度相关性。它主要用来表述网络中不同节点之间的连接关系。一般来说，如果某个网络中度大的节点倾向于与其他度大的节点相连接，那么，就说明该网络的度相关性是呈正相关的；反之亦然，如果网络中度大的节点倾向于与连接网络中其他度小的节点，那么，也就说明该网络的度相关性是呈负相关的。

在实际中，我们该如何来判断某个网络是呈正相关或负相关，接下来，我们给出具体的测量方法。这里，我们用 $P(k'/k) = \dfrac{<k>P(k,k')}{kP(k)}$ 表示网络中度为 k 的节点与度为 k' 的节点邻接的条件概率，这里，$P(k, k')$ 表示网络中度为 k 的节点与度为 k' 的节点邻接的综合概率，$k_{nn}(k) = \sum_{k'} k' P(k'|k)$ 表示网络中度为 k 的节点的邻点

平均度。

如果计算得出网络中的 $k_{nn}(k)-k$ 曲线的斜率大于零,那么,我们称此网络为度正相关;相反,如果计算得出网络中的 $k_{nn}(k)-k$ 曲线的斜率小于零,那么,我们称此网络为度负相关;如果计算得出网络中的 $k_{nn}(k)-k$ 曲线的斜率等于零,那么,我们称此网络为度不相关。

(4) 平均距离。在介绍平均距离之前,先介绍一下测地线,它定义为两个节点 (i,j) 之间边数最少的一条道路,而测地线的边数 d_{ij} 就称为 i,j 之间的距离。那么,平均距离定义为网络中所有节点对它们之间测地线长的平均值,可以记为: $<l> = \dfrac{1}{N(N-1)}\sum_{i\neq j}d_{ij}$。

(5) 介数。在网络中,节点的介数是节点向心性的标准量度方法,一个网络中的介数根据网络中节点与边的构成可以分为顶点介数与边介数,它主要反映了网络中的节点或边在该网络中所产生的作用与影响力。用 N 表示网络中所有节点组成的集合,n_{jk} 表示网络中节点 j 和 k 之间的最短路径条数,$n_{jk}(i)$ 表示在最短路径中通过节点 i 的条数,则介数可以记为: $b_j = \sum_{j,k\in N, j\neq k}\dfrac{n_{jk(i)}}{n_{jk}}$。

研究表明,网络中节点的介数与度之间有很强的相关性,不同类型的网络,其介数分布也是不一样的。

(6) 集群系数。在网络中,集群系数是衡量网络集团化程度的一个重要指标,对于社会网络来说,集团表示社会网络中的朋友圈或者熟人圈,处于这个集团中的成员往往彼此间相互熟悉,科学家们为了衡量社会网络中的这种群集现象,于是提出了集群系数的概念。

一般来说,集群系数描述了网络中节点的邻点之间也互为邻点的比例。网络的集群系数可以表示为: $C = \dfrac{3N_\Delta}{N_3}$,其中 $N_\Delta = \sum_{k>j>i}a_{ij}a_{jk}a_{ik}$ 表示网络中三角形的总数,$N_3 = \sum_{k>j>i}(a_{ij}a_{ik}+a_{ji}a_{jk}+a_{ki}a_{kj})$ 表示网络三元组(即缺少一边的三角形)的总数,a_{ij} 表示网络邻接矩阵的矩阵元。同理,网络中一个节点的集群系数可以记为: $C_i = \dfrac{3N_\Delta(i)}{N_3(i)}$,其中 $N_\Delta(i) = \sum_{k>j}a_{ij}a_{jk}a_{ik}$ 表示网络中包含节点 i 的三角形的总数,$N_3(i) =$

$\sum_{k>j} a_{ij}a_{ik}$ 表示网络中包含节点 i 的三元组的总数。网络中一个节点的集群系数也可以表示为：$C_i = \frac{\cdot 2I_i}{k_i(k_i-1)}$，其中，$l_i$ 表示节点 i 的邻点之间的连边数，k_i 表示节点 i 的度。

二 复杂网络的演化模型

1. 规则网络

对于规则网络而言，N 个节点排列成环形，每个节点与其最邻近的 m 个节点连边。其主要统计性质为：

度分布：$P(k) = \begin{cases} 1 & k=m \\ 0 & k \neq m \end{cases}$，也就是说，规则网络的度分布是 δ 函数。

平均度：$\langle k \rangle = m$，与网络中节点的个数 N 无关。

平均集群系数：$C = \frac{1/2 \times 3 \times (k-2)}{1/2 \times 4 \times (k-1)}$。

最大距离：$l_{max} = \frac{N/2}{k/2} = \frac{N}{k}$，平均距离 $\langle l \rangle \underset{N \to \infty}{\cong} \frac{l_{max}}{2} = \frac{N}{2k} \propto N \to \infty$。

2. ER 随机网络模型

随机网络由两位匈牙利数学家 Paul Erdos 和 Alfred Renyi 提出，简称 ER 模型。ER 随机网络模型的构造方法为：给定网络节点数 N，对于每一个时间点，在网络中随机选择两个节点，以概率 $Ghp = \frac{2n}{N(N-1)}$ 将这两个节点进行连边，其中 n 是给定网络的总边数，$\frac{N(N-1)}{2}$ 是网络最大可能的连边数，当网络的总边数达到 n 时就停止演化。

对于 ER 随机网络模型，其平均度 $\langle k \rangle = p(N-1) \cong pN$，与网络中的节点总数 N 成正比。网络的度分布为 $P(k) = C_{N-1}^k p^k (1-p)^{N-1-k} \underset{n \to \infty}{\cong} e^{-\langle k \rangle} \frac{\langle k \rangle^k}{k!}$，也就是说，网络的度分布服从泊松分布，具有较小的平均路径长度和簇系数。平均集群系数 $C = p \cong \frac{\langle k \rangle}{N} \propto N^{-1}$，与网络中的节点总数 N 成反比。因此，随机网络的集群系数 C 等于网络中任意两点之间连接的概率 p。当网络规模 N 固定时，成团系数随着

网络中节点平均度 $\langle k \rangle$ 的增加而线性增加。但与 ER 随机图不同，现实中的复杂网络一般都具有较大的成团趋势。

从 20 世纪 50 年代末到 90 年代末的近四十年里，大规模网络主要用随机图的拓扑结构来描述，当时一些数学家对随机图也进行了研究，并得到了许多近似和精确的结果。直到最近几年，由于计算机数据处理和运算能力的飞速发展，科学家们发现大量的现实网络并不是完全随机的网络，而是具有其他统计特性的网络。

3. WS 小世界网模型

学者们研究发现，尽管随机网络具备小世界特征，但这种网络的聚集系数很低，而现实网络并不是完全随机的，它同时兼有某种规则性和随机性的特性。1967 年，美国心理学家 Milgram 对社会网络结构进行研究，设计出著名的"传信"实验，该实验得出了一个有趣的结果：信件从开始传送到最终到达目的地，平均只经过了六次传递，Milgram 称之为"小世界"现象。

为了正确阐述从规则网络转变到随机网络的现象，Watts 与 Strogatz 于 1998 年引入了 WS 小世界模型。它的基本算法描述如下：首先需要构造一个具有 N 个节点的网络，每个节点均有 k 个邻近节点（而且要求 N 远大于 k）。其次，对该网络中的每一条边来讲，以概率 p 来与网络的其他节点断开，同时随机选择该网络中的其他节点作为它的新端点，但需要确保网络中的节点没有进行自连接以及重复连接的现象。这样，该网络中就一共产生了 $pNk/2$ 条连接。而我们通过改变 p 的值，就可以成功实现从规则网络到随机网络的转变，而小世界网络正是介于这两种网络之间的一种网络［见图 2－1，其中（a）表示规则网络，（b）表示小世界网络，（c）表示随机网络］。

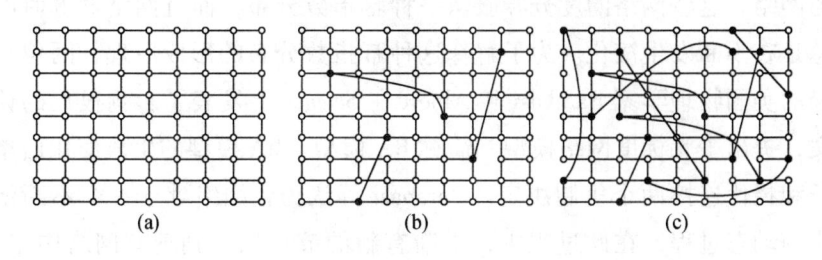

图 2－1　网络结构演化

对于小世界网络，主要统计性质为：

集群系数：当 $p=0$ 时，平均集群系数 $C=\frac{3}{4}\frac{(K-2)}{(K-1)}$，其中，$K$ 表示小世界网络模型对应的规则网络中每个节点的常数度值；当 $0<p<1$ 时，任意一个节点的两个邻节点仍是它的邻节点的概率均为 $(1-p)$，它们之间邻接的概率也是 $(1-p)$，因此，小世界网络模型的平均集群系数的期望值为 $C=\frac{3}{4}\frac{(K-2)}{(K-1)}(1-P)^3$，与网络中的节点数目 N 无关。

度分布：当 $p=0$ 时，与规则网络相同，小世界模型的度分布也是 δ 函数，网络中所有节点的度均为 K。当 $0<p<1$ 时，由于每条边保留一个端点不变，重连后每点至少有 $K/2$ 条边，因此，可以把节点 i 的度写为 $k_i=K/2+c_i$，$c_i=c_i^1+c_i^2$，其中，c_i^1 表示节点以概率 $(1-p)$ 留在原处，c_i^2 表示以概率 p 从其他节点重新连接到节点 i。

小世界模型的平均距离解析计算目前普遍被接受的是由纽曼（Newman）、瓦兹（Watts）等用平均场方法得到的解析表达式：$\langle l \rangle(N,p) \approx \frac{N^{1/d}}{K}f(pKN)$。

其中，$f(u)=\begin{cases} 常数 & u<1 \\ \frac{4}{\sqrt{n^2+4u}}\mathrm{artanh}\frac{u}{\sqrt{u^2+4n}} & u\approx 1 \\ \ln u/u & u>1 \end{cases}$

4. BA 无标度网模型

学者们通过实验研究表明，真实世界中的大多数网络并不都是均匀网络，这些网络的度分布服从一种幂指数分布，而且网络随着时间总是在不断发生演化。为了解释这种幂指数分布的形成原理，两位年轻的美国物理学家 Barabasi 和 Albert 在 *Science* 上发表了影响很大的论文，提出了无标度网络模型，简称 BA 模型。BA 模型的生成演化由增长和择优连接两个机制决定。Barabasi 等认为，网络处于一个不断演化的动态过程，在此过程中，不断有新的节点加入到现有网络中来。而网络中的择优连接意味着节点之间的连接是有偏好的，新加入的节点更倾向于选择度大的节点连接，也正是在增长和择优连接的这两个机制的作用下，无标度网络就产生了。

BA 网络模型的生成算法可以描述为：$t=0$ 时网络中具有较少的 m_0 个节点，在以后每个时间点向网络中增加一个新节点，并将它连接到 m 个旧节点上，而新节点与旧节点 i 连接的概率与它的度成正比，即连接概率为 $\prod(k_i) = k_i \Big/ \sum_{j=1}^{N-1} k_i$，其中 k_i 表示网络中旧节点 i 的度，N 表示网络节点数，网络如此不断演化，直到达到一个稳定演化状态才终止。

5. 局域世界模型

李翔和陈关荣在 2003 年以对世界贸易的研究作为例子，发表了影响很大的"局域世界模型"。BA 模型建议的"全局优先连接机制"通常只能在"从事选择"节点的某个或某些"局域世界"中起作用。在这个贸易网中，节点就代表了国家，而节点之间的连接则代表了两个国家之间贸易关系，他们由这个思想出发提出了局域世界模型。

该模型可以表述为：网络在初始阶段有 m_0 个节点和 e_0 条边，随机地从网络现有的节点中选择 M 个节点，并将它们作为即将新加入网络的节点的"局域世界"。网络中加入一个新节点和 m 条边，根据 BA 模型的优先连接来选择与局域世界中的 m 个节点相连：

$$\prod_{local}(k_i) = \prod{}'(i \in 局域世界) \frac{k_i}{\sum_j{}_{local} k_i} = \frac{M}{m_0 + t} \frac{k_i}{\sum_j{}_{local} k_i} (M \geq m)$$

李翔和陈关荣的"局域世界模型"进一步提出了复杂网络呈现介于指数分布和幂率分布之间的又一种新的重要物理机制，为以后的研究打下了基础。

第二节 合作博弈理论[①]

一 合作博弈基本概念介绍

根据现实中各主体的决策行为特征，博弈论有合作博弈与非合作

[①] 范如国：《博弈论》，武汉大学出版社 2011 年版。

博弈之划分，现代大多数学者所谈到的博弈论一般指的是非合作博弈论，而较少提到合作博弈论，然而，早在1881年，合作博弈的思想已经出现，因而合作博弈的研究其实比非合作博弈还要早。进入21世纪以来，学者们对合作博弈的研究越来越重视，已经成为学者们在研究博弈论过程中的一个热点问题。2005年诺贝尔经济学奖授予美国经济学家托马斯·谢林（Thomas Schelling）和以色列经济学家罗伯特·奥曼（Robert Aumann），以表彰他们在合作博弈方面的巨大贡献。

合作博弈的主要研究成果大多运用于解决国家之间、区域经济发展、城市群、企业发展等多个方面的合作问题。虽然在实际的分析过程中，由于研究对象的差异导致研究合作问题的侧重点也存在差别，但是研究结果则有助于加强企业的相互联系、完善城市的合作模式、推动区域经济合作实践、促进国家之间的经济交往。其中，企业合作博弈研究主要集中于电力、农产品企业合作以及企业并购、供应链管理等方面；城市合作博弈研究主要集中于城市合作博弈阶段的划分、城市联盟与城市合作障碍以及城市合作博弈的实现途径等方面；区域经济合作博弈研究主要涉及长江三角洲、珠江三角洲各区域内的合作博弈以及东西部地区的合作博弈等方面；国家间的合作博弈主要以东北亚、东亚地区为研究对象。[1]

这里，我们首先介绍静态合作的基本概念，然后再介绍各种静态合作博弈的不同解法，包括核心（core）与稳定集（stable sets）、沙普利值（Shapley value）、谈判集（negotiation sets）、内核（kernel）与核仁（nucleolus）。

（一）合作博弈的描述

在1950年到1953年，纳什发表了四篇有关博弈论的重要文献（纳什，1950a，1950b，1951，1953），文献中很清楚地对合作博弈与非合作博弈进行了界定，他所用的界定条件就是博弈者之间是否具有约束力的协议。他认为如果一个博弈当中的博弈者能够作出具有约束力的协议，那么此博弈便是一个合作博弈；反之，则称为一个非合作

---

[1] 熊启滨、胡放之：《合作博弈理论研究在中国的应用》，《苏州市职业大学学报》2009年第12期。

博弈。

根据纳什的这一界定条件，由于合作博弈中存在具有约束力的协议，因此，每位博弈者都能够按自己的利益与其他部分的博弈者组成一个小集团，彼此合作以谋求更大的总支付。我们称这些小集团为联盟（coalition），而由所有博弈者组成的联盟则称为总联盟（grand coalition）。因此，对有 n 个局中人参与的博弈，即 $N = \{1, 2, \cdots, n\}$，我们称集合 N 的任何一个子集 S 为一个联盟。

定义 2.1 设博弈的局中人集合为 $N = \{1, 2, \cdots, n\}$，则对于任意 $S \subseteq N$，我们称 S 为 N 的一个联盟（coalition）。这里，允许取 $S = \varphi$ 和 $S = N$ 两种特殊情况，我们把 $S = N$ 称为一个大联盟。

若 $|N| = n$，则 N 中联盟个数为 $C_n^1 + C_n^2 + \cdots + C_n^n = 2^n$。正式的合作博弈的定义是以特征函数（characteristic function form）$<N, v>$ 的形式给出的，简称博弈的特征性，也称联盟型（coalitional form）。

定义 2.2 给定一个有限的参与人集合 N，合作博弈的特征性是有序数对 $<N, v>$，其中特征函数 v 是从 $2^N = \{S \mid S \subseteq N\}$ 到实数集 R^N 的映射，即 $<N, v> : 2^N \rightarrow R^N$，且 $v(\varphi) = 0$。

v 是 N 中的每个联盟 S（包括大联盟 N 本身）相对应的特征函数，$v(S)$ 表示如果联盟 S 中参与人相互合作所能获得的支付。在合作博弈中，支付可能是得益，也可能是成本（负效应）。如果这总得益是可以被瓜分的，我们则称它为可转移的（transferable）；反之，则称为不可转移的（non-transferable）。

显然，根据上述定义，合作博弈可以分为支付可转移的合作博弈（cooperative games with transferable payoff）和支付不可转移的合作博弈（cooperative games with non-transferable payoff）。一般来说，支付可转移的合作博弈主要是联盟型博弈，或更准确地称为支付可转移的联盟型博弈（coalitional game with transferable payoff），此种类型的博弈是冯·诺依曼与莫根斯特恩（1994）奠基的。

定义 2.3 一个支付可转移的联盟型博弈是由一个有限的博弈者集合 N 和一个定义在集合 N 的函数 v 所组成的，而这函数 v 对集合 N 当中的每一个可能的非空子集 S 都会进行赋值，其值为一个实数，我们用 $<N, v>$ 来表示一个博弈，而函数 v 为每一个集合 $S \subseteq N$ 所赋的值则称为 S 的联盟值 (coalition worth)。

为了确保每位博弈者都愿意组成总联盟，合作博弈论一般要求支付可转移的联盟型博弈为有结合力的。

定义 2.4 一个支付可以转移的联盟型博弈 $<N, v>$ 是有结合力的(cohesive)，当且仅当，对于集合 N 的每个分割物(parition)，即 $\{S_1, S_2, \cdots, S_m\}$，且 $\bigcap_{j=1}^{m} S_j = \varphi$，以下的关系式都成立：

$$v(N) \geqslant \sum_{j=1}^{m} v(S_j)$$

根据上述定义，我们可以得知，在一个具有结合力的支付可转移的联盟型博弈中，如果我们把总联盟 N 分成 m 个不相交的小联盟，那么，这 m 个小联盟的得益的总数是绝不会大于总联盟的得益。由于这些博弈中的支付都是可转移的，因此，总联盟型的情况必定是帕累托最优的。在很多情况下，为了使每位博弈者有更大的意欲组成总联盟，合作博弈论更会要求博弈具有可超加性(supper – additivity)或是超可加的(supper – additive)。

定义 2.5 在一个支付可转移的联盟型博弈 $<N, v>$ 中，如果对于任意的 $S, T \in 2^N$，且 $S \cap T = \phi$，有 $v(S) + v(T) \leqslant v(S \cup T)$，那么，我们称该合作博弈 $<N, v>$ 是可超可加的(supper – additive)；如果对于任意的 $S, T \in 2^N$，且 $S \cap T = \phi$，有 $v(S) + v(T) \geqslant v(S \cup T)$，那么，我们称该合作博弈 $<N, v>$ 是次可加的(sub – additive)；如果对于任意的 $S, T \in 2^N$，且 $S \cap T = \phi$，有 $v(S) + v(T) \equiv v(S \cup T)$，那么，我们称该合作博弈是 $<N, v>$ 是可加的(additive)。

根据上述定义，我们可以看出，在一个超可加的支付可转移的联盟型博弈中，如果我们把总联盟 N 分成两个不相交的小联盟，那么这个小联盟的得益的总数是绝不会大于总联盟的得益的，而如果把从总联盟中分出来的任何一个小联盟再分成两个不相交的更小的联盟，那么，这两个更小的联盟的得益的总数绝不会大于该小联盟的得益的。也就是说，如果一个支付可转移的联盟型博弈是超可加的，那么它便是有结合力的，但一个有结合力的支付可转移的联盟型博弈却不一定是超可加的。

直观地讲，如果一个博弈是超可加的，就意味着"整体大于部分之和"。也就是说，如果两个互不相交的联盟能够实现某种剩余，那么这两个联盟联合起来也至少可以实现这种剩余，超可加博弈是现实生活中很普遍的一类博弈。

定义 2.6 在合作博弈 $<N, v>$ 中，若对于任意的 $S, T \in 2^N$，满足以下条件：

$$v(S) + v(T) \leq v(S \cup T) + v(S \cap T)$$

则称特征函数 v 具有凸性，相对应的博弈称为凸博弈。

从上述定义中可以看出，参与人对某个联盟的边际贡献随着联盟规模的扩大而增加。也就是说，在凸博弈中，合作是规模报酬递增的。显然，特征函数满足凸性的一定满足超可加性。特征函数的凸性表示联盟越大，新成员的实际贡献就越大。下面我们做出简要的阐述：

设 $S = \{1, 2, \cdots, m\} \subseteq N$，对于任意 $K \subseteq S$，有某一成员 $m+1 \in N$ 被称为新加入的成员，记 $T = K \cup \{m+1\}$。由定义 2.6 有：

$$v(\{1, 2, \cdots, m\}) + v(K \cup \{m+1\}) \leq v(\{1, 2, \cdots, m+1\}) + v(\{K\})$$

则有：

$$v(K \cup \{m+1\}) - v(\{K\}) \leq v(\{1, 2, \cdots, m+1\}) - v(\{1, 2, \cdots, m\})$$

也就是说，新成员 $m+1$ 加入联盟 S 后边际贡献要大于或等于新成员与联盟 S 的任何子联盟 K 所组合产生的边际贡献大，即新成员的边际贡献越来越大。

定义 2.7 一个合作博弈 $<N, v>$，若特征函数满足下面的两个条件：

$$v(\{i\}) = 0, \ i = 1, 2, \cdots, n \quad v(N) = 1$$

则称该博弈为（0，1）标准化博弈。

（0，1）标准化博弈主要是为了简化证明过程而假设的，他们要求单个参与人不会产生任何得益，而大联盟所产生的得益标准化为 1。

（二）核心与稳定集

下面，我们将首先介绍个体理性和整体理性，然后再分别介绍合作博弈的两个解法概念——核心和稳定集。

1. 个体理性和整体理性

由于每位博弈者都是理性的，所以一个能为所有博弈者接受的支付向量必定既符合联盟的整体理性，又符合每位参与联盟的博弈者的个体理性，而一个同时符合整体理性和个体理性的支付向量则称为一个分配（imputation）或有效的分配（valid imputation）。下面我们对整体理性和个体理性给出如下定义：

定义2.8 在一个支付可转移的联盟型博弈$<N, v>$中，支付向量$x = (x_1, x_2, \cdots, x_n)$是符合整体理性的，当且仅当，每位博弈者所分得的支付的总和相等于总联盟的价值，即：

$$x(N) = \sum_{i \in N} x_i = \sum_{i=1}^{n} x_i = v(N)$$

由于所有博弈者的总支付实现了最优化，因此，我们称之为整体理性或整体最优（group optimality）。

定义2.9 在一个支付可转移的联盟型博弈$<N, v>$中，支付向量$x = (x_1, x_2, \cdots, x_i, \cdots, x_n)$是符合个体理性的，当且仅当，每位博弈者所分得的支付都比各自为政时高，即$x_i \geq v(\{i\})$，$i \in N$。

作为一个理性的参与人，在评价某个分配方案时，都会把参与到联盟中所能分配到的支付与离开联盟单干所能获得的收益相比较，如果每位博弈者各自为政时收获的得益比参与联盟分得的支付更多，他就宁愿离开联盟；反之，则会参与到该联盟中，此时，称该联盟中的支付向量是符合个体理性的。

在一个支付可转移的联盟型博弈$<N, v>$中，支付向量$x = (x_1, x_2, \cdots, x_i, \cdots, x_n)$称为一个分配或有效的分配，当且仅当，它是符合个体理性和整体理性的。

定义2.10 一个支付可转移的联盟型博弈$<N, v>$的分配集（imputation）$I(v)$定义为：

$I(v) \equiv \{x \in R^n | x(N) = v(N)\}$，且对于$\forall i \in N$，都有$x_i \geq v(\{i\})$。

从上述定义中可以看出，$I(v)$是所有符合个体理性和整体理性的分配方案x的集合。

2. 核心的概念

定义 2.11 一个支付可转移的联盟型博弈 $<N, v>$ 的核心 $C(v)$ 是一个集合，当中包含所有能满足以下两个条件的支付向量 $x = (x_1, x_2, \cdots, x_i, \cdots, x_n)$：

$x(N) = v(N)$；$x(S) \geqslant v(S)$，$\forall S \subset N$

根据上述定义，核心不仅要满足整体理性，还要满足集合 N 中每个小联盟 S 的"理性"。否则，联盟 S 的成员的整体支付便没有进行最优化。也就是说，只要通过脱离总联盟 N，然后成立新的联盟 S，那么新联盟 S 的成员便能够瓜分一个比它们的分配的总和大的联盟价值。因此，核心是一个不仅能满足个体理性和整体理性，而且能满足每个联盟的"理性"的集合。

3. 稳定集的定义

由于合作可能是不稳定的，因此解需要具备的一个重要特性就是稳定性，即内部稳定性和外部稳定性。在一个 n 人博弈中，联盟 $S \subseteq N$ 对于一个任意的分配 x 是有效果的，当且仅当，这个联盟的价值高于他们在分配 x 下的支付的总和，即 $v(S) \geqslant \sum_{i \in S} x_i$。也就是说，如果联盟 S 对于分配 x 是有效果的，那么分配 x 便是不稳定的。有了有"效果"的概念，我们便可以介绍分配的占优，以下是它们的定义：

定义 2.12 在一个支付可转移的联盟型合作博弈 $<N, n>$ 中，分配 x 通过联盟 S 占优（dominating）分配 y，当且仅当：$x(N) = v(N)$ 且 $x_i \geqslant v_i$，$\forall_i \in S$，当严格不等式成立时称分配 x 通过联盟 S 严格占优于（strictly dominate）分配 y。

定义 2.13 支付可转移的联盟型合作博弈 $<N, v>$ 的解集符合内部稳定性（internal stability），如果该集合内的任何分配都不会通过联盟 S 占优于该集合内的其他分配。也就是说，内部稳定性要求联盟内部的任意两个分配不存在占优关系。

定义 2.14 支付可转移的联盟型合作博弈 $<N, v>$ 的解集符合外部稳定性（external stability），如果对于集合外的任意分配，联盟 S 都存在某配置占优于该集合外的分配。

定义 2.15 在支付可转移的联盟型合作博弈 $<N, v>$ 中，集合 X

称为稳定集（stable set），当且仅当该集合既符合内部稳定性，也符合外部稳定性。

（三）沙普利值

合作博弈最困难也最有挑战性之处在于建立一个统一的"解"的概念，即从各种各样具有不良好性质的解中挑选唯一的分配或成本分配方案。根据前面的介绍，我们知道博弈的核可能是空集，而且如果不是空集，核分配也很可能不唯一。随着合作博弈论的发展，现在已经有很多具有唯一解的概念，称为值（values）。其中最重要的就是沙普利值（shapley）。沙普利值是由沙普利（Shapley）提出的，最初只是应用在支付可转移的情况下，其后由沙普利扩展到支付不可转移的情况，这里我们只介绍支付可转移的沙普利值。

在沙普利的设定中，存在着一个包含所有博弈者的宇集 U，而每个博弈中的所有博弈者集合 N，都是宇集的子集，并称为一个载形，以下是载形的定义：

定义 2.16 在一个支付可转移的联盟型博弈 $<N, v>$，联盟 $N \subseteq U$ 称为一个载形，当且仅当，对于任何一个联盟 $S \subseteq U$，都存在着以下的关系：$v(S) = v(N \cap S)$

定义 2.17 博弈者 i 和 j 在博弈 $<N, v>$ 中是可互换的，当对于所有包括博弈者 i 但不包含博弈者 j 的联盟 S，都存在着以下的关系：$v(S/\{i\}) \cup \{j\} = v(S)$

根据以上的定义，我们称 n 维向量 $\varphi[v] = (\varphi_1[v], \varphi_2[v], \cdots, \varphi_n[v])$ 为一个值，这个值包含了 n 个实数，分别代表着在博弈 $<N, v>$ 中的 n 位博弈者所分得的支付。这个值可以理解为每位博弈者在博弈开始之前对自己所分得的支付的合理期望，而这个值必须满足以下的三个公理：

公理 2.1 如果集合 N 是一个载形，那么 $\sum_{i \in N} \varphi_i[v] = v(N)$

此公理又称为效率公理，要求的是整体理性。

公理 2.2 如果博弈者 i 和 j 是可互换的，那么 $\varphi_i[v] = \varphi_j[v]$

此公理又称对称公理，要求的是博弈者的名称并不会对影响博弈起任何作用。

公理 2.3 如果 $<N, u>$ 和 $<N, v>$ 是两个博弈,那么 $\varphi_i[u+v] = \varphi_i[v] + \varphi_i[u]$

此公理又称集成定律,要求的是任何两个独立的博弈联合在一起,那么所组成的新博弈的值是原来的两个博弈的值的直接相加。

根据上述的定理和公理,可以得到一个能满足沙普利公理的函数:

定理 2.1(沙普利定理) 函数 φ 是唯一能够满足以上三个公理的函数,这函数可以表达为:

$$\varphi_i[v] = \sum_{S \subseteq N} \gamma_n(S)[v(S) - v(S-\{i\})], \forall i \in N$$

其中,

$$\gamma_n(S) = \frac{(|S|-1)!(n-|S|)!}{n!}$$

$|S|$ 则为联盟 S 的成员数目,我们称 $\varphi[v]$ 为沙普利值。

在定理 2.1 中,$[v(S) - v(S-\{i\})]$ 可以理解为博弈者 $i \in N$ 对联盟 S 的边际贡献,而 $\gamma_n(S)$ 则是每个联盟 S 的加权因子。

在一个 n 人博弈中,假定每位博弈者都是随机进入博弈,那么博弈者共有 $n!$ 种不同的进入博弈的方法。根据沙普利的设定,如果博弈者 $i \in N$ 和在他进入博弈前已经达到的所有博弈者组成联盟 S,那么在他到达以后才进入博弈的其他博弈者则会组成另一个联盟 N/S。由于联盟 S 在博弈者 i 未加入前共有 $|S-\{i\}|$ 种组成方法,而组成联盟 N/S 的 $|N-S|$ 位博弈者则有 $|N-S|!$ 种组成方法,只要假定每种进入方法有同样的可能,那么,$\gamma_n(S)$ 便是一个有关一位博弈者加入联盟 S 的特定概率。因此,沙普利值便可理解为每位博弈者在博弈中的每个可能联盟的平均边际贡献率。

(四)谈判解

又被称为讨价还价解,也是合作博弈的一种解概念,它由诺贝尔经济学奖获得者奥曼(Aumann,2005)等提出。与核心和稳定集不同,它是从反面,从局中人对分配结果的"异议"或不满意的角度来确定分配结果。而这种"异议"或不满意的出现是一种"可置信的威胁",因而局中人将进行谈判,并通过谈判来获得一种合理的分配结果。下面我们先介绍谈判集的定义，然后再举一些在实际中应用的例子。

在介绍谈判集之前，我们先阐述博弈的联盟结构：

定义 2.18 在一个由 n 人组成的联盟型博弈中，一个联盟结构就是集合 N 的一个分割物或一个不相交的子集 $T = \{T_1, T_2, \cdots, T_n\}$。

也就是说，一个联盟的结构就代表了该博弈中有关联盟的组成情况。举个简单例子来说，如果 $N=4$，而 $T=\{\{1,2\},\{3,4\}\}$，那么这就说明了此博弈里共组成了两个联盟：$\{1,2\}$ 和 $\{3,4\}$。

有了联盟结构的概念，接下来我们介绍在特定的联盟结构下的分配：

定义 2.19 在一个由 n 人组成的联盟型博弈中，对于联盟结构 T，n 维支付向量 $x=(x_1, x_2, \cdots, x_n)$ 称为一个分配，当且仅当，在每个联盟中，每个成员分得的支付的总和等于该联盟的价值，即：

$$x_i \geq v(\{i\}) \text{ 和 } \sum_{i \in T_k} x_j = v(T_k), k = 1, 2, \cdots, n$$

我们用 $X(T)$ 表示在联盟结构 T 下的所有分配。

根据以上的定义，现在我们来考虑两位同属于联盟 $T_j \in T$ 的博弈者 k 和 l。假定博弈的联盟结构为 T，而现行采用的分配为 x，那么，博弈者 k 对 l 可以根据以下情况提出异议和反异议：

定义 2.20 给定博弈者 k 和 l 是同属于联盟 $T_j \in T$ 的两位博弈者，那么，博弈者 k 对 l 有一个异议 (y, S)，当且仅当，博弈者 k 可以提出组成一个包含博弈者 k 但不包含 l 的 s 人联盟 $S \subset N$，然后采用一个 S 可行的支付向量 $y=(y_1, y_2, \cdots, y_n)$，从而使得联盟中的每位成员 $i \in S$ 都获得比现行的支付多。

也就是说，博弈者 k 对 l 的异议 (y, S) 是能满足以下三项的二元组：

(1) $S \subset N, k \subset S, l \notin S$ (2) $y \in R^s, \sum_{i \in S} y_i = v(S)$ (3) $y_i > x_i, \forall i \in S$

定义 2.21 对于博弈者 k 对于 l 的异议 (y, S)，博弈者 l 有一个反异议 (z, Q)，当且仅当，博弈者 l 可以提出组成一个包含博弈者 l 但不包含 k 的 q 人联盟 $Q \subset N$，然后采用一个 Q 可行的支付向量 $z =$

$(z_1, z_2, \cdots, z_r)$，从而使得联盟 Q 中属于联盟 S 的每位成员 $i \in Q \cap S$ 的所得都不少于异议 (y, S) 所指定的支付，而联盟 Q 中不属于联盟 S 的每位成员 $i \in Q/S$ 的所得也不会少于现行的支付。

也就是说，博弈者 l 对 (y, S) 的反异议 (z, Q) 是能满足以下四项的二元组：

(1) $Q \subset N$, $l \in Q$, $k \notin Q$ (2) $z \in R^r$, $\sum_{i \in Q} z_i = v(Q)$

(3) $z_i \geq y_i$, $\forall i \in Q \cap S$ (4) $z_i \geq x_i$, $\forall i \in Q/S$

如果博弈者 l 对 k 的异议没有反异议，那么我们就称博弈者 k 对 l 的异议是具正当理由的（justified）。有了异议与反异议的概念，我们便可以介绍谈判集：

定义 2.22　在一个支付可转移的 n 人联盟型博弈 $<N, v>$ 中，对于联盟结构 T，谈判集是一个集合，当中包含所有不存在任何具正当理由的异议的分配 $x \in X(T)$，我们用 $M_1^i(T)$ 表示谈判集。

（五）内核

内核（kernel）是由戴维斯（M. Davis）与马勒施（1965）提出的。内核是与谈判集息息相关的重要解法，与谈判集不同，内核并不是建立在基于异议和反异议，而是建立在基于过剩（excess）和盈余（surplus）这两个概念。

定义 2.23　在一个 n 人联盟型博弈 $<N, v>$ 中，对于联盟 S 和分配 $x = (x_1, x_2, \cdots, x_n)$，在分配 x 下联盟 S 的过剩为：

$$e(S, x) = v(S) - \sum_{i \in S} x_i$$

从定义 2.23 中可以看出，过剩 $e(S, x)$ 表示联盟 S 的价值与在分配 x 下联盟 S 的所有成员的总得益的差，代表着集合 S 的成员拒绝分配 x 并组成联盟 S 的总得益。也就是说，如果过剩 $e(S, x)$ 越大，那么集合 S 的成员更愿意去组成联盟 S。如果过剩 $e(S, x)$ 是负数，那么它意味着集合 S 的成员拒绝分配 x 所招致的总损失，而数值越大表示总损失越大。

定义 2.24　在一个 n 人联盟型博弈 $<N, v>$ 中，对于分配 $x = (x_1, x_2, \cdots, x_n)$ 和两位不同的博弈者 i 和 j，在分配 x 下博弈者 i 对 j 的盈余为：

$$S_{ij}(x) = \max e(S, x), \forall S, i \in S, j \notin S$$

从定义 2.24 中不难看出，i 对 j 的盈余 $S_{ij}(x)$ 就是在博弈者 i 拒绝与博弈者 j 合作的情况下，博弈者 i 所能得到的最好支付。如果盈余 $S_{ij}(x)$ 越大，那么博弈者 i 与博弈者 j 合作的愿望就越小。如果盈余 $S_{ij}(x)$ 是负数，那么就反映了博弈者 i 不与博弈者 j 合作的最小损失。显然，如果 i 对 j 的盈余 $S_{ij}(x)$ 比 j 对 i 的盈余 $S_{ji}(x)$ 大，那么在谈判中，博弈者 i 的本钱明显比博弈者 j 多，因为如果合作失败，博弈者 i 的情况比博弈者 j 更为有利。

定义 2.25 在联盟结构为 ϖ 的情况下，对于分配 x 和属于 $T_k \in \varpi$ 的两位不同博弈者 i 和 j，$i \neq j$，博弈者 i 比 j 有较大的比重（ioutweighs），当且仅当 $S_{ij}(x) \geq S_{ji}(x)$ 并且 $x_j > v(\{j\})$。我们用 $i >> j$ 来代表这关系。

显然，当 $i >> j$ 时，由于博弈者 i 的谈判本钱比博弈者 j 多，因而分配 x 便是不稳定的。有了以上的概念，下面我们对内核做出如下界定：

定义 2.26 在一个支付可转移的 n 人联盟型博弈 $<N, v>$ 中，对于联盟结构 ϖ，内核是一个集合，当中包含所有不存在以下关系的分配：

$$x \in X(\varpi): i >> j, \ i, j \in T_k, \ T_k \in \varpi$$

我们用 $X(\varpi)$ 来表示联盟型博弈的内核。

（六）核仁

在前面对内核的界定中，我们利用了超出值 $e(S, x)$ 的概念，超出值 $e(S, x)$ 表示联盟 S 对分配方案 x 的一种损失，超出值 $e(S, x)$ 越大，则采用分配方案 x 联盟 S 损失也越大；反之亦然。因此，超出值 $e(S, x)$ 也是对分配方案不满意的一种度量。那么，我们能否找到一个分配使得所有联盟的不满意达到最小呢？核仁就是各个联盟对分配方案中不满意值的最小的分配方案。从数学的角度来表示，核仁就表示 $x_0 \in I(v)$，使得 x_0 是下式的解：

$$\max_{x \in I(v)} \min_{S \subseteq N} e(S, x)$$

当然，上式的解集合并不是核仁。因为它只找到了具有最大不满意度的分配集，在这个集合中又如何比较呢？其中的第二大不满意的分配又有哪些呢？因此，我们又需在新的约束下再求解上式。这样重复下去，一直到不能计算出为止。

下面我们对核仁进行介绍。

对于任意给定的一个分配 $x \in I(v)$，由于 N 有 2^n 个不同的联盟，因此也有 2^n 个超出值 $e(S, x)$。以这 2^n 个超出值 $e(S, x)$ 为分量，按照从大到小的次序排序，可以构成一个 2^n 维向量 $\theta(x)$，我们把它称为字典序排列：

$$\theta(x) = [e(S_1, x), e(S_2, x), \cdots, e(S_{2^n}, x)] \quad e(S_i, x) \geq e(S_{i+1}, x), \quad i = 1, 2, \cdots, 2^n - 1$$

显然，对于任意的 $x, y \in I(v)$，都存在各自的 2^n 维向量 $\theta(x)$ 和 $\theta(y)$。

定义 2.27 在 $\{\theta(x) | \theta(x) \in R^{2^n}, x \in I(v)\}$ 中相应的字典序规定如下：

若存在 k_0，使得

$\theta_k(x) = \theta_k(y), \quad k < k_0$

$\theta_{k_0}(x) < \theta_{k_0}(y)$

我们则称 $\theta(x)$ 的字典序在 $\theta(y)$ 之前，或者说 $\theta(x)$ 在字典序上小于 $\theta(y)$。记 $\theta(x) <_L \theta(y)$；同理，若 $\theta(y) <_L \theta(x)$ 不成立，则记为 $\theta(x) \leq_L \theta(y)$。

上述两式代表的意思是 $\theta(x)$ 和 $\theta(y)$ 的前 $k_0 - 1$ 个分量相等，而 $\theta(x)$ 的第 k_0 个分量比 $\theta(y)$ 的第 k_0 个分量小。因此，当 $\theta(x) <_L \theta(y)$ 时，分配方案 x 相对不满意的程度小于分配方案 y 相对不满意的程度。

定义 2.28 一个 n 人合作博弈 $<N, v>$ 的核仁（nucleolus）是分配 $x \in I(v)$ 的子集，记为 $Nu(v)$。$Nu(v)$ 为分配集中 x 在字典序上为最小。即：

$Nu(v) = \{x | x \in I(v)$，对于一切的 $y \in I(v)$，都有 $\theta(x) \leq_L \theta(y)\}$。

施迈德尔（Schmeidler）在提出核仁的定义的同时，并给出了下面一些有用的结论：

(1) 在 n 人合作博弈 $<N, v>$ 中,核仁 $Nu(v) \neq \phi$。

(2) 在 n 人合作博弈 $<N, v>$ 中,有 $|Nu(v)| = 1$。即 $Nu(v)$ 由唯一的一个分配构成。

(3) 在 n 人合作博弈 $<N, v>$ 中,内核 $X(\varpi)$ 和核仁 $Nu(v)$ 关系有 $Nu(v) \subseteq X(\varpi)$。

(4) 在 n 人合作博弈 $<N, v>$ 中,若核心 $C(v) \neq \phi$ 时,$Nu(v) \subseteq C(v)$。

二 动态合作博弈[①]

这里,我们主要介绍一下学者杨荣基、彼得罗相、李颂志在《动态合作——尖端博弈论》中关于微分博弈方面的相关知识以及范如国教授在《博弈论》中关于动态合作博弈的相关知识。

(一) 两人微分合作博弈

1. 开环、闭环和反馈纳什解法

假定在一个 n 人微分博弈中,每位博弈者 $i \in N$ 的支付函数可以表示为:

$$\max_{u_i} \int_{t_0}^{T} g^i[s, x(s), u_1(s), u_2(s), \cdots, u_n(s)] ds + q^i(x(T)) \quad (2.1)$$

其中,$x(s) \in X \subset R^m$ 表示每位博弈者的状态,$u_i \in U^i$ 表示博弈者 i 随着时间而发生改变的策略路径。$s \in [t_0, T]$ 表示博弈的每一时间点,t_0 和 T 分别代表了博弈的开始时间和结束时间。$g^i(\cdot) \geq 0$,$q^i(\cdot) \geq 0$,$g^i(\cdot)$ 表示博弈者 $i \in N$ 在每一时间点获得的瞬间报酬或支付,而 $q^i(\cdot)$ 则是博弈者 $i \in N$ 在终点时刻获得的终点报酬或支付。

博弈者的支付函数则取决以下的动态系统:

$$x(s) = f[s, x(s), u_1(s), u_2(s), \cdots, u_n(s)], x(t_0) = x_0 \quad (2.2)$$

(1) 开环纳什均衡。如果每位博弈者在博弈的初始阶段便指定各自在整个博弈的策略,那么,他们的资讯结构便可以看作是开环的。

[①] 杨荣基、彼得罗相、李颂志:《动态合作——尖端博弈论》,中国市场出版社 2007 年版;班允浩:《合作微分博弈问题研究》,博士学位论文,东北财经大学,2009 年。

在开环的资讯结构下，$r(s) = \{x_0\}$，$s \in [t_0, T]$，因此，博弈者的策略可以表示为初始状态和当前时间点 s 的函数，也就是说，对于 $i \in N$，$\{u_i(s) = \vartheta_i(s, x_0)\}$。而由每位博弈者的最优策略所构成的集合就是博弈的开环纳什均衡。以下是有关开环纳什均衡的定理：

定理 2.2 对于微分博弈式（2.1）和式（2.2），当存在 m 个共态函数 $\Lambda^i(s): [t_0, T] \to R^m$，$i \in N$，都满足以下代数式：

$$\zeta_i^*(s, x_0) \equiv u_i^*(s) = \underset{u_i \in U^i}{\operatorname{argmax}} \{g^i[s, x^*(s), u_1^*(s), u_2^*(s), \cdots, u_{i-1}^*(s), u_i^*(s), u_{i+1}^*(s), \cdots, u_n^*(s)] + \Lambda^i(s)f[s, x^*(s), u_1^*(s), u_2^*(s), \cdots, u_{i-1}^*(s), u_i^*(s), u_{i+1}^*(s), \cdots, u_n^*(s)]\}$$

$$x^*(s) = f[s, x^*(s), u_1^*(s), u_2^*(s), \cdots, u_n^*(s)], \quad x^*(t_0) = x_0$$

$$\Lambda^i(s) = -\frac{\partial}{\partial x^*}\{g^i[s, x^*(s), u_1^*(s), u_2^*(s), \cdots, u_n^*(s)] + \Lambda^i(s)f[s, x^*(s), u_1^*(s), u_2^*(s), \cdots, u_n^*(s)]\}$$

$$\Lambda^i(T) = \frac{\partial}{\partial x^*}q^i(x^*(T)); \quad i \in N$$

我们则称策略集合 $\{u_i^*(s) = \zeta_i^*(s, x_0)\}$ 构成一个开环纳什均衡，而 $\{x^*(s), t_0 \leq s \leq T\}$ 则为博弈对应的状态轨迹。

（2）闭环纳什均衡。与开环的状态资讯相对应，在无记忆完美资讯的情况下，每位博弈者的策略都依赖于初始状态、当前状态和当前时间。因此，每位博弈者 $i \in N$ 的资讯结构可以表示为：$\eta^i(s) = \{x_0, x(s)\}$，$s \in [t_0, T]$，也就是说，对于任意的 $i \in N$，博弈者的策略是初始状态 x_0、当前状态 $x(s)$ 和当前时间点 s 的函数，即 $\{u_i(s) = \vartheta_i(s, x(s), x_0)\}$。

以下是关于闭环无记忆纳什均衡的必要条件的定理：

定理 2.3 对于微分博弈式（2.1）和式（2.2），当存在 m 个共态函数 $\Lambda^i(s): [t_0, T] \to R^m$，$i \in N$，都满足以下代数式：

$$\vartheta_i^*(s, x_0) = u_i^*(s) = \underset{u_i \in U^i}{\operatorname{argmax}} \{g^i[s, x^*(s), u_1^*(s), u_2^*(s), \cdots u_{i-1}^*(s), u_i^*(s), u_{i+1}^*(s), \cdots, u_n^*(s)] + \Lambda^i(s)f[s, x^*(s), u_1^*(s), u_2^*(s), \cdots u_{i-1}^*(s), u_i^*(s), u_{i+1}^*(s), \cdots, u_n^*(s)]\}$$

$$x^*(s) = f[s, x^*(s), u_1^*(s), u_2^*(s), \cdots, u_n^*(s)], \quad x^*(t_0) = x_0$$

$$\Lambda^i(s) = -\frac{\partial}{\partial x^*}\{g^i[s, x^*(s), \vartheta_1^*(s, x^*, x_0), \vartheta_2^*(s, x^*, x_0), \cdots, \vartheta_{i-1}^*(s, x^*, x_0), u_i^*(s), \vartheta_{i+1}^*(s, x^*, x_0), \cdots, \vartheta_n^*(s, x^*, x_0)] + \Lambda^i(s)f[s, x^*(s), \vartheta_1^*(s, x^*, x_0), \vartheta_2^*(s, x^*, x_0), \cdots, \vartheta_{i-1}^*(s, x^*, x_0), u_i^*(s), \vartheta_{i+1}^*(s, x^*, x_0), \cdots, \vartheta_n^*(s, x^*, x_0)]\}$$

$$\Lambda^i(T) = \frac{\partial}{\partial x^*} q^i(x^*(T)); \ i \in N$$

我们则称策略集合 $\{u_i(s) = \vartheta_i(s, x(s), x_0)\}$ 为博弈式(2.1)和式(2.2)给出的一个闭环无记忆纳什均衡，其中 $\{x^*(s), t_0 \leq s \leq T\}$ 为博弈相应的状态轨迹。

（3）反馈纳什均衡。为了消除推导纳什均衡时所要面对的资讯非唯一性，解法需符合反馈纳什均衡的特性，而且博弈者的资讯结构为闭环完美状态（CLPS），即 $\eta^i(s) = \{x(t), t_0 \leq t \leq s\}$ 或无记忆完美状态（MPS），即 $\eta^i(s) = \{x_0, x(s)\}$。

以下是关于在微分博弈式（2.1）和式（2.2）的反馈纳什均衡解法的必要条件的定理：

定理2.4 对于微分博弈式（2.1）和式（2.2），当存在可连续微分的函数 $V^i(t, x): [t_0, T] \times R^m \rightarrow R, i \in N$，都满足以下的偏微分方程：

$$-V_t^i(T, x) = \max_{u_i}\{g^i[t, x, \phi_1^*(t, x), \phi_2^*(t, x), \cdots, \phi_{i-1}^*(t, x), u_i(t, x), \phi_{i+1}^*(t, x), \cdots, \phi_n^*(t, x)] + V_x^i(t, x)f[t, x, \phi_1^*(t, x), \phi_2^*(t, x), \cdots, \phi_{i-1}^*(t, x), u_i(t, x), \phi_{i+1}^*(t, x), \cdots, \phi_n^*(t, x)]\} = \{g^i[t, x, \phi_1^*(t, x), \phi_2^*(t, x), \cdots, \phi_n^*(t, x)] + V_x^i(t, x)f[t, x, \phi_1^*(t, x), \phi_2^*(t, x), \cdots, \phi_n^*(t, x)]\}$$

$$V^i(T, x) = q^i(x), \ i \in N$$

其中，$V^i(t, x)$ 是博弈者 $i \in N$ 在时间和状态分别为 t 和 x 时，他在时区 $[t, T]$ 获得的支付。那么，我们则称 n 序列值的策略集合 $\{u_i^*(t) = \phi_i^*(t, x(t)) \in U^i\}, i \in N$ 给出一个反馈纳什均衡解法。

2. 带有贴现的两人微分合作博弈

这里，我们介绍带有贴现的二人微分合作博弈。

考虑一个二人非零和微分博弈，假设博弈的初始状态和博弈的持续时间分别为 x_0 和 $T-t_0$，博弈的状态空间为 $X \in R^m$，其中可允许的状态轨迹为 $\{x(s), t_0 \leq s \leq T\}$，而博弈状态的变化则取决于以下方程：

$$x(s) = f[s, x(s), u_1(s), u_2(s)], \quad x(t_0) = x_0 \tag{2.3}$$

在时间点 $s \in [t_0, T]$，博弈者 $i \in \{1, 2\}$ 都会获得他的瞬时支付 $g^i[s, x(s), u_1(s), u_2(s)]$，而在博弈的结束时间点 T，它会获得终点支付 $q^i(x(T))$。在此博弈中，假设支付是可以转移的。因此，两位博弈者获得的支付是可以进行比较的。不过，博弈者在不同时间点所获得的支付需要进行相应的贴现后才能进行比较。给定一个随着时间发生变化的贴现率 $r(s)$，每位博弈者在时间点 t_0 后的时点 t 所获得的支付，都需要根据贴现因子 $\exp\left[-\int_{t_0}^{t} r(y)dy\right]$ 进行贴现。因此，在时间点 t_0，博弈者 $i \in \{1, 2\}$ 的支付函数的现值可以表示为：

$$\int_{t_0}^{T} g^i[s, x(s), u_1(s), u_2(s)] \exp\left[-\int_{t_0}^{s} r(y)dy\right]$$
$$+ \exp\left[-\int_{t_0}^{T} r(y)dy\right] q^i(x(T)) \tag{2.4}$$

其中：$g^i(\cdot) \geq 0$，$q^i(\cdot) \geq 0$

现在我们考虑两位博弈者共同合作的情况，用 $\Gamma_c(x_0, T-t_0)$ 表示博弈的合作情况，其中每位博弈者都愿意根据一个双方都同意的最优共识原则来分配合作支付，而这个最优共识原则解法沿着博弈的合作状态轨迹路径 $\{x_0^*\}_{s=t_0}^{T}$ 都将生效。另外，任何的合作安排都必须符合博弈者的整体理性和个体理性。

（1）整体理性和最优轨迹。整体理性要求参与双方共同议定的合作方案能最大化整体的合作支付，因此，为了达到整体理性，合作博弈 $\Gamma_c(x_0, T-t_0)$ 的参与双方必须解决以下的最优控制问题：

$$\max_{u_1, u_2} \left\{ \int_{t_0}^{T} \sum_{j=1}^{2} g^j[s, x(s), u_1(s), u_2(s)] \exp\left[-\int_{t_0}^{s} r(y)dy\right] \right.$$
$$\left. + \exp\left[-\int_{t_0}^{T} r(y)dy\right] \sum_{i=1}^{2} q^j(x(T)) \right\} \tag{2.5}$$

并受制于动态系统式（2.3）。

用 $\psi(x_0, T-t_0)$ 表示控制问题式（2.3）和式（2.5）。引用贝尔曼的动态规则，可以得到如下定理：

定理 2.5 当存在连续可微函数 $W^{(t_0)}(t, x): [t_0, T] \times R^m \to R$，满足以下的贝尔曼方程：

$$-W_t^{(t_0)}(t, x) = \max\left\{\sum_{j=1}^{2} g^j[t,x,u_1,u_2]\exp\left[-\int_{t_0}^{t} r(y)dy\right] + W_x^{(t_0)}f[t,x,u_1,u_2]\right\}$$

边界条件为：

$$W_t^{(t_0)}(T,x) = \exp\left[-\int_{t_0}^{T} r(y)dy\right]\sum_{j=1}^{2} q^j(x)$$

其中，$W_t^{(t_0)}(t, x)$ 表示两位博弈者的整体在 t_0 开始的原博弈中，在时间和状态分别为 t 和 x 时，他们在以后的时区 $[t, T]$ 获得支付的现值。那么，我们则称控制集合 $\{[\psi_1^{(t_0)*}(t, x), \psi_2^{(t_0)*}(t, x)], t \in [t_0, T]\}$ 为控制问题 $\psi(x_0, T-t_0)$ 给出的一个最优解法。

在合作的安排下，博弈两方将采用事先约定的合作控制：

$$\{[\psi_1^{(t_0)*}(t, x), \psi_2^{(t_0)*}(t, x)], t \in [t_0, T]\}$$

而相应的最优合作轨迹的动态则可以表示为：

$$x(s) = f[s, x(s), \psi_1^{(t_0)*}(s, x(s)), \psi_2^{(t_0)*}(s, x(s))], x(t_0) = x_0 \quad (2.6)$$

（2）个体理性。假设在初始时间和初始状态分别为 t_0 和 x_0 时，每为博弈者都同意双方认定的某一个特定的最优共识原则，而在这最优共识原则下的分配向量为：

$$\xi(x_0, T-t_0) = [\xi^1(x_0, T-t_0), \xi^2(x_0, T-t_0)]$$

这也就意味着每位博弈者都同意在时区 $[t_0, T]$，博弈者 $i \in \{1, 2\}$ 应该获得的支付为 $\xi^i(x_0, T-t_0)$。

由于一个成功的合作安排必须满足个体理性，因此，在初始时间和初始状态分别为 t_0 和 x_0 时，以下的等式必须成立：

$$\xi^i(x_0, T-t_0) \geq V^{(t_0)i}(t_0, x_0), i \in \{1, 2\}$$

其中，$V^{(t_0)i}(t_0, x_0)$ 表示非合作情况下博弈者所获得的支付。

（二）多人微分合作博弈理论

考虑一个由 n 个城市组成的动态经济合作决策情况。各城市的目标都是最优化该城市在时区 $[t_0, T]$ 中的净收入的现值，即：

$$\int_{t_0}^T g^i[s, x_i(s), u_i(s)] \exp\left[-\int_{t_0}^s r(y)dy\right]ds$$
$$+ \exp\left[-\int_{t_0}^T r(y)dy q^i(x_i(T))\right], i \in [1, 2, \cdots, n] \equiv N \quad (2.7)$$

并受制于以下动态系统：
$$\dot{x}_i(s) = f_i^i[s, x_i(s), u_i(s)], x_i(t_0) = x_i^0,$$
对 $i \in [1, 2, \cdots, n] \equiv N$ \quad (2.8)

其中，$x_i(s) \in X_i \in R^{m_i+}$ 则是城市 i 的资源和基建设施等。$u_i \in U_i \subset R^{l_i+}$ 表示城市 i 的控制向量，可以看作是城市 i 在基建、教育和其他经济项目中投放的资金或者其他资源。

类似地，不同的城市在不同时间点所获得的支付同样需要进行相应的贴现后才能进行比较。给定一个随着时间发生改变的贴现率 $r(s)$，每个城市在时间点 t_0 后的时点 t 的所获，都需要根据贴现因子 $\exp\left[-\int_{t_0}^t r(y)dy\right]$ 进行贴现，这个贴现因子可以看作是各城市资金的机会成本或市场利率。同理，在每一个时间点 s，城市 i 都会获得瞬时支付 $g^i[s, x_i(s), u_i(s)]$，瞬时支付和终点支付都与状态变量有着正的关系，当状态变量 x_i 的值越大，瞬时支付 $g^i[s, x_i, u_i]$ 和终点支付 $q^i(x_i)$ 的值也都越大。我们用 $x_N(s)$ 代表向量 $[x_1(s), x_2(s), \cdots, x_n(s)]$，$x_N^0$ 代表向量 $[x_1^0, x_2^0, \cdots, x_n^0]$。

接下来考虑一个由城市集合 $K \subseteq N$ 所组成的经济合作联盟，由于参与经济合作的城市在资金、技术和人才等各方面产生协同效应，因此，城市 i 的状态所依赖的动态系统在加入城市联盟 K 后将变为：
$$\dot{x}_i(s) = f_i^K[s, x_K(s), u_i(s)], x_i(t_0) = x_i^0, 对于 i \in K \quad (2.9)$$

其中，对于 $j \in K$，$x_K(s)$ 是向量 $x_j(s)$ 的链状排列，而且对于 $j \neq i$，$\partial f_i^K[s, x_K, u_i]/\partial x_j \geq 0$。因此，在加入城市联盟 K 后，每一个联盟城市 $j \in K$ 的状态都会为城市 i 的状态给予正面的影响。也就是说，在加入城市联盟 K 后，联盟中的每一个城市都能分享其他联盟城市在各方面的发展的成果。

1. 城市联盟的支付

在组成联盟 K 后，由于参与城市可以在经济合作中的各方面产生协同效应。因此，在时间点 t_0 上，对于 $K \subseteq N$，在协同效应下，联盟 K 的合作支付为：

$$\int_{t_0}^{T} \sum_{j \in K} g^i[s, x_i(s), u_i(s)] \exp\left[-\int_{t_0}^{s} r(y) dy\right] ds$$
$$+ \sum_{j \in K} \exp\left[-\int_{t_0}^{T} r(y) dy\right] q^j(x_j(T)) \tag{2.10}$$

为了计算出联盟 K 的合作支付，需要考虑最优控制问题 $\overline{w}[K; t_0, x_K^0]$，也就是在受制于动态系统式（2.9）的同时，最大化联盟 K 的合作支付函数式（2.10）。

为简单起见，将动态系统式（2.9）表示为：

$$\dot{x}_K(s) = f^K[s, x_K(s), u_K(s)], \quad x_K(t_0) = x_K^0 \tag{2.11}$$

其中，对于 $j \in K$，u_K 是 u_j 的集合，而 $f^K[t, x_K, u_K]$ 则是一个包含 $f_j^K[t, x_K, u_j]$ 的列向量。

引用贝尔曼的动态规划技术，便可得到有关最优控制问题 $\overline{w}[K; t_0, x_K^0]$ 的解法的定理：

定理 2.6 当存在连续可微分函数 $W^{(t_0)K}(t, x_K): [t_0, T] \times \prod_{j \in K} R^{m_j} \to R$，满足以下的贝尔曼方程：

$$-W_t^{(t_0)K}(t, x_K)$$
$$= \max_{U_K} \left\{ \sum_{j \in K} g^j[t, x_j, u_j] \exp\left[-\int_{t_0}^{t} r(y) dy\right] + \sum_{j \in K} W_{x_j}^{(x_0)K}(t, x_K, u_j) \right\}$$
$$W^{(t_0)K}(T, x_K) = \sum_{j \in K} \exp\left[-\int_{t_0}^{T} r(y) dy\right] q^j(x_j)$$

其中，$W^{(t_0)K}(t, x_K)$ 表示联盟 K 在时间点 t_0 开始的合作计划中，在时间和状态分别为 t 和 x_K 时，在时区 $[t, T]$ 的支付的现值。那么，我们则称最优控制集合 $\{u_K^*(t) = \psi_K^{(t_0)K^*}(t, x_K)\}$ 为控制问题 $\overline{w}[K; t_0, x_K^0]$ 提供最优解法。

根据定理 2.6，用 $\psi_j^{(t_0)K^*}(t, x_K)$ 来表示在最优控制问题 $\overline{w}[K; t_0, x_K^0]$ 中，联盟 K 中的城市 j 所采用的最优控制。在所有城市联成一线的情况下，即 $K = N$，每个城市都采用以下的最优控制，即：

$$\psi_N^{(t_0)N^*}(s, x_N(s)) = [\psi_1^{(t_0)N^*}(s, x_N(s)), \psi_2^{(t_0)N^*}(s, x_N(s)), \cdots, \psi_N^{(t_0)N^*}(s, x_N(s))]$$

而城市总联盟的最优状态轨迹的变化则为：
$$\dot{x}_j(s) = f_j^N[s, x_N(s), \psi_j^{(t_0)N*}(s, x_N(s))], x_j(t_0) = x_j^0, j \in N$$
(2.12)

或 $\dot{x}_N(s) = f^N[s, x_N(s), \psi_N^{(t_0)N*}(s, x_N(s))]$，对于 $x_N(t_0) = x_N^0$

令 $x_N^*(t) = [x_1^*(t), x_2^*(t), \cdots, x_n^*(t)]$ 为动态系统 (2.12) 的解法。那么，城市总联盟在合作期间的状态便构成了博弈的最优轨迹 $\{x_N^*(t)\}_{t=t_0}^T$。用 x_j^{t*} 来表示 $x_j^*(t)$ 在时间点 $t \in [t_0, T]$ 的值。

考虑开始时间和开始状态分别为 $\tau \in [t_0, T]$ 和 x_K^τ 的最优控制问题 $\overline{w}[K; \tau, x_K^\tau]$，引用定理 2.6，不难发现对于 $t_0 \leq \tau \leq t \leq T$，以下的数学关系成立：

$$\exp\left[\int_\tau^t r(y)dy\right]W^{(\tau)K}(t, x_K^t) = W^{(t)K}(t, x_K^t), \psi_K^{(\tau)K*}(t, x'_K)$$
$$= \psi_K^{(t)K*}(t, x'_K)$$

这表示在同一时间和状态下，联盟 K 在不同时间开始的最优控制问题中的最优合作策略都是一样的，而联盟 K 在不同时间开始的最优控制问题中的价值函数在进行相应的贴现后也都是相等的。

在上述有关 n 个城市的动态合作决策情况中，每个城市 i 的状态不仅对城市本身获得的瞬时支付 $g^i[s, x_i, u_i]$ 有正面的影响，而且对城市在合作计划所获得的终点支付 $q^i(x_i)$ 也存在正面的影响。由于对于 $j \neq i$，$\partial f_i^K[s, x_K, u_K]/\partial x_j \geq 0$，因此，每个城市都能从其他联盟城市的发展中通过协同效应而得到好处。

2. 动态沙普利值

考虑上述 n 个城市的经济合作计划，所有城市都愿意共同最大化城市总联盟的整体利益，并按照沙普利值分配联盟的合作支付。由于沙普利值不仅符合联盟的整体理性和个体理性，并且是必定存在和唯一的，而且沙普利值也十分易于计算。因此，沙普利值比其他合作解法，如核、核心、谈判集和稳定集等更为理想。根据沙普利值，在一个 n 个城市的经济合作计划中，每一个成员城市 i 所获得的分配为：

$$\varphi^i(v) = \sum_{K \subseteq N} \frac{(k-1)!(n-k)!}{n!}[v(K) - v(K/i)], 对于 i \in N$$

(2.13)

其中，K/i是城市i在城市联盟K中的相对补余，$v(K)$是联盟K的合作利润，而$[v(K)-v(K/i)]$则是博弈者i对联盟K的边际贡献。

为了最大化城市总联盟的利润，每个城市将在时间区间$[t_0,T]$中采取控制向量$\{\varphi_N^{(t_0)N*}(t,x_N^{t*})\}_{t=t_0}^T$，而相应的最优状态轨迹则为动态系统式(2.12)中的$\{x_N^*(t)\}_{t=t_0}^T$。由于每个城市都统一按照沙普利值来分配联盟的合作支付，因此，在时间为t_0而状态为$x_N^{t_0}$时，城市i获得的利润为：

$$v^{(t_0)i}(t_0,x_N^0)=\sum_{K\subseteq N}\frac{(k-1)!(n-k)!}{n!}$$
$$[W^{(t_0)K}(t_0,x_K^0)-W^{(t_0)K/i}(t_0,x_{K/i}^0)] \text{ 对于 } i\in N \qquad(2.14)$$

特别地，在整个合作期间$[t_0,T]$，沙普利值都必须得到维持。因此，在沿着博弈的最优状态轨迹的每一个时间点$\tau\in[t_0,T]$，以下的分配原则也必须得到维持：

在时间点τ上，对于$i\in N$并且$\tau\in[t_0,T]$，城市i获得的支付为：

$$v^{(\tau)i}(\tau,x_N^{\tau*})=\sum_{K\subseteq N}\frac{(k-1)!(n-k)!}{n!}$$
$$[W^{(\tau)K}(\tau,x_K^{\tau*})-W^{(\tau)K/i}(\tau,x_{K/i}^{\tau*})] \qquad(2.15)$$

其中，$K\subseteq N$是一个包含城市i的非空联盟，$[W^{(\tau)K}(\tau,x_K^{\tau*})-W^{(\tau)K/i}(\tau,x_{K/i}^{\tau*})]$表示城市$i$对于联盟$K$的价值函数的边际贡献，$\frac{(n-1)!(n-k)!}{n!}$则表示有关联盟$K$的加权因子。因此，根据式(2.15)，每个城市$i\in N$在时间点$\tau$都将获得其在该时间点的沙普利值。通过维持条件式(2.15)，博弈的最优共识原则解法在沿着博弈的最优状态轨迹的每时每刻都会有效。

第三节 复杂网络上的演化博弈理论

一 演化博弈理论

演化博弈理论在假定博弈主体具有有限理性的前提下，分析博弈者的资源配置行为以及对所处的博弈进行策略选择，因此，它分析的是有限理性博弈者的博弈均衡问题。所谓有限理性是指博弈者具备一定的统计分析能力和对不同策略下得益的事后判断能力。由于有限理性的影响，博弈者不会马上就能通过最优化计算找到最优策略，而是通过试错来寻找到理想的策略。也就是说，演化博弈下的均衡不是一次性选择的结果，而是需要通过博弈者不断地动态调整和改进才能实现，而且即使达到了均衡也有可能再次发生偏离。

按其所考察的群体数目可分为单群体模型与多群体模型。单群体模型源于学者对生态学的研究，生态学家经常把同一个生态环境中的所有种群看作一个大群体，因而整个群体就相当于一个选择不同纯策略的个体。从群体中随机抽取的个体每两者之间进行的博弈都属于对称博弈，这类模型被称为对称模型。严格地讲，单群体中个体进行的博弈并不是真正意义上的博弈，博弈是在个体与群体分布所代表的虚拟博弈者之间进行的。多群体模型是由泽尔腾（Selten）1980年首次提出并进行研究的，他在单群体生态进化模型的基础上，通过引入角色限制行为把对称模型变为非对称模型。在非对称博弈中，个体之间存在角色上的区分，大群体可以被分为许多不同的小群体，而且群体在规模上也存在差异，与单群体中个体进行的博弈相反，群体中随机抽取的个体之间进行真正意义上的两两配对重复；或者小群体源于不同的其他大群体，而且这些小群体之间存在较大的差异，是非对称的，因此又被称为非对称模型。按照群体在演化中受到的影响因素属于确定性还是随机性，可以将演化博弈模型分为确定性动态模型和随机性动态模型。一般来说，确定性动态模型比较简单，并且能够较好地描述系统的演化趋势；随机性动态模型需要考虑诸多随机因素对动态系统的影响，因而比较复杂，但能够更准确地描述动态系统的真实行为。

演化博弈理论能够在各个不同的领域得到极大的发展应归功于梅纳德与普瑞斯提出的演化博弈理论中的基本概念——演化稳定策略，他们将研究视角从博弈论的理性陷阱中解脱出来，为博弈理论的研究寻找到了新的突破口。演化稳定策略及复制者动态的提出，也使得演化博弈理论开始被广泛地应用于经济学、生物学、社会学等领域，两者一起构成了演化博弈理论最核心的一对基本概念。

演化稳定策略源于生物进化论中的自然选择原理，它在生物中意味着凡是影响到群体中个体生存和繁殖的遗传差异都要受到自然的选择。假设存在一个由全部选择某一特定策略的大群体和选择不同策略的突变小群体构成的系统，突变小群体进入到大群体后形成一个混合系统，如果突变小群体在混合系统中博弈所获得的收益大于原群体中个体在混合系统中博弈所获取的收益，那么突变小群体就能够侵入大群体；相反，此种小群体就会在演化过程中消失。[①] 如果一个系统能够抵制任何小突变群体的侵入，那么就称该系统达到了一种演化稳定状态，此时该群体所选择的策略就是演化稳定策略。因此，简单来说，演化稳定策略是指如果群体中所有的成员都采取这种策略，那么在自然选择的影响下，将没有突变策略来侵犯这个群体。也就是说，在重复博弈中，仅仅具备有限信息的个体根据其现有利益不断地在对其策略进行调整以追求自身利益的改善，最终达到一种动态平衡状态，在此种平衡状态中，任何一个个体都不再愿意单方面改变其策略，我们称这种平衡状态下的策略为演化稳定策略，而选择演化稳定策略时所处的状态就是演化稳定状态，此时的动态均衡就是演化稳定均衡。

一般来说，演化博弈模型主要是基于选择机制和突变机制两个方面建立起来的。选择机制是指在本期中能够获得较高收益的策略在下一期将被后代或竞争对手通过学习与模仿等方式而被更多的博弈者采用；突变是指群体中的某些个体以随机的方式选择策略，因此突变策略可能获得较高的收益也可能获得较低的收益，而那些获得更高收益的变异策略经过选择后将变得更加盛行，那些获得更低收益的变异策略则会在演化的过程中自然消亡。因此，演化博弈理论需要解决的关键问题就是如何描述群体行为的这种选择机制和突变机制。而模仿者动态模型是一种典型的基于选择机制的确定性和非线性的演化博弈模型，它能较好地描绘出有限理性个体的群体行为变化趋势，在此模型

[①] 苑志勇：《演化博弈论在电力市场中的应用》，硕士学位论文，华中科技大学，2005 年。

的基础上加入个体的策略随机变动行为，就构成了一个包含选择机制和变异机制的综合演化博弈模型，由此得出的结论能够比较准确地预测个体的群体行为，所谓模仿者动态是指使用某一策略人数的增长率等于使用该策略时所获得的收益与平均收益之差。

（一）演化稳定策略

演化稳定策略是演化博弈理论的一个基本概念，它是指如果群体中所有的成员都采取同种策略，那么在自然选择的影响下，将没有突变策略来侵犯这个群体。也就是说，在重复博弈中，具备有限信息的个体根据其现有利益不断地对其策略进行调整以追求自身利益的改善，最终达到一种动态平衡状态，在这种平衡状态下，任何一个个体都不再愿意单方面改变其策略，我们称这种平衡状态下的策略为演化稳定策略。

演化稳定策略是学者们在研究生态现象时提出的，生态学中每一个种群的行为都可以看作是一个策略，所有种群就可以看作是一个大群体，而群体中个体之间进行的是对称博弈。下面以对称博弈为例来介绍演化稳定策略的定义。

下面给出梅纳德和普瑞斯对演化稳定策略的定义[①]，用符号表示如下：

如果 $\forall y \in S$, $y \neq x$，存在一个 $\overline{\varepsilon}_y \in (0, 1)$，不等式 $u[x, sy+(1-s)x] > u[y, sy+(1-s)x]$ 对任意 $\varepsilon \in (0, \overline{\varepsilon}_y)$ 都成立，那么，$x \in A$ 是演化稳定策略。

其中，S 表示群体中个体进行博弈时采取的策略集；y 表示突变策略；$\overline{\varepsilon}_y$ 是一个与突变策略 y 有关的常数，称为正的入侵阻碍；$sy+(1-s)x$ 表示由选演化稳定策略的群体与选择突变策略的群体所组成的混合系统。$1-\overline{\varepsilon}_y \in (0, 1)$ 相当于该吸引子对应吸引域的半径，也就是说演化稳定策略考察的是系统落于该均衡吸引域范围之内的动态

---

① 付立群：《进化博弈论：经济学方法论的一次革命》，《武警工程学院学报》2004年第8期；张良桥：《进化博弈理论方法与房地产市场诚信问题研究》，《顺德职业技术学院学报》2005年第9期；于全辉：《投资者情绪与证券市场价格互动关系研究》，博士学位论文，重庆大学，2009年。

性质，而不考虑落于吸引域范围之外的，因此，它描述系统的局部动态质。

设进行对称博弈的两个博弈者1和博弈者2各自的两个策略为 s_1 和 s_2，策略 s_1 可以理解为博弈者的行动，而策略 s_2 则理解为突变体的行动。当双方的策略组合为 (s_1, s_2) 时，他们的得益分别为 $u_1(s_1, s_2)$，$u_2(s_2, s_1)$。假如双方采用突变者的策略 s_2 的概率均为 ε，则任何一方采用策略 s_2 和 s_1 的期望得益分别为：

$(1-\varepsilon)u_i(s_2, s_1) + \varepsilon u_i(s_2, s_2)$

$(1-\varepsilon)u_i(s_1, s_1) + \varepsilon u_i(s_1, s_2)$

为了将所有的突变者驱逐出种群，根据演化稳定策略的要求，必须使任一个突变者的期望得益小于正常生物体的期望得益：

$(1-\varepsilon)u_i(s_1, s_1) + \varepsilon u_i(s_1, s_2) > (1-\varepsilon)u_i(s_2, s_1) + \varepsilon u_i(s_2, s_2)$

由演化稳定策略的定义，可以得到如下三个性质：

性质 2.1　如果策略 s 是演化稳定策略，那么对任何 $s' \in S$ 都有 $u(s, s) \geq u(s', s)$。

这意味着对于任何一个个体来说，策略 s 是相对于其自身的最优反应策略之一。如果策略 s 是演化稳定策略，那么，当选择突变策略的个体在与选择策略 s 的个体进行博弈时，他就会获得较少的利益，从而不能侵入到选择演化稳定策略的群体中，只能从群体中"被驱逐"。

性质 2.2　如果策略 s 是演化稳定策略，且对任何策略 s' 满足 $u(s, s) = u(s', s)$，那么必有 $u(s, s') > u(s', s')$。

这一性质又被称为演化稳定策略的弱概念，因为如果满足 $u(s, s) = u(s', s)$ 时，说明入侵者不会被驱逐。如果满足 $u(s, s') > u(s', s')$，就意味着选择演化稳定策略的群体可以侵入到突变者群体中，从而使得选择突变策略者在演化过程中从群体中"被驱逐"。

性质 2.3　如果策略 $s \in S$ 满足

1) 对任何 $s' \neq s$ 且 $s' \in S$，有 $u(s, s) \geq u(s', s)$；

2) $u(s, s) = u(s', s)$ 隐含了 $u(s, s) > u(s', s)$。

那么策略就是演化 s 稳定策略。

从性质 2.3 可以得到如下结果：如果 (s, s) 是一个严格的纳什均衡，那么 s 是演化稳定的，从而不存在另外的最优反应。性质 2.3 的两个条件一起刻画了演化稳定性，此后许多有关演化博弈的理论把此性质作为对演化稳定策略的正式定义。

（二）模仿者动态模型

一般而言，演化博弈模型主要是基于选择机制和突变机制这两个方面而建立起来的。模仿者动态模型是一种典型的基于选择机制的确定性和非线性的演化博弈模型，在此模型的基础上加入个体的策略随机变动行为，就构成了一个包含选择机制和变异机制的综合演化博弈模型[1]，由此得出的结论能够比较准确地预测个体的群体行为，因而受到演化博弈论者的高度重视。下面我们来介绍模仿者动态模型的表述形式。

考虑在某时点上某种群中各个不同的群体准备分别选择不同的策略进行博弈。为了研究这些群体的演化，假定只有适应性最强的群体才能生存下来，如果某个群体的得益水平超过了种群的平均水平，那么该群体中的个体数量就会增加。[2] 相反，如果该群体的得益水平低于平均水平，那么它在整个种群中的比重就会下降，直至最终"被淘汰"出局。

为方便起见，我们将博弈者的纯策略限定为 s 和 s' 两个，在此基础上可以直接拓展至多博弈策略的情形。模仿者动态存在离散模型和连续模型两种类型，离散模型用差分方程建模，连续模型用微分方程建模。

假设 n_t 和 n'_t 分别表示在 t 时点选择策略 s 和策略 s' 的博弈者的数量，令 N_t 表示总的博弈者数量，$u_t(s)$ 是其得益函数，S 表示策略集合。[3]

对于离散模型有：$n_{t+1}(s) = n_t(1 + u_t(s))$ （2.16）

对于连续模型有：$\dot{n}_t(s) = n_t u_t(s)$ （2.17）

---

[1] 黄凯南：《演化博弈与演化经济学》，《经济研究》2009 年第 2 期。
[2] 谌小平：《基于演化博弈论的低碳供应链形成机制研究》，硕士学位论文，广东工业大学，2014 年。
[3] 武红梅：《房地产企业实施绿色营销的博弈研究》，硕士学位论文，中北大学，2015 年。

令 $x_t(s)$ 为 t 时刻选择策略 s 的博弈者在总体中的比重:

$$x_t(s) = \frac{n_t}{N_t} \tag{2.18}$$

准备选择策略 s 的博弈者的期望得益为:

$$u_t(s) = x_t(s)u_t(s, s) + x_t(s')u_t(s, s') \tag{2.19}$$

因此, 所有博弈者的平均得益为:

$$\overline{u}_t(s) = x_t(s)u_t(s) + x_t(s')u_t(s') \tag{2.20}$$

将式 (2.18)、式 (2.19)、式 (2.20) 代入式 (2.16) 和式 (2.17), 于是可以得到:

$$x_{t+1}(s) = x_t(s)\frac{1 + u_t(s)}{1 + \overline{u}_t(s)} \tag{2.21}$$

$$\frac{dx_i}{dt} = F(x_i) = [u(s_i, x) - \overline{u}(x, x)]x_i \tag{2.22}$$

其中, 式 (2.21) 表示离散的和连续的模仿者动态方程。式 (2.22) 表示连续的模仿者动态方程。$u(s_i, x)$ 表示群体中个体进行随机匹配匿名博弈时, 群体中选择纯策略 s_i 的个体所得的期望得益。$\overline{u}(x, x) = \sum x_i u(s_i, x)$ 表示群体平均期望得益。

按所研究的群体数目不同, 演化博弈动态模型可分为单群体动态模型与多群体动态模型两大类。下面主要介绍单群体与多群体动态模仿者动态模型。①

1. 单群体确定性模仿者动态

假定群体中每一个个体 i 在某时刻只选择一个纯策略 s_i。$s_k = \{s_1, s_2, \cdots, s_n\}$ 表示群体中各个体可供选择的纯策略集; N 表示群体中个体总数; $n_i(t)$ 表示在时刻 t 选择纯策略 i 的个体数。$x_k = \{x_1, x_2, \cdots x_n\}$ 表示群体在时刻 t 所处的状态, 其中 x_i 表示在该时刻选择纯策略 i 的人数在群体中所占的比例, 即 $x_i = \frac{n_i(t)}{n}$。$u(s_i, x)$ 表示群体中个体进行随机配对匿名博弈时, 群体中选择纯策略 s_i 的个体所得的期望得益。$\overline{u}(x, x) = \sum x_i u(s_i, x)$ 表示群体平均期望得益。

---

① 张良桥:《进化博弈基本动态理论》,《中国经济评论》2003 年第 5 期。

下面给出连续时间模仿者动态公式，此时动态系统的演化过程可以用微分方程来表示。

在对称博弈中每一个个体都认为其对手来自状态为 x 的群体。假定选择纯策略 s_i 的个体数的增长率为 $u(s_i, x)$，于是可以得到如下等式：

$$\frac{dn_i}{dt} = n_i(t) u(s_i, x)$$

由定义可知，$n_i(t) = x_i N$，对 t 微分可得：

$$n\left(\frac{dx_i}{dx}\right) = \frac{dn_i(t)}{dt} - x_i \sum_{i=1}^{k} dn_i(t)/dt$$

两边同时除以 n 可以得到：

$$dx_i(t)/dt = [u(s_i, x) - \bar{u}(x, x)]$$

从上式中可以看出，如果一个选择策略 s_i 的个体得到的得益多于群体平均得益，那么选择策略 s_i 的个体在群体中所占比例将会随着时间的演化而不断地增加；如果个体选择纯策略 s_i 所得的得益恰好等于群体平均得益，则选择该纯策略的个体在群体中所占比例不变。如果一个选择纯策略 s_i 的个体得到的得益少于群体平均得益，那么选择纯策略 s_i 的个体在群体中所占比例将会随着时间的演化而不断减少。

另外，还可以求出 x_i，$x_j > 0$ 的两个种群的相对增长率：

$$\frac{d\left[\frac{x_i}{x_j}\right]}{dt} = \frac{x_i}{x_j}[u(s_i, x) - u(s_j, x)]$$

上式表明个体博弈时，获得相对较多得益的群体具有更高的增长率。

2. 多群体模仿者动态模型

塞尔腾（Selten）通过引入角色限制行为把群体分为单群体与多群体，不同群体根据个体可供选择的纯策略集不同来划分。在多群体中，不同群体中的个体有不同的纯策略集、不同的群体平均得益及不同的群体演化速度。多群体模仿者动态连续微分方程可以表示为：

$$\frac{dx_i^j}{dt} = [(u(s_i^j, x) - \bar{u}(x^j, x^{-j})] x_i^j$$

其中，符号 $j(j=1, 2, \cdots, k)$ 表示第 j 个群体，K 表示有 K 个群体；x_i^j 表示第 j 个群体中选择第 $i(i=1, 2, \cdots, n_j)$ 个纯策略的个体数占该群体总数的百分比；x^j 表示群体 j 在某时刻所处的状态，x^{-j} 表示第 j 个群体以外的其他群体在某时刻所处的状态；s_i^j 表示群体 j 中个体行为集中的第 i 个纯策略；x 表示混合群体的混合策略组合，$u(s_i^j, x)$ 表示混合群体状态为 x 时群体 j 中个体选择策略 s_i^j 时所能得到的期望得益；$u(x^j, x^{-j})$ 表示混合群体的平均得益。

多群体模型并不是单群体模型的简单相加，从单群体过渡到多群体涉及一系列的诸如均衡及稳定性等问题的变化。同时，在模仿者动态下，同一博弈在单群体与多群体时也会有不同的演化稳定均衡。塞尔腾认为，在多群体博弈中演化稳定均衡都是严格纳什均衡，这一结论说明在多群体博弈中，传统的演化稳定均衡概念具有较大的局限性。

二 网络上的演化博弈

从上述对演化博弈理论的介绍可以看出，演化博弈论的一个中心假定就是博弈个体是随机地成对作用，然而，真实复杂系统中微观个体间的相互作用具有复杂的结构，并非是简单的全局作用或规则对称的局部作用，系统中博弈个体的相互作用经常发生在局部的小群体中。随着复杂网络的兴起，我们对复杂系统结构的认识有了飞速的发展，因而基于复杂网络结构的"空间"博弈也大量被研究者加以关注。Axelrod 和 Hamilton（1981）提出，相互作用的地域性限制对博弈动力学的演化结果产生了较大的影响，但直到 Nowak 和 May（1992）把囚徒困境博弈移植到规则的二维格子网络上进行研究之后，大量关于空间结构博弈的工作才算正式开始。由于空间博弈理论受限于大量的可能算法，很难得到普遍的结果。对于一些简单的空间结构，尽管可以进行近似解析分析，但依然会有很多的限制条件。因此，那些系统的复杂空间演化通常是通过计算机模拟来进行研究的。

总体上讲，基于复杂网络上的演化博弈理论主要沿着以下两条主线发展：（1）在个体关系固定的静态网络上，不同演化规则和网络结构对网络中个体合作行为的影响；（2）个体合作行为与网络结构在特定演化规则下的共同演化。

1. 正则格子上的演化博弈

Nowak 和 May（1993）对二维方格网络上的重复囚徒困境博弈进行了研究，在研究过程中，他们假定每个个体在一轮博弈结束后，在下一轮中它会采取邻接网络中获取收益最高的个体在本轮所采取的策略。研究发现与种群均匀混合情况下合作行为消失不同，合作现象能够在二维格子上涌现。初始时刻网络中除了处于中心的节点为背叛者，其他节点都为合作者，而随着个体按照最优规则的演化，背叛者会在网络中蔓延，不过，合作者可以通过相互结成社团结构来抵御背叛者的入侵。而且从宏观角度观察，可以发现网络中合作者的数目最终会趋于稳定。Vukov、Szabo（2006）采用了一种随机策略演化规则对二维方格网络上囚徒困境博弈行为进行了研究。Langer（2008）等对在"米"字形的 Moore 格子上进行囚徒困境博弈的个体的合作策略扩散问题进行了研究，研究发现在初始阶段，合作者数目随时间的推进呈现缓慢幂律增长，幂指数与背叛诱惑量有关；而在以后的阶段，合作者数目的增长速度较快且符合幂律关系，幂指数恒定为 2，与背叛诱惑的大小无关；在低诱惑情况下，合作者构成一个大社团结构，在高诱惑情况下，合作者破裂为很多小的社团结构。Vainstein 和 Arenzon（2001）对进化囚徒困境博弈模型在部分节点被消掉后的规则格子网络上演化问题进行了研究。研究发现，由于被消掉后的部分节点有效地阻碍了欺骗策略的传播，使得合作者能够更容易形成稳定的小集团，因此，这种对相互作用网络的扰乱能够促进合作的涌现与合作稳定的维持。

在很长的一段时间里，人们认为空间结构可以促进所有博弈情况中合作的涌现，以及能够维持囚徒困境中合作的稳定。直到 Hauert 和 Doebeli（2005）关于空间结构对于雪堆博弈的作用的研究，人们才重新审视空间结构是否可以促进所有博弈中合作的涌现。与囚徒困境不同，在二维正则格子上雪堆博弈的合作频率低于均匀混合情况下的演化稳定策略。也就是说，空间结构抑制了雪堆博弈中的合作涌现。另外，受少数博弈研究的启发，Wang 等（2006）提出了一种基于记忆的雪堆博弈模型。

2. 小世界网络上的演化博弈动力学

网络的小世界特性对合作涌现的作用也被广为关注。最早对小世界网络上演化囚徒困境博弈进行研究的是 Abramson 和 Kuperman（2001），在他们的模型中，个体采取确定性的演化规则更新自己的策略，每轮过后每个个体采用邻居中收益最高个体的策略，研究发现，系统的演化行为与网络的拓扑结构参数存在明显的关联，网络平均度和重连概率在某些范围内能够促进合作，在另一些情况下则会抑制合作，因此，重连概率与合作涌现程度有明显的关联性。Kim（2002）等研究了影响节点对网络行为的作用，研究发现，在影响节点的作用下，网络的合作频率呈现下降趋势，随时间的推移，合作者数目会突然减少，然后经过很长的时间才能够恢复。Vukov 等（2008）通过对基于 NW 小世界网络模型的研究发现，当增加长程边的概率超过一个阈值（约为 0.04）时，不论是低噪声环境情况还是高噪声环境情况，合作者/背叛者更容易在 NW 小世界网络中实现共存，而且随着加边概率的增加，这一共存区域也在不断地扩大。另外，Fu（2007）等基于 NW 小世界网络模型研究了异质性对合作行为的影响，研究发现，网络中适当的异质性能够有效促进网络中合作行为的涌现。Tang（2006）等基于 NW 小世界网络模型和 ER 随机网络模型研究了网络平均度对合作频率的影响，研究发现，网络中最优的平均度能促使网络中出现最高的合作水平。Holme（2003）等对一个真实社会网络拓扑上的进化囚徒困境博弈进行了研究。研究发现，为了维持系统的合作频度，相互作用的网络结构和博弈规则具有同等的重要性，这个结论最近也被 Lieberman（2005）等进一步地加以证实了，他们认为在某些演化规则下，进化博弈的演化结果能完全依赖于底层相互作用网络的拓扑结构。

另外，小世界网络结构对雪堆博弈动力学的影响也受到了学者的关注。Tomassini（2006）等针对模仿者动态策略、比例更新策略和最优更新策略对 WS 小世界网络上的合作行为进行了研究，研究发现，WS 小世界网络上雪堆博弈个体的行为与底层拓扑结构、个体所采用的策略规则和更新方式等有关，而且在某些条件下空间结构也能够促进进行雪堆博弈的个体的合作行为的涌现。Shang（2006）等研究了小世界网络模型上空间距离对进行雪堆博弈个体行为的影响，研究发现，在距离无关的小世界网络模型中，长程边有利于网络中个体间合作的涌现，而在距离相关的小世界网络中，长程边的减少和短程边的增加则会抑制网络中个体之间的合作行为。Zhong（2006）等对WS小世界网络上的雪堆博弈进行了研究，研究发现通过随机重连可以有限提高网络中个体之间的合作频率。Xu（2007）等对随机正则网络上的雪堆博弈进行了研究，研究发现网络的聚类系数抑制了网络中个体之间的合作频率，但通过增加网络的平均度，网络结构对合作频率的影响能力就会减弱。

3. 无标度网络上的演化博弈动力学

Santos（2005，2006）等首先对无标度网络上的博弈行为进行了研究，研究发现无论是囚徒困境博弈还是雪堆博弈，基于增长和优先连接机制得到的BA无标度网络能够极大地促进网络中个体之间合作行为的涌现，从而使合作者在异质网络上占据主导地位。同时，他们对中心节点在无标度网络中的作用进行了进一步的深入研究，研究表明当个体在BA无标度网络上进行囚徒困境博弈时，如果中心节点之间保持较好的连通性，网络中稳定状态的中心节点也都会转变为合作者。随后，Gomez、Gardenes（2007）在Santos等的研究基础上，将处于稳定状态的节点分为三类：纯合作者（保持自身的策略不变）、背叛者、骑墙者（不断改变自己的策略），研究发现在囚徒困境博弈中，BA无标度网络的纯合作者通过组成一个连通的集团抵抗背叛入侵。然而在ER随机网络中，纯合作个体组成的集团零散分布在网络中。同时，他们研究了BA无标度网络上初始合作者比例对稳态时合作水平的影响，研究发现初始合作比例会改变稳态时的合作频率，但对纯合作者的比例影响不大。Wang（2006）等对BA无标度网络上基于记忆的雪堆博弈模型进行了研究，研究发现度小的节点为了追求自身的高收益，会选择与度大的节点相反的策略，这导致了合作频率随着损益比的变化而发生改变。

第四节　企业集群创新网络理论

一　企业集群创新的内涵及其特征分析

（一）企业集群创新概念的界定

长期以来，人们将中小企业在技术创新中处于劣势的大部分原因归结于其规模小。事实上，通过实证考察我们可以发现这种劣势在很大程度上是由于中小企业之间缺乏合作所造成的。实现合作创新可以给中小企业带来一种"双赢"，参与合作创新的企业既不会损失它原有的创新行为优势，同时还可以获得参与合作创新的其他企业拥有的创新资源。因此，中小企业应当实行集群创新来克服其自身"小"而带来的创新上的劣势。在提出中小企业集群创新的概念前，本书先简单地介绍一下"集群"与"创新"的一些相关概念。

1. 集群

最早关注企业集群现象的是马歇尔，在其经典著作《经济学原理》中，他把专业化产业集聚的特定地区称作"产业区"。而最早用"cluster"来描述企业集群现象的是哈佛大学商学院的波特教授，迈克尔·波特在《国家竞争优势》一书首先提出用"企业集群"一词对集群现象进行分析。他通过对10个工业化国家的考察发现，企业集群是工业化过程中的普遍现象，在所有发达的经济体中，都可以明显看到各种企业集群。按照波特的定义：集群是指特定的区域内相互联系的相关企业和机构在地理位置上的集聚。他认为集群包含一系列相关的产业和其他对竞争重要的主体，如政府、大学、标准评估机构、智囊机构、职业培训机构以及贸易机构等。当然，不同企业集群的纵深程度和复杂性也是不同的，它是介于市场和等级制之间的一种新的空间经济组织形式。因此，企业集群超越了一般的产业范围，形成特定地理范围内多个产业相互融合、众多类型机构相互联结的共生体，构成这一区域特色的竞争优势。

从产业结构和产品结构的角度看，企业集群实际上是某种产品的加工深度和产业链的延伸，从一定意义讲，是产业结构的调整和优化升级。从产业组织的角度看，产业群实际上是在一定区域内某个企业或大公司、大企业集团的纵向一体化的发展。如果将产业结构和产业组织二者结合起来看，企业集群实际上是指产业成群、围成一圈集聚发展的意思，也就是说，在一定的地区内或地区间形成的某种产业链或某些产业链，其核心是在一定空间范围内产业的高集中度，这有利于降低企业的制度成本，提高规模经济效益和范围经济效益，提高产业和企业的市场竞争力。

从不同的角度来考察，集群又可以分为企业集群和产业群，前者注重的是聚集者的微观个体组成，后者注重的是聚集者的宏观产业属性和专业化特征。实际上，无论称之为"产业群"还是"企业集群"，都不能全面地概括其结构特征，因为很多集群除了包括本地企业之外，还包括相关机构，例如政府机构、金融机构和中介机构等。

2. 创新

谈到创新，人们首先想到的是技术创新，技术创新的内容一般包含了产品创新、工艺创新、设备创新、材料创新等，而非技术创新的内容则更加广泛，比如管理创新、制度创新、文化创新、组织创新等。技术创新理论源于美籍奥地利经济学家熊彼特于1912年在其著作《经济发展理论》中首次提出"创新"概念。按照熊彼特的定义，创新就是在经济活动中引入新的东西以实现生产要素新的组合。主要包括以下五个方面：（1）引入一种新的产品或者赋予产品一种新的特性；（2）引入一种新的生产方法，它主要体现为生产过程中采用新的工艺或新的生产组织方式；（3）开辟一个新的市场；（4）获得原材料或半成品新的供应来源；（5）实现一种新的工业组织。后来，人们又把创新划分为技术创新和制度创新两大类型，可见技术创新概念是从创新概念演化而来的，它是创新的一个重要组成部分。

技术创新是市场经济的产物，属于经济学范畴，主要有产品创新和工艺创新两种类型，同时它还涉及管理方式及其手段的变革。通俗地说，技术创新是以新技术为手段并用以创造新的经济价值的一种商业活动，它是新技术的首次商业化应用。技术创新又是一种能力，体现在市场机会与技术机会的结合即创造新的商业机会上，是一种能够及时把握这种商业机会，正确地做出创新决策，有效地实施这一决策并成功地引入市场的能力，它集中体现为企业市场竞争力的提高。更为重要的是，技术创新从本质上说是一种理念，即一种不断追求卓越、追求进步、追求发展的理念，是一种通过技术变革培育新的经济增长点、有效地促进经济发展的可行思路。

在当今的知识经济时代，产业区域竞争优势形成的关键在于创新能力的产生。只有不断提高企业集群的创新能力，建立完善的企业集群创新机制，才能维持企业集群所产生的竞争优势，并推动经济的持续发展。罗伟等（1996）认为，创新是在经济活动中引入新产品或新工艺从而实现生产要素的重新组合，并在市场上获得成功的过程。傅家骥（1998）认为，技术创新是企业家抓住市场的潜在盈利机会，以获取商业利益为目标，更新组织生产条件和要素，建立起效能更强、效率更高和费用更低的生产经营系统，从而推出新的产品、新的生产（工艺）方法、开辟新的市场、获得新的原材料或半成品供给来源或建立企业的新的组织，它是包括科技、组织、商业和金融等一系列活动的综合过程。许庆瑞（2000）认为，创新与前一阶段的发明和后一阶段的扩散构成了技术变革的全过程，技术创新是为了满足社会需要而对现有知识的新的综合，既是新技术的第一次商业性应用，也是科学转化为直接生产力的阶段。

从不同学者的定义可知，学者们对创新的主体、范围、内容、形式、强度、影响和成败等方面的界定都存在差异，而且他们基本都是以企业个体为研究对象。而企业集群的创新有别于企业个体的创新，它是一个集体性的社会交互过程，不是单个企业能够独立完成的。因此，我们认为技术创新是指企业按照市场需求，以获取商业利益为目标，将科技成果物化为市场需求的产品或服务，并首次实现其商业价值的过程。

关于企业集群创新的界定，本书认为有以下几个方面是值得注意的：首先，不能将创新的"新"严格限制在技术的首次商业化过程，因为这样可能会大大降低技术创新对经济发展的推动作用。其次，不能将创新仅仅限定为自主创新，这样就不能体现出集群创新过程中的合作、互动以及互补知识的交流。再次，不能把技术创新与技术扩散这两个阶段严格区分，这样就不能体现出集群内企业集体创新的过程特点。最后，不能完全以创新的成果是否取得市场的成功来作为评判创新的标准，这样就忽略了创新过程的复杂性和不确定性。

因此，根据上述原则，本书对中小企业集群创新做出如下定义：以专业化分工和协作为前提，在地理位置上靠近的同一产业或相关产业的企业通过企业间的互动获得创新资源而产生创新聚集，从而获得创新优势的一种创新组织形式。此种组织的结构介于市场组织和层级组织之间。不同之处在于它比市场组织更稳定，比层级组织更灵活。借助这种特殊的组织结构，集群的企业之间通过长期的合作可以建立一种稳定的创新协作关系。

在大量文献中，集群的概念如果没有特指，一般被认为是由中小企业组成的。在本书的研究中，如果不加特别说明，文中提到的产业集群、企业集群也均指中小企业集群。

（二）企业集群创新的特征分析

企业集群的存在更重要的原因是其所具有的创新功能。大量的实证研究发现，如果某个行业的知识基础既复杂又处于扩展之中，那么，创新就会出现在中间组织中，而不是单个公司中。大量文献对企业集群创新特征都进行了一定的研究，本书在此基础上对其进行分析后，我们认为企业集群创新的特征主要有以下六个方面。

1. 共生互惠性

由于技术复杂性的增强，知识更新速度的变快，单个中小企业很难借助自身所拥有的各种资源与知识进行创新，从而在组织内部实现知识的经济化。依据系统科学及现代创新理论，中小企业不可能单独进行创新，而需要与其他企业之间进行交互沟通，通过不断地共享外部的资源和知识来壮大自己的力量，为创新提供各种条件。同时，为了降低创新带来的各种风险、缩短创新成果进入市场的时间，集群企业只能凭借自己的竞争优势来从事产业链上的某一项工作，从而实现专业化分工，将自己的部分业务通过外包的方式转让给比自身更有竞争力的企业去运作。在企业集群内，各行为主体由于集群网络所带来的创新资源的增强、创新风险的降低，以及产品创新周期的缩短等因素，集聚成具有社团结构的复杂网络，产生了集群内的一种共生系统。此外，共生的集群创新网络中存在大量冗余的节点（中小企业），这些冗余的节点能够使集群内参与合作的企业通过获取外部的优势资源云来增强自身的创新能力，从而形成自身的竞争优势。

2. 协同竞争性

既专业化分工又相互协作是企业集群创新网络的一种主要创新方式。企业在地理位置上的集聚，提高了企业和同行之间的竞争强度，进而使得企业不断想方设法地去进行创新和降低各种生产成本与交易成本，从而产生了集群企业之间的竞争协同性。由于企业集群是一个具备自组织、自适应、自增强特征和能力的经济系统，尽管集群网络内的企业在创新上是彼此依赖的，但集群内每个企业的最终目的都是为了最大化自身的利益，因此，集群内的企业在创新上也存在竞争，主要表现为核心企业对节点企业的吸引具有竞争性，只有那些能够带来核心企业效用增加的节点企业才能被连接，而且这种竞争遍存于集群网络的各个层次。不过，企业集群网络中节点企业之间的这种竞争不是你死我活的竞争，而是一种协作竞争。在集群协作—竞争的创新模式下，企业始终保持足够的创新压力以及高度的警觉和灵敏性，更注重与其他企业的互动关系，共享信息和知识，在协作竞争中逐步壮大，一部分企业成为核心节点，协作—竞争构成集群创新网络的重要特征。

3. 嵌入性

在企业集群创新中，企业由于彼此间的合作产生了一种共同的文化，并且确定了一套集群企业共同遵从的行为规范，集群内每个企业均会受到此行为规范的约束，企业间的相互沟通与交流也是在此种约束下进行的，从而有效地促使了创新在集群网络中的扩散，集群企业的经济行为嵌入在当地区域的各种社会关系与制度结构中，并受到本区域文化的影响。因此，创新过程也嵌入在当地区域复杂的社会文化与制度环境的影响，从而从根本上强化了集群内企业的竞争优势。正如美国学者 A. 萨克森宁（1999）所认为的：硅谷中企业之间合作与竞争的不寻常组合，以及其他因素共同构成的制度环境所带来的成功是人们，甚至包括硅谷企业自身的员工都没有意识到的。显然，当集群正式的经济网络关系根植于这些非正式的网络关系之上时，就使得集群具有了集群外部的行为主体难以复制的核心竞争力。也就是说，集群内部行为主体的合作互动，在构建经济网络关系的过程中，也形成了集群的非正式的网络关系，这也使得集群的经济网络关系更加稳定。

4. 知识资源互补性

在集群形成及发展的初始阶段，集群的优势是由所处区位、生产活动所需资源、土地和劳动力价格以及生产活动的成本决定的，初级资源主导着集群的发展。随着信息技术的飞速发展，知识更新的速度不断加快，此时企业的市场优势主要是由具有创新能力的人才和具备创新机制的企业来决定的，因而通过借助与其他企业或者各种机构之间的合作获得的外部资源进行创新显得尤为重要。由于技术的复杂性、创新成本的日益增加，以及创新风险的不断提升，集群创新网络可以使企业之间使用互补性的知识和技能，为中小企业带来网络化的创新合作价值，以降低可能的风险和交易成本。地理位置接近的众多相互关联的中小企业集聚在一起，依靠集群网络提供的各种基础设施与各种中介机构，实行资源共享、优势互补，强化创新过程中企业间和其他机构成员间的相互作用，从而提高集群的整体创新能力。

5. 集群创新网络的开放性

众所周知，企业集群创新网络本身属于一个开放的系统，因而其生存与发展必须通过与网络外部环境之间的交互来获取各种资源，从而推动集群内创新的不断发展。在集群创新网络中，各企业之间通过各种正式与非正式关系来进行沟通与交流，随着彼此间沟通的频率增加，双方之间的信任关系就会增强，从而更加有利于各种显性知识与隐性知识的传递与扩散，特别是隐性知识的扩散，进而实现集群创新网络内各种优势资源的共享，极大地提高了集群整体的竞争优势。但当集群创新网络内企业之间的合作终止时，他们往往就会去寻找新的企业来寻求双方之间的合作，因而也导致了集群创新网络结构的变化。因此，集群创新网络的形成、动态演化以及集群创新网络整体竞争优势的提高，不仅需要集群创新网络内各行为主体之间的互动与交流，同时也需要集群创新网络整体与网络外部环境之间的交互作用，只有这样才能从外部不断吸收新的有竞争力的企业加入到集群创新网络中来，实现外部优势资源向现有集群创新网络的涌入，从而不断提高集群企业以及集群整体在全球价值链上的竞争力，提高集群整体对外部环境的适应能力。

6. 区域复杂网络性

集群创新实际上是地理位置靠近的一些关联产业以本地文化融合为联结纽带和相关设施配套、辅助结构作为支撑的区域复杂创新网络，它包含了各种创新主体和为创新提供各种服务与咨询等的中介机构，以及为创新营造良好创新氛围的政府部门。网络中各创新主体之间的关系链条既包含显性关系，同时也存在隐性关系，其中，显性关系主要指的是各种显性资源在网络主体之间的流动等；而隐性关系则表示网络中主体与其他主体之间的非正式交流活动中知识、信息等资源的流动，集群网络中的资源云主要是通过网络各主体之间的关系链条来进行传播与扩散。从集群网络关系看，企业的创新活动及产出与企业所处的地理空间有关，即企业是否属于该企业集群，导致这种网络特殊性的根本原因是集群创新网络内部存在集体学习，尤其是隐含经验类知识的学习，这种学习主要是通过非正式网络完成的。

二 企业集群创新优势的产生机理

（一）中小企业集群创新优势分析

企业集群是一个有利于创新的环境，它能够提高集群内企业的持续创新能力。关于中小企业集群创新优势的分析，学者刘友金、李亚军、陈柳钦、谭文柱都对其进行了分析，本书在此基础上进行分析后，认为企业集群创新优势主要表现在以下几个方面[①]：

1. 集群内企业易于获得创新机会，有利于新兴企业的创生

与集群外其他企业相比，处于集群内的企业能借助集群优势获得更多的好处，主要体现在以下几个方面：首先，在产业集群内，存在着多个行为主体，如各种类型的客户，他们是产品的最终使用者与体验者，他们能够清楚地知道企业的产品存在怎样的问题，而且他们能

[①] 刘友金、黄鲁成：《产业群集的区域创新优势与我国高新区的发展》，《中国工业经济》2001年第2期；刘友金：《中小企业集群式创新研究》，博士学位论文，哈尔滨工程大学，2002年；盛世豪、王立军：《基于产业集群的科技型中小企业成长机制研究》，《科技进步与对策》2004年第12期；李亚军、陈柳钦：《产业集群的创新特征及其创新效应分析》，《北方经济》2007年第1期。

够了解到提供相同功能的产品市场状况，同时客户自身的消费需求也是在不断发生变化的，因此，集群内企业通过与客户沟通交流的便利性，可以从客户手中获得大量的创新信息，有利于创新机会的获得。另外，集群内还存在大量的金融机构与各种中介机构，金融机构通过长期与其他企业的合作，也已非常熟悉各种市场状况，而中介机构通过长期为企业提供各种专业服务，也掌握了不少产业信息与产品信息，所有这些信息都有助于集群企业获取新的发展机遇，更有利于新企业的诞生，从而更好提高集群竞争力，促进集群所在区域经济的发展。其次，在产业集群内，各个行为主体之间通过长期的沟通与交流，增进了彼此之间的信任关系强度，为双方之间的合作奠定了良好基础，因而每个集群企业都在集群内建立了属于自己的"社团"，通过这些网络关系，集群企业往往能够获得以下优势：一是集群企业往往更容易获得创新所需的各种专业人才。产业集群可以借助其各种优势条件，如政府的扶持、高校与科研机构的集聚等，他们往往更有利于吸引外部人才进入到产业集群内，他们能够为各种专业人才提供创业机会和有吸引力的待遇。二是集群企业往往能够更容易获得创新所需的资金支持。在产业集群内，拥有众多的金融机构，他们对集群内的产业发展状况与企业情况较为熟悉和了解，从而可以有效降低他们的投资风险，同时，集群内大量企业的集聚也减少了金融机构搜寻项目所带来的成本。三是集群企业往往更容易实现技术资源的共享。在产业集群内，企业之间的频繁交流与沟通建立了各种正式关系与非正式关系，而非正式关系的建立则有助于各种隐性知识的溢出，因而可以实现各种资源在集群内的共享，因此，集群内企业不仅可以通过集群创新网络来获取各种技术资源，而且付出的成本也远小于集群外企业，从而可以有效提升自身竞争力。从技术来看，完善而集中的产业体系强化了对相关产业领域的研究力度以及对新技术的快速反应能力。而且，知识的溢出效应也使得企业更容易获得相关技术。最后，集群本身具有一种集聚作用。一方面，集群利用自身的优势更能够容易吸引集群外部企业与各种专业人才的进入。根据一项对外国投资影响实际情况的估计，在对外商有吸引力的地区，集群存量每增加10%，该地区被未来投资者选中的可能性就增加5%—7%。天津外商投资的情况证明了这一点：可口可乐公司进入天津开发区后引来了美国容器公司；摩托罗拉进入开发区后使美国绿点公司、韩国的富川、新加坡的富福、日本的三井高科技等公司跟着到天津开发区聚集。另一方面，集群能够更容易吸引一些衍生企业的加入。在产业集群中，各企业之间相互分工合作，而合作分工的链条越长，往往就越有机会创生出新的公司。

2. 有效减少产业集群内企业创新的成本

在产业集群内，各企业之间形成了分工与合作的关系。一方面，集群内的企业由于地理位置上的邻近性，为集群内部各行为主体之间以及内部各行为主体与集群外部行为主体之间的频繁交流提供了便利，大大减少了彼此之间沟通与交流的成本。而随着各行为主体之间的沟通次数的增多，彼此之间的信任关系在不断增强，从而促使了各种创新知识，特别是隐性知识在集群创新网络内不断得到扩散，加快了各种创新知识与各种优势资源在网络的流动，大大减少了集群内企业进行创新和获取各种创新知识的成本。同时由于集群内各行为主体间的信任程度的增强，使得彼此之间更容易实现资源的共享，这就可以最大限度地降低信息搜寻的成本。另外，在各行为主体之间相互信任基础上所建立起来的各种合作关系，不仅有助于各行为主体之间更好地开展合作创新活动，从而减少各行为主体开发新产品与进行技术创新的成本，还有利于各行为主体之间相互学习与借鉴，有助于各行为主体开展模仿创新或者进行二次创新，从而既可以减少各行为主体进行创新的成本，同时还可以进一步优化现有的产品生产工艺流程。因此，产业集群内各行为主体之间在地理位置上的接近性为其创新提供了各种优势，极大地减少了产品创新的成本。另一方面，集群内各企业之间的专业化分工，使得企业可以从事某个产业链中的一块，因而可以减少企业的创新投资，避免企业各种创新资源的分散化，集群企业可以将有限的优势资源集中投入到某一项技术上，从而既可以提高每个集群企业取得创新成功的可能性，也可以使得投入技术创新的成本大大降低。

3. 集群为企业提供了良好的创新环境

在产业集群内，各个行为主体由于沟通与交流的便利性，彼此之间在长期合作创新的过程中建立比较稳定的、有利于促进技术合作创新的各种关系。集群内成员间以及成员与集群外部形成了一定的网络关系，成员间通过自身建立的各种横向与纵向关系，使得集群内的各种创新技术、优势资源、信息在形成的网络内部不断扩散与流动，并在各成员间得到优化配置，集群内的每个成员可以获得自身进行创新所需的各种资源，从而有效促进了集群中各行为主体的技术创新行为。在企业集群内，首先，大学与研究机构不仅能够不断地为企业输送各种专业人才，而且还能为企业创造各种新知识和新技术以及将成果转化为现实生产力。其次，政府能够对企业技术创新提供各种公共服务，以及制定各种相关的政策来扶持企业的发展。再次，中介机构作为集群内的专业服务机构，实时掌握了各行业内最新的技术动态信息，同时通过与多个客户的接触和了解，有效地掌握了市场的需求信息，而这些资源都可以在集群创新网络内不断扩散，从而也可以为集群内的企业所吸收，经过消化后同样可以为企业的技术创新提供"养分"。最后，集群内存在着大量的金融机构，而这些机构能够为集群内企业的创新提供资金扶持。众所周知，集群内的企业规模往往比较有限，他们在进行技术创新时往往会感到力不从心，而集群内的金融机构由于对企业的情况比较了解，就可以提高他们为集群企业的投资机会，同时也可以减少金融机构的投资风险，因而都会促使集群企业的技术创新变得相对容易。因此，这种网络的形成可以说能够为企业的创新提供一种良好的氛围，一方面，集群网络内企业可以共享信息和知识以及基础设施，容易建立协调与信任机制，从而迅速整合相关的创新资源。同时，集群内成员间的合作能够改善产品质量和效率，加强售后服务，这样不仅促进了同市场的互补关系，还提高了集群的生产率。另一方面，网络的形成更加增加了企业间相互学习的机会，而这种长期的学习往往能够使得网络内的各种创新信息更加透明化，这样就会导致一旦新技术出现就可能会被其他企业所模仿与复制的局面，从而就减少了新技术所创造的价值。相反，其他企业在掌握好这些新技术后，可能就会根据自身的实际来进行改良，以提高自身的市场竞争力，从而在集群企业间就会产生强大的挤压效应。同时，集群创新网络内各行为主体之间频繁交流也帮助他们拥有更多的社会资本，也减少了集群内各行为主体间的学习沟通的成本。因此，产业集群为各行为主体的创新提供了现实的基础。

4. 企业集群有利于促进知识和技术的转移扩散

在企业集群内，各企业之间由于沟通交流的频率较高，而且他们处于同一区域，因而他们同样具有相似的产业文化背景，而所有这些共性都有助于集群内各企业间合作关系的加深，以及彼此间信任关系强度的增加，从而不仅可以促使各种创新知识与信息通过网络在这些企业之间进行传播与扩散，更为重要的是，能够有效促进各种隐性知识在集群企业之间的传播与扩散，而这些隐性知识往往就是企业的核心竞争力，同时也是其他企业进行技术创新时必不可缺的。这些知识一旦被创造出来，就会在集群内不断地被传播。一般来说，人际间接触的面越广、接触的频率越高，知识传播的速度就越快。在企业集群内，由于集群能够为企业之间的沟通与交流提供便利，同时集群内企业之间的行为是相互影响的，因而大大提高了集群内多边学习和技术扩散的效率。同时，集群企业之间的分工与合作形成的技术网络也能成为技术创新扩散的重要途径，一方面，集群内企业的技术创新成果通过不断地在集群创新网络内传播与扩散，会迅速地被集群网络内的其他企业所接受，从而这些企业可以将这些最新的技术创新成果快速地运用到自身的生产中去，以提高自身的优势；另一方面，一项新技术的出现往往还存在一些不足之处，还有待于市场的检验，因而集群内其他企业在获得这些新技术后，会根据自身的实际情况对新技术进行改良，这样为其他企业进行技术创新提供了发展机遇。

5. 集群内企业间的持续互动有效刺激企业间的良性竞争

集群成员间由于持续的互动，特别是彼此间频繁地面对面接触和交流，使得集群成员更早地了解和学习到企业中各种好的创新理念。同时，随着外界竞争环境的加剧，集群企业间的竞争同样会变得更加激烈，对于落后企业而言，要想提高自身的竞争优势，往往可能会采取模仿其他标杆企业的先进做法，而标杆企业为保持自身的竞争力，同样也会通过各种方式来不断进行创新，通过创新来扩大自身的竞争优势。而更为重要的是，当在一个集群内出现新的竞争者，而该竞争者具有更为先进的创新思想或理念时，它的这些先进思想和理念就会不断地在集群创新网络内传播与扩散，集群内的其他企业往往都会去效仿它的做法，以通过一系列方式来提高自身的竞争优势与企业绩效。因此，集群内的企业可以因为那些先进的相关企业而提升它们自身的竞争力和创新能力。

(二) 集群创新优势的产生机理

Lindhelm Dahlstrand 认为，随着当今知识的快速发展，通过群体之间的合作与网络合作是产生创新的重要方法。集群中企业的技术创新活动就是借助于自身来创建各种网络链接，通过各种网络链接来获取进行技术创新活动所需的各种资源、资金等，以克服自身规模小而带来的种种局限。对于产生企业集群创新优势的原因，大量文献都进行了相关的分析，本书在此基础上，通过分析，我们认为中小企业集群创新优势主要产生于交易成本节约、知识溢出效应、外部规模经济、资产互补和专业化分工五个方面（见图 2-2）。下面对这五个方面进行详细的分析。

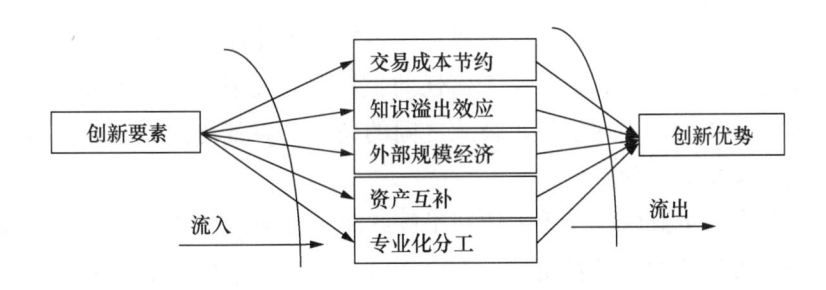

图 2-2 企业集群创新优势产生机理

1. 交易成本理论分析

交易成本的概念是由新制度经济学创始人科斯首先提出，他突破了新古典经济学研究生产、消费与市场均衡的一个重要假定，即交易不发生成本。他认为交易费用至少包括两方面内容：一是"运用价格机制的成本"，即在交易中发现相对价格的成本，如获取和处理市场信息的费用。二是为完成市场交易而进行谈判和监督履约的费用，如在讨价还价过程中需花费的成本，在订立合约与执行合约过程中都需要支付的相关费用。后来，学者威廉姆森也对交易成本的内涵作了进一步的解释，他认为交易成本可以根据事情进行的先后顺序分为事前成本与事后成本。事前交易成本主要包括在协议的起草、谈判过程与落实某种协议时所支付的成本。而事后交易成本主要是指多种当事人由于某种原因退出契约关系时所需支付的成本，为解决交易过程中产生的冲突而支付的各种法律诉讼费用和为了确保彼此间交易关系的长期性与合作的连续性而支付的相关费用等。

另外，威廉姆森还从契约人的行为假设与发生交易过程的特征，对交易费用的主要决定性因素进行了区分与总结。他提出了与"经济人"假设相区别的"契约人"概念，并且还论述了交易费用理论的两个假定前提条件，即有限理性与机会主义假设。他认为有限理性主要是指各交易主体在实际的经济活动中感知与解决问题的能力是有限的，在收集相关市场资料信息以及进行加工处理的过程中，他们的能力也存在一定的局限性。而机会主义主要指各交易主体为实现自身的利益采取一些投机取巧的方式，甚至不惜牺牲交易对方的利益。正是因为交易过程中存在各种机会主义行为，往往就会增加市场交易成本。因此，为了降低市场交易成本，各市场主体往往会寻找相对安全的交易方式，如通过建立基于信任的长期合作关系，一般来说，双方之间的合作关系周期越长，彼此之间的信任关系就越强，就越不容易产生机会主义行为。

首先，集群内各行为主体基于彼此间的长期合作关系建立起的相互信任可以节约交易费用。一方面，由于在企业集群内集聚了大量在地理位置上比较接近的从事同一产业或相关产业的企业，因而可以为集群内各主体之间的沟通与互动提供便利，进而更加容易促使集群内各行为主体建立起一种长期的合作关系，而这种长期的合作关系有利于增进和维持集群内各行为主体之间的信任关系。另一方面，信任也是集群内各行为主体进行合作的基础。一般来说，集群内各行为主体之间的信任关系越稳定，就更容易促使各行为主体之间建立长期稳定的合作关系，从而可以有效限制集群内各种机会主义行为和道德风险，同时还降低了集群内各行为主体之间因讨价还价所带来的交易成本。

其次，集群内部各行为主体信息的高集聚度也在很大程度上降低了各行为主体之间的交易费用。在企业集群内，企业的聚集有利于相关产业以及集群内部企业的信息更加全面与集中，而集群内的共享机制能够促使集群内各行为主体通过降低的成本就可获得大量的所需信息资源，从而可以为企业节约大量的资源获取成本和对所需资源的搜寻成本。另外，在集群内，一旦有某个行为主体产生机会主义行为或发生道德风险，这些行为就会不断地在集群内传播与扩散，从而导致这些实施机会主义行为的主体在集群内其他行为主体面前降低了自身的信任度，进而会促使其他行为主体与其合作关系的中断，最终可能会被迫退出集群，因此，这种巨大的机会主义成本在一定程度上可以减少集群内各行为主体之间相互监督的成本，从而可以提高集群内各行为主体之间的合作。

最后，企业集群可以通过网络联系提高整个区域的对外议价能力，从而有效降低整个区域对外的交易成本。在企业集群内，存在一些领头企业或核心企业，而这些企业一般都占有较高的市场占有率，因而，他们在进行原材料或各种半成品的采购时，就可以实现大量批购。而且对于同一产品，集群内部也存在大量的其他供应商，这对集群外部的供应商也构成了替代威胁，因此，这些因素都可以增强集群内企业的讨价还价资本，从而可以有效降低企业的交易成本。如我国浙江省的一些集群不仅是该产业的主要生产者，而且形成了像义乌小商品市场、绍兴轻纺城这样的批发营销中心，形成了寡头垄断的市场结构，从而大大增强了集群的议价能力，这也使得集群在与外界交易过程中，可以大大降低其交易成本。

2. 知识溢出效应分析

一般来说，企业内部的知识可以分为显性知识和隐性知识两大类，显性知识只需各行为主体间的沟通就可以实现转移，因而能够比较容易获取；而隐性知识主要存在于企业组织内各行为主体的专业技能、团体的特殊关系以及决策程序之中，因而隐性知识难以通过各行为主体之间的沟通来实现转移，它只能通过应用和实践才能获得。事实上，企业所拥有的许多知识更多的是隐性知识。因此，与显性知识相比，企业获得隐性知识的成本是非常昂贵的。

溢出效应主要是指通过各种类型技术的非自愿扩散，促进了区域生产技术与生产力水平的提高，它是一种经济外在性的体现。关于溢出的理论探讨最早时间可以追溯到 20 世纪 60 年代初，而后期有关溢出理论的研究，主要是以 MNC 作为分析核心来进行。自 20 世纪 90 年代以来，与溢出的最新理论相关的研究主要体现在以下几个方面：第一，以溢出为前提的厂商理论。在一般的竞争模型中，由于经济的外在性而导致技术溢出厂商的无效率，而这种无效率往往与经济的外在性呈现正相关性。第二，博弈论中的溢出分析。学者齐斯（Ziss）构建了基于溢出的两阶段双边寡头博弈模型，并将不合作方式与定价、合资以及合并三种勾结方式进行了比较分析，并且对各种勾结方式改善福利所需的各种条件进行了评估。通过分析得出，在溢出足够大的时候，上述三种勾结方式所产生的福利水平都要比不合作方式的福利水平高，而合并所产生的福利水平最高，定价所产生的福利水平要比合资低。第三，策略联盟中的溢出分析。学者邓宁（Dunding）通过研究发现，策略联盟是创造、维持与提高厂商的技术优势及其创新活动进行区位配置的一种互补性组织形式。第四，溢出效应与"边干边学"理论。学者帕伦特（Parente）通过设计一个特定厂商选择技术与吸收时间的边干边学模型，研究后发现在前后各种技术吸收之间，厂商可以通过边干边学所积累的专有技术知识为未来先进技术的引进做好充分准备。第五，组织技术的溢出分析。而学者们在这方面研究的主要侧重点在于银行组织技术。

知识溢出效应可以说是企业集群形成的一个重要因素，通过企业集群内知识的溢出效应，能够促使集群内各行为主体以较低的成本与较快的速度最大限度地获取技术创新所需的各种知识，从而可以大大降低集群内各行为主体进行技术创新的难度。同时，这又促进了整个企业集群创新水平的提升，从而在企业集群内部形成了一个极强的正反馈过程。因此，知识溢出对集群企业创新有着非常重要的影响。

与企业集群外部的中小企业相比，集群内的企业由于地理位置上的接近性可以从以下几个方面来获得知识溢出效应，从而提高企业的技术创新能力和技术创新效率：首先，在企业集群内，企业之间的各种非正式交流可以促使企业获取新的知识而产生知识溢出效应。其次，集群内各行为主体通过正式的渠道也能够产生溢出效应。集群内的企业由于地理位置的接近为企业之间交流与沟通提供了便利，从而使得企业之间合作的频率大大增加，而随着企业之间合作的稳定性增强，企业之间的信任程度也会得到不断的改善，从而加快了企业之间的信息交流和知识转移的速度。最后，在企业集群内，集群各行为主体之间的持续互动，使得集群内各行为主体更早地了解和学习到其他行为主体一些好的创新理念，而且这些创新理念能够快速地在企业集群内得到传播和扩散。正是由于这种原因，大型的公司往往在那些创新集群区域设立机构，如中国台湾、韩国等许多国家和地区的公司在美国加州的硅谷和波士顿的"128号公路"设立"技术监听站"，其目的在于通过"零距离接触"，尽快获取最新信息并加以模仿。对于小型的创新公司，其便捷的途径则是直接把公司设在科技园区。

3. 外部规模经济分析

关于单个企业内部的规模经济的含义，其实在古典经济学中早已涉及，但只是其数学形式上的表述。根据新古典经济学中对它的解释，是指企业在生产过程中对大型关键设备的投入成本在总的产品成本中所占的比重，而这种关键设备作为一种固定成本，会跟随企业生产量的增加而获得更大范围的分摊，因而使得其生产的单位产品的平均成本会随着产品产量的增大而不断减少，从而产生了一种规模经济效益。而如果产品生产的长期平均成本随着产出的增加在不断下降，那就说明此生产过程呈现了规模收益递增趋势；如果产品生产的长期平均成本并没有随着产出变化而发生变化，则说明规模收益没有发生变化；相反，如果产品生产的长期平均成本随着产出增加在不断上升，则说明规模收益在递减。

显然，对于单个中小企业进行创新活动而言，是无法实现因技术创新活动而带来的规模经济的。然而，按照外部规模经济理论，如果多个相互关联的中小企业聚集在一起开展创新活动时，往往就可以形成因从事技术创新活动所带来的外部规模经济效应。而这种外部规模经济效益，不仅不会损害原有单个中小企业进行技术创新的独立性与灵活性，更为有利的是这些中小企业还可以通过集聚的方式来获得大型企业才拥有的整体资源优势，从而可以通过最低成本来有效获取自身进行创新活动所需要的各种优势资源。因此，外部规模经济对于企业集群具有非常特殊的重要作用，一般来说，这种重要作用主要表现以下几个方面：

首先，在企业集群内，企业可以共享各种基础设施，从而可以为企业降低各种成本和进行技术创新的风险。对于中小企业而言，由于自身规模较小与能力有限，自身是很难去承担其运作所需的各种基础设施所带来的高额成本，而加入集群则可以通过企业之间的合作来获得这种外部优势资源。

其次，由于企业集群内的企业对于某种特定资源的需求是一致的，因此，集群的存在可以吸引外部特定的资源加入集群中，从而可以促进具有这种特定需求的企业在集群内的聚集，为集群内企业的进一步合作提供了可能，同时也为集群内企业的技术创新节约了相关成本。

再次，在集群内，企业间由于地理位置的接近性促进了企业之间的良好互动与交流，为企业之间的长期合作与信任关心的增强奠定了坚实的基础，从而可以促进集群内企业之间产生一种协同效应，而这种协同效应可以促使企业获得集群内大量的共享资源，包括集群内信息的共享，而对于中小企业而言，获得信息的能力是有限的，而且获得一定的信息所需的成本也是巨大的，因此，集群内企业间的协同效应大大降低了企业的各种交易费用与进行创新的各种不确定性因素。

最后，在以专业化分工为基础形成的企业集群内部，聚集了各种配套服务的专业化市场，比如人才市场、资金市场、技术市场等，而这些市场能够为单个企业提供各种辅助性服务，从而使其产生规模经济。

4. 资产互补性分析

长期以来，经济学对企业资源范畴进行了界定，他们认为企业所需要的资源主要包括资本品、厂房设备、原材料和劳动力，而且这些资源具有同质性，并且每种资源均可以同样的价格随时从市场上获取，而且从一定程度上来讲这些资源相互之间是可以相互替代的。因而他们对资源范畴的界定用在分析微观层面的一些企业行为等问题时往往缺乏有力的解释力。20世纪80年代中期，沃纳菲尔特（B. Wenerfelt）、格兰特（R. M. Grant）、巴尔奈（J. Bamey）等学者通过对企业资源进行系统的研究后，产生了资源基础理论，并且他们对企业资源的内容也重新进行了界定,在他们看来,企业资源应该包括能够帮助企业在市场上获取竞争优势的各种有形和无形的资源综合。而任何一个企业都无法在所有的资源类型中能够拥有绝对的优势,因为同一种类型的资源往往在不同的企业中也会表现出一定的异质性,尤其是对于那些企业组织内部的异质性资源,他们往往不可完全进行流动交易。因此,对于集群内的企业而言,想要获取对方这些独特的资源,就必须通过与其他企业建立长期稳定的合作关系,以实现双方资源的共享和互补。

资源对集群内的企业主要有两个方面的影响:一方面,当集群内的企业面临选择多种经营活动时,它往往会选择能促使其资源升值的那种经营活动,因而资源能够影响到集群内企业未来的发展方向。另一方面,中小企业进行技术创新的劣势在于它们自身能力的有限而缺乏创新资源,但集群内的企业通过地理位置上的靠近和合作,可以弥补中小企业自身创新资源的不足,同时又可以发挥自身所具备的优势。这种互补可以说是中小企业各自优势资源的组合,这种组合产生的集体创新效率和创新能力可能远远超过大企业。也就是说,中小企业要解决资源方面所处劣势的这种困境,只有通过与集群其他企业间的合作来获得其自身发展所需的各种稀缺资源,并将这种从集群外部获得的优势资源与自身拥有的资源结合起来,促进集群企业不断地持续发展和完善。因此,资源还会影响集群内企业发展与成长的速度。

5. 专业化分工

亚当·斯密的专业分工理论认为劳动的专业化分工导致了知识的分工,而专业知识分散存在于不同的经济主体中,不同的企业和个人各自专注于自己的专业化领域,他们各自通过分工的细化来提高自己的专业知识,并积累有关创新所需的知识和信息。亚当·斯密认为,市场范围决定了专业化水平。劳动分工的演进促进了经济发展。他认为,劳动分工和生产专业化不仅有助于专业知识的积累和提高操作熟练程度,而且能够减少工作转换次数,从而可以节约劳动时间。Stigier认为,一个企业的经济活动包含了很多职能,分工或专业化过程就是把企业职能不断地分离出去,而由其他专业化的企业专门承担这些职能的过程。分工既是经济进步的原因又是其结果,这是一种自身累积的因果过程,这种自身累积作用的根源在于分工具有报酬递增的特性。报酬递增与自身累积发展是亚当·斯密对分工认识的两个重要观点。实际上，无论是对个人还是对社会或经济组织而言，分工都存在着一定的演进历程，这种动态的演进是由个人专业化所带来的知识积累引起的。随着专业化与分工的演进与积累，将带来组织与管理创新的创新性进步，从而引起经济运行与经济组织的结构性突变。

  对于企业来讲，分工可以提高企业的劳动效率。由于实行了专业化分工，可以使企业专门从事某种产品的生产，提高它们的熟练程度，从而可以避免它们从一种工作转到另一种工作所造成的时间上和技术上的损失。此外，企业还比较容易进行技术创新，管理成本也相对较低。一般来说，企业间的合作能够使分工更加细化，从而有利于企业生产的专业化和精细化，提高企业的生产效率。早在 20 世纪初，美国就实现了专业化生产，其专业化程度高达 80%—90% 以上，较低的也达到 70% 左右。日本在 50 年代开始实施专业化生产，如日本丰田公司汽车群落，它除了本身有 8 个专业化工厂之外，与外部进行直接协作的就有 450 多家工厂，而这 450 多家工厂又与 1500 家工厂进行协作，1500 家外围又有许多协作工厂。企业间的运输、包装、绿化等都由专业公司负责承包。所以，有专家认为，实行专业化生产有利于节省投资、降低成本、提高技术水平，是日本经济起飞的重要原因之一。

  在企业集群内部，大量专业化分工的中小企业的集聚使得企业间通过分工与协作来实现规模生产。另外，对分工更细、专业化更强的产品和服务的潜在需求量增加，也为专业化生产商提供了大量的生存机会。同时，专业化水平的提高也使得企业集群内部的生产率不断提高。根据杨小凯的论述，分工一般会带来以下三个方面的结果：一是由于专业化分工使得市场对产品和服务的潜在需求量在不断地增加，从而导致市场容量也会不断地扩大。二是随着交易效率改进，分工的发展会通过节省重复学习的费用而提高所有产品的劳动生产率。同时，交易效率的改进会导致不同的专业种类数上升。三是生产集中程度会随着分工水平提高而不断地得到提高。

三 企业集群创新网络的形成原因

  20 世纪 80 年代以来，创新过程中企业之间以及个人之间的联系所形成的网络受到人们的高度重视，经济学、社会学以及产业组织学等学科从不同角度对创新网络进行了研究。随着理论界对企业集群研究的不断深入，其研究的视角开始从集聚的规模效应转移到企业集群内部创新活动。已有的集群创新研究认为企业的创新活动及企业的创新产出与企业所在的地理空间或者它是否属于集群成员密切相关。技术创新的研究表明，在创新过程中，技术创新过程受许多因素的影响，如技术更加的复杂化和大型化，因此，企业之间只能通过合作来交换各种知识、信息和其他资源并获得发展。另外，企业间专业化的分工使得生产链上不同分工者更容易掌握各种新的知识和技术，使得他们能够进行协作创新。因此，创新网络的产生缘于创新的复杂性、技术的发展趋势和创新的系统化。Olaf Amdt 和 Rolf Stemberg 将创新网络看作不同的参与者的协同群体，这些参与者包括企业、研发机构和创新导向服务供应者。他们认为，该群体共同参加新产品的形成、开发、生产和销售过程，共同参与创新的开发与扩散，参与者之间通过正式合约或非正式安排形成联系。通过上面的分析，我们可以看出：中小企业集群创新网络是一个动态网络，各行为主体在交互作用和协同创新的过程中建立起一种相对稳定的关系，这种关系并不是一成不变的，它在企业的创新过程中不断地发生变化。而在这个动态网络中，中小企业是这个网络的中心，其他行为主体通过互动更好地为这个中心主体服务，这个中心主体则通过正式合约或非正式关系与其他的行为主体发生作用。

因此，对于中小企业集群网络的界定，本书做出如下定义：

中小企业集群创新网络是指地理位置接近的各个行为主体（企业、大学或科研机构、地方政府、金融机构和中介机构等）为适应创新复杂性而在进行交互作用和协作创新（各行为主体共同参加新产品的形成、开发、生产和销售过程，共同参与创新的开发与扩散）的过程中所建立起的相对稳定的各种正式关系和非正式关系的总和。

显然，这种集群创新网络的形成是集群本身的优势与外部因素共同作用的结果。从上述集群创新网络的定义中我们可以看出：首先，它属于一种地方性的创新网络，集群内企业也正是因为地理位置的接近可以共享各种资源（包括原材料、人力资源和信息资源等）和减少各种成本（如运输成本和库存成本等）。另外，地理上的接近有助于企业集中学习和创新，从而使区域内各环节在高度信任的基础上相互合作，而且也有利于吸收外界的企业、技术和资金、知识，促使知识和技术在区域内的进一步积累，形成区域创新的源泉和动力。其次，随着技术复杂性程度的提高，技术创新对于中小企业来说更是难上加难，单个中小企业无法单独去完成创新的全部过程。因此，中小企业可以与其他企业通过分工协作来完成。一方面，专业化的分工可以降低组织成本，提高劳动生产率，扩大生产规模，从而获得外部规模经济效益。另一方面，企业在协作分工后可以只专注于自己具有核心竞争优势的部分，而将其他的业务通过外包的方式，这样就可以提高企业自身的竞争力。最后，基于集群内企业间的长期合作和信任，集群内形成了一种趋于一致的集群文化，因此，集群内部人员相互交流频繁，加速了群内知识和信息的流动，大大提高了集群集体学习的效率。而且集群内部存在各种经济网络和社会网络，使得群内各企业的新思想、新的创新工艺、新的管理模式会迅速成为整个集群的共享信息，而信息共享的过程又促进了创新。

另外，集群外部环境也是促使集群创新网络形成的一个重要因素。首先，信息技术的飞速发展和全球知识网络的形成，集群内部企业之间原有的创新模式不断地被更新和变革，它并不能像以前一样很好地适应高新技术发展的需求，因此，集群内企业要想在这样一种环境下生存并持续发展，并对外界环境的变化做出迅速的反应以增强其柔性，就必须改变其原有的组织形式。其次，随着科学技术的快速发展，集群内部企业间的竞争不断加剧，市场争夺也越来越激烈，而且技术的复杂度也不断提高，单个企业特别是中小企业难以应对技术、市场的迅速变化，从而无法依靠自身力量进行技术创新，这样就会影响到中小企业的创新能力和竞争能力，因此，对于中小企业而言，要避免技术创新所带来的巨大风险和提升自身的创新能力，就必须与其他企业进行分工和协作，加强企业间技术联系和融合。这就要求企业不仅要加强内部各职能部门之间的沟通与合作，还要与集群外界进行合作发展。

四 集群创新网络对创新的影响机理分析

在企业集群中,地理位置上的接近性为群内各行为主体之间的沟通与交流提供了便利,各行为主体之间正是通过这种频繁的交往建立了各种正式与非正式关系网络,而这些正式与非正式关系网络为集群内各行为主体之间进行各种创新知识的交换提供了有效途径,进而对集群创新产生了非常重要的影响。下面,我们就集群正式创新网络与集群非正式创新网络对创新产生的影响进行分析。

(一) 正式创新网络与非正式创新网络之间的关系分析[①]

众所周知,集群企业进行技术创新所需的各种知识在集群创新网络中传播与扩散的速度是不一样的。集群企业创新的知识包括显性知识与隐性知识,而显性知识的获取,并不需要集群企业集中起来面对面地进行交流,企业借助各种政策文件等方式就可以获取,而对于隐性知识的获得,并不是简单地从互联网或报刊上就可以获取的,这需要企业间面对面地交流。因此,对于这两种不同的知识,就需要通过不同的网络来传递,这就是我们所说的正式创新网络与非正式创新网络。总体来讲,集群内的正式创新网络主要是集群企业通过各种交易关系、契约关系或者服务关系与集群内其他行为主体所建立起来的各种关系网络,它是我们经常能直观看到的一种关系。非正式创新网络也经常被称为社会关系网络,它主要包含由公共关系所构成的网络以及由个人自身的人际关系所构成的网络,它主要是通过朋友、亲属等社交手段建立起来的联系。当然,在实际中,我们往往很难辨别在所构建的各种关系中,到底哪些属于正式关系或非正式关系。而现实中这两种关系往往是相互作用与相互影响的。

从广义上来讲,集群内各行为主体之间所构建的正式关系网络是相对公开的,他们更多的是一种合同关系或者是交易关系,而通过这种正式网络关系传递的知识一般主要都是显性知识。而且这些知识同样会对集群内企业进行技术创新产生重要的作用。正式集群网络的结构如图2-3所示。

[①] 韩新严:《非正式创新网络在中小企业创新中的应用》,《浙江工业大学》2001年第6期。

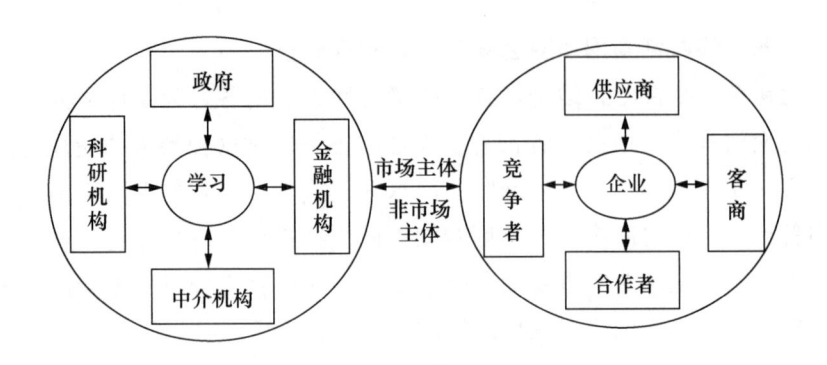

图 2-3　集群正式创新网络

对于正式创新网络而言，其网络节点可以是行为主体、行为对象或者行为结果，这些节点可能是各行为主体在构建创新网络时的直接投入要素，也有可能是他们在构建创新网络时所要实现的直接目的，同时网络上节点之间的合作往往更多的是基于双方利益之间的合作，只要当中有某些节点出现机会主义行为，或是想要恶意破坏双方之间的合作关系，各行为主体之间所建立的各种关系就会被中断。在正式创新网络内，企业之间的联系是基于契约、正式规章制度和法律，因此，这种正式网络起到了强制性的维持作用，而这种正式制度不仅对集群创新网络内各行为主体之间的各种权利与义务关系进行了界定，同时它还能够有效地控制集群内某些企业实施机会主义行为。然而，这种硬性约束会影响企业之间友好合作关系的建立，从而会给企业间进一步合作带来不利因素。

对于集群内企业创新而言，它们更需要的是一些无法通过正式途径获得的隐性知识，这就需要借助于非正式集群网络的传递。集群非正式创新网络结构如图 2-4 所示。图中的"太阳""月亮""星星""笑脸"分别代表非创新主体、供应商、生产商和客商内部的员工。对于非正式创新网络来讲，网络内各行为主体主要是基于某种非正式关系而聚集在一起所构成的一个群体，如血缘关系、地缘关系、朋友关系、姻亲关系等。但不论是何种非正式关系，都是隐含在正式关系中的私人之间的关系，并没有被法律和各种正式的规章制度所确认。因此，这种网络关系往往会随着成员间感情破裂而被解散。然而，在非正式创新网络中,虽然并没有明确对网络内各成员间行为产生约束的相关规章制度,但是非正式创新网络中的成员的行为也要受到网络中的一些非正式制度的限制,比如各种文化习俗、网络成员相互之间的信任与承诺等。当然,这也并不意味着非正式创新网络中的非正式制度没有一定的约束力或者是对网络成员行为的约束力较弱,正好相反,非正式创新网络中建立的各种非正式制度的约束力在有些时候甚至会比正式制度的约束力更强。在非正式创新网络中,只要有成员实施了机会主义,那它将会受到网络中其他成员的排挤,它的不良信誉也将会在网络中不断地扩散,其他企业也会终止与它的合作,这种惩罚的代价将远大于其违背非正式制度所获取的收益,这也是为什么非正式网络中的成员不敢轻易违背非正式规则。

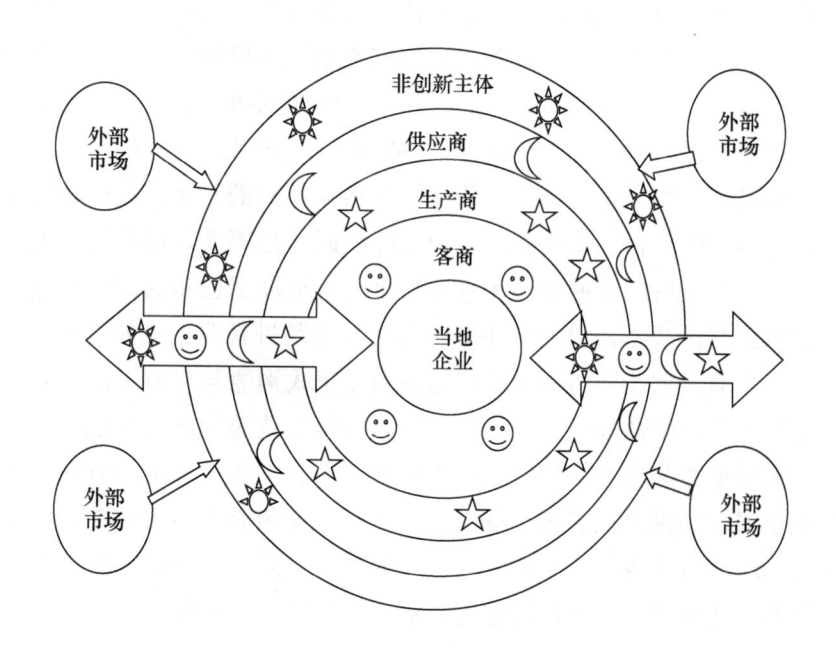

图 2-4 集群非正式创新网络

资料来源:梁孟荣:《基于社会网络结构的产业集群技术创新研究》,硕士学位论文,南京航空航天大学,2007 年。

对于正式创新网络与非正式创新网络的关系,学者韩新严在文献《非正式创新网络在中小企业创新中的应用》中进行了详细的分析,

两者之间既相互联系,又存在一定的差异。首先,我们来看一下两者之间的联系,这种联系主要表现在以下三个方面:

(1) 集群创新网络内正式创新网络与非正式创新网络之间互为补充。在集群内的正式创新网络中,一方面,集群网络中各行为主体都希望通过网络能够获得最大效益,因而它们都希望彼此之间能够进行毫无保留的合作;另一方面,各行为主体都会担心它们在合作过程中企业自身的商业机密或核心竞争力会被合作对方所知晓,从而会导致企业自身的竞争优势的削弱或丧失,因而在合作的过程中各行为主体都会采取一些保护和防范措施。这也往往会导致正式创新网络中的成员最终会考虑自身的利益,而在与创新网络内的其他成员合作过程中会选择有所保留,从而会降低网络内合作双方之间的信任关系程度,同样创新网络内各成员间的合作效益也会受到重大影响。然而,基于行为主体之间相互信任而构建的非正式创新网络能够在一定程度上弥补在正式创新网络中所存在的一些不足,比如网络内各成员间的不信任或是双方之间的不完全合作等。一般来讲,在一个合理的网络组织中,正式网络与非正式网络之间往往是相互补充的。在正式创新网络中,网络内的各行为主体基于各种条件限制往往不太可能会完全按照网络成立初期所制定的契约关系来从事各种活动,创新活动中所蕴含的高风险与高成本使得网络中各行为主体必须进行非正式的交流和沟通。一方面,创新网络中成员间的各种非正式沟通与交流可以有效促进创新所需的隐性知识在整个集群创新网络中快速流动与扩散,从而可以更好地克服他们在创新过程中所遇到的各种障碍;另一方面,集群非正式创新网络内各成员间的这种非正式交流与沟通可以有效增强正式创新网络内各行为主体之间联系的程度,同时也加强了各行为主体间的信任程度,从而使得它们能够进行长期持续的合作。

(2) 非正式创新网络的形成有利于正式创新网络的产生与进一步发展。在当今竞争激烈的环境下,中小企业要想在竞争中获胜并持续发展下去,就必须不断地进行创新。而对于中小企业来说,创新的高投入和高风险使得中小企业不仅没有能力来承受技术创新活动所带来的巨额资金投入,而且更加无法承受因自身实施技术创新活动而付出的巨大损失。在企业集群创新网络中,网络内的创新企业则可以借助与其他企业、高校和研究院所、政府、中介机构形成的创新合作网络来获得自身不具有的优势,从而形成优势互补,提高本企业的创新能力。然而,中小企业在组建创新网络时却面对自身无法逾越的障碍因素:首先,集群内中小企业在其发展过程中长期所面对的体制方面的障碍。在亚洲金融危机以前,国家几乎很少重视中小企业的发展,这也导致了我国中小企业在亚洲金融危机中所受到的冲击要远比亚洲的其他国家大得多,如新加坡、韩国等。近年来,虽然国家对中小企业的发展提出了多种政策措施,但是收效甚微,融资难一直是我国中小企业发展的"瓶颈"问题,长期以来,国有四大银行的资金投入主要是国有大中型企业,这也就限制了中小企业的创新发展,从而使得规模较小的中小企业无法借助政府制定的相关政策来获得发展。其次,中小企业的自身障碍。中小企业由于自身规模小、技术落后、信用不够,导致很多金融机构都不愿意给中小企业提供贷款,或者只能提供小额贷款,这些都严重限制了中小企业的持续发展。因此,当中小企业无法按照正式的方式来寻找其创新所需的合作者,它们往往会选择考虑通过自身的社会网络关系来构建新的创新合作群体,因而就会形成各种各样的非正式创新网络。一方面,在非正式创新网络的形成过程中,网络中的各行为主体会吸引或介绍一批相关的上下游企业进入到它们所创建的正式创新网络中,从而使得自身所构建的正式创新网络规模不断得到扩充,业务链条也会得到极大衍生。另一方面,集群中的正式创新网络将具有不同资源与竞争力的企业组织在一起,不仅极大增加了集群企业进行创新所能获得的各种优势资源,同时也提高了集群企业自身进行创新的机会与创新能力,而且还可以借助该网络的创新示范效益来影响集群创新网络外部的创新主体,而外部的创新主体由于自身力量的有限,以及集群整体所带来的各种优势都会吸引他们自愿加入到现有的集群创新网络中,以同样获取他们进行技术创新所需的各种创新资源,从而提高他们自身的创新能力。而当加入到集群创新网络中的企业越多,网络的边界就会变得更加宽广,而能够实现共享的资源也会更多,所有这些都会使得集群创新网络内的行为主体变得更加具有竞争优势。

(3)集群非正式创新网络有利于正式创新网络的稳定发展。众所周知，集群中非正式创新网络的形成主要是基于各行为主体之间在日常工作与生活中所建立的各种非正式关系，因而它与集群中的正式创新网络形成不同，它并不完全是出于对自身的某种经济利益的考虑而构建起来的网络关系。在某些情况下，对于集群非正式创新网络中的行为主体而言，它即使不能够分享到与网络中其他主体的合作创新收益，它往往也不会轻易地去终止与该创新网络中其他行为主体之间的联系。因为本身建立与其他行为主体之间的网络关系需要投入较多的时间与成本，而且未来可能还有很多与其他行为主体合作的机会。因而随意中断与其他行为主体之间的各种非正式关系所付出的代价是非常大的。因此，集群中的非正式创新网络一旦构建，网络中各行为主体之间的各种非正式联系往往一般很难随意被中断。相反，集群中所形成的大多数正式创新网络大多是出于某种经济利益关系的角度，显然，这种基于利益的关系很容易被中断，因为这种关系网络中经常会出现机会主义行为，一旦集群网络中某个行为主体实施了机会主义行为，将会给网络中的其他成员造成巨大的损失，集群网络中的其他行为主体就会与他中断合作关系。因此，基于各种非正式交往而形成非正式创新网络的凝聚力往往要比基于契约或法律的正式合作关系更强。因为非正式创新网络能够有效促使集群创新网络中的各行为主体之间达成一种共同的愿景，从而更能有效促进集群创新网络内的各种交流与信任，进而有利于各种新知识、新观念与新信息在集群创新网络中的快速扩散与传播，最终为集群创新网络中创新企业所吸收与运用。

　　另外，正式创新网络中所形成的文化与各行为主体之间的信任程度等因素是维持其生存的重要影响因素，而非正式创新网络中所形成的文化弥补了正式管控制度。非正式创新网络中形成的文化对各行为主体行为的控制主要是基于他们的主动顺从，这也就决定了非正式创新网络中的非正式文化对各行为主体具有一种激励的作用，它能够积极促使网络中的各行为主体更多地产生自愿的协作行为。而在正式创新网络中，各行为主体基于长期的交往相互之间形成了一种较稳定的合作关系，而此种合作关系又能进一步促进网络内部各行为主体之间信任度的提高。一般来说，网络内各行为主体之间的沟通频率越高，彼此之间的信息就会越对称，相互之间的信任度也会不断提高。因此，我们认为非正式创新网络促使正式创新网络更加稳定。

接下来，我们来看看正式创新网络与非正式创新网络两者之间的差异，这种差异性主要体现在以下几个方面：

（1）两者获取资源的方式和为获取资源所付出的代价方面存在差异性。首先，在资源获取方面。对于正式创新网络来讲，通过它获取资源的优势在于渠道稳定，以及资源供给相对比较充足。而在正式创新网络内，各创新企业与资源供给企业之间都会签订各种经济关系合同，该合同明确规定双方之间的权利与义务，以及因违约而需承担的各项经济法律责任。因此，一般来说，一旦双方之间签订了经济合作，合同双方当事人不会随意进行违约，因为在合同中有明确因违约而给对方造成损失的相应经济补偿。因此，从这个角度来看，正式创新网络在获取资源的保障方面要比非正式创新网络好。而对于非正式创新网络而言，通过它获取各种资源的渠道相对来说较为不稳定。在集群非正式创新网络中，创新企业和各种创新要素供给企业之间的关系是建基于各种非正式关系，因而，他们之间往往并不像正式创新网络那样具有明确的法律保障。同时，由于非正式关系建立主要是基于各行为主体之间的感情与信任，因而具有一定的不稳定性，一旦合作双方之间因为某些原因导致双方之间的感情破裂或者信任关系出现危机状况，都会导致他们之间非正式关系的中断，因此，从这个角度来讲，非正式创新网络在资源获取方面的保障性还是存在着很大的风险，因为非正式创新网络中的各行为主体之间缺乏有效的法律制约，很多行为的产生无法得到法律的保护。

其次，在交易费用方面。对于正式创新网络来说，各行为主体通过正式创新网络途径获得各种资源时所支付的交易费用相对比较高，其主要原因在于：一方面，正式创新网络获取资源的方式是市场交易，因而它在获取创新要素时所支付的价格是依照市场价格，即使在集群创新网络内部存在着资源要素的内部转移价格，但是这种价格最低也是与成本价格相当；另一方面，集群网络内的某些特殊的创新要素是无法通过市场交易的方式来获取的。如创新要素中的隐性知识是无法通过交易来获取的，必须通过面对面地接触和交流。因此，正式创新网络在获取这类创新要素时就显得束手无策。而对于非正式创新网络而言，它获取资源时所支付的交易费用就相对较小。主要原因在于：一方面，在集群非正式创新网络体内，各创新企业和创新资源要素供给企业之间由于是建基于各种非正式关系，而这种非正式关系的建立成本非常低，也就是说，非正式创新网络中的大多数资源可以通过零成本的价格来获取；另一方面，非正式创新网络体内各行为主体之间的非正式交流与各种深层次合作可以有效促进隐性知识的扩散与转移，从而更有利于创新企业从集群创新网络中获取创新资源的能力。

（2）两者承担创新风险的能力存在差异。对于大多数企业来讲，不断进行创新的主要原因在于提高产品的市场竞争力，进而提高企业自身在全球市场的竞争力，但同时每个企业也必须为创新承担很大的风险。对于正式创新网络而言，集群创新网络内各行为主体之间事先均签订了各种合作协议，而在该协议中明确规定了各自所承担的风险，因而集群创新网络中的各行为主体为了实现自身创新收益的最大化，往往会尽力去避免和消除掉创新过程中所存在的各种风险。然而，我们知道在正式创新网络中各行为主体之间存在着各种机会主义行为，而这些机会主义行为往往会给合作创新带来巨大的风险。在合作实施创新的过程中，各行为主体担心自己企业核心技术资源的流失，从而丧失自身的竞争优势，因此，在这种信用低下或缺失的条件下，可能会导致集群网络内各行为主体之间有保留地合作。而对于非正式创新网络而言，它往往能够有效控制正式创新网络内出现的这种机会主义行为或倾向，主要原因在于：一方面，在集群非正式创新网络中，各行为主体之间合作是基于双方的感情稳定，因而彼此间都存在一定的信任，这对于双方之间的合作可以说是有利无害；另一方面，非正式创新网络的某些行为主体并不期望从创新活动中获取任何收益。因此，在集群非正式创新网络中，各个行为主体能够在创意产生时就可以有效地对创新过程中存在的风险进行预测和分析，从而有助于对创新活动进行事前的风险控制。

另外，在创新控制权的归属问题上，正式创新网络中各行为主体之间事先就已经签订好了有关创新控制权合理分配的协议，各行为主体都享有一定的控制权，因此，正式创新网络中存在着关于创新控制权的归属问题。而非正式创新网络中的各行为主体之间并不涉及创新控制权的分配问题，各行为主体也不分享创新企业的创新控制权。

（3）两者在创新效果方面存在差异。在现实中，我们要衡量一个中小企业的创新偿还能力的途径有很多，但不管是采取何种衡量方式，一般大都与创新投入成本以及创新收益有关，显然，创新投入成本越小，创新获得收益也多，也就说明该企业的创新偿还能力越强。首先，从成本的角度来考量。对于集群正式创新网络来讲，集群企业进行创新的总成本主要有交易成本、履约成本以及风险成本。其中，交易成本主要是指集群创新网络各行为主体在搜寻各种创新资源时所支付的成本，以及各行为主体为获取某种创新资源所需支付的成本。履约成本主要是指在合作双方签订合作合同或买卖协议之后，为了有效促使对方能够完全根据之前所签订的协议或合同来履行其应尽义务而采取的各种监督与控制措施而产生的成本。显然，这种成本主要是发生在集群创新网络内各行为主体之间的信任机制不健全的情形下。而风险成本主要包括在合作过程中因导致某一方核心竞争资源的流失，或因某一方实施了机会主义行为而给合作对方造成损失所付出的成本。而对于集群非正式创新网络来讲，各行为主体进行创新成本主要包含交易成本与风险成本。与正式创新网络风险成本不同的是，非正式创新网络中的风险成本主要是合作双方之间的信任成本。众所周知，在集群非正式创新网络发展的不同阶段，网络内各行为主体之间的信任程度也是有差异的。在集群创新网络的形成阶段，网络内的各行为主体之间由于接触的机会较少，彼此之间的信任关系相对较弱，而此时所需支付的信任成本相对较高；在集群创新网络的发展阶段，由于网络内各行为主体的沟通频率在不断增加，彼此之间的信任程度也在不断增强，而此时需支付的风险成本更低，而当集群创新网络发展到成熟阶段时，网络内各行为主体之间的信任关系会达到一种稳态，因而在此种情况下就不存在风险成本。因此，在非正式创新网络中，往往只存在交易成本，而且交易成本也比较少，因为非正式创新网络内部各行为主体之间的稳定合作关系可以有效促进隐性知识的传播与扩散。因此往往交易成本会相对较低。其次，从收益角度来看。正式创新网络内的各行为主体在合作创新的过程中可能需要分享创新企业所创造的创新收益，因而创新企业往往无法独自享有创新所带来的收益；而在非正式创新网络中，合作各方并不是以分享创新企业的创新收益为合作目的，创新的收益一般归创新企业自己所有。

(4) 影响两者成功运作的因素存在一定的差异。对于集群正式创新网络来讲，影响其成功发展的主要因素是集群创新网络内各行为主体之间共同的利益取向。其中，集群创新网络内各行为主体之间的资源互补是建立集群创新网络的主要影响因素之一，而各种利益的共享是维持集群创新网络稳定性的重要因素。因此，如果集群创新网络内的各行为主体无法从集群创新网络中获得其创新或者发展需要的资源时，它往往有可能会中断与集群创新网络的联系，而加入到其他集群创新网络中。而对于非正式创新网络来讲，影响其发展成功的主要因素在于集群创新网络内各行为主体间的共同价值观与各行为主体之间的信任强度。而在非正式创新网络结构中，节点之间的联系主要是基于网络内各节点之间的各种非正式关系，而这种非正式关系又是建立在彼此之间的信任关系的基础上。显然，在集群创新网络发展的不同阶段，各节点之间的信任关系强度也是不一样的，即使在网络发展的同一个阶段，网络内不同节点之间的信任关系强度也存在差异。因此，网络内各节点之间的非正式联系也存在强弱之分，而这种非正式联系的紧密度恰好也反映了非正式创新网络凝聚力的大小。

(二) 集群创新网络对创新的影响

关于集群创新网络的作用，研究者李志刚、韩新严、梁孟荣、刘慧、鲍华俊等学者都进行了相关的研究，本书在此基础上，结合实际分别从集群正式创新网络和集群非正式创新网络两个方面来阐述集群创新网络对创新的影响机理。

1. 集群正式创新网络关系对集群企业创新的影响[1]

一般来说，集群正式创新网络关系对集群企业创新的促进作用主要体现在以下几个方面：

---

[1] 梁孟荣：《基于社会网络结构的产业集群技术创新研究》，硕士学位论文，南京航空航天大学，2007年；李志刚：《基于网络结构的产业集群创新机制和创新绩效研究》，博士学位论文，中国科学技术大学，2007年。

第一，集群正式创新网络为网络内企业的创新提供了大量的优势资源。

在集群正式创新网络中，聚集了大量的行为主体，包括企业、大学或科研机构、金融机构、中介机构、政府等多个行为主体，而每个行为主体所拥有的资源存在差异性，特别是创新所需要的各种隐性知识。如企业将基础研究成果转化为生产力的重要纽带，他们通过创新过程的知识积累，以及与客户关系的紧密联系所积累的知识均为集群创新网络提供了大量资源；大学或科研机构作为科技成果研发的主要承担者，培养了各种高素质的创新创业人才，均为集群创新网络内资源的聚集提供了大量"养分"；金融机构作为集群创新网络内企业的资金支持机构，他们往往更多地关心投资项目是否可以给他们带来创新，因而他们往往比较熟悉各个行业或是各类型项目的发展前景，而这些都可以为集群企业未来的战略发展提供帮助；中介机构主要是服务于集群企业，因而他们往往也比较了解行业技术发展的最新态势，他们也比较清楚各种不同类型的企业存在什么样的问题，以及通过什么样的方式可以避免或解决，因而他们也能够为集群创新网络中的企业提供各种有用知识；政府主要是为集群创新网络的整体发展创造良好环境，以及制定各种有效政策来扶持企业的发展，为集群企业的创新发展营造好的环境。而这些行为主体集聚就可以实现他们所拥有的资源在集群创新网络中的聚集，从而在集群正式创新网络中就相当于构建了一个巨大的"资源池"，网络内各行为主体可以通过资源共享来获取其在创新过程中所需的各种资源。而且由于集群创新网络内各行为之间在地理位置上的接近性，网络内各种创新知识的扩散与传播均可以快速获取。因此，从长期的角度来看，集群正式创新网络通过各行为主体之间的互动关系增加了区域创新所需的各种资源。

第二，集群正式创新网络通过集体学习机制提高了网络内企业的创新绩效。

在集群正式创新网络中，各行为主体之间由于地理位置上的接近性，彼此之间在不断地进行交互作用，而这就是网络内各行为主体之间集体学习的一种表现形式。在集群正式创新网络中，企业通过与供应商之间的互动，可以了解到许多新的技术资源与新的市场信息，然后将他们整合到集群的创新过程中去。企业通过与客商之间的互动，可以了解到客户对新产品的设计要求或技术指标，并且通过学习、整理形成企业自身的专有知识，完成技术创新所需的知识积累。企业通过与竞争对手之间的互动，可以与竞争者分摊研发费用、共担风险、分享研发成果等，这种合作能促进竞争企业之间产生更多对自身有利的创新，从而共同提升竞争实力。同时还可以借鉴其在产品创新、工艺创新、技术引进、管理创新、市场策略等方面的经验，为我所用。而企业通过与大学、科研机构间的互动可以获得各种基础知识、应用知识或技术，以及大量的高科技人才。企业通过与政府之间的互动，可以从政府那里获取一些政策信息、市场信息与技术信息等。企业通过与金融机构之间的互动，可以掌握一些新项目或新产品的发展前景的前沿信息。而企业通过与中介机构之间的互动，可以了解到不同类型项目在发展过程中存在的一些风险信息。因此，通过集群创新网络中的集体学习机制，可以使网络内的创新主体以较低的成本获取创新所需的各种资源，而且还可以迅速获取这些创新资源，能够快速掌握集群内其他相关企业的技术创新与管理创新状况，对于一些好的技术与先进的管理理念都可以快速借鉴，从而可以有效提升集群企业创新的绩效。

第三，集群正式创新网络通过互动机制促进了隐性知识的扩散。

对于每个企业而言，自身拥有的隐性知识是其取得竞争优势的关键，企业往往需依靠这些隐性知识来进行技术创新活动，因而这些隐性知识往往无法真正意义上实现共享。在集群创新网络中，由于各行为主体在空间上的集聚，为他们之间的交流与沟通提供了便利，当某企业在进行技术创新活动的过程中需要某一种隐性知识时，他就需要与集群创新网络内的拥有这些隐性知识的其他行为主体之间进行互动，通过彼此之间的互动机制来获取其创新所需的各种隐性知识，这样不仅可以较快地获取这些知识，还可以降低技术创新活动的成本，因此，集群创新网络内各行为主体之间的正式关系也有利于促进集群企业的技术创新。

2. 集群非正式创新网络对集群企业创新的影响①

随着社会网络理论在产业集群研究中的广泛应用,由集群创新网络内各行为主体之间的各种非正式联系所形成的非正式创新网络也受到了学者们的普遍关注,而随着研究的不断深入,非正式创新网络对于集群进行技术创新活动所产生的重要作用也日趋明显,许多关于集群创新的研究成果均显示了非正式创新网络是集群企业创新的重要源泉并在集群企业的技术创新过程中发挥了重大作用。对任何一个企业的创新而言,企业在创新过程中往往更需要的是各种隐性知识,而隐性知识往往很难通过各种正式渠道来获取,而是需要借助各行为主体之间频繁地进行面对面的交流,通过彼此之间建立的信任关系来获取。而集群非正式创新网络为各种创新资源和隐性知识的传播与扩散提供了通道。因而非正式创新网络内各行为主体之间的互动频率往往要远高于正式创新网络,而各种创新资源也更能快速地在集群非正式创新网络扩散。

通过图2-4我们可以看出,集群非正式创新网络通过"环形通道"与"箭头通道"来传播与共享各种创新资源,进而影响着集群企业的创新绩效。一方面,集群正式创新网络通过"环形通道"来传递各种相似的知识,这为集群企业的技术创新活动提供了必要的条件。另一方面,集群非正式创新网络通过"箭头通道"传递了多样化的知识,这也使得各种新的知识相互碰撞,进而激发集群企业技术创新的灵感,而集群创新企业则可以在知识的传递过程中受益,极大促进了集群企业的技术创新。

总的来说,集群非正式创新网络对于集群企业技术创新的作用主要体现在以下几个方面:

首先,集群非正式创新网络有利于集群企业隐性知识的溢出。在集群创新网络中,集群企业进行技术创新活动需要的知识可以分为显性知识与隐性知识。显性知识可以通过各种正式途径按照一定的市场价格获取,但这并不是企业技术创新活动所需的关键知识。而隐性知

---

① 鲍华俊:《非正式创新网络影响因素及其作用实证研究》,硕士学位论文,浙江大学,2004年。

识是每个企业的核心竞争力，一般很难通过市场交易来获取，而只能通过各种非正式关系。而集群非正式创新网络内各行为主体之间的关系本身就属于各种非正式联系，因而彼此之间建立了良好的信任关系，在这种相互信任的关系网络中，隐性知识才有可能会在集群网络内传播，因此，集群非正式创新网络为隐性知识的溢出提供了环境与传播途径，从而可以更为有效地提高集群企业的创新能力。

其次，集群非正式创新网络提高了各种知识交流的效果。一方面，在集群非正式创新网络中，各行为主体之间的交流方式比较随性，交流环境比较活跃与自由，因而彼此之间的交谈内容并不会受到限制，这也就拓宽了交流的知识面。另一方面，在集群非正式创新网络，由于各行为主体之间的信任关系较强，因此，在各种非正式的交流场合中，往往可以更快地切入自身所需要获取的知识与信息。因此，集群非正式创新网络有助于提高知识交流的效率与效果。

最后，集群非正式创新网络有助于加快知识传递的速度。在集群非正式创新网络中，各行为主体之间的非正式交流的频率往往要比正式交流的频率高得多，而且非正式交流不受时间的限制，各行为主体之间可以快速地获取自身想要的知识。另外，在集群非正式创新网络中，各行为主体之间的关系比集群正式创新网络中的关系要更稳定，这也保障了各种知识在网络中稳定有效地传播，因而集群非正式创新网络结构特征也更有利于知识的快速传播。

总的来讲，集群非正式创新网络对于集群技术创新活动的促进作用，更多地体现于各种非正式交流与沟通对于员工之间各种知识的交流与学习的促进作用上，而知识交流与学习水平的提高将直接影响到企业员工创新能力的提升，进而对集群企业的技术创新活动真正起到促进作用。

五 企业集群创新网络的资源云理论

资源不是一个固定不变的概念，而是随着社会经济发展、认知能力的拓展而变化的。在当今全球化和知识经济条件下对某种资源利用的时候，还必须充分利用科学技术知识来考虑利用资源的结构、层次、状态等问题，在对不同种类的资源进行不同结构、层次和状态利用的时候，又必须考虑资源配置和综合利用方式，这就需要发展出新的"资源观"。这里,借鉴云计算思想来提出集群创新网络的资源云理论,对传统资源观作进一步拓展。

云计算的核心思想,是将大量用网络连接的计算资源统一管理和调度,构成一个计算资源池向用户按需服务的系统。云计算的"云"就是存在于互联网上的服务器集群上的资源,它包括硬件资源和软件资源,本地计算机只需要通过互联网发送一个需求信息,远端就会有成千上万的计算机为你提供需要的资源并将结果返回到本地计算机。

所谓资源云是指集群网络内的主体为了实现创新、提高绩效和增强核心竞争力,通过聚集、重组、集成、整合和创生形成的各种有形和无形、可共享和可再生的,能够现实地或潜在地影响集群网络价值创造的资源体集合及其关系形态。资源云不仅表现为有形资产资源、人力资源、技术资源、知识资源、人文资源、组织资源,还表现为无形的关系资源、客户资源、环境、商誉资源以及主体互动、资源耦合所形成的衍生性资源形态,如竞争与合作关系以及竞争与合作产生出的系统效应和网络能力资源云;集群网络内、外部环境中的技术资本、人力资本和金融资本高度渗透融合形成社会复合资本,成为推动集群发展新的重要资源云。这里,资源云除了强调传统资源的构成内容之外,还强调作为资源的集群中主体之间的各种连接关系以及对资源进行有效配置的内在作用机制,这些"关系"和"机制"存在于不同的资源形态当中,并以资源的形式存在。这意味着"关系"和"机制"也应该作为一种资源在集群创新中加以管理和应用。

与一般广义资源相比,资源云往往表现为各种形式的广义资源。不过资源云还具有广义资源不同的一个显著特点:广义的资源是一个存量的概念,资源云是一个流量概念,集群要求所有的主体都要织"云";广义的资源是一个资源池,资源云不仅是一个资源池,还体现出资源之间的关系和变化性、耦合性,它不是各类资源简单的汇集和相加。因此,资源云是一个更加宽广的资源概念,它表现为静态的广义资源再加上主体互动、资源耦合,是一种"宏"资源。

资源云的形成是基于企业集群创新网络内主体资源的共享和相互作用形成的资源形态,资源云的内容涵盖传统的范畴包含了社会属性资源和自然属性资源的广义资源。资源云更重要的是强调对广义资源的有效分配的内在机制,这种分配方式根植于不同的资源形态当中,并以一种资源的形式存在。企业主体进入企业集群需要将一部分资源共享,这种共享是在企业正常的经济活动所产生的经济结果。企业和别的企业合作把资源为别人所利用,以便交换对方资源;在企业集群中我们把资源共享的行为成为编织资源云的过程。借鉴计算机科学的云计算方法,我们将企业集群的广义资源构成的资源形态用云来表达。

资源云的内容包含社会属性和自然属性的资源云两种,它对人类的一切经济、社会活动都产生决定性的作用。中小企业集群创新这样的经济活动既需要自然属性资源云又需要社会属性资源云,成功的创新需要资源云的条件支撑。自然属性资源云的使用和开发利用,需要社会属性资源云的支撑。自然系统本身不具备经济活动的主动性,只有依靠生产力的提高不断拓展可利用资源的范畴,自然属性资源云才能创造财富。资源云在集群创新网络中的主要体现形式有以下几种[1]:

1. 复杂社会网络资源云

人们通常用网络来描述社会中的各种关系,用节点表示决策主体,两点之间用线连接起来表示相互关系,因而整个社会行为主体各种联系构成了社会网络组织形式。社会网络的存在形成了一种不可模仿的资源,即网络资源(network resource)。从复杂网络角度讲,社会网络是一个复杂网络,我们将这种网络资源称为复杂社会网络资源云。复杂社会网络具有资源属性,而且是一种重要的战略资源云。

复杂社会网络资源是资源云的重要组成部分,它和复杂社会网络本身的性质有紧密的联系。复杂社会网络资源云包含了网络关系、结构性要素、资源性要素、规范性要素、信任等因素及其耦合的衍生品,是人们实现价值创造的重要来源。

首先,集群网络主体就是一个资源体,一个复杂社会网络所拥有的网络主体是独特的、难以模仿的,主体的独特性是网络获取竞争优

---

[1] 张鹏飞:《基于广义资源观的中小企业集群创新能力研究》,博士学位论文,武汉大学,2010年;范如国:《资源云与中小企业集群创新研究》,《武汉大学学报》(哲学社会科学版)2012年第7期;简真强:《产业集群内创业社会网络对创业企业成长的影响研究》,博士学位论文,武汉大学,2013年。

势的重要资源。

其次,集群网络关系和结构也是一种资源。主体处在不同的网络和网络的不同位置能够获得不同的社会资本,从而为发展和创新带来必要的资源云。处于网络核心地位的节点与非核心节点具有不同的资源配置优势。核心节点拥有更多的信息通道,对环境变化以及竞争行为有更多的了解和认识,此外,核心节点在获取信息的时效性和质量方面拥有更多的优势,而这种优势能够使其在节点间合作与竞争时占据有利的地位,而且核心节点所拥有的资源和能力是整个网络资源云配置的杠杆,而拥有网络的资源云配置权,就无疑具有了竞争的先天性优势。不过,这也并不意味着非核心节点无利可图。比如,在集群创新网络中,核心节点的外围技术往往是非核心节点的核心技术点,只是这些核心技术点较为分散且对核心节点的技术特质具有较强的依附性。核心节点如果独守和自己使用这些技术具有一定的风险,但若充分利用网络资源云则可以产生"马太效应"。

知识经济时代与以往时代的主要差别在于,知识资源、信息资源、创新成为保持竞争力的根本,它们往往分散于不同的行为主体当中。一项创新所需要的知识往往超越组织的边界,需要从外界获取。集群通过网络这一复杂、特殊的结构可以获取创新需要的知识,并且根据客观实际及时变化迅速更新现有知识和获取市场信息。

最后,复杂社会网络是存在于主体之间的,获取资源云及配置资源云的渠道性资源。创新主体通过复杂社会网络渠道获取相应的知识和信息,相互间不断博弈争取具体的资源云,资源云的流动也不受传统科层组织条件约束。在复杂社会网络里没有所谓的权威,由许多地位大体相同,处在网络不同的节点个体相互博弈来决定资源云的配置方式。复杂社会网络的规范性,能够约束主体资源云的配置行为,有效监督主体、惩罚不道德行为、规范市场秩序,从而降低创新主体搜寻知识和信息的时间成本以及交易成本。在复杂社会网络内,资源云的流动效率和速度取决于网络的联系程度,在网络信任度高、网络关系稳定的网络中,资源云的流动自由,接近最优配置。

此外,一定密度的集群网络结构能够传递情感、提供隐性的知识、经验,使网络主体之间建立相互信任的关系,密切的网络联系能够使每个主体都能得到自己所需的信息，减少网络内部的监督和执行成本，从而使得整个复杂社会网络具有良好的调控机制和调控能力。

集群的复杂社会网络已经成为集群创新重要的资源云，不同的复杂社会网络带来不同的资源云从而保持了集群的核心竞争力和差异化竞争优势。

与许多其他类型的资源云一样，复杂社会网络资源具有稀缺性、不可流动性和难以模仿性。此外，复杂网络资源作为资源云的一部分具有特殊性质，包括互补性、替代性、脆弱性。互补性是指复杂社会网络资源必须同其他资源相结合，才能提高经济运行的效率；替代性是指在正式制度无法延伸到的地方，复杂社会网络资源可以替代正式制度行使配置资源的功能；脆弱性是指复杂社会网络资源需要有信任作为基础，如果形成网络结构的基础信任消失，这种网络很难再次建立，或者需要较长的时间才能建立。

2. 社会资本资源云

与复杂社会网络资源云紧密相连的另外一种资源云就是社会资本。

社会资本（social capital）作为与物质资本、人力资本、金融资本并列的一种资本形态最近几年来受到学术界的关注。在很多情况下，人们发现，单纯用经济资本来解释中小企业集群是不够的，决定中小企业集群创新发展的不仅仅是技术资本、知识资本或物质资本，而且还有其他的非经济性资源，如"社会资本"或社会网络。一个中小企业集群是否具有核心能力与其拥有的社会资本或社会网络的数量、质量、结构与密度密切相关。

社会资本理论认为，社会资本是个体或组织通过社会联系获取稀缺资源并从中获益的能力，这些稀缺资源包括权力、地位、财富、资金、学识、机会和信息等。这些资源同某种持久性的网络相联系，依赖于与其有联系的所有行为者以自己的权力所占有的资源数量，主体可以通过不断扩展与复制网络结构与特征来获取成长所需的资源。

依据社会网络理论，社会资本是处于网络中的主体动员稀有资源的能力。我们将社会资本概括表述为：社会资本是相对于物质资本和人力资本的一种无形资源形式，以社会关系中的信任、规范和网络为载体，既包括社会关系中的制度、信任、规范和网络化等组织结构特征，又包括公民所拥有的信任、威望、社会声誉等人格网络特征。在集群网络中，社会资本可以分为个人关系资本和集群网络资本，而对集群网络创新起关键作用的还是集群网络资本（刘巨钦，2008）。集群网络资本表现为集群企业之间及与专业化分工联系的稳定性以及由此产生的合作关系、信任及集体学习、集群内非正式的规则认同、互助会等组织的协调所产生的创新保护、有效竞争与资源共享等。

中小企业集群创新网络作为一种新型的生产组织形式，其内部存在的企业、产业、协会、大学、研究机构、政府、中间机构、金融机构之间错综复杂的社会关系网络，形成了纵横交错的社会资本，这些社会资本将会影响集群内企业对外部资源的获取，也是集群内企业间隐性知识传播和扩散的途径。集群之所以能作为有效的生产组织形式之一，一个很重要的原因就在于它具有一个可概括为平等开放创新的社会资本的独特的经济优势（樊圣君等，2001）。社会资本通过行为人之间相互关系的变化而产生，将交易的社会环境赋予经济含义，其功能体现在作为社会结构的资源，为行为人获取收益，因而像其他形式的资本一样，具有生产性和经济含义。

社会资本是一种社会结构性资源云，社会网络是这种结构性资源的重要表现形式，社会资本的社会结构性资源云可以从社会（关系）网络中得以形象的理解。从这个意义来讲，如果行为者与外界的联系越多，则其社会资本就越多，进而获取资源的渠道就有可能越多。此外，社会资本代表着对网络中各个行为主体进行合作的一种规制要求。当行为主体通过网络方式获得收益与资源时，它会强化对网络的依赖，同时由于认识到已有网络的价值，它会倾向于按已有网络的特征与规范，去继续搜寻符合这种特征与规范的新的合作者，以增加社会资本，进而充实资源云的构成，提升资源云的价值。

3. 知识和信息资源云

知识经济和信息经济时代的到来，使知识和信息成为创造财富的新源泉。知识、信息资源云是集群主体对日常各项活动中所获取和产生的各种信息进行的抽象和提炼，并从现实出发归纳出客观规律。主体知识信息资源包括专利、版权、技术诀窍、商业秘密等。信息通常包括消息、数据、信号和资料，它是基于人们对事物运转方式了解基础上的信息。知识是人们在对信息进行思考，重新加工后的新组合，它是系统化的信息并能够反映事物的规律。因此，知识和信息是两个既相关又有所区别的概念，两个概念属于交叉关系（关家麟，1998）。因而知识资源和信息资源相应也是两个交叉关系的概念。

知识作为资源云具有收益递增性、共享性、积累性。信息是一种资源云主要是因为信息成为财富的源泉因而具备了资源的条件；经济信息化赋予了信息资源属性。

知识、信息作为集群网络中的一种重要的资源云，还具有如下特点：第一，多样性。不同的主体所处文化氛围相异而拥有不同的知识资源，表现出主体个性和特征。第二，恒定性。信息、知识资源是主体所独有的，因此以整体形式被交换的可能性比较小，包括显性信息知识、隐性信息知识以及信誉、经营技巧、员工素质等。第三，再生性。信息、知识资源伴随主体演化而不断再生，并与原有的信息、知识资源进行重组。

4. 企业家精神资源云

企业家精神（entrepreneurship）是一种具有创新、积极进取、冒险、敬业奉献、合作精神的思想品质。企业家精神是社会宝贵却又稀缺的资源云，是创造社会财富的来源。

企业家精神的资源云属性来自其创造财富的性质。第一，企业家精神创造财富。企业家精神是在对社会的政治、经济、文化、产业等相关知识和信息认识的基础上，以追求成功和利润为前提形成的创新、创业观念。企业家精神并非只有企业家才能拥有，而是凡具有创新精神并把创新付诸实践的人都具有企业家精神。第二，企业家精神的资源特征。企业家精神能够产生财富就使其具备资源的特征：一方面，这种特殊的资源要依赖于具体从事创新和创业的人才能够发挥作用，即依赖于人力资本。企业家精神资源能够为社会的持续发展做出突出的贡献，是社会经济发展最活跃的因素。它的产生和发展需要有一定的制度资源作保证，其形成需要较长的时间。另一方面，企业家精神资源是一种能动性的资源。能动性就是指企业家精神可以引导个人从事开拓性经济活动，通过不断创新促进经济增长。每当社会发展遇到障碍，资源和生产效率严重制约经济进步时，企业家精神就发挥主观能动性，不断寻找经济增长的新途径，通过拓展资源观念和从事技术、经济的创新促进经济发展。第三，示范性。企业家精神资源一旦形成，就会形成经济外部性，导致企业家精神的外溢，对其他人具有强烈的示范作用。Minniti（1999）研究了企业家精神，认为企业家精神有网络外部性，可以产生自增强机制。通过学习和模仿，企业家精神能够不断地传播衍生，结合新的情境发挥作用。

5. 集群政策资源云

集群政策是一种稀缺的资源云。适宜的集群政策能为集群创新带来正面影响；反之，会降低集群的创新效率，抑制集群的创新和转型。集群政策资源云具有功能性、主观性和两面性等特征。

集群政策资源云的功能性是指在集群网络创新及其演化中集群政策具有规范集群创新主体行为、对集群主体之间出现的利益冲突进行调节与控制、避免集群主体实施一些有害的行为、保证资源分配中的公平和效率性等的作用。

集群政策资源云的主观性是指受到政府官员的偏好、思维、利益等因素的影响，集群政策的制定者往往具有一定的主观偏好。

两面性是指集群政策对集群创新及其演化有有利与不利之分。良好的集群政策能够积极促进人们的创造行为；恶劣的政策资源则会对创新带来损害。

此外，集群政策资源云作为稀缺资源主要是指符合集群发展实际能够有效指导集群创新的有效集群政策的稀缺。比如，政策资源分配的不公平也是客观上造成某一中小企业集群政策短缺的原因。从中小企业集群创新角度看，地方政府的政策大都具有很强的规划性，却协调性不够；不注重自身条件限制盲目跟风的政策多，科学合理、因地制宜有效指导创新的政策较少；政策相互之间系统性差，颁布了相关政策却没有配套的措施导致政策孤立现象发生，使其没有有效发挥作用。因此，政策资源的稀缺实际上是质的稀缺，而非量的稀缺。

6. 金融资源云

金融作为资源云具有如下特征。首先，金融有脆弱性。金融高负债经营决定金融风险较高；金融机构高负债使得金融安全性降低，面对市场波动自身承受能力小；金融资源没有相对稳定的价值，很可能在瞬间失去价值。这是因为金融资源同信用紧密相关，一旦人们对金融的信任消失，金融资源就有可能迅速贬值。其次，金融资源可以配置其他资源。通过购买、调配其他经济资源，提高经济系统的效率。金融和实物经济相互交织，实物资源、人力资源发挥作用都有赖于金融对资金调度所起的作用。金融资源本身作为一种资源处于被配置的地位，同时又是调配其他资源的机制。因此，金融资源是一种特殊的资源。最后，金融是一种战略性资源。金融在全球和各国经济与社会发展中极端重要，在一个国家所有经济资源中也居于核心地位，关系到国家主权和安全。随着全球军事对抗的机会减少，金融这一经济力量成为各国对抗的新势力。金融实力，如外汇储备、本国货币币值和汇率稳定等关系到国家经济安全和国家安全。金融已经成为关系到国家安全的重要战略资源。

7. 人力资源云

资源云中的人力资源是指中小企业集群创新网络中的劳动力资源或劳动力，包括劳动力本身及其智力能力。资源云依赖于人才进行生产、流动和利用，正因为人才的交互沟通，才使得资源云能够源源不断地生成、创新和转化。

由于人本身所具有的生物性、能动性、智力性和社会性，决定了人力资源具有以下特点：首先，人力资源具有主体性，在经济活动中起着主导作用。一切经济活动都首先是人的活动，由人的活动才引发、控制、带动了其他资源的活动。其次，人力资源具有资本性。人力资源作为一种经济性资源，它具有资本属性，与一般的物质资本有共同之处。此外，人力资本还具有高增值性和累积性等特征。高增值性是指人力资源可以在工作和学习过程中获取新知识，推动一国和地区的技术进步；累积性是指要通过不断的教育培训培养人力资源，培养代际相连的人力资源有利于国家的可持续性发展。

8. 技术资源云

技术资源云泛指根据生产经验和自然科学原理而发展成的各种工艺、操作方法与技能的总称。技术资源云由内、外两部分组成。内部技术资源云是指技术主体内部包含的技术资源，这种资源云利用过程中具有可控性。外部技术资源云指不包含在技术主体内的其他所有的技术资源，它可以细分为区域性技术资源、行业领域技术资源、海外技术资源。外部技术资源云可以通过一定的途径付出一定的代价获取，往往决定了主体的长远技术发展潜力。创新资源云中的技术资源可分为实物技术资源、知识技术资源、人力技术资源。

资源云理论在企业内部资源和外部环境、静态资源和动态资源、狭义资源和广义资源六个方面实现了较好的结合，符合当今全球化、绿色约束和物联网环境下集群企业合作竞争复杂环境的特点和要求，是一种新型的集群创新资源观。用资源云这一新视角审视企业集群创新能力提升问题，具有更广阔的理论视野，将会对我国企业集群发展起到良好的指导作用。

在资源云环境下，任何企业都希望加入到集群创新网络中来，并利用网络内的资源云为自身的发展和竞争服务。资源云来自集群网络，这是资源云的根本理念所在，即通过集群网络提供各节点所需的服务和资源。如果资源节点（每个企业就是一个资源节点）自身的资源能力不够，可以从集群网络中的资源云中请求或获取，通过付费（针对私人资源）或免费（公共资源）使用资源云中的资源要素来实现自身发展创新的目的，因此，集群的资源云首先是一个庞大的资源池，它既可能是固定的有形的实体，也可能是一些可以自我维护和管理的虚拟资源，但同时，它又不是一个单纯的资源汇聚所形成的资源池，它还具有一般的资源池所不具有的动态性、异质性、虚实性、衍生性等特征。

集群创新是一个织"云"的过程，不断地改变资源云的数量、质量和存在状态，让资源云不会衰退。如何织"云"，也就是每个主体如何贡献"云"？首先，每个主体贡献自己已有的资源；其次，与其他主体互动，不参与互动的主体不能加入集群，只有互动的主体才能获得积分，才可以从"云"中获得更多帮助，分享"云"带来的好处。集群网络中企业要获取和维持真正意义上的创新竞争优势，必须将自身资源与资源云进行有效的整合，通过对自身资源的最优化或逼近最优化配置，借助资源云提升自身资源与能力的异质性，达到获取与保持创新竞争优势的效果。

显然，在企业集群创新网络内，基于要素禀赋在特定地理区域集中而在生产成本、运输成本、廉价劳动力成本、交易成本、信息成本等方面获得的创新优势，从本质上说是一种静态创新竞争优势。依托资源云，企业集群既可以获得静态创新竞争优势又可以获得动态创新竞争优势。

第五节 企业集群创新网络多主体间的合作创新风险

众所周知，企业集群创新网络属于介于企业与市场之间的一种层级组织关系。在集群创新网络中，各行为主体之间彼此分工合作，他们在合作创新过程中，都需要借助于合作对方的某些资源，但在资源流动过程中由于每个行为主体的学习能力与学习速度方面存在一定的差异，因而合作双方之间的知识流出与合作收益之间就会出现不平衡的情形，从而会给企业集群网络内的合作创新带来各种风险。[①] 同时，由于每个企业的战略目标、经营方式等不同，而且每个企业在合作中考虑的最多的是自身利益，因此，集群创新网络内企业之间的合作受多种因素的影响，既包括内部因素的影响又存在外部因素的影响。内部因素如企业间的相互信任与企业间信息的交流程度等。在集群创新网络中，企业合作双方如果没有信任，成功的合作关系是不可能建立的。研究表明，信任有助于使得企业集群创新网络中的各主体意识到合作关系的潜力。另外，集群创新网络内的企业为实现资源共享等合作需求，信息交流是必不可少的。从合作效果来讲，信息交流的程度越深越有利于双方的合作。外部因素如社会环境条件、市场结构与竞争因素等。研究表明，良好的社会环境对集群创新网络内企业间合作关系的稳定有促进的作用。完善的法律制度、良好的经济发展趋势都会对集群创新网络企业间的合作关系产生影响。而行业的市场结构和竞争因素也会对网络内企业间合作关系的稳定性产生一定的影响。例

---

① 谢冰：《软件产业集群创新网络研究》，硕士学位论文，华中师范大学，2007年。

如在某些行业中可能会存在着过度竞争的市场结构，在这种情形下，企业之间的合作关系就会出现不稳定现象。而对于一些竞争强度较小的行业，企业之间的合作往往就会比较稳定。① 因此，集群创新网络的各行为主体在合作创新的过程中面临的合作风险既包括集群外部风险也包括集群内部风险。

一 企业集群创新网络多主体间合作的外部风险

企业集群创新的外部风险主要包括经济政策环境风险、市场环境风险、技术风险、融资渠道风险与产业安全保障风险等，显然，对于企业集群创新网络多主体合作过程而言，这些外部风险往往是不受集群创新网络自身所控制的，同时也有可能会发生在集群合作创新过程中的任何一个阶段。②

1. 经济政策性风险

经济政策性风险主要是指产业集群以外的各级政府所颁布的法规、规章和文件可能会对企业集群创新的生存与发展带来致命威胁的风险。无论是对于集群创新网络内企业还是网络外部的企业，国家的宏观政策环境都会对企业技术创新方向、技术创新速度，甚至技术创新最终能否取得成功都将产生非常重要的影响。因此，对于任何企业集群创新网络而言，集群企业想要成功开展技术创新，合理稳定的集群创新政策是必不可少的。在集群创新网络发展的不同阶段，都需要政府制定相应的政策来进行支持，政府需为企业集群的发展提供良好的基础设施配套，以及营造有利于集群企业开展创新的氛围与环境。③

一般来说，经济政策性风险主要有以下几个方面：（1）是技术创新成果可能不符合国家未来制定的有关法律法规要求，例如环境保护、安全性能等方面的法律法规；（2）是国家或地区产业政策的调整给技术创新活动带来困难，例如技术创新的方向不符合产业政策将得

---

① 尹洪英：《供应链合作关系的稳定性及其稳定机制研究》，硕士学位论文，西安理工大学，2006年。

② 蔡宁、杨闩柱、吴结兵：《企业集群风险的研究：一个基于网络的视角》，《中国工业经济》2003年第4期。

③ 朱一鸣：《制造企业集群合作创新风险研究》，硕士学位论文，武汉理工大学，2009年。

不到政府在资金和税收方面的支持；(3) 是宏观经济政策的调整可能不利于技术创新顺利进行，例如实行紧缩的财政政策和货币政策将使企业难以筹措资金进行技术创新；(4) 政府的干预，主要是指政府采取一些直接手段来干预集群内各企业的经营活动。众所周知，市场机制并不是完美无缺的，往往在不同的发展阶段都会存在市场失灵现象，这个时候就需要政府采取相关措施来进行干预，但政府的这种干预也并不都是有效的，往往也会出现政府干预失效的情形。①

同时，企业集群作为区域经济发展中的一个产业，能否较好地生存与持续发展下去往往会受到集群所在区域经济发展变化的影响。因此，当企业集群所在的区域经济环境受到影响时，该企业集群也必然会受到冲击。因为集群企业的创新发展离不开集群创新网络内其他行为主体的支撑，如企业集群的发展需要政府提供各种政策优惠或是提供各种基础设施配套，同时也需要有金融机构的扶持，而在经济不景气情形下，集群企业往往很难从金融机构那里获取资金。而我们知道，资金问题一直是中小企业发展的"瓶颈"问题，每年中国都有成千上万的中小企业因为资金链条的断裂而纷纷倒闭。而这也是中小企业加入到企业集群的一个重要原因，他们试图通过"抱团取暖"的方式来实现企业的技术创新，从而实现自身的发展。因此，如若不能提供较好的经济环境，企业集群的生存与发展都将会受到极大的挑战，那也就谈不上集群内企业之间开展合作技术创新活动，更不用说利用集群的发展来促进当地区域经济的发展。因此，经济政策给企业集群中的合作创新会带来一定的风险。

2. 市场环境风险

企业集群合作创新的市场环境风险是指由主导产品市场环境变化的不确定性而引发的风险。一般来说，市场环境风险主要有以下几方面：

(1) 市场需求风险。新产品投入市场后不被消费者接受，造成销售困难。这可能是由于事先缺乏对顾客需求的充分了解，使得产品不符合顾客要求，也可能是消费惯性的作用。在企业集群中，各行为主

---

① 倪蓉：《企业集群风险诱因识别研究》，《生产力研究》2005 年第 6 期。

体之间的关系是一种合作化分工，各行为主体成为整个产业链条中的一员，各行为主体在交互作用的过程中形成了许多的群落结构，在这些群落中，有一些拥有较多联系的节点，我们称之为核心节点，显然，这些核心节点在产品的生产过程中会起到主导作用，因而这些主导产品的市场需求状况一旦发现变化，那将会直接影响到这些核心节点的生产效益，进而会影响到群落中的其他节点，因为其他的节点往往会采取跟随网络中核心节点的策略，从而会在集群中形成一种连锁反应，最终会对企业集群的整体效益产生严重影响。

同时，由于市场需求状况的变化往往会加快现有产品的更新速度，同样也会加快产品新技术的更新，而这种更新速度往往也是难以确定的。因此，在企业集群内企业合作进行研发新产品的过程中，当更新的产品或新的技术比预期时间提前出现时，那么将会给企业集群带来巨大损失。

（2）市场竞争风险。新产品的研发往往是企业集群开展合作创新的动因之一，但新产品推出后往往面临非常激烈的竞争，对于采用自主创新和合作创新模式的集群企业，由于生产同类产品的企业很多，竞争十分激烈，同时集群的技术溢出效应使得竞争对手易于获得创新技术，模仿企业的新产品和新技术，使企业的收益大大降低。对于采用模仿创新模式的集群企业，过多的模仿者将使模仿创新的利润迅速降低，甚至难以收回创新的投入资金。另外，由于消费者的需求与偏好也在不断发生改变，提供相同功能与作用的产品的企业间竞争也是越来越激烈，在这种情形下，如何设计出基于消费者需求的产品，而创新产品是否能够在激烈的竞争中取得较好的竞争优势，都将直接影响到整个企业集群的合作创新效益。显然，要进行产品创新，需要我们能够准确地掌握市场动态、客户需求，需要企业投入大量的人力、物力与财力，因而有效的市场分析以及研发与生产过程中各种资源保障都会给我们带来各种不确定性。

3. 技术风险

任何一项技术都有一定的生命周期，都会经历从技术的产生到技术的不断发展、完善改进、成熟乃至衰退。对于任何一项技术而言，它最大的特征就在于生命周期较短，随着信息技术的快速发展，随时都有可能会面临新技术的出现，而当一项技术到达衰退阶段时，也就意味着该技术的边际收益趋于零，对这项技术的进一步投入已经无法给投资者创造收益；相反，只会给投资者增加风险。在企业集群中，大量的从事相同或相关的中小企业集聚在一起，形成了一个较大的产业链，而在这个产业链的发展过程中，技术始终贯穿于其中，它对集群企业乃至整个企业集群的发展都将会产生重大的影响。随着技术的快速发展，由于技术自身具有一定的生命周期，因而企业集群作为一个整体同样也会面临着技术极限的风险。在企业集群内，各企业之间由于从事的产业相同或者相近，企业集群内企业之间所使用的技术差别较小，企业之间在技术方面的相互影响作用有限。因此，对于企业集群而言，它的技术风险主要源自企业集群外部的技术影响。由于网络的外部环境在不断发生变化，因而外部的技术更新速度会非常快，而每一次新技术的更新都会对集群创新网络内部的产业技术造成一定的影响，因此，如果集群创新网络内的企业不能及时掌握外部的技术信息，开展技术创新活动，那将会面临较大的经济损失，甚至会面临被淘汰的危险。[1]

4. 融资渠道风险

在企业集群创新网络内，各企业在开展技术创新活动的过程中需要投入大量的资金，而对于集群内的中小企业而言，由于自身规模小、能力有限，无法提供自身进行创新活动所需的资金，因而只能从企业外部来获取其技术创新所需要的各种投入。而集群企业的资金主要来源于内源性资金和外源性资金。为了增强集群的竞争能力，将需要大量资金投入新产品推广或新技术研发，内源性融资已不能满足，企业集群的外源性资金的金融风险逐渐增强，具体表现为：（1）非正式金融风险。对于一些中小企业而言，由于无法通过正式的途径来获取资金，因而在其所需资金量小的情形，它往往会利用非正式金融的渠道来获取资金，如民间投资、互助基金等，而这些非正式金融由于管理不规范、不合法，会给集群的生存和发展埋下很大的隐患。（2）风险投资。有些科技型企业借助其技术优势吸引一些风险投资机构来进行投资，但主要是以政府为主导，市场化程度较低，而且投资

---

[1] 赵一：《企业集群风险分析及技术风险规避》，硕士学位论文，重庆大学，2008年。

规模较小，资本结构也比较单一，政策支持力度也不够。这些因素都会给集群的生存与发展带来风险。（3）银行信贷风险。对于集群中的企业而言，由于其自身规模小，可抵押资产不够，信用等级也相对较低，因而一般往往与我国现有银行体系所规定的一些银行信贷条件、商业原则、经营目标以及成本约束等要求之间的差距较大，从而同样也会给中小企业集群融资造成风险。①

5. 产业安全保障风险

由于企业集群具有外部规模经济效应，不仅劳动力低廉，而且生产成本也较低，因而出口价格优势相对比较明显，因此，我国的企业集群将面临一些反倾销的压力。在企业集群创新网络中，由于网络中成员（企业、公共机构等）联系在一起时，会导致建立和维持网络结构的成本或称为网络（管理）成本的增加。偏好性、不完全契约、道德风险、机会主义和偷懒等都会引起网络成本，从而削弱网络的优势。就网络内部而言，机会主义者的进入以及"搭便车"行为可能是破坏网络力量的重要因子。一些机会主义者追求短期效益，可能会给集群整体利益带来威胁。比如，个别企业以劣质产品投入市场，在信息不对称的条件下，会损害整个区域品牌的形象，导致"柠檬市场"的出现，从而使得企业集群整体受到冲击。另外，群内一些企业自身不愿意投入资源搞自主创新，而"搭便车"对市场上新产品模仿创新，甚至只模仿不创新，有的仅仅是模仿外表，结果本地企业产品雷同现象严重，一旦出现市场拥挤或萎缩，本地企业低水平价格竞争难以避免，结果必然是大家都蒙受损失。

二　企业集群创新网络多主体间合作的内部风险

1. 溢出效应风险

大量企业坐享创新成果外部溢出的好处，使领头创新企业利益受到损害，从而削弱了整体应对外部环境变化的能力。在集群创新网络中，企业之所以加入到集群中来的一个重要原因是集群网络中的资源共享，它可以从网络中的其他成员获得自身不具备的优势资源。然

---

① 曾旗、刘明明、徐君：《中小企业集群网络性风险及其控制机制研究》，《商场现代化》2006年第12期。

而，网络成员在以正式或非正式的手段从外界获得知识和信息的同时，又担心自己的核心技术外泄，从而失去竞争优势，因此，在其他网络成员不能实现知识和信息充分共享的情况下，一部分成员就会造成自身企业技术的流失。另外，在企业集群内，由于各行为主体从事相同或相近的业务，在各行为主体通过集群创新网络研究与开发某项新技术时，集群创新网络内行为主体通过合作的方式有可能会获得一些技术上的关键突破，然而，参与合作的主体的资源和能力在得到互补的同时，其竞争对手的资源与能力也会获得一定互补，甚至会出现竞争对方通过合作所获得的互补效应要大于该合作主体，从而就会培养出一个竞争力较强的竞争对手。因此，需要制定有效的激励约束机制来规范集群创新网络中知识溢出风险。

2. 不完全契约风险

在集群创新网络中，各行为主体之间的合作创新网络的构建打破了企业的原有边界，网络内各行为主体之间能够实现资源共享与风险共担。然而，合作创新网络本身并不能有效地约束网络内各行为主体的有限理性和机会主义行为，这在一定程度上也增加了集群创新网络内各行为主体之间的协作风险。这主要表现在以下两个方面：一是文化冲突风险。在集群创新网络中，各成员的组织文化是不同的，这也导致了在网络的运行过程中，由于各成员风格与惯例等的差异而造成网络运行绩效下降。二是目标冲突风险。显然，在集群创新网络中，对单个行为主体而言，其内部结构以及各部门之间的关系相对简单，而对于整个合作创新网络而言，参与合作的各行为主体之间的关系是比较复杂的，他们各自所用的资源与各自的规模、能力都是不一样的，因而在合作创新过程中彼此之间难免会发生各种目标冲突。另外，由于每个行为主体参与合作的目的也存在一定的差异性，一旦某些行为主体的某种目标得以实现，他们往往有可能会采取不合作策略，从而偏离集群合作创新网络最初所确定的合作方向，从而不仅会对其他的合作主体产生损失，同时也会影响到合作创新的正常进行。[1]

---

① 王怡：《高新技术企业合作创新网络的风险管理机制研究》，硕士学位论文，中国海洋大学，2008年。

3. 机会主义风险

在集群创新网络中，当主体采取不合作策略获得的收益比合作获得的收益多时，往往就会出现机会主义行为，机会主义是交易中的成员为追求自身利益而对某些重要信息进行掩盖或扭曲的行为，这种行为是以牺牲群体的利益为前提来满足自身的需求。由于合作双方信息的不对称，这种机会主义行为往往是很难被发现的，而且当集群创新网络内企业之间的利益发生相互冲突时，拥有信息量较多的一方则可以利用合作对方信息量少的缺点而加以欺骗，通过获取对自身有利的信息来使自己获益。因此，利用合作交易过程中的信息不对称的机会主义行为或行为倾向给企业间合作关系的稳定性造成了非常重要的影响，这种行为使得合作双方相互猜疑，彼此间的信任程度不断降低，但是如果这种行为一旦被对方识破，不仅可能导致合作关系的破裂与终止，还会对自己的声誉造成很大的影响，从而影响到与网络中其他行为主体之间的合作。

4. 企业间的信任风险

信任作为企业间的一种特殊的社会关系，对产业集群的形成与其竞争优势的培育有着重要的贡献。由于企业集群是特定空间内的企业集聚，企业空间的接近使得企业之间的社会交流增多，同时企业集群受当地的社会、文化、历史和制度等方面的影响，所以企业集群中的经济交易行为紧密地嵌入由个体形成的社会关系中。正是由于这种嵌入性的存在，企业的经济行为受制于所嵌入的环境。从根本上来说，企业集群内组织间信任普遍存在于企业集群的网络组织中，成为集群机制的一大机制，而且此种信任表现得比非集群的组织间信任和个人间信任更为深厚，因此，企业集群所产生的网络效应就主要依赖于这种组织间的信任。

企业集群创新网络内组织间信任主要是基于长期交易而产生的一种持久性信任，因而此种信任机制能够在一定程度上减少企业集群组织的复杂性和不确定性，降低企业间的交易成本，而且它能够有效防止集群内个别企业的机会主义和道德风险，这对形成企业集群创新网络内柔性的、高效的竞争优势是非常重要的。然而，网络内组织间的信任状态并不是固定不变的，而是具有一定的动态性。一旦集群内的一些企业实施机会主义行为，将会导致集群创新网络中的其他企业与该企业之间的信任关系恶化，从而会降低整个企业集群的信任度，不利于未来企业集群的发展。另外，在集群创新网络中，还存在"搭便车"行为，由于网络中的一些知识、技能在集群网络内长期共享交流，因而网络成员都将其看作是一种公共物品，一些企业可能参与创新网络并获得所需的知识，而并不愿意将自己的资源与其他成员共享，这种"搭便车"行为也极大地损害了网络中知识技能的共享程度，降低了创新网络的创新能力。

5. 网络资源的依赖性风险

众所周知，中小企业资源占有的数量以及对于资源的控制能力是极其有限的，而要获取对方的资源，必须通过建立合作关系，以实现双方资源的共享和互补。而集群创新网络具有对资源的结构性整合能力，这种能力是集群进行创新以及获得竞争优势的主要来源。这也是许多中小企业纷纷加入到集群中的关键原因。集群网络对各类资源进行有效的聚集和结构性整合，不断更新和发展资源，使得企业集群获得源源不断的创新能量，保持可持续发展、创新的状态。同时，集群复杂社会网络关系能够促进集群中主体间的信任与合作，为实现创新活动中主体间的资源共享和互补，以及整个集群网络资源的聚集和整合创造了条件。此外，通过创新网络形成专业化分工，既可以弥补自身资源的不足，又可以发挥各自的优势，集中精力于自己的核心专长，最终使集群内企业的技术创新能力都得到增强。当企业没有进入集群网络中的时候，企业获取的资源往往是单一的，也就是它只在有限的几种资源的获取方面拥有优势。当企业进入集群网络之后，这时企业可以便捷地获得各种资源，并且各主体之间也建立起密切、稳定的联系。因此，集群创新网络企业凭借共享性资源云能够获取优于网络外部企业的竞争优势。但我们也必须认识到，集群创新网络内部知识与技能的高度外部溢出性，往往会使得大量的集群企业都想坐享创新外部溢出的好处，不会或者不完全将自身的资源实现共享，而选择"搭便车"，这对集群创新网络内其他企业是不公平的，而且也不利于企业集群整体的发展。

另外，网络资源作为一种积累而成的资源对环境的威胁与变化有一种缓冲作用，正是这种缓冲作用增加了网络的保守性。如果新的技术知识对集群网络发生了挑战，网络的这种缓冲性就会通过对集群其他位置进行部分微调来对这一挑战进行"消化"，从而不会影响整个集群网络的结构。网络的这种特征为整个集群罩上了一层防护网，再加上网络资源所具有的稀缺性、不可流动性和难以模仿性约束了集群创新战略的变革与调整，堵塞了集群与外部环境之间的网络通道，使得集群面临难以应对环境变化与威胁作出及时调整的风险，从而产生合作创新延迟成本，产生抑制合作创新的客观效果。

6. 利益—风险不一致而产生的矛盾

在集群创新网络中，参与合作的每个企业都是独立的经济实体，均以实现各自的利益最大化为目标，而且每个企业的目标都是不同的。如集群创新网络中企业的主要利益目标为追求经济利益的最大化；大学和科研机构的主要利益目标为追求科研实力的提升、研发后续资金储备及人才培养等；政府主要利益目标在于增加地区财税收入，追求区域经济增长，提高区域竞争力等；金融机构的主要利益目标是获得利息，期望收益极大化等；中介机构的主要利益目标是获取服务性收入等。因此，集群合作创新获得的利益如何分配显得尤为重要，它对集群企业合作创新的稳定至关重要。

在实际的集群创新网络中，参与合作的每个企业的能力往往是不相同的。在合作的初始阶段，网络内各企业之间由于合作创新程度的加深使得各自的生产与经营效率得到了不断提高，合作各参与方也都享受到了合作创新带来的效益，而在此阶段中，即使各合作参与者之间产生了一些摩擦与冲突，他们也往往倾向于通过彼此之间的协商来解决问题，因为这个阶段的矛盾还不是很突出。然而，当企业之间的合作创新发展到一定的程度时，会呈现效益递减的趋势，此时，由于每个企业获取利益的能力不尽相同，因而会导致合作参与方之间的利益不对称，他们之间就必然会产生冲突，而对于集群创新网络内的一些优势企业而言，他们往往利用威胁与制裁等手段来迫使弱势企业来接受一些不公平的交易条件，这样势必会导致企业之间合作的弱化，而合作均衡也会遭到破坏。因此，如果集群创新网络内企业间的合作利益分配不公，将会增加集群合作创新的风险，因为在利益分配中受到不公平待遇的企业可能会减少对自己的约束，甚至不顾自己的利益，从而会导致集群企业间的合作创新以失败告终。

本章小结

本章首先介绍了复杂网络的统计描述指标，包括度、度分布、度相关性、平均距离、介数、集群系数等指标，提出了复杂网络的演化模型，包括规则网络、ER 随机网模型、WS 小世界网模型、BA 无标度网模型、局域世界模型。其次，对合作博弈理论进行了介绍，包括合作博弈基本概念与动态合作博弈（包括两人微分合作博弈与多人微分合作博弈）。再次，介绍了复杂网络的演化博弈理论，对演化博弈理论中的演化稳定策略与模仿者动态模型进行了介绍，同时对网络上的演化博弈进行了分析，包括正则格子上的演化博弈、小世界网络上的演化博弈动力学、无标度网络上的演化博弈动力学。又次，对企业集群创新网络理论进行了介绍，一是企业集群创新的内涵，主要分析了集群创新的概念与集群创新的特点；二是对企业集群创新的优势与产生机理进行了分析；三是对企业集群创新网络的形成原因与一般运行过程进行了分析；四是对企业集群创新网络对创新的影响机理进行了分析，包括正式创新网络与非正式创新的关系，以及它们对集群创新的影响；五是对企业集群创新网络内的资源云理论进行了分析。最后，对企业集群创新网络多主体间的合作风险进行了分析，包括内部风险与外部风险。上述相关理论的介绍为本书后期的写作提供了较好的理论基础、工具与方法。

第三章 企业集群创新网络多主体间的互动机制与合作动力

第一节 企业集群创新网络中的多主体分析

任何人类活动都是由人或组织构成的网络系统，在这个网络系统中，单个的行为主体相互作用，并与构成其环境的其他网络系统中的行为主体相互作用。集群作为一种介于企业与市场的中间组织，是建立在专业化基础上、具有网络化特征的空间产业组织，既是一个基于一定的地方劳动力市场，由社会劳动分工紧密联系在一起的企业所组成的复杂的系统，也是一个本地化的网络。由于创新常常伴随难以预测的不确定性，降低这种不确定性受到时间压力、有限的成本和能力等经济压力的制约。解决这些不确定性要求参与创新过程的所有主体有专门的协作和组织机制，这种协作机制表现出越来越多的网络状特征，创新需要网络创新这一新的制度安排。国外关于集群的研究一方面集中在集群创新与知识扩散角度，另一方面集中在企业网络的角度，认为集群内企业主体之间所形成的创新网络、知识创新与扩散降低了创新成本与风险，提高了集群整体知识积累水平，从而增强了集群竞争力并形成集群独特的竞争优势。集群网络以创新为其主要特征。事实上，网络创新更适合后福特时代的危机与变化的要求。

集群的核心是以企业之间的网络联系为基础的企业集聚与企业网络的综合，即集群＝集聚＋网络，涉及企业、高校与研究机构、中介机构与政府等多个创新行为主体。其中企业是技术创新的主体，高校与研究机构是技术创新源，中介机构是技术的黏合剂，政府的主要功能则是为技术提供政策与创新环境。由于集群是由上述行为主体相互作用构成的，其绩效取决于整个系统中各个节点之间的协调性和均衡性，而整个系统的运行主要依靠市场机制，行为主体追逐利益的动机构成系统运行的动力传导链条，集群就是在这个链条的牵引下运转的。

因此，在这样一个结构层次复杂的中小企业集群创新网络中，不同的中小企业主体相互联系在一起，每个层次上的中小企业都拥有自身的专业知识、经验技能和专有信息，他们以信息处理、整合、协作、创新能力为核心能力，以与其他中小企业进行合作、协作创新，构成一个中小企业集群创新网络演化的复杂网络结构。在这个创新网络中，各企业之间连接的纽带不再是单纯的资金纽带或契约关系，而是充满着复杂的社会关系和人际关系纽带。通过这个网络，各层次的中小企业主体之间以及主体与环境之间进行着资源云的交流和共享，不断改变和调整着彼此之间的连接方式，从而推动整个中小企业集群创新网络的演变。中小企业集群创新网络创造和吸引了一些关键的资源，尤其是知识资源到集群的资源云中来，知识的积累尤其是知识的不断创造、使用、转移和共享是中小企业集群创新的重要源泉。知识共享、经验技能和失败教训的分享构成集群学习的重要内容。

通过上面的分析，我们认为，中小企业集群创新网络是中小企业集群中各个行为主体为了适应创新复杂性，获得和分享资源云而在协同创新和交互作用过程中，在所达成的共识和默契基础上彼此建立的各种相对稳定、能够促进资源云流动、正式或非正式关系的网络状结构体系。

一　企业集群创新网络中的行为主体及链接模式分析

在中小企业集群创新网络中，行为主体主要包括企业、大学或科研机构、政府、中介服务机构、金融机构、外部环境中的市场主体六方面，如图3-1所示。

（1）企业。企业既是中小企业集群创新网络中最核心的单元，也是在集群创新过程中起直接作用的行为主体。这里的企业不仅包括生产制造商，而且还包括原材料供应商、分包商、代理商、竞争企业和

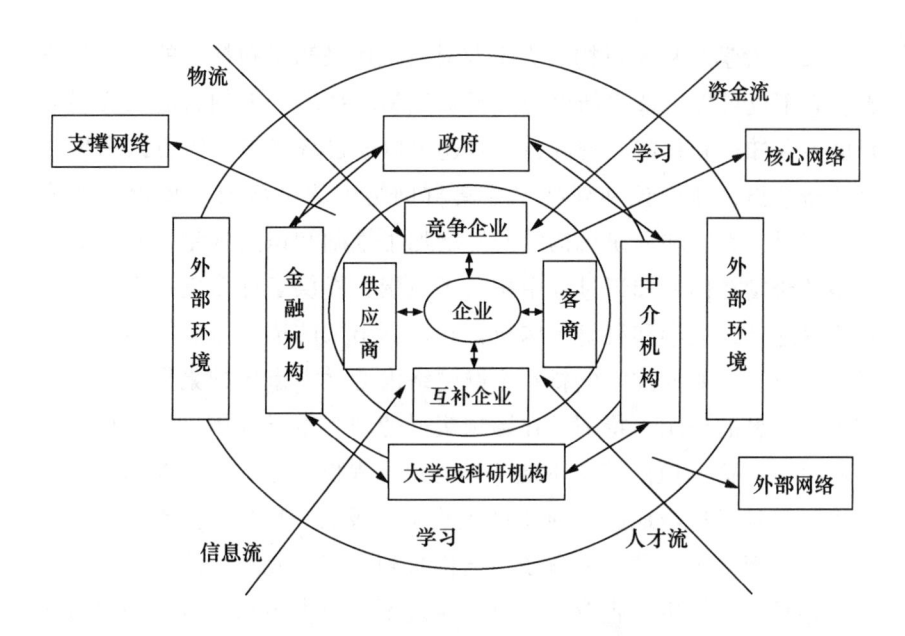

图 3-1　中小企业集群创新网络

资料来源：陈继祥：《产业集群与复杂性》，上海财经大学出版社 2005 年版。

互补企业。因此，以企业为中心节点的各种网络联结对企业的创新过程将产生重要影响，也是我们研究企业创新过程的基础和重点。

企业作为集群网络创新的主体，同时也是集群创新网络的核心。集群创新网络的形成主要有两种方式：一种是在政府的主导下建立的，如中国台湾地区的新竹工业园区、印度的班加罗尔；另一种是自发形成的，如美国的硅谷。但无论是哪种方式形成的集群，其核心都是企业。

集群创新网络的复杂性决定了集群创新活动不是简单的线性过程，而是一个非线性的过程，它是通过与集群内其他企业之间的协同而产生的。因此，在集群创新网络中，企业之间的物质流、信息流在网络中快速流动，不仅有利于新的技术信息、管理信息、市场信息的扩散和传播，而且还能够使企业感受到集群内激烈的竞争氛围，从而增强企业创新的压力和动力。同时，企业也可以通过与网络系统中处于不同创新环节的企业进行沟通与协作，从而获取创新整体性的突破，并缩短创新的周期，提高创新的效率。

(2) 大学与科研机构。大学及科研机构是知识和技术的主要生产者，它不仅可以创造出新思想、新知识和新技术，为创新活动提供充足的各种知识和技能、资源，而且还可以通过教育培训等方式来促进这些新思想、新知识和新技术在集群网络中的扩散或市场价值的实现。同时，大学和科研机构的研发增加了基础知识的存量，并使集群网络的研发在创造知识过程中拓展了范围，提供了许多创造新技术的机会。此外，大学和科研机构教育和培训出来的毕业生、工程师和科学家，对于企业的技术创新和集群网络内劳动力市场的集聚与发展具有不可估量的作用。特别是在影响集群劳动力市场环境创新方面，大学和科研机构不但能够向本地劳动力市场提供高素质的科学家和技术人才，而且通过当地产生的"极化效应"吸引了更多的劳动力到本地集聚，从而使本地劳动力市场的结构日趋完善。此外，大学和科研机构直接承担起衍生新企业的角色，通过不断衍生出新企业，而将技术成果进行转化。这种新职能的转变，大大影响着本地集群网络的结构、竞争和企业战略。正是大学、科研机构直接融入到集群之中，与集群中的企业密切合作，使知识在群内重新组合，技术不断扩散，从而提供了更多的创新机会。集群创新网络中是否拥有高水平的大学和科研机构，以及能否充分发挥他们在网络创新过程中的作用，将直接决定了集群内的企业能否实现网络化创新。因此，大学和科研机构也是集群创新网络中的一个重要主体，也会对集群企业的创新过程产生重要的影响。Nelson（1993）认为，大学和科研院所为所在区域的创新活动提供了充足的创新所需的各种知识和技能资源。Cooke（1996）认为，未来区域的发展核心则是大学、科研院所与产业之间的关系的发展。在实际中，我们可以观察到，在大学和科研院所集中的地方，往往会存在许多的高新区。如麻省理工学院对波士顿企业经济的发展就产生了巨大影响，目前估计有1000家与麻省理工学院相关的公司，其全球销售额达到530亿美元。这些公司在麻省雇用12.5万人，在全球雇用35.3万人。

总的来说，大学和科研机构对集群创新网络的作用主要表现在以下几个方面：首先，它通过科学研究和知识创新，能够为集群网络中的企业提供丰富的知识和技术资源。其次，大学和科研院所可以不断地为集群网络内的企业输送创新所需的各种人才。大学和科研院所不仅给向企业输送的人才进行了各种素质教育和技能教育,而且给集群企业在职人员提供了各种关于新知识、新技术的培训。大学和科研院所正是通过这种途径不断地向本地的劳动力市场提供各种高素质的人才,使劳动力的市场结构变得更加完善。如中关村科技园的从业者,高素质的技术专家或高层管理者,大多数都是由集群周围的高等院校和研究所等机构所提供。最后,大学和科研院所可以直接将自己的科研成果通过集群实现产业化,直接转化为生产力,而且在这一过程中,还可以衍生出大批新生的科技型企业,这已经在很多科技园区的实际案例中得到证实,世界上几乎所有高新区的形成和发展都与集群内部的大学和科研机构的衍生能力密切相关,如美国硅谷的成功与斯坦福大学的强大衍生能力是密不可分的。

(3) 中介服务机构。中介服务机构作为为集群企业和政府提供相关服务支撑的一种中间组织,主要包括集群代理机构,如各类行业协会、商会、创业中心(孵化器)、各种服务中心、企业家协会等,同时也包括那些律师事务所、会计师事务所等各种形式的中介组织。系统理论认为,一个系统的支持是系统或主体达到其理想状态所需要的各种外部因素的有机整体。在中小企业集群这个网络状的系统内,支持中小企业集群的网络系统是使集群内的中小企业或集群整体高效率运作的有机整体,其微观基础就是社会中介服务机构。作为集群网络节点的中介服务机构,虽然不是网络的主要主体,但作为集群活动的主要辅助者,这些机构不仅可以有效协调及规范企业的市场行为,而且还能够促进资源云的合理配置和知识的流动,并促使企业在创新过程中更有效地利用创新资源进行创新。首先,中介服务机构是促进各行为主体间网络联系、产学研结合的纽带,为各类创新资源或各行为主体间牵线搭桥,使他们以低交易成本和低风险实现协同创新。比如大学或科研机构的研究成果在参与市场交易时,中介服务机构能够同时为买卖双方提供相应的配套服务、技术咨询、人员培训等,帮助买卖双方最终都能取得效益,而自身也得到应有的回报。其次,它集聚了信息、技术、投资、管理等方面的专家,能够为企业举荐各种适合的人才,可以为企业提供专业化的服务,为企业提供技术培训以及市场管理等方面的咨询服务，帮助企业获得市场机会和投资，有效地降低企业成长初期的竞争风险，使科技发明迅速进入相关经济领域，加快技术成果的转化。

此外，中介服务机构一般介于政府和企业之间，在市场运行中起着政府和企业之间相互联系的桥梁和纽带作用，可以以第三方身份对纳入各级政府技术创新的计划项目进行分析、评估、管理和监督，从而替政府实行一部分管理职能，有效地协调和规范企业的市场行为，促进资源合理配置，促进知识的流动，使企业能有效地利用创新资源，更快更好地创新，优化企业的管理。还可以帮助政府和市场激活创新资源，进而增强网络创新活力。在日益复杂的市场环境中，中介服务机构作为信息中介，还降低企业的搜寻成本，有效地传递市场中的信息和技术，帮助企业规范创新过程中的行为。

比如在意大利的新产业区（集群）内，各种形式的中介机构非常齐全，有从中小企业雇主协会到各式促进中小企业发育成长的服务机构，促进中小企业革新的服务中心等。在 Emitlia – Romergna 地区，共有6个行业服务中心，如制鞋服务中心、农业服务中心和纺织服装服务中心等，这些中心主要是为同一部门的中小企业的技术革新提供服务，包括促进产品质量的改进、提供部门数据资料、对生产程序进行革新、对管理干部进行技术知识更新培训、帮助实施技术革新。行业协会一方面帮助会员企业及时了解国内外的技术和市场环境，以及新政策、新法律、新法令出台的背景及内容；另一方面也可以及时反映企业的意见和要求。

可见，中介服务机构也是中小企业集群创新网络的重要组成部分，对集群的创新起着非常重要的作用。

（4）政府部门。这里的政府部门主要是指集群网络当地的政府及公共部门，它在集群网络的形成和其他主体的创新过程中发挥着重要的作用。与企业集群网络中的企业和研究机构不同，地方政府不是直接创造新的知识、技术和产品，而是为集群内部知识、信息的传递创造一个良好的环境，提供一种促成集群网络中的企业和其他行为主体之间的各种联系的机制，提高企业间合作的效率。

随着经济全球化的发展，集群的创新变得更加复杂，这决定了网络的创新活动已不是单个企业、大学、科研院所等个体所能够独立完成的,需要依靠彼此的协同合作才能完成。当地政府和公共部门虽然不是集群创新的直接参与主体,但在积极营造集群网络的创新环境、促进创新网络的形成与演化、有效规范市场的行为、改善集群网络的运行、挖掘集群内潜在创新资源、增强集群内的信任度、减少网络形成过程中的障碍等方面,发挥着不可替代的作用。所以政府在集群网络与主体之间扮演的也是一种桥梁的角色,积极营造"创新氛围",使知识、信息的扩散与传递能更加准确和有效,使创新过程也能更加顺利地完成。一方面,地方政府可以通过改善交通、通信等基础设施来营造集群发展的硬环境;另一方面,地方政府也可以营造适合集群发展的氛围和软环境,可以通过制定一系列的税收、财政、金融等政策措施或法律制度,构造一个有效的持久的创新激励环境,纠正市场在企业创新过程中的缺陷。这样,可以在一定程度上使创新的外部性内部化,从而使创新者更好地享有创新收益。比如在硅谷的发展、新竹工业园的成功以及"第三意大利"的成功都与政府部门的作用息息相关。

(5)金融机构。一般来说,集群网络内的金融机构主要包括当地的国有银行、地方商业银行、各种形式的基金组织以及借贷资本的机构、风险投资机构等。众所周知,技术创新过程是一个高风险、高成本的过程,没有足够的资金是不可能顺利地进行创新活动的。特别是对于中小企业而言,资金短缺一直是个"瓶颈"问题,因此,中小企业要想进行创新,就只有借助于各种金融机构,这也是为什么在集群网络内,往往存在大量的金融机构尤其是风险投资机构。这种金融机构的存在,尤其是风险投资机构,对集群内中小科技企业的融资具有很大的促进作用。大量研究已经表明,集群网络内良好的银企关系,对于企业的成长和发展作用非常明显,特别是高技术企业集群,大量风险投资机构的存在,为一些高技术中小企业顺利实现创新提供了强有力的资金支持。因此,金融机构也是集群创新网络中的一个重要组成部分,它在集群网络的创新方面发挥着不可替代的作用。

(6)外部环境中的市场主体。企业作为提供产品或服务的经济组织,只有当其提供的产品或服务能够满足市场需要时,用户才会消费这种产品或服务，这种产品或服务才有销路，其价值也才能得到体现，这是一个企业在市场中生存的基本条件。企业为了生存和获利，就必须能生产出符合市场需要的产品或服务。若无市场需求，任何创新都将无利可图，这也为企业开展创新活动明确了方向。因此，市场需求是创新的经济前提，正是需求所能带来的报酬对企业起着决定性的刺激作用；市场需求的变化将会引导集群企业的创新取向，激发企业的创新活动。特别是苛刻的市场需求一般被认为是引导创新的强大动力，而旺盛但温和的市场需求则往往会扼杀创新热情，不利于创新产生。

在产学研合作中，企业参与合作的最直接的外部动因来自市场。通过信息反馈或预期市场对某些产品有明显的或潜在的需求，而企业又不能独立完成研究开发的任务，此产品的生产又会增强企业的竞争力时，就会对企业寻求合作产生巨大的拉动作用，这是最容易使外部动力转化为内在动力的主要因素。而要在这样激烈的市场竞争中取胜，就必须寻求新产品，寻求技术创新，而当发现自己的技术创新能力不足，而高校和科研机构又恰好拥有这个能力，因此市场的强烈刺激需求和激烈的竞争成为企业寻求产学研合作的主要推动力。实际上市场的强烈需求，不只是反映在企业，同样对高校也是一种强烈的刺激，因为现在市场人才竞争激烈，需要的是高素质和高能力的人才，那种只追求啃书本不搞科研的人才在现代市场竞争中逐渐被拥有实际开发能力的人所取代，然而高校本身缺乏这样实际的机会，而企业刚好能为高校弥补这个空缺，因此可以说市场环境也是刺激高校走向产学研合作的一个强烈因素。对科研机构而言，资金缺乏一直是我国科研机构的长期问题，科研机构要想获得足够的科研资金来维持自己的科研，就必须需要外界为之提供足够的资金，因为在现代市场的强烈竞争下，政府不再完全地支持科研机构，让其自寻出路，这样也为科研机构寻求企业合作提供了条件，因其自身力量不是特别强大，也需要大学这样的机构来合作研究，所以市场环境是对产学研三者产生合作最直接的因素。

下面，我们以中关村科技园区作为案例[①]，对集群创新网络的多

---

① 李克杰：《产业集群区域创新网络研究》，硕士学位论文，暨南大学，2006年。

主体及其链接模式进行分析。

中关村科技园区，起源于20世纪80年代初的"中关村电子一条街"，1988年5月经国务院批准建立中国第一个国家级高新技术产业开发区。中关村经过20多年的发展建设，已经聚集以联想、百度为代表的高新技术企业近2万家，形成了下一代互联网、移动互联网和新一代移动通信、卫星应用、生物和健康、节能环保、轨道交通六大优势产业集群，集成电路、新材料、高端装备与通用航空、新能源和新能源汽车四大潜力产业集群和高端发展的现代服务业，构建了"一区多园"各具特色的发展格局，成为首都跨行政区的高端产业功能区。

中关村已形成较为完善的区域创新网络，尽管许多企业规模较小，但是在专业化市场上，原材料、零部件供应商与制造商之间，生产商与客户之间，易于建立长期的合作关系，并利用地理上接近的便利条件，形成了产供销等准一体化的发展模式，从而提高了市场占有率。并且区域内的政府部门在融资、税收、信贷等政策方面大力支持，有效地促进了企业的技术创新活动的发生和新技术企业的诞生。地方政府部门还根据企业的需要和市场发育的程序，吸引培育各类市场中介机构，完善区域创新网络上承担不同功能的节点。创新网络正是由这些网络中的节点之间的相互作用、协同创新而形成的。

在中关村区域创新网络中，也存在着多个行为主体：

一是企业。中关村科技园区自1988年成立以来，高技术产业迅猛发展，入园企业数稳步增长，其中有联想、方正等国内知名的公司，还有诺基亚、惠普、IBM、微软为代表的多家外资企业，跨国公司在园区设立的分支机构也在逐年递增。大量的新技术中小企业，在不断竞争中也相互合作，使得这一地区迅速成为独特的高新技术企业的集聚区域，少数中小企业成长为大的企业集团，如联想、方正等。二是金融机构。中关村地区内存在大量的中国银行、工商银行、建设银行、民生银行等国有商业银行和商业银行的分支机构。三是中介服务机构。在中关村地区内，设有大量的创业服务中心、创业园等"孵化器"、各类行业协会以及律师、会计师事务所等市场中介机构。四是大学及科研机构。中关村是我国科教智力和人才资源最为密集的区域，拥有以北京大学、清华大学为代表的高等院校 40 多所，以中国科学院、中国工程院所属院所为代表的国家（市）科研院所 206 所；拥有国家级重点实验室 112 个，国家工程研究中心 38 个，国家工程技术研究中心（含分中心）57 个；大学科技园 26 家，留学人员创业园 34 家。五是政府部门与相关机构。在中关村内，设有中关村科技园区海淀区管委会以及海淀区政府所属的各个行政机构。

接下来，我们来了解中关村区域创新网络中各行为主体之间是如何进行交互作用的：

一是企业之间的链接。中关村区域创新网络内的生产商与供应商、客商在产供销的链条上存在各种正式的契约关系和非正式契约关系。在中关村地区内，有分包、转包以及各种比较松散的联结模式，但联系比较紧密的有战略联盟。区域内战略联盟主要是生产商与客商之间的销售联盟。61.5%的中关村软件企业认为，客商是企业创新网络中最重要的合作伙伴，而且中关村区域内的软件行业企业更愿意与本地客商之间建立合作关系。中关村区域内的企业与竞争企业之间的合作也侧重于市场营销方面的合作。中关村企业普遍在技术服务和销售的过程中，与顾客间形成重要意义的节点，通过了解客户的需求在摸索中创造出更加符合顾客要求的技术及其产品。另外，中关村区域内的企业非常重视非正式的合作和联系。人们习惯于通过非正式的面对面交流，直接获得知识和信息。中关村区域内各类交易场所、专业化市场以及座谈会、展览会、公共食堂、文体活动的场所等为企业充分接触提供地点，使企业家、技术人员、供应商、用户、中介等面对面地接触。

二是企业与金融机构的链接。中关村地区内存在大量的中国银行、工商银行、建设银行、民生银行等国有商业银行和商业银行的分支机构。但企业与本地金融机构之间的联系并不紧密。区域内的企业大都是技术含量高、风险性高的企业，因此，在企业创立之初，银行机构为避免风险性，不会给予企业以资金支持，而区域内没有专门的风险投资机构，企业创业之初的资金来自创业人的存款和亲朋好友的支持。目前，中关村地区内存在的风险投资机构都是政府办的或者直接资助的，因此，机制比较僵硬，企业不可能平等地获得风险机构的投资机会。区域内企业与金融机构的联结方式主要是围绕资金的各种开发合作协议，目前，金融机构还无法为企业的发展提供市场、技术、管理方面的咨询服务。

三是企业与中介机构的链接。中关村区内的企业，与行业协会或其他中介机构的联系主要是为了获得市场信息和政策变化。由于区内的行业协会是个薄弱的环节，中介机构权限以及服务功能有限，一般企业不依赖其获得技术或管理上的支持。企业与行业协会或企业家协会的联结主要是企业或者企业的高层管理者以成员的身份加入行业协会或企业家协会。协会组织展览会、博览会、研讨、报告会议等形式为成员提供市场信息、政策变化等。

四是企业与大学/研究机构的链接。中关村地区内产值超过亿元的联想、方正、大恒、紫光等企业都是从北京大学、清华大学、中国科学院衍生出来的。大学和研究机构也通过自身建立的企业来转化高技术成果。另外，企业和大学、科研机构为了某种技术目的，经常通过项目的形式进行联合技术开发。除了以上合作方式外，企业和大学、科研机构的联结方式还有聘请院校的顾问人员、企业人员在本地大学在职学习、学生或研究人员在企业兼职、企业管理者、技术人员同院校人员交流。不管在软件行业还是在生物技术企业都比较重视聘请大学教授为顾问，更重视招聘大学学生或研究人员到企业来兼职，以获取大学与科研机构的有用资源和信息。企业也比较重视高层管理者、技术人员同院校人员进行非正式的面对面交流，以促进知识的流动，互补资源和互通信息。

五是企业与政府部门的链接。政府部门通过制定各种人才、税收、资金方面的宽松和优惠政策直接和间接地作用于企业。如制定"三减三免"的税收政策，推动了企业的诞生和成长。另外，政府出面组织各种形式的推介会、产品博览会、贸易洽谈会等，促进企业与外部进行市场和产品信息、知识的交流与传递。如一年一度并已经成为中关村品牌之一的"中关村电脑节"、"中关村创业大赛"等，就为区内企业开拓市场、技术成果的商业化等提供了渠道。

以上我们介绍了中小企业集群创新网络中的各类主体。这些主体之间存在着各种各样的联系，它们共同构成了一个有效的网络组织——中小企业集群创新网络。中小企业集群的网络化促进了集群中主体之间行动上的彼此依赖，互相协同，强化了合作，实现了资源共享、优势互补，其结果使得集群既能获得一定的规模经济，又能获得一定的范围经济；另外，处于网络化集群中的企业之间交易频繁、相互依赖性强，呈现出重复博弈的特性，企业之间的诚信度较高，社会资本较多，交易费用较少。

中小企业集群是典型的、开放的创新网络系统，在构建创新网络结构时要强调各主体、各要素集之间的协调与合作发展，将集群建成一个开放式系统，能够不断接收外界信息，加强与其他集群的横向联系，并且考虑政府及市场环境对其运行的影响，使集群具有信息反馈能力，能根据影响因素的变化自动调整自身的运行结构或参数，保持集群创新功能，维持高效率运转。

从图3-1中，我们可以看出集群创新网络主要分为三个层次：核心网络、支撑网络、外部网络。

（1）核心网络。它是指由以某一企业为核心的垂直方向和水平方向彼此相关的企业构成的网络，是由相互关联的企业在协同竞争过程中形成的一个群落。因为企业之间的相互作用是集群网络中最重要的一种活动，构成了集群网络的核心，所以称之为"核心网络"。垂直方向构成的网络主要包括供应商、生产商和销售商。这三者之间经过长期的显性和隐性合作关系，最终形成一个稳定的正式的或非正式的经营共同体，这对于企业间的相互学习和技术扩散有着非常重要的作用：首先，企业通过与客商的互动交流可以使企业从客商那里获得关于用户的一切信息，如产品的销售情况以及有关新产品的信息、客户对产品存在问题的改进建议等，甚至还可以掌握竞争对手的产品销售情况及其有关新产品的信息，这些信息的获取使企业能够更好地了解和掌握用户所需要的产品和服务，从而可以激励企业不断进行创新，并减少了创新的盲目性。因而有利于企业降低创新的市场风险，提高创新的成功率。其次，由于供应商掌握了大量有关用户信息和企业产品的市场信息，它在参与企业的新产品开发或试制活动过程中，它与生产企业间的互动能给企业带来许多技术资源和设备资源。因此，企业通过与网络内的供应商的交流与合作可以获得大量的创新信息，从而推动企业的产品创新或工艺创新。集群核心网络中的这些企业交易频繁，集聚在一起可以使产业集群中各个企业的成本下降。企业的集聚，带来交易费用的节约，直接降低了企业的运行成本。

在核心网络内，除了垂直方向构成的网络，还有水平方向构成的网络，它主要是由企业与生产相同或相近产品的生产商共同构成的网络，这种网络主要由相互竞争性企业和相关性企业组成，这种水平网络的形成不仅使企业之间的激烈更加竞争，同时又存在多种形式的联系与合作。因此，两者之间是一种既竞争又合作的关系。一方面，生产某种相同或相近产品的生产商之间是竞争性关系。它们会为了生产所需的相同机器设备和原材料而争夺供应商，会为了扩大产品市场占有率而争夺销售商和顾客，还会为了其他的资源如技术、资金、人力资源等而彼此争夺。这种相互竞争是一种良性竞争，此种竞争会使企业不断改进技术设备，从而有利于创新的发生。另一方面，由于企业规模的差异和产品的多样性使得相关性企业在相互竞争的同时进行合作来共同开发市场。网络中某一项技术或产品的创新，不仅使得创新者本身受益，创新的技术和知识可以通过各个企业之间的学习与交流在网络中迅速扩散，同行企业之间可以分享创新的成果，使各自的价值创造功能都有所提高，从而使所在价值环节得到优化。并且通过这种联系的交流与学习，可以增加网络内知识、技术的不断积累，促进另一项技术和产品的创新与发展。总之，企业与企业通过合作，共同解决技术难题，研制新产品，有助于降低创新风险，加快技术创新的进程，提高企业的创新绩效。

此外，核心网络还表现为由于企业自身的企业衍生现象而形成的网络。

（2）支撑网络。即由企业和研究机构、地方政府、中介机构以及金融机构之间的知识、信息、资源的传递所构成的网络。这层网络中的行为主体不是集群网络中直接从事生产的主体，而是为核心网络成员企业提供技术、人才、资本以及咨询培训等服务功能，实现知识、信息、资源等从第二层网络向第一层核心网络的流动和传递。它并不直接从事产品生产，而是在核心网络与外部网络之间起着"桥梁"的作用，为核心网络提供资源流动的基本物质基础，如信息流、物质流、知识流、资金流及人力资源流等。首先，企业与大学或科研机构之间的链接。在集群创新网络中，创新网络为大学、研究机构和企业提供了相互交流的界面，一方面，企业对大学或研究机构提出技术需求和提供必要的科研经费；另一方面，大学或研究机构则根据企业的各种需求进行技术创新。企业与大学、科研机构之间的链接促进创新可以通过以下三种机制来进行实现：一是企业与大学或科研机构人员间的交流和相互学习机制。这主要表现在：一方面，大学、研究机构为企业的人员提供各种相应的培训；另一方面，企业同时也为大学、研究机构提供实习与试验的机会。这种联结机制不仅为企业提供了大量所需的高素质技术人才和管理人才，而且也可以吸引更多的优秀人才到本地集聚，为本地企业所用，从而使本地劳动力市场结构日趋完善，而且这种人员的流动也给本地企业注入了新知识和新的技术要素，有利于集群企业的创新。二是以外部市场交易为纽带的互动机制。大学或研究机构通过外部市场的交易行为将自己的技术成果或技术服务出售给产业界。在此种互动机制中，一切与交易对象相关的因素，如技术成果的质量、成果开发与交易的成本以及市场特征等（包括市场的开放程度、市场的规范性以及相关的管理机制等），这些因素从根本上决定了大学在这种互动模式中与企业等需求方的合作关系。三是以大学、研究机构与企业之间自发产生的项目为纽带的互动机制。近年来，大学、科研机构与企业出于各自的需要，均产生了加强彼此间交流与合作的愿望，因此，各国的大学与企业之间自发产生了各种类型的合作项目，这些合作项目以各种形式使大学与企业在各个层面上进行更广泛的接触。其次，企业与政府之间的链接。一方面，地方政府能够为本地企业的创新提供良好的硬件环境，如基础设施的建设、信息交流平台的建立等；另一方面，地方政府能够为本地企业的创新营造适宜的法律环境、政策环境和文化环境等软件环境。同时，地方政府还会对那些实施创新项目的企业提供各种优惠政策，并为企业提供科研经费、技术与信息等。因此，本地企业要积极与政府部门合作，充分利用政府提供的各种资源，并通过政府这个桥梁建立和加强与其他机构之间的联系。再次，企业与金融机构的链接。目前，我国的融资体系尚不发达，企业与融资机构一直未有效地联结起来，特别是对于中小企业而言，资金短缺一直是阻碍中小企业发展与创新的一个重要因素。因此，中小企业要想持续发展下去，并不断提升自身的竞争力，就必须建立多元化的融资渠道，加强企业与金融机构之间的联系。最后，企业与中介机构之间的联结。中介机构包括企业协会、技术市场、各级信息中心、咨询机构等。中介机构在各创新主体间沟通联络，以促进各组织机构的信息共享，改善创新活动的环境，从而扩大企业创新空间，给企业提供更多的创新机遇，提高企业创新的质量，使企业获得更多收益。因此，中介机构也是中小企业发展不可缺少的一个重要部分，中小企业应该充分利用中介机构提供的各种服务来促进自身的创新。

（3）外部网络。集群核心网络以外的企业、研究机构、外部行业协会、国外产业集群等构成集群的外部网络。这种外部网络间互动能够为集群网络内成员的创新提供各种新的技术、人员、信息支持，从而有利于本地创新网络的发展和升级。

一方面，随着经济全球化，不同区域之间的专业化分工不断加强，集群由于自身能力有限，往往只能完成全球产业链中的某个环节或部分环节，因此，只有通过与外部网络的合作与交流来促进自身的持续发展。另一方面，集群与外部网络间的互动可以防止集群系统的锁定。由于集群内部缺乏与外界的交流，集群内部企业之间长期接触的大多是一些同质性的知识和技术，无法从外界吸收新的能量，这样就会导致知识和技术上的锁定效应，也会降低企业的柔性。同时，集群只注重内部网络成员间的交流与合作，这样就会造成僵化的社会关系网络，企业就无法从外界获取更好的信息，这对要进行创新的企业来说十分不利。

可见，外部网络与核心网络及支撑网络之间存在互补关系，一个理想的中小企业集群创新网络结构应在本地化的核心网络及支撑网络和外部网络乃至全球性网络之间取得某种均衡。中小企业集群创新网络应该建立起本地化的核心网络及支撑网络和外部网络之间的双层学习网络。

一般来说，集群与外部环境的互动可以通过正式交流与非正式交流两种途径。从正式的途径来说，例如，集群中的企业可以通过加入跨国公司的分包网络，成为其中的一员；可以通过与研究机构建立技术联盟或合资企业，也可以通过和大学或科研机构建立产学研联合体、共建实验室和技术中心等。从非正式交流途径来看，企业可以通过从外部招聘高水平的人才，这样就可以为企业带来新的资源，特别是能够获得其他企业的隐性知识；可以在发达国家或地区建立各种研究机构或技术公司等，从而能够及时获得该国或地区的最新消息；也可以积极参加各种产品展销会、博览会、研讨会及论坛等，从而加强与其他集群间非正式的接触和联系，并及时掌握现时技术发展的最新动态等。

二 企业集群创新网络的结构属性分析

1. 集群创新网络关系集聚的小世界特征

中小企业集群创新网络是一个动态开放的系统，在企业集群网络内，由于地理位置的接近性使得网络成员的互动关系广泛而频繁，因而，企业集群网络通常有着较高的集聚程度和最短路径，即具有小世界网络的特征。小世界网络特征意味着在庞大的中小企业集群网络中，中小企业主体之间存在着较短的连通路径，集群内企业密切联系，同时又很容易在世界市场上觅得其产品或信息的踪迹。另外，已形成一定集群气候的区域更容易吸引相关企业的进驻，促使集群规模迅速扩大。蔡宁等通过对温州鞋业集群和北京中关村IT集群的分析，发现集群中各企业之间存在密切和广泛的联系，具有小世界网络特征。如在温州鞋革业集群中，无论是投入产出网络还是劳动力网络，成员间的这种互动现象都极为明显，如作为鞋革原材料的聚氨酯90%都是温州本地的制革企业供应的，而在温州中国鞋都，几乎全部的制鞋企业都使用了温州本地生产的制鞋设备；同样，企业间劳动力的流动也相当频繁，温州鞋革业集群内几乎每家企业都有着每年5%的劳动力流动，有的甚至高达20%以上，其中小企业的流动主体一般以操作工人为主，而大企业则以高级技工及管理人员流动为主。在北京中关村，软件企业共同成立出口联盟，在接包国际业务的同时，一些企业也开始自身的业务流程外包，主要的选择对象是中关村内的小型企业。同时，蔡宁等发现，小世界网络比规则网络具有更好的资源流动性和更宽广的资源整合范围，即小世界网络对集群中的企业而言具有更好的资源整合能力。

在集群创新网络中，对于任何一个节点而言，节点之间连接的边刻画了中小企业之间的互动关系，代表了知识和信息传递的具体路径。因此，集群网络的结构属性，特别是边的统计性质与网络的知识和信息传递能力有着密切关系，其中，网络的平均最短路径代表了知识和信息传递的效率，集聚系数对应知识和信息传递的广度。如果网络同时具有较小的平均最短路径和较高的集聚系数，则表明网络上知识和信息传递过程中同时存在着很宽的广度和很快的效率。

在具有小世界特征的中小企业集群网络中，由于中小企业主体相互之间存在着较短的连通路径，高集聚程度，因此集群主体之间进行产品、技术、知识以及其他各类信息交流在中小企业集群网络中的传播只要通过几个跳跃便能到达其他主体，信息的传递非常迅速，与其他结构的网络相比，中小企业集群网络具有较低的传播成本，进行各类合作、协同等所花费的成本较小，信息可以在节点之间得到迅速、深入的传播；同时，由于高聚集中小企业节点主体的存在，使得集中于高聚集中小企业主体的信息具有向网络中的其他中小企业主体较强的"投射"能力。这些特征表明小世界中小企业集群网络在演化过程中比规则网络具有更高的信息流动性和更宽广的信息传递范围，更容易整合或集中其他中小企业主体的意志和意见，网络演化的效率很高，这在某种程度上代表了小世界中小企业集群网络的演化竞争优势。

不过，由于集群产业背景和发展阶段的不同，特定集群网络的小世界特征也不尽相同。一般来说，传统产业的投入—产出小世界网络特征较为明显，随着集群的发展，技术合作网络逐渐形成和发展；高技术产业集群的技术合作网络具有更为明显的密集特征，往往投入—产出网络是随着集群的发展成熟才开始逐步形成；而对于集群而言，劳动力网络连接一般都非常密集，组织间有着频繁的人员流动，代表了集群内普遍存在的竞争关系。

另外，结合集群生命周期的动态特征来看，产业集群在形成期和成长期往往以一种网络为主导迅速发展，主导网络的密集程度高，小世界特征显著；在步入成熟期之后，网络则往往向横向扩展，多种形式的网络逐步发展，密集程度日益增加，集群试图通过多种形式的企业间联系实现集群能力的拓展，多个网络的小世界特征逐渐显现，在一定程度上也体现了集群网络自组织、自适应的特点。

2. 集群创新网络关系连接分布的无标度特征与自组织临界性

在集群网络，总体上往往具有非常密集的关系连接，但组织间互动关系的分布并不是均匀的，网络中的一些个体会有大量连接，成为网络的集散节点，这些集散节点有的是集群中的核心企业，有的是专业市场或政府公共部门、科研院所，而大部分组织的连接数目是有限的。例如，绍兴纺织业集群中的中国轻纺城，在充当浙江纺织产品分销中心的同时，为绍兴轻纺企业提供了强大、及时和高效的信息流，几乎集群内每家企业与轻纺城都有着千丝万缕的联系。

集群网络集散节点的形成主要源于择优连接机制，在集群网络中，组织选择连接对象是有意识的过程，组织会倾向于选择连接数目较多的网络节点。择优连接机制的存在一方面是时间的原因，通常集群中老的组织有较长的时间来积累与其他组织的关系连接；另一方面集群内也存在着节点间的竞争，一些组织通过先进的技术、富有竞争力的产品和良好的管理，在非常短的时间内也能够获得大量的关系连接。

在集群中，集散节点的连接数目远远超出了一般的节点，并且网络主要由这些集散节点所支配，我们把集群网络的这种结构属性称之为无标度特征。无标度网络的顶点是不断增加的，网络具有成长的特性。由于大多数现实世界中的中小企业集群网络是开放的系统，对应的中小企业集群网络也是开放的，无标度中小企业集群网络能够通过不断地增加具有择优连接特点的新节点到系统中，逐渐生长而成，最终从很少的几个节点成长为拥有大量节点的中小企业复杂集群网络。中小企业集群网络节点的增加贯穿于中小企业集群网络演化的整个生命周期。当网络中的节点增长到一定的数量时，网络中节点连接数量便会呈现少数中小企业节点拥有大量的连接，而大量的节点仅仅拥有少量连接的特点，并且保持不变。服从幂率定律分布表明中小企业集群网络结构内部存在自相似性。幂率定律表明对于所观察的量没有一个特征尺度，各种大小的量都可以出现。无标度属性本身与小世界属性是紧密联系在一起的，因此，具有小世界特征的网络其无标度特征更为明显。

中小企业集群创新网络的无标度特征对中小企业集群网络演化的效率有着深刻的影响，这种影响主要体现在具有高聚集度的中小企业节点的作用上，高聚集度中小企业节点作为网络的枢纽，在演化过程中发挥着支配性的作用，是其他中小企业主体择优连接、依赖、学习的主要对象，因此高聚集度中小企业节点的状态、结构及运作效率对于整个中小企业集群网络演化效率具有重要的影响。

3. 企业集群创新网络的鲁棒性

对于随机网络和小世界网络来说，由于节点的度分布都服从泊松分布，也就是说，在这种网络中，度很大或很小的节点在网络节点度的平均数两边都呈指数衰减。由于没有度很大的核心节点存在，有意地移除一些节点并不会使整个网络崩溃，因此这种网络最大的特点就是对于针对网络的恶意攻击具有较强的稳定性，即鲁棒性。也就是说，网络中不存在影响整个网络性质的核心或关键节点。而无标度网络却不同，它具有幂率形式的度分布，网络中存在一些度很大的关键节点。这种网络对随机破坏具有很强的鲁棒性，但针对这些关键节点的有意破坏，网络就会显得异常脆弱。

在中小企业集群网络中，由于存在少数核心中小企业节点，无标度中小企业集群网络比具有同样节点数和连接线的随机中小企业集群网络具有更大的平均聚集程度，节点之间的相互联系更加紧密，网络更加完备。因此，从网络特征上看，无标度中小企业集群网络比随机中小企业集群网络具有更好的完备性和更高的网络效率。

无标度网络对随机产生的错误和失败是鲁棒稳定的，这一特性本质上源于网络的异质性或多样性拓扑结构。随机去除的方式所破坏的主要是那些不重要的节点，它们的数目远大于度分布较大的节点。与那些几乎连接所有节点的度分布较大的节点相比，这些不重要的中小企业节点只拥有少量的连接关系，去除它们不会对网络的拓扑结构及其功能产生重大的影响。例如 2002 年到 2004 年短短 2 年间，温州鞋革业集群企业数从 6000 余家减少至 4500 余家，但集群的发展并没有受到大的冲击，这就是我们所说的集群网络的鲁棒性。只有当网络中大量的节点被破坏后，整个网络才会瘫痪。

在无标度中小企业集群创新网络中，度分布较小的企业节点数目远多于度分布较大的企业节点，发生故障的概率也远高于度分布较大的节点。与度分布较大的企业节点相比，度分布较小的企业节点只拥有少量的连接，因而这些节点的故障不会对网络结构产生重大的影响（见图3-2）（蔡宁、吴结兵、殷鸣，2006），两个非核心节点的故障并没有影响到整个网络的连通性。在中小企业集群网络演化过程中，中小企业的创新演化和产业升级的突变可能在某个特定环境下发生，这个特定的环境诱导该企业集群网络的整体结构发生变化，而这种中小企业整体结构的变化主要来源于集群网络系统中起轴心地位的度分布较大的企业节点的变化。在中小企业集群网络中随机的某个或某些度分布较小的企业节点的消失或移动，并不影响整个企业集群网络的结构（对应于无标度网络中随机选择的顶点或边的删除或移动，不影响网络的整体拓扑结构），整个集群网络表现出较强的鲁棒性或抗风险能力。

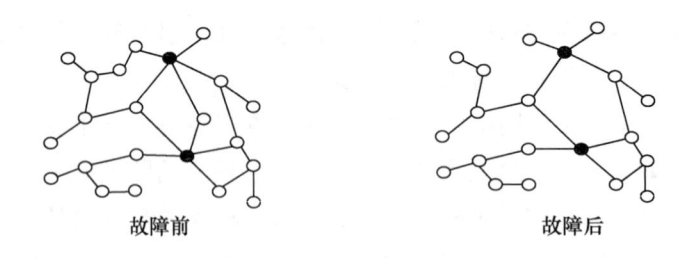

故障前　　　　　　　　　　故障后

图3-2　中小企业集群网络演化的鲁棒性

4. 企业集群创新网络的脆弱性

与中小企业集群网络演化的鲁棒性相对应的是，在中小企业复杂集群网络中，由于重要的聚集中小企业节点在复杂网络连通性中的支配作用，其他中小企业节点与该高聚集中小企业节点构成高耦合关系，整个中小企业集群网络形成了对这些核心中小企业节点的高度依赖，这样有可能使网络面对核心节点的故障时会不堪一击，中小企业集群网络表现出相当的脆弱性，即少数核心中小企业节点的故障会将整个中小企业集群网络割裂成许多子网络，严重影响了整个中小企业集群网络的功能，甚至导致现有中小企业集群网络的解体。那些度值很高、集聚程度高的中小企业出现问题时，集群网络的直径很快就增加，企业间的离心力增加，集群网络面临解体或向新的方向演化的可能（见图 3-3）。这表明了中小企业集群网络在抗风险能力方面具有脆弱的一面，也表明了中小企业集群网络潜在的风险，即一旦发生中小企业节点的故障，中小企业集群网络系统就可能面临发生严重故障的可能。

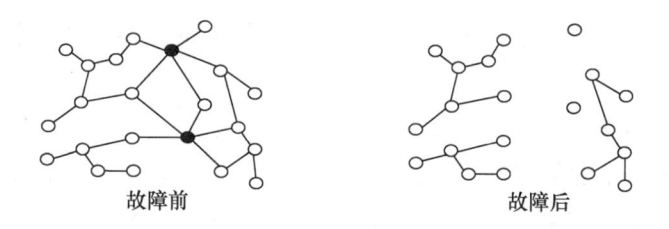

故障前　　　　　　　　　　故障后

图 3-3　中小企业集群网络演化的脆弱性

中小企业集群创新网络系统的脆弱性表现为以下一些特点（蔡宁、吴结兵、殷鸣，2006；金鸿章、林德明、韦琦、郭建，2004）：第一，隐藏性。集群创新网络系统的脆弱性在平时并不表现出来，只有在受到足够大的外力作用时才表现出来。第二，连锁性或伴随性。当一定的外界条件作用于中小企业复杂集群网络系统中的一部分（子系统），并导致其崩溃后，其他与该子系统有联系的系统，会因为伴随的脆弱性而发生相应的崩溃。第三，结果表现形式的多样性与结果的灾难性。由于中小企业集群创新网络系统自身的演化方式以及外界环境的复杂多变，因此系统的脆弱性的表现方式也多种多样，脆弱性使系统产生的结果也不同。此外，中小企业集群创新网络系统的脆弱性导致的系统崩溃是从有序到无序的，从正常的工作状态到混乱的工作状态，因此，中小企业集群创新网络系统的脆弱性在一定的时间段内将会对系统带来严重的危害。第四，延时性。即中小企业集群创新网络的一个子系统或一部分受扰而崩溃时，由于中小企业集群创新网络系统具有开放性、自组织性和演化的路径依赖性等特点,因此当系统受到外力的突然冲击时,中小企业集群创新网络系统的脆弱性虽然被激发,但是系统整体不会立即崩溃,在一定时期内它还有能力维持它现有的运行状态,系统从遭受外力打击到系统完全崩溃会有一段时间的延滞。

不过,虽然中小企业集群创新网络存在脆弱性,但在集群网络组织中此特征并不明显,这是由于集群网络除了结构、连接机制的原因外,还存在一个在集群网络内部的稳定机制,即集群网络合作的文化、价值观和紧密的产业关联性特征。这种特征和联系能在某种程度上减轻来自集群网络技术层面、组织结构层面的冲击,降低脆弱性发生的可能。

5. 企业集群创新网络的群落特征

在中小企业集群网络的演进过程中,常常会发生从一种集群类型向另一种集群类型的更替。在这一过程中,集群网络中无论在核心网络还是在辅助网络层都可能会出现由核心企业与其他具有"群落"结构的企业构成的系统。在这样的连接关系中,居于核心地位的企业往往有能力控制价值流路径的信息和资源并能帮助其他企业建立联结桥梁,而具有"群落"结构关系的企业是一个个具有自组织特性的能力要素的模块化企业。我们称集群中具有"群落"结构的企业为"模块化"企业。

在一个特定的"群落"内,集群的小世界属性和择优连接机制表现得更为明显,在"群落"中节点与节点有着更为密集的关联边,而"群落"与"群落"之间的密集程度则相对低一些,这个更小的"群落"可能从地理的角度划分,也可能存在着别的连接机制使得集群可以划分为更小的"群落",这对于集群网络结构的进一步细分具有重要意义。

以温州鞋革业集群为例,温州鞋革业集群网络在地理上可以进一步划分为永嘉、瑞安、平阳、龙湾、瓯海、鹿城等"群落",在投入—产出关系上各个"群落"内部连接也更为紧密,从龙湾温州经济技术开发区来看,区内鞋材企业70%以上的客户来源于开发区内,鞋革企业有50%以上客户来源于开发区内。北京IT产业集群网络同样呈现出明显的区县"群落"结构特征,分别集聚分布于海淀、昌平、丰台等区。

6. 企业集群创新网络中的择优连接特征

中小企业集群创新网络处于不断的演化状态之中并导致创新网络结构的变化,这种结构变化主要是由以下两种方式引起的,一是集群网络外部企业的迁入或者本地新企业的产生导致创新网络结构的重构;二是群内原有企业节点根据自身及外界变化做出建立新连接或断开原有连接,从而引起创新网络结构的变化。具体来讲,当新节点进入网络后,原有节点将根据自身的资源云、发展状况衡量与其他各节点建立连接的可能收益、成本及效率,基于对建立连接或断开连接的收益、成本核算后,做出个体的理性选择,这就是择优连接。同时,原有网络的节点也将根据最大化收益的原则变更其网络连接状态,以从对方那里获取了自身创新和发展所需的互补性资源云。随着外部环境的变化,节点会根据自身资源云条件及发展状况优化与连接的各种网络关系。

显然,新节点连接到网络中现有节点的概率是有差异的,并不是所有的节点都能同样成功地获取连接,加入的规则是择优连接,即所谓连接节点选择上的竞争性。这种竞争性在经济学上的意义就是,每一个节点希望通过竞争在网络中来争夺有限的资源云,从而提高自身的收益能力和收益水平。

我们知道,中小企业在成长过程中所具有的市场竞争能力薄弱和资源云获取能力的低下,使得它们缺乏在公开市场进行交易和竞争的优势,因此,需要通过某种社会性联系才能弥补这一不足。这里所说的社会性联系既可以是企业预先存在的社会的、家庭的各种关系,也可以包括企业与其他企业之间建立的各种联系。大多数中小企业为了生存都必须致力于如何从其他主体手中获取创新与发展所必需的资源云,比如向一些个体与组织寻求资金,向另一些个体与组织寻求人力资源云、技术资源云或经营管理经验等。因此,资源云的社会关系依赖性是理解中小企业集群网络创新的一个重要方面,中小企业集群创新网络的演化过程就是网络内的企业和其他主体根据自身的资源云、发展状况及外部环境的变动通过择优连接不断最大化自身收益的过程，进而引起集群创新网络结构和功能的演变，最后集群创新网络体现出不同的发展形态。当资源云获取与依赖关系持久化时，一个中小企业成长与资源云获取的社会网络也就形成了。社会网络一旦建立，企业就能很清楚地认识到在哪里可以得到所需的资源云，然后依照自身的能力通过"择优连接"向各目标节点寻求资源云。因此，从这个意义上讲，中小企业成长是与复杂社会网络的构建与演进紧密相关的。复杂社会网络是企业成长的一种结构性关系集结，是存在于两个以及两个以上行为者之间的，是资源云获取的重要渠道。在集群创新网络中，任何企业都不可能是独立的，而是镶嵌在由各种社会关系交织而成的一个复杂社会网络之中，而复杂社会网络则为企业的创新与发展提供了其所需的多种资源云。从这个角度来看，如何参与这种复杂社会网络并随网络的演进实行互动，是中小企业获取创新资源云、产生竞争优势继而持续成长的一个重要过程。因此，复杂社会网络提供了分析中小企业资源云获取与成长的重要思路。

当网络主体间建立新的连接或者断开原有连接对网络主体都意味着损失时，创新网络就趋于稳定。在整个过程中，集群内企业、机构不断建立及断开连接，致使节点之间连接数量、方式不断发生变化，整个集群创新网络的规模、度分布、平均最短路径长度以及聚集程度等结构变量也随之重构，进而带动网络功能的动态发展。

由此可以看出，聚集度高的节点有更高的可能性获得连接，聚集度低的节点所具有的连接在整个系统中的比例将随着时间推移越来越小。因此，中小企业节点连接上的择优（竞争）既是中小企业集群创新网络系统的另一个重要的特点，也是中小企业集群创新网络演化的根本动力和源泉。对于任何新中小企业节点来说，当它进入中小企业集群网络时，具有择优连接的本质特性，这种本质特性正是中小企业节点希望尽可能实现自身福利水平最大化愿望的行为化。当新的中小企业节点进入后，这些中小企业主体将会采取行动，他们首先分析其他主体的行为和反应方式及其相应的利益，其次进行判断，如果与某一中小企业主体连接（合作）有利于自己，连接就会发生，并重复所采取的行动；反之，则修正自己的行为，因此，当新中小企业节点出现时，他们更倾向于连接到已经有较多连接的中小企业节点，这些拥有较多连接的中小企业节点在这些新中小企业节点看来似乎更有可能来帮助自己提高自身的福利水平。于是，随着时间的推进，这些拥有较多连接的中小企业节点就拥有比其他节点更多的连接数目，成为核心企业。中小企业集群创新网络中的核心企业表现为基于分工的主导产业内的核心企业与相关产业内的核心企业两种。

对中小企业集群创新网络中的节点来说，具有竞争获得连接的特性，也就是连接度越大的中小企业节点获得新中小企业节点连接的概率也越大，这样处于核心节点企业越能够被新中小企业节点连接，从而在中小企业集群创新网络中变得越来越重要。这类似于社会网中"富者愈富"的现象。当中小企业集群创新网络演化到一定程度的时候，一个处于中枢位置的核心企业将会和网络中的每一个网络都形成连接，表现为强连接，此时，核心企业节点将拥有整个网络的资源云，对整个中小企业集群创新网络形成控制，形成网络的"纲"，"纲举目张"，这就是所谓的"赢者通吃"。

可见，中小企业节点的择优连接行为本质上是中小企业节点之间的一种利益交易行为，体现为中小企业主体之间关系上的一种依赖和互动。但是，并非任何中小企业节点都可以实现这种择优连接，因为连接具有竞争性，而且择优连接对于中小企业主体来说也存在着连接的交易成本、机会成本，有时择优本身甚至就存在着很大的风险。根据中小企业集群创新网络的脆弱性特点，如果许多中小企业节点都连接到一个聚集度高的中小企业节点上，一旦该中小企业节点在网络中的位置突然改变，则那些与其连接的中小企业节点都会跟着遭殃，在自身利益上遭受较大的损失，这在集群中表现为"站错队"、"跟错人"。

新节点加入中小企业集群网络系统时的择优连接机制也体现了节点之间的差异性、不平衡性，它表现为中小企业主体知识、技能、经验、个性特质、位置等方面存在多样性，没有差异性或多样性也就没有了选择的可能，要素的差异性或多样性是集群创新复杂网络演化的根本动力。同时，择优连接展现了不平衡的中小企业节点之间存在的相互作用、相互联系及相互排斥的关系，同时更体现了集群中中小企业节点之间的竞争关系。这种竞争是中小企业集群网络中互相联系的中小企业节点之间的一种基本关系，反映了系统中相互联系、相互作用的中小企业节点具有个体性，并力图保持这种个体性的"网络位"和对环境的适应能力。为了保持个体性，中小企业节点之间就产生互相排斥、互相竞争，这种关系并不是由外来力量强加给的，而是中小企业节点之间的作用所固有的。中小企业节点的适应能力本质上体现了中小企业集群创新网络节点之间的非线性相互作用，是中小企业集群创新网络形成有序中小企业结构的内在因素，是系统自组织演化的结果，而不是看不见的"上帝的手"。

上述新的中小企业节点的加入和连接从系统学的角度来看是系统的一种涨落现象。一个新的具有高聚集度的节点连接到中小企业集群网络后，在很短时间内会获得大量连接，促使原先处于平衡态的中小企业集群网络发生偏离，这种偏离使中小企业集群创新网络非均衡地演化，并不断地向有序方向发展。中小企业集群创新网络中节点不断增长和择优连接的内在机制还原到现实世界系统中，可体现为知识、物质以及信息在外部环境与系统之间的流动，并不断地促使中小企业集群创新网络远离平衡态。从以上分析可以发现，中小企业集群创新网络演化规则不仅包括了随机性，而且具有适应性，是促使中小企业集群网络远离平衡态，不断地向有序的方向发展的内在机制。

在中小企业集群创新网络中，网络平均路径长度代表中小企业传播的深度，聚集系数代表中小企业节点的重要性程度。中小企业有效传播要求网络平均路径长度小，即创新网络中任意两点要通过尽量少的连接就能够到达。而聚集系数在中小企业集群创新网络中反映某一中小企业与相邻其他节点中小企业所构成网络的平均聚集程度。

在中小企业集群创新网络中，中小企业主体进行择优连接的前提是主体行为策略的多样性，即中小企业主体存在与多种其他中小企业主体进行连接的可能，策略分布不是退化分布。如果中小企业主体只有唯一的策略选择，那么就无所谓择优连接问题。在实际的中小企业集群网络演化中，策略的多样性导致了不同策略之间在选择压力下的竞争，竞争的结果导致最适者的涌现，即所谓的最优连接，实现得益的最大化。比如，某个经济部门可以采取无效的经济中小企业，即它对无效中小企业的偏好概率非常接近于1。但是只要存在着更有效的中小企业，哪怕其被选择的概率是一个很小的正数，则从长期的演化过程来看，在生存选择压力的作用下，该无效中小企业将迟早会被淘汰。可见，由竞争所导致的得益的最大化是中小企业主体择优连接的根本动力。

不过，随着新节点的不断加入，创新网络中中小企业节点的福利水平并非总是上升的，如果出现"拥挤"现象，即利益的冲突和非合作现象，这时可能导致节点福利水平的下降。

这里，我们以美国硅谷为例，来分析其集群创新网络特征①：

目前，硅谷已经成为美国新经济的象征，同时也是许多国家和地区发展经济效仿的对象。硅谷的成功不是区域内生产要素的简单叠加，而是区域内各种生产要素有效的组合，以及在区域内形成紧密的集群网络。硅谷中的集群网络主要包括区域的产业网络、社会网络、人际关系网络（或称作人脉网络）。产业网络既包括产业链条的上下游的供应商和客商之间的合作网络，也包括同行业企业之间在竞争中又建立的合作关系网络。在硅谷地区内，各企业之间是建立在高度专业基础上的分工协作，使得合作的企业避免了成本的浪费，同时也减少产品生产的风险。而且，大多数公司建立灵活分散的组织形式，这使他们能对市场变化做出迅速反应。在社会网络和人际关系网络方面，硅谷地区内除了有世界上最集中的风险投资机构和著名的大学研究机构外，还有一流的行业协会、一流的律师事务所等中介服务机构。企业与政府、风险投资机构、中介服务机构等建立起来的网络，这些网络有时往往是通过企业创始人或高层管理者的个人关系网络和社会网络而建立。可以说，硅谷是一个以集群网络为基础的生产系统，集群网络使区域能够适应迅速变化的市场和技术条件，也促进了企业和供应商、客商之间的共同学习和灵活的调控。企业在激烈的竞争条件下，通过非正式的交流与合作来相互学习，进一步根植于无法分离的社会和技术网络中，使学习曲线下移，交易费用大大降低，边际的社会成本趋于零。集群网络使企业能够迅速适应市场和技术的变

---

① 刘大勇著：《战略性新兴产业集群发展研究——以河南省为例》，中国经济出版社2013年版。

化，进而获得竞争优势。

在硅谷，形成了以大公司为骨干、中小企业为网络节点的柔性产业集群网络，而该网络鼓励了技术、劳动技能、资金等生产要素的自发组合，加速了技术合作学习的进程，减少了大小企业之间、产业部门之间的鸿沟，从而提供更好的技术创新机会。而且，网络系统中的组织结构是一种松散连接的团队结构，从而鼓励了公司各部门之间以及企业与外部供应商、客商之间的水平交流。这种集群网络使得社会生活和工作之间、公司之间、公司和本地公共机构之间、管理者和工人之间的边界模糊，从而有利于知识、技术、信息等资源的流动与扩散。即使是大的企业，也通过集群网络与本地网络融为一体。创新网络系统充分自由的开发，确保了区际各要素的自由流动。硅谷由于区域内网络系统中的产业特殊化和不断水平分离，使区域渐渐发展为一个多样性的、适应性强的产业生态系统。

硅谷与众不同之处是它所创造的那种能够专门哺育创新公司成长的组织网络环境。硅谷的创新网络是在知识的积累、技术创新的概念化和市场化、信息的交流与扩散、合作与竞争各方为开发新技术市场利润而形成的各种正式与非正式关系，除了企业与企业（包括供应商）、客户、政府、大学以及与风险投资金融机构之间的战略联盟外，更为重要的还在于创新企业家之间以及企业家与员工之间的"知识"和"文化"网络的形成。硅谷区域内各行为主体之间的合作文化和精神渗透在区域内的各个角落，企业家之间非正式合作关系是建立在个人之间准家庭式关系之上的一个非正式社会网络，既包括老企业给予新企业的鼓励、建议甚至金融支持，也包括各公司工程师之间非正式的交流与合作，以及公司内部各层次人员间所保持着的非正式但却较经常的联系与合作，而且这种合作的平等性、非正式性加强了人们之间的交流，人与人之间的相互信任超出想象，假如某企业的原料供应短缺时，同行企业可随时提供，而不需要任何商业上的协议。在日常生活、工作中，人们除了通过电子邮件、电话等现代化通信手段联系，似乎更重视通过非正式的会餐、集会甚至面对面地交流。而更为重要的是，硅谷似乎形成了一种鼓励从成功的企业走出来而自立创业的文化，专门人才在个人网络的信息交流中很容易找到合适的位置，经验、技术等所谓"缄默知识"在工作的转移中实现创新知识的硅谷的工程师们不仅仅是对单个企业或某个产业，而更多的是对其职业和发展先进技术建立起一种高度认同感，他们高度忠诚的不是某一个企业，而是忠诚于硅谷作为一个技术社区的网络。

在硅谷区域内，有著名的斯坦福大学、加州大学伯克利分校、圣克拉拉大学等。目前，世界上的诺贝尔奖获得者有近1/4在这里工作。该地区也有6000多名博士，占加州博士总数的1/6。世界一流大学（科研机构）和众多智力人才的地域集中，对硅谷地区的经济发展作用不可估量。硅谷发展初期，大部分的公司是在斯坦福工业园周围集聚的基础上迅速发展的。而在其发展过程中，大学与企业密切合作，大学不仅为小企业提供重要的技术成果、高科技人才，而且帮助其培养和培训人才，以应付快速变化的技术环境。更重要的是，大学、科研人员、风险投资家直接投资办企业。据统计，硅谷目前一半的销售收入来自斯坦福大学的附属公司。斯坦福大学不但对高度负责的产业和创新活动感兴趣，更热衷于新技术企业的诞生和参与本地产业合作，喜欢促进区域内小企业之间的合作。

第二节 企业集群创新网络多主体间合作的互动机制分析

企业集群创新是一个集群内外开放、企业间互动和整体创新不断发展的过程，必须不断地与外界环境进行沟通和交换。因此，集群创新系统不仅是一个复杂的系统，而且是一个开放的系统。集群合作创新网络与集群外的其他组织间存在着密切而又开放的联系，而且这种联系不断地被更新。也就是说，由于外部环境的不断变化，在企业集群创新网络中，核心网络层内部主体之间、核心网络层与支撑网络层以及外部网络层之间都在不断地进行着交互作用。

一 企业集群创新网络核心层主体间的互动

在核心网络层中，内部成员主要为企业，它们不仅是核心网络层的主体，也是企业集群合作创新网络的中心主体。在企业集群创新网络中，企业会具有很多的共性和互补性，这为它们的合作带来了基础，它们通过合作共同发展。

1. 核心网络层企业与供应商之间的互动

众所周知，企业集群属于一个柔性专业化的生产系统，其内部分工非常精细，许多中小企业把所要生产的各个部件分包给其他企业，从而形成了一个独特的基于本地的供应商网络，由于供应商能够在企业的开发、试制、批量生产的整个流程中产生作用，企业与原材料供应商、零部件供应商以及设备供应商的互动式交流带来了许多技术资源和设备资源，企业可以了解到新兴技术、新型设备，也就是说，供应商不仅为企业开发活动提供技术知识支持，而且还提供物质或设备支持。因而企业能够从供应商那里获得很多有用的信息，并且会将获取到的信息最终整合到产品创新中去，因此供应商是企业创新的重要来源。总的来说，供应商对企业创新活动的影响主要体现在创新概念形成、新产品开发和试制这三个阶段，它对企业创新的作用主要表现在以下两个方面：首先，企业进行创新的信息有很大一部分源于供应商。企业通过与网络内的供应商的交流与合作而获得的创新信息可以看作是一种技术推动的模式，它更多的是给企业提供各种技术信息。其次，企业与供应商共同参与企业的新产品开发或试制活动。在新产品开发活动中，企业与原材料供应商、零部件供应商以及设备供应商的互动式交流带来了许多技术资源和设备资源，从而推动企业的产品创新与工艺创新。与客户参与企业开发活动不同的是，供应商不仅为企业开发活动提供技术知识支持，而且还提供物质或设备支持。

2. 核心网络层企业与客商的互动

毫无疑问，集群创新网络内企业与客商之间的合作可以促使企业获得实现创新所需要的重要知识。一方面，客户为满足自身的需求，可以将自身对产品的功能或质量要求提供给供应商，而供应商将客户的信息进行汇总并提交给企业，企业的生产商根据供应商提供的各种信息来重新设计或修改产品。另一方面，集群创新网络内企业的生产商在进行新产品的研发过程中，也可以与客户或供应商之间进行沟通与交流，从而促进隐性知识在集群创新网络中的流动与扩散。当然，无论企业采取何种方式，都可以从客商那里获得大量的有利于进行技术创新的知识与信息，通过对这些知识与信息的学习与积累，将有助于提高企业的创新能力与创新绩效，从而提高企业在市场上的竞争优势。

3. 核心网络层企业与竞争对手之间的互动

众所周知，在集群创新网络中，许多生产同类或相似产品的企业聚集在同一区域，它们之间形成了一种竞争合作关系。因此，在企业集群合作创新网络的核心层中，企业的客户和供应商都可能成为合作者，共同完成合作开发任务，也可以在交流中促进创新的产生。但竞争者在企业集群创新网络内也发挥着积极的作用。主要体现在两个方面：首先，竞争企业往往存在着各自的优势，由于企业本身能力有限，出于自身利益的考虑，竞争企业在很多时候会采取具体的合作方式，如分摊研发费用、共担风险、分享研发成果等，这种合作能促进竞争企业之间产生更多对自身有利的创新，从而共同提升竞争实力。由于合作双方的利益息息相关，协调双方之间行为的意愿增强，从而使许多矛盾和冲突得到解决。其次，作为竞争对手，他们会互相设防，尤其注重对核心技术的保护，尽量避免对方获取本企业的技术信息或产品信息，实际上，由于各种各样的原因，企业与竞争对手之间还是会通过其他方式保持相互依赖的关系，两者会在产品创新、工艺创新、技术引进、管理创新、市场策略等方面有意或无意地模仿竞争对手，这时候企业与本地竞争对手之间主要通过非正式途径进行信息获取。

二 企业集群创新网络的支撑层与核心层之间的互动

企业集群创新网络核心层内部主体间的互动与发展离不开支撑层内各主体提供的多种多样的支持与辅助，因此，集群创新网络的支持层与核心层内的各主体每时每刻也都在进行着互动。

1. 大学、科研机构和企业之间的互动

大学或研究机构在集群内企业进行创新的过程中发挥着非常重要的作用，特别是对于一些以人才或知识为主要资本的高新技术产业区，它们的发展更加离不开大学或研究机构的支持。例如，中关村园区内有包括清华和北大在内的各类高等院校68所，各类科研院所213家，而且，代表我国最高科研水平的中国科学院所属40多个研究机构都主要集中在中关村。集群创新网络内大学、科研机构和企业之间的互动主要体现在以下几个方面：第一，大学或研究机构为企业创新提供了各种基础知识、应用知识或技术。一般来说，一个企业关键技术和产品技术的开发是离不开基础知识和应用知识的。因此，大学或研究机构的研发提高了基础知识的存量，为企业提供了更多创新技术的机会。第二，集群创新网络内的企业可以获取更多的技术创新资源，如技术性人才以及试验设备等。集群区域内的大学和研究机构培养了大量的科学家、工程师和技术人员，这些人员从大学或研究机构流入区域内的企业，成为各个企业研发部门的主力军。例如，在中关村科技园的大约18万名从业者中，高素质的技术专家或高层管理者大部分都来自当地的高等院校和研究院所。第三，企业可以与大学或研究机构合作开发某些项目。这实际上就是一种产学研合作的方式，例如绍兴许多中小型纺织企业与浙江大学CAD中心建立起来的长期合作，这种合作有效地推动了当地企业新产品的开发。尽管企业与大学或研究机构的合作不受地理位置的限制，但地理距离对产学研合作必然会产生一定的影响，这种影响主要是通过对合作参与者之间的沟通效率和成本的影响来实现的。一般来说，当行为主体之间超过一定的地理距离时会使得沟通的频率和效果急剧下降，从而降低合作的绩效。硅谷的成功就说明了这一点，硅谷的成功不仅在于集群内集合了大量的高科技企业，更为重要的是企业内的工程师们可以共享大学里的各种信息、交换试验数据和解决方案。

因此，在企业集群创新网络中，大学和科研机构的重要性在于它们也是创新网络中的重要成员，是企业集群创新网络中重要的创新源，而它们自身的发展所面临的问题也使得它们需要与网络内其他行为主体之间进行互动。

2. 政府和其他行为主体之间的互动

与企业和大学、科研机构一样，企业集群创新网络中的政府部门由于面临着社会失业、地区发展不平衡、区域竞争力减弱等一系列问题，因而政府部门也成为企业集群创新网络中的重要一员，也存在着强烈的合作意愿。在不完全的竞争市场下，市场对于资源配置作用的失灵常常会影响到集群创新网络内企业主体以及其他创新主体之间的合作关系，此时政府可以通过制定一系列政策来协调集群创新网络中各行为主体的关系，规范它们的行为，使得集群创新网络内的创新主体能够更好地享有创新收益。因此，政府对于企业集群创新网络的发展起到了很好的支撑作用。一般来说，政府与其他行为主体的合作互动主要体现在以下几个方面：首先，针对技术成果转化积极性不高问题，政府可以通过制定和采取相关措施，如整合大学、科研机构或其他行为主体的科研力量和各种资源，来促进大学或研究机构的人员与企业间进行密切合作。其次，集群创新网络内的企业在进行创新时需要各种各样的知识与信息，因此，政府可以采取相关措施促使知识、信息在企业集群创新网络内流动，从而提高企业的创新能力与竞争力。比如，政府可以为企业构建各种平台，打通企业与国外市场联系的渠道，促进知识与信息的交换，从而为集群创新网络内的企业提供一种知识网络，同时，政府还可以为企业直接提供各种信息服务（包括一些政策信息、市场信息、技术信息等），以及建立虚拟市场。最后，政府可以采取一些措施来规范企业集群创新网络的运行。比如，政府可以制定和实施适当的产业政策，建设集群发展所需的基础设施，建设有利于企业集群创新网络中主体交流的各种正式或非正式平台等，来引导和促进企业集群创新网络中合作的开展。

3. 金融机构与其他行为主体的互动

由于信息技术、物联网以及虚拟网络的发展，国际金融资本的流动越来越不受空间的限制，但在实际的集群发展过程中，集群创新网络内的企业更愿意与本地创新网络内的金融机构之间建立各种合作关系，因此，金融机构同样能够支持企业、大学和科研机构进行合作创新，一般来说，金融机构与集群创新网络内其他行为主体之间的互动主要体现在以下几个方面：首先，通过对集群创新网络内创新项目的投资，金融机构可以有效地促进网络内新企业的诞生，从而会导致新知识或技术在网络中产生，为集群创新网络中的知识网络增加了存量。其次，通过投资为网络内的企业、大学或研究机构等建立合作网络，金融机构可以有效地支持网络内的企业、大学或研究机构之间进行研发活动，从而为开发新技术、新产品提供必要的资金支持，进而可以促使新知识在创新网络内的产生与流动。最后，金融机构可以有效地解决创新网络内企业融资难的问题，通过与创新网络的耦合，可以增加创新网络内的金融资本存量，从而保证了创新网络内各行为主体进行创新所需要的资金。同时，还增强了网络内企业的商业信用，因而也可以促进与网络内的核心企业之间建立长期的合作关系。

4. 中介机构与其他行为主体的互动

集群创新网络内的中介机构主要介于政府和企业之间，它是促进企业集群创新网络中各行为主体间合作的纽带，通过为创新网络内各行为主体提供一系列的中介服务，在政府与企业之间起到了很好的桥梁和纽带作用。一般来说，集群创新网络中的中介机构与其他行为主体的互动主要体现在以下几个方面：首先，作为连接政府与企业的中介机构，它为企业集群创新网络中的各行为主体提供服务，它既不属于非营利性质的政府，也不属于以追求自身利益最大化的市场，政府在促进技术创新与区域经济发展的过程中常常会陷入各种困境，此时就需要中介机构来执行政府的某些职能。其次，中介机构作为专业化分工的产物，可以为集群创新网络中的各行为主体提供各种专业化的咨询与数据支持，从而可以有效地降低创新网络内各行为主体间的交易成本，并提高它们的交易效率，因而企业集群创新网络中的各行为主体可以获得由中介机构提供的专业服务而产生的报酬。再次，中介机构有利于促进网络内创新主体获得的科技成果的转化。在企业集群创新网络中，中介机构可以充当科技成果生产者的代理人，将其科技成果进行成果转化。最后，中介机构能为集群创新网络建立各种非正式网络，比如各种社会网络、人际关系网络。通过组织各种活动，促进集群创新网络各行为主体之间的交流，而这种非正式的交流是网络内隐性知识传递与扩散的重要渠道。

三 企业集群创新内部网络与外部网络之间的互动

随着经济全球化的发展，加强本地网络与外部网络的互动，获得区外全球范围内的资源、技术、信息和知识已显得尤为重要。通过本地网络与外部网络的互动获得外部的信息和资源，保持一定的开放性，有利于加速本地知识基础的更新，避免僵化和锁定。另外，外部知识对于增强创新能力很重要。与外部知识源建立联系与合作，可以实现资源、信息等要素在全球范围内的流动与组合，为企业获取其他地方的知识提供机会，节省企业挖掘新知识的成本，并充实、提升自身的知识基础，使行为主体具有根据环境的变化调整自己行为的能力。内外部知识不断交流、互动，形成相辅相成的良性循环，从而促进创新的不断产生。同时，这也保证了创新的传播、交换和技术文化的更新，以及创新环境本身的更新。特别是当本地企业知识层次不高，内部相互学习的效益不明显时，通过获取外部知识与信息，并加以融合利用，能实现跨越式发展而获得后发优势。

一般来说，企业集群创新内部网络与外部网络互动主要体现在以下几个方面：首先，为获得市场竞争优势，企业集群创新网络中实力较强的企业通过向网络外部的主体购买各种技术设备，并加以消化和吸收，从而提高自身的创新能力。我们称之为引进模仿创新，它具有投资少、减少研制开发风险、进入市场快的特点。其次，企业集群创新网络中的行为主体通过与网络外部的大学或科研机构合作，利用他们的资源和人才优势来提高产品与技术的开发能力，从而可以减少自身的创新风险。我们称之为合作创新，它也是增强网络内企业创新能力的重要途径。最后，企业集群创新网络还可以通过吸引比较优秀的相关外资企业或其他地区的企业进入。由于优秀的企业拥有先进的生产技术与成套设备，因而通过竞争压力、示范学习效应对集群创新网络的发展起到了一定的促进作用。

接下来，我们以美国硅谷高新技术产业集群创新网络为例，来阐述其创新网络内各主体之间是如何进行互动的。硅谷拥有世界上最大、最密集、最具创造性的高科技产业集群网络，其发展模式和发展经验成为世界各国发展高新技术产业集群竞相模仿的对象，具有很强的代表性。在硅谷高新技术创新网络中，其中四个最基本的行为主体包括大学和研究机构、企业、政府以及具有创新黏结功能的中介机构（刘春香，2005）。

核心网络内企业间的互动。硅谷的核心企业群是产业链条上的供应商和客户合作网络以及同行业企业之间竞争合作网络的集合体。在硅谷地区，网络内各企业之间经常进行分工合作，有些小企业定向于芯片的设计、生产或者销售，而有些公司则致力于前沿生产技术和设计程序整合，另一些公司则把精力放在快速设计和向外界厂商转包加工产品上，还有一些公司则以灵活快捷的方式为一大批芯片和系统软件制造公司服务。

支撑网络层与核心网络层间的互动。斯坦福大学、加州大学伯克利分校、加利福尼亚州立大学和社区大学等一流学府成为硅谷高新技术产业集群的创新源，不仅提供重要的知识和技术，而且提供高素质的技术人才，同时，大学、科研机构与企业群形成了互动合作关系，不断进行交流、合作互补，从而使创新能力大大增强。硅谷拥有完善的中介服务机构，包括科技咨询服务机构、人才中介机构、管理咨询机构、各类评估机构、信息服务机构以及法律顾问等服务中介机构。风险投资是硅谷创业者的主要资金来源，为区域提供了一个良好的金融环境，这是硅谷内企业衍生能力强的重要原因之一。同时，风险投资家在集群内积极与企业进行交流，参与企业运作，并向企业提供帮助，形成了稳定的合作关系。

内部网络与外部网络间的互动。硅谷高新技术产业集群通过创新网络技术、产品及企业组织的扩张，将创新网络向外延伸，成为全球创新网络一部分，并通过这种内部网络与外部网络的互动方式，获得网络外部全球范围内的各种资源、技术与知识，从而使得硅谷产业集群可以在更广泛的范围实现技术、人才和知识等资源的高效集成配置，以避免硅谷高新技术产业集群创新网络系统的僵化和锁定。

第三节 企业集群创新网络多主体间合作的动力因素分析

在中小企业集群创新网络内，由于网络随着时间的推移在不断地发生演化，以及各种外在因素的影响，导致集群创新网络产生了各种不同形式的网络拓扑结构。一般来说，主要包括以下几种形式：一是中心—卫星型集群创新网络拓扑结构。这种网络拓扑结构的特点在于整个集群网络是以少数几个核心企业为中心，大量的中小企业作为它们的供应商和互补企业与核心节点相连接，它们一般也有自己的营销网络和比较固定的客商，而激烈的竞争出现在核心企业之间和中小企业之间。这种类型的集群网络中，核心企业处于领导地位，在与本地中小企业的合作联系中占据主动地位，核心节点的行为会对其他节点的决策行为产生非常重要的影响，而一旦此核心节点的竞争力下降，也会导致整个集群网络的衰退。这种网络表现出很强的忠诚度。二是环形的集群创新网络拓扑结构。这种网络拓扑结构的特点是各个节点间的连接首尾形成一个闭合的环。也就是说，各个节点仅与邻接节点之间存在交流和合作，而与集群网络中的其他节点没有任何联系。三是网状的集群创新网络拓扑结构。这种网络拓扑结构的特点在于网络中的每个节点之间都存在连接，网络内的各节点之间均存在相互交流与合作，资源共享比较容易。四是混合型的集群创新网络拓扑结构。这种网络拓扑结构的特点在于网络以中小企业为主体，各个企业的实力、发展规模等不相上下，同行业的联系紧密。通过产业集群的逐步发展。网络内会形成各种各样的派系，各个派系之间有的节点之间存在连接，有的相互之间彼此孤立。然而，无论企业集群创新网络属于哪种类型的网络拓扑结构，网络内各个主体间协同创新的动力都是相同的，都是为了更好地提升自身的创新能力与竞争优势。因此，在本书以后的讨论中，不再从集群创新网络结构类型的角度来讨论，而是将它们看作一个统一体来进行分析。

1. 集群的不完整性促使集群创新网络多主体间协同创新，以促进集群的可持续发展

我国企业集群发展已具有了相当的规模，但由于我国企业集群形成的自发性，其发展还处于低级阶段，面临着紧迫的升级问题。波特认为一个企业集群经过 10 年的发展基本上比较成熟，若不及时升级则可能出现衰退。由于市场行情、产业发展周期，以及企业集群内过度竞争、拥挤效应、柠檬市场、创新的路径依赖与技术锁定等，导致企业集群绩效降低，竞争力缺乏，最终衰退与消失。尽管企业集群的竞争优势有目共睹，但一些中外著名的企业集群走向衰落却是不争的事实，例如匹兹堡钢铁产业群、温州桥头镇纽扣小企业群、永康市保温杯企业群等。这些衰落的企业集群一个共同特征就是发展缓慢，没有适时地实现产业升级。另外，随着劳动力成本和其他商务成本的上升，劳动密集型企业集群的成本竞争优势正在不断削减，劳动密集型

企业集群升级压力日益增加。在全球化背景下，我国珠三角和长三角等地许多通过引入跨国公司的投资形成的"嵌入式"企业集群大多缺乏根植性，因为国际资本往往是流动的风险投资，其本性决定了其投资对东道国而言是不确定的。当区域的投资环境被认为不再优越或其他地区更有优势时，资本将发生转移，从而导致本土企业集群的空洞化甚至衰落。而且我国的企业集群，无论是新兴企业集群还是传统企业集群，集群内企业创新行为普遍呈现出一种低端化、模仿化、同质化、个体化、偶然化共性特征，表现出"集体创新动力缺失"困境。

在企业集群创新中，企业之间的合作形成了一种共同的文化，并且建立了一套大家都共同遵守的行为规范，企业在此行为规范的指导下，彼此间相互信任和交流，从而促进了新的思想观念、信息和创新在集群企业间扩散，企业的经济行为深深地嵌入于当地社会关系、制度结构中，并受到当地文化的影响。因此，创新过程也根植于当地复杂的社会文化环境和制度环境中，这种根植性从根本上强化了集群的竞争优势，对集群内中小企业技术创新有极为重要的意义。同时，集群内企业间的合作创新正是依赖于这种根植性而强化了集群创新的路径依赖。

在集群创新网络中，企业由于在空间地理位置上的集聚，提高了企业间的竞争强度，使得同行间的竞争更趋激烈，迫使企业不断创新和降低生产成本。因此，尽管集群内的企业在创新上是相互依赖的，但每个企业的最终目的都是为了自身的利益最大化，因此，集群内企业之间也存在竞争，而且这种竞争广泛地存在于集群中，但是企业集群中的这种竞争并不是一种恶性竞争，而是一种良性竞争。按照迈克尔·波特的观点，集群内如果不存在有效的竞争，集群将难以生存并持续发展下去。企业集群内成员间的互动能有效促进各种信息、技术和人才的流动，可以实现资源共享、优势互补，克服单个企业创新资源不足的缺陷。它们既可以分享共同的信息资源和共同的专业人才市场，也可以共同吸引风险基金和相互利用对方的创新特长，从而促进集群内企业间的长期合作和信任机制的建立。在此种合作创新模式下，企业将更注重与其他企业的互动关系，集体学习成为创新的动力。因此，企业间的协同性产生了整体大于部分之和的作用。因为集群内的企业或机构通过某种方式可以实现功能互补,从而扩大创新空间、降低和分散创新风险、缩短创新周期等,形成集群内的创新共生体。经济学家认为,这种共生体的形成会导致经济组织内部或外部的直接或间接的资源配置效率的改进,既能够带来经济组织效益的增加,也能够带来整体社会福利的增加。作为集群合作创新的参与者,在加入创新网络、嵌入到创新集群中后,其行为就要受到集体创新目标的引导和制约。共生能产生大量剩余,从而使集群内创新网络的参与者取得合作的好处而增强各自的实力,进而获得集群外的竞争者无法得到的创新优势。例如,以高校、科研院所孵化或者衍生出来的企业为主体形成的企业集群与它们的母体就是典型的互惠共生体。一方面,高校或科研院所为企业提供科研成果、创新信息以及人才培养;另一方面,企业则为高校或科研院所提供必要的资金和设备投入,以及根据所提供的科研成果和创新信息进行产品开发、工艺开发和市场开发等,这样,集群中的企业与高校互惠互利、优势互补、互相促进。

因此,集群合作创新网络与集群外的其他组织间存在着密切而又开放的联系,而且这种联系不断地被更新。而企业集群的升级,不仅要求集群内企业间频繁地互动来达到资源共享和相互学习,而且还需要集群网络内的企业不断地与网络外部的企业和机构之间多方位、多层次的连接,从而能够开辟新的市场,拓展集群创新的空间,以获得网络内不具备的互补性。也就是说,只有通过集群企业间的互动与合作,才能更有效地促进企业集群的持续发展。

2. 通过集群创新网络多主体协同创新可以创造网络内的资源云,并拥有利用网络内资源云的权限来提升自身的竞争优势

我们知道,中小企业资源占有的数量以及对于资源的控制能力是极其有限的。集群网络中的任何一个中小企业在创新活动中不可能在所有资源类型中都拥有绝对优势,即使是同一类资源也表现出很强的异质性,从而构成企业资源互补融合的物质基础。特别是企业的某些异质性资源已固化在企业组织内部,不能完全流动交易,不便通过市场交易直接获取。要获取对方这些独特的资源,必须通过建立合作关系,以实现双方资源的共享和互补。集群创新网络具有对资源的结构

性整合能力，这种能力是集群创新及集群获得竞争优势的重要来源，这些资源整合既包括有形资源通过产业链的衔接，也包括信息、知识、技术、关系等无形资源通过正式、非正式渠道的传播和整合。

相对于单个企业而言，集群创新网络虽然缺乏对资源的占有和单一控制，但是集群创新网络减少了资源获取和资源转换的障碍，在集中、管理和升级各种资源，构建资源云时集群网络有更大的发挥空间，这就是集群网络对于资源的创新性整合和创生能力。所谓资源云是指集群创新网络内的主体为了实现创新、提高绩效和增强核心竞争力，通过聚集、重组、集成、整合和创生形成的各种有形和无形、可共享和可再生的，能够现实地或潜在地影响集群网络价值创造的资源体集合及其关系形态。资源云不仅表现为有形资产资源、人力资源、技术资源、知识资源、人文资源、组织资源，还表现为无形的关系资源、客户资源、环境、商誉资源以及主体互动、资源耦合所形成的衍生性资源形态，如竞争与合作关系以及竞争与合作产生出的系统效应和网络能力资源云；集群创新网络内外部环境中的技术资本、人力资本和金融资本高度渗透融合形成社会复合资本，成为推动集群发展新的重要资源云。这里，资源云除了强调传统资源的构成内容之外，还强调作为资源的集群中主体之间的各种连接关系以及对资源进行有效配置的内在作用机制，这些"关系"和"机制"存在于不同的资源形态当中，并以资源的形式存在。这意味着"关系"和"机制"也应该作为一种资源在集群创新中加以管理和应用。

集群网络中主体及主体间的关系（企业、行业协会、中介机构、大学、政府）是网络中最基本的变量，网络从本质上是主体间的关系，这种关系直接或间接影响到主体间交互活动和资源的相互依赖。集群网络中主体之间纵横交错的特定连接关系是创新和获得竞争优势的一种不可模仿的关键资源，这种关键资源在集群中跨越主体的边界，嵌入于主体间的惯例和过程，弥漫、"漂浮"在整个集群之中，在集群中流动。这些资源同集群的网络结构密不可分，企业可以通过不断扩展与复制集群网络结构与特征来获取自身创新和竞争成长所需的资源。因此，在集群创新和集群升级过程中，不仅需要各种有形的资源，更要善于构建无形的关系资源，构建资源云。集群这种形成资源云的资源创新性能力体现在两种形态中，一是较之单个企业在整合利用不同资源的时候适应性更强，这是集群的静态优势；二是在长期运作中，捕捉、调整资源的机会能力比单个企业更强，这是集群的动态优势。集群的创新及竞争优势来源于资源禀赋及集群对于资源的整合能力。

资源云为中小企业集群网络节点共同拥有、共同维护和共同享有，对集群网络外部企业具有排他性，而对集群内部企业却具有公共物品特性，是集群持续创新和科学发展的前提，离开集群资源云中的某些资源可能就不存在。集群内不同形式的资源通过网络内的各种连接在网络中的主体之间流动，如同"婴儿的脐带"为网络中各主体的发展提供"养分"——资源，集群内各类资源通过网络连接而构成一个集成的资源体——资源云。集群创新网络中的主体必须依靠利用资源云从事创新活动，才能获得创新成果。

在影响集群创新及竞争优势的诸因素中，集群规模与集群结构是影响集群资源及其整合的重要因素，网络规模是由集群网络中异质性资源的份额和集群内资源与外界交换的频率决定的，群内企业的竞合博弈行为与集群结构的互动是集群网络结构影响其创新及竞争优势的动态途径。耗散系统理论认为，系统只有不断地更新资源才可能有更大的生命力，一个封闭自守的系统最终会因为能量不足而趋于灭亡。集群网络对各类资源进行有效的聚集和结构性整合，不断更新和发展资源云，使得中小企业集群获得源源不断的创新能量，保持可持续发展、创新的状态。同时，集群复杂社会网络关系能够促进集群中主体间的信任与合作，为实现创新活动中主体间的资源共享和互补，编织资源云，对整个集群网络资源的聚集和整合创造了条件。此外，通过创新网络形成专业化分工，既可以弥补自身资源的不足，又可以发挥各自的优势，集中精力于自己的核心专长，最终使集群内企业的技术创新能力都得到增强。

在资源云下，集群成为一种重要的资源和资源载体，集群为各类主体提供"云服务"，通过集群网络和互联网、物联网，将资源云"送"到企业手中。当企业没有进入集群网络中的时候，企业获取的资源往往是单一的，也就是它只在有限的几种资源的获取方面拥有优势。当企业进入集群网络之后，作为资源云载体的集群是一个完整的支持系统，这时企业可以便捷地获得各种资源。并且，各主体之间也建立起密切、稳定的联系。因此，集群创新网络企业凭借共享性资源云能够获取优于网络外部企业的竞争优势。

3. 集群是一种俱乐部产品，集群创新网络多主体间的合作可以创造出新的俱乐部产品

从一定角度来说，集群相当于一个资源聚集在一起的组织的集合体或者俱乐部，集群中的企业因为某些目的而聚集在一起。这种俱乐部内涵主要体现在两个方面：一是集群内企业的属性。也就是说，并不是任何企业都可以加入到集群中来的，在一些集群中，集群成为一些企业的一种标志或者地位的象征，而且集群内的企业之间由于地理位置上的接近性为相互之间的沟通与合作提供了便利。二是集群本身的属性。也就是说，集群就像一个无形的网，将集群内部的企业与非集群内部的企业隔离开来，集群为企业提供的各种产品和服务等资源云不仅符合受益原则，而且资源使用效率较高，而这种资源云在集群外是很难获取的，或者获取的成本相对较高，从这个角度讲，集群提高了企业的福利。

众所周知，中小企业集群聚集的一个重要优势在于集群形成了若干集群内企业共享的大量公共产品，这些公共产品不仅包括道路交通网络、通信网络、电力、技术和技术工人等基础设施和条件，还包括政府对集群企业在市场开拓和技术创新等方面的政策及投资、税收支持，如建设专业市场网络、设立共同的技术创新机构、教育培训机构、产品质量检测机构；举办商品交易会、展览会；建设集群品牌等。这些公共产品对于中小企业集群的发展、促进集群内企业的创新、提高劳动力素质及集群竞争能力、开拓集群外部市场等具有重要的价值，中小企业集群内部企业由于共享这些公共产品具备了竞争力和竞争优势，从而在市场竞争中占据有利地位。由于中小企业集群在区域经济中具有举足轻重的地位，地方政府在这些有形公共产品的供给方面具有较大的激励动力。

除有形的公共产品外，集群中还存在着一些特殊的无形的公共产品，如集群品牌，这些无形的公共产品对于整个集群保持竞争力来说

更为关键。一般来说，集群所具有的独特特征——大量企业聚集、贴近市场和竞争对手——会导致单个企业的生产、经营活动也具有外部性，从而成为集群中的公共产品，如单个或几个企业在品牌塑造方面的努力为集群中所有企业带来的市场号召力、单个企业的创新活动在集群内的溢出效应以及单个企业开拓外部市场所得到的市场信息的传播等。这种由于个体活动的外部经济性而导致的整体收益的增加称为集体效率，集聚使得集群中的企业获得了单个企业所无法得到的集体收益。这种集体收益是无形的，其消费也是非排他性和非竞争性的，是一种公共产品，集群中的所有企业都可以享受到这些好处却无须付出额外的代价。但是，由于这类产品是集群内企业生产经营活动的直接或间接的后果，因而无法由政府提供，而只能由集群企业自身供给。概括地说，集群中必须通过集体行动才能获得的公共产品主要包括高质量的熟练劳动力、技术创新、市场信息以及地区品牌等。也正是由于这类公共产品的存在，使得集群内的企业与外部企业相比具有了很大的竞争优势。

中小企业集群的公共产品作为集群创新网络内部企业所共享的公共产品，具有网络化、区域性、区域内的非排他性、区域内的利益共享性和一定范围内的非竞争性等特征，而中小企业集群公共产品的形成源于中小企业集群内部企业之间的合作。因此，集群创新网络多主体间的合作可以创造出新的俱乐部产品。

第四节　企业集群创新网络最优边界确定

在集群创新网络中，地理位置接近的企业由于具有共性和互补性而联系在一起，因而能产生巨大的集群效应，不仅为集群带来了外部规模经济和范围经济，而且集群创新网络内企业间的竞争与合作的关系也弥补了个体规模不经济的缺陷，从而推动了区域内的产业升级。然而，集群创新网络内这种正效应并不是无限扩大的，它为集群创新网络内企业带来专业化分工进而形成稳定结构的同时，也会促使创新网络内企业形成一种惰性。而且随着集群创新网络的不断增长和规模的不断扩大，集群创新网络内的企业之间产生自我增强和自我保护的锁定效应，从而将产生负的集群创新网络效应而导致创新网络的僵化。因此，集群这种俱乐部产品的一个重要特性就是集群创新网络内的企业数目增加到一定程度时，就会产生网络的拥挤效应，而且随着网络外部新企业的进入，集群公共产品的边际收益也会呈现一种递减趋势，此时，就存在一个集群创新网络最优边界的确定问题。

从理论上来讲，集群创新网络的边界是指网络内行为主体所在区域的界限。集群创新网络内行为主体总是在不断变化，不断地有主体的加入与退出，因而集群创新网络的边也总是在不断地发生变化。一方面，集群创新网络内的各行为主体为了获取各种创新资源需要与网络外部的行为主体间进行各种交流，网络外部的行为主体也有可能被吸引到网络中来；另一方面，当集群创新网络中某些主体缺乏创新或者表现欠佳，甚至由于行为主体自身的道德问题或机会主义行为发生时，网络中的其他行为主体就会中断与该行为主体之间的合作，从而使得该行为主体被强迫退出集群创新网络。因此，集群创新网络的这个边界只是相对的，而当集群创新网络规模超过这个最优边界，集群创新网络规模的过度扩张会导致网络的拥挤效应，另外，由于集群创新网络内企业的过度集中也会产生集群创新网络内部的过度竞争，并导致"柠檬市场"效应，甚至可能导致整个企业集群创新网络的毁灭。

关于集群最优规模的界定，张新年、达庆利认为在集群资源一定的条件下，当集群内企业收益达到最大时，新进出集群的企业会出现大致平衡，此时集群内企业数量即为集群的最适规模。而朱明礼认为集群的最佳规模正好处于集群所产生的边际成本等于由于新企业的加入为整个集群所带来的边际节约这一点上。本书在他们的研究基础上，对集群创新网络的最优边界问题来进行分析。

这里，假设集群创新网络的企业个数为 n，对于集群创新网络来说，其整体收益源于网络内每个创新企业对集群创新网络的贡献，设企业 i 对网络整体收益的贡献额为 x_i，它取决于企业 i 自身拥有的资源数量 y_i 和为其自身获得理想的收益付出的努力程度，努力程度可以用集群创新网络内资源的利用程度 a 来衡量,也就是说,贡献额 x_i 可以表示成资源数量 y_i 与资源的利用程度 a 的函数,即 $x_i = x_i(y_i, a)$。企业 i 在整体创新网络内的收益份额为 d_i,它主要取决于企业 i 对网络整体收益的贡献与集群创新网络内资源的利用程度,也就是说,d_i 可以表示成贡献额 x_i 与资源的利用程度 a 的函数,即 $d_i = d_i(x_i, a)$,则集群创新网络内企业 i 的净利润 $R_i = d_i \sum_{i=1}^{n} x_i - c_i$,$c_i$ 表示企业 i 为获得集群创新网络内的资源云而承担的成本,显然,网络内每个企业的净利润在创新网络演化的不同阶段是不一样的。一般来说,当集群创新网络中只有一个企业时,它付出的成本显然要远大于其获得的收益,而当加入集群创新网络的企业越来越多时,会使得网络内原有企业分担的公共成本减少,同时,由于网络外部新企业的加入可以使得集群创新网络获得原先没有的规模经济和范围经济,从而可以使得集群创新网络的整体收益上升。然而,随着集群创新网络内企业的数量越来越多,就会导致集群创新网络的拥挤效应和网络内部企业间的过度竞争,这种负的外部性也会导致网络内企业的成本在下降至某一点后上升,同样地,集群创新网络的收益也会在上升至某一点后开始下降。

毫无疑问,当企业 i 在加入集群创新网络后的收益小于未加入之前的收益 r_i 时,即 $r_i > R_i$,则此集群创新网络对外部企业就不具备吸引力,外部新企业也不会加入进来,集群创新网络规模就小;相反,当企业 i 在加入集群创新网络后的收益大于未加入之前的收益 r_i 时,即 $R_i > r_i$,外部新企业就会加入到集群创新网络中来,集群创新网络的规模就会变大。

假设集群创新网络总的资源为 T_y,显然,$y_i = y_i(T_y, n)$,另外,我们假设在集群创新网络内资源分布、各成员企业贡献均等,利益分配实行平均主义,由于资源分布均等因素,在信息不对称情况下,平均主义更能以较低的甄别成本反映企业在聚集区域中的贡献,因而 $y_i = T_y/n$。为简化分析,我们将函数关系设定为:

$x_i = y_i^a$,$a = 1/n^\beta$,其中 $0 < \beta < 1$

因此,$R_i = (T_y/n)^{1/n^\beta}$ \hfill (3.1)

将式（3.1）对 n 求一阶导数，于是可以得到：
$$dR_i/dn = -(1/n^{\beta+1})(T_y/n)^{1/n\beta}[\beta\ln(T_y/n)+1] \qquad (3.2)$$

显然，从式（3.2）中可以看出，当 $\beta=0$，$dR_i/dn = -T_y/n^2$ 时，也就是说，在集群创新网络内资源一定的情况下，创新网络内企业的数目 n 对成员企业获得的收益 R_i 呈反向关系，因此，当集群创新网络内企业的数目达到一定的临界状态时，再有外部新企业加入到集群创新网络中来时，会降低创新网络内企业的收益。

然后，将式（3.2）对 β 求导，于是可以得到：
$$d^2R_i/dnd\beta = -(1/n^{\beta+1})(T_y/n)^{1/n\beta}\{\ln(T_y/n)-[\beta\ln(T_y/n+1]+\ln(T_y/n)\cdot\ln n\cdot 1/n^{\beta}\} \qquad (3.3)$$

显然，从式（3.3）中可以看出，随着 β 值的增加，$d^2R_i/dnd\beta$ 趋向于大于零。也就是说，当 β 值增加时，集群创新网络内企业的数目对成员企业收益的负面影响会增大。

从以上分析可以看出，企业集群创新网络中的竞争优势源于创新网络内所拥有的资源云以及对资源云的构建与管理能力，而集群创新网络的规模可以改变网络内各行为主体所拥有的资源和创新网络的结构方式，进而影响着集群创新网络内企业的竞争优势。因此，为实现集群创新网络的优势效应，需要对集群创新网络中的资源进行整合、保持创新网络内部适度的企业数量、实行集群创新网络多企业间的协同效应。

首先，在集群创新网络内建立有效的合作与竞争机制。在一些集体效率不明显的企业集群创新网络中，网络内的企业数目虽然很多，但大多只是体现在地理位置上的扎堆状态，即所谓的集聚，而非真正意义上的集群，因此，要发挥集群创新网络的竞争优势，根本出路在于调整产业结构，建立起较强的合作与竞争机制。这种合作竞争机制的根本特征在于各行为主体间的集体行动，而集体行动的互动机制的形成，可以促使创新网络内信息、知识与技术的流通更加顺畅，减少交易过程的障碍，从而可以使得创新网络内的企业获得集体效率的优势。一方面，集群创新网络内各行为主体间的分工不断地被细化。由于在集群创新网络内的相互分包或加强同核心企业之间的合作，导致了分工网络的产生，从而可以更好地促进了企业之间的相互合作。如浙江省大唐袜业有 8000 多家袜子生产企业，但个体规模小而且布局相对分散，80% 以上的企业资产总量在 50 万元以下，显然，这些企业就个体而言没有能力独立完成产业链上的所有环节，因而就缺乏竞争优势。但产业区利用大唐袜业的整体品牌来整合各种资源，用专业化分工网络的整体功能弥补分散的缺陷，这也使得大唐袜业目前已成为我国最大的袜业生产基地。另一方面，在集群创新网络内形成了基于网络的协作方式。在集群创新网络内，企业为谋取合作收益，既需要与网络中的上下游企业进行合作，同时也需要与竞争对手进行合作来获取信息、技术和经验，因此，创新网络内的企业间形成了信息、技术、知识分享的协作网络群。

其次，通过制定相关政策来引导集群创新网络适度规模，保持集群创新网络中核心企业的适度规模数量。在集群创新网络的形成与发展过程中，应组织和吸引一些具有竞争力的企业或一些公共机构等相关支撑机构加入到集群创新网络中，改善集群创新网络的结构，并通过对集聚产业的整合来促进产业结构的优化升级。同时，需要防止核心企业在集群创新网络内形成垄断支配地位，从而有效防止集群创新网络内的合作与竞争关系被破坏。因此，要根据集群创新网络发展的状况，适当地限制创新网络外部大企业进入的数量，保持网络内核心企业的适度数量，防止在网络内部出现技术垄断和产业控制的局面。

当然，在集群创新网络内，由于产业关联度是影响集群创新网络规模有限性的重要因素，而集群创新网络规模的有限性是建立在同质企业基础上的。因此，还可以通过增强集群创新网络内企业的异质性，提高产业关联度来相对提高集群创新网络规模的阈值，从而扩大集群创新网络规模和企业集群创新网络的规模效益。

第五节 结论与建议

从本章分析中可以看出，企业集群在区域经济发展中扮演着重要的角色，集群创新网络能够使集群内企业交易成本内部化，同时规避溢出效应，并能获得规模经济，从而更有利于企业集群创新功能的发挥。从前文分析中可知，集群创新网络包括集群内部核心网络、集群内部支撑网络、集群外部网络、集群创新环境层，集群内部网络与集群外部网络以及创新环境层保持紧密互动联系，共同促进集群创新网络的不断演化与完善。集群创新网络的五大行为主体（企业、大学和科研机构、中介机构、金融机构、地方政府与市场）在集体学习机制下协同创新，形成了一个具有竞争力和创新能力的企业集群创新网络。本书结合集群创新网络的结构，从企业、大学与科研机构、中介服务机构、金融机构、政府五个方面提出优化集群创新网络的对策。

（1）从企业角度来讲。集群中的企业是集群创新网络的主体，是网络创新能力的决定力量。集群的创新能力强弱主要通过企业个体的创新行为反映出来，因此集群富于创新的微观基础是其成员企业自身具有的技术创新能力，它不仅保证了集群中的信息和知识能够被企业个体所内化利用，同时也保证了集群中有足够的信息和知识发布源，从而增大集群内部的信息和知识流量。作为集群内的企业，首先，要强化创新意识，构筑企业的技术创新体系。集群中的中心企业和骨干企业，应建立研究开发机构，其他企业应充分利用集群内部技术服务机构和外部研发机构的力量，与科研院所和大学合作建立联合技术开发中心。其次，积极参与国际分工以融入全球价值链。集群中的每个企业都应找准自身在价值链上的定位，培植自身的核心能力，与上下游企业加强沟通与合作，不断提升其创新能力和对市场的适应能力。最后，加强企业创新文化的建设，形成集群内的创新文化氛围。在企业集群内着力打造基于集体学习与竞合的集群文化，倡导各经济主体之间的相互学习，同类企业之间的竞争与合作并存，以产生较强的协同效应。同时，在集群内还要倡导敢于冒险并容许失败，同时重视非正式交流的集群文化。这种文化有利于知识和创新成果的扩散与再创新，从而形成较强的挤压效应，导致集群内创新成果源源不断地产生和扩散。

（2）从大学与科研机构角度来讲。目前，随着国家不断加大对科研的投入，大学和科研机构的科研实力迅速提高，但从实际来看，单靠国家的投入不能满足科研的需要，大学与科研机构就需要进一步加强与企业的合作，从企业获取更多的科研经费，实现培育高层次人才的目标。因此，大学、科研机构与企业间的连接也越来越显示出其价值。一般而言，产学研合作创新方式主要有三种方式：第一种方式为工程项目方式。即大学、科研机构承担企业工程项目及引进技术、引进设备的消化、吸收、创新改造任务。各方就项目成立课题组，科研机构提供技术，企业提供资金、设备等支持。这是产学研合作中最为普遍的一种方式。第二种方式为中心方式。即企业与大学、科研机构共同承担国家科研课题、共同建立试验基地或研究中心等。第三种方式为学院方式。即企业与大学、科研院所联合培养技术、管理人才，以及建立定期的人员交流、技术咨询的体制等。我国集群区域内企业与周边的大学、科研院所等的联系普遍不强，因此，必须加强产学研的合作力度。可以通过一定的方式使集群内的企业与当地的大学、科研机构建立定向联系，企业人员可以通过各种正式或者非正式的方式不定期地与这些科研机构进行交流。而大学和科研院所则应当鼓励教师、研究人员以及学生等到相关的企业考察、实践，允许他们到企业内兼职或担当顾问等。此外，大学和科研机构还可以与当地的企业共同开展合作研究计划，鼓励大学、科研机构为当地企业设立人才培训基地等。通过制度创新放宽研究人员兼职和创业的限制，改变大学等机构单一的经费来源模式，可以通过大学、科研机构技术入股企业，或者与企业联合成立技术研究中心等方式，促进创新成果的尽快转移与扩散。

（3）从中介服务角度来讲。为促进集群创新网络的发展，在集群内部应进一步发展中介机构。首先，在政府机构改革与职能转变中，把应由中介组织发挥作用的服务功能从政府的行政职能中剥离出来，尽快把隶属政府的中介组织与政府部门脱钩进入市场，变"国营"为"官助民营"。在按市场机制运作的前提下，以社会效益为主要追求目标的非营利性中介，要由政府建设管理，如科技成果信息网络、为用户提供便捷的信息查询服务，民营中介就无力完成这一庞大工程。而其他营利性的中介，则应该按照市场规则，让其成为独立的法人实体，依靠自身努力生存发展。其次，充分利用集群内部的技术服务机构，为集群企业提供技术支持。一方面，在企业集群创新网络内部建立产业技术开发中心、科技园区等，可以更好地了解集群内企业的技术需求，再加上面对面的沟通，有效地强化了产学研之间的互动，从而提高集群的创新能力。另一方面，在企业集群创新网络内成立信息服务中心，包括人才交流市场、产品博览会和交流会、产业专题讨论会和学术讨论会等。最后，在集群创新网络内成立集群培训中心，为集群内部的企业家、企业管理人员、技术人员和工作提供各种层次的培训，帮助他们转变观念，增强创新意识，加快知识的传播，提高集群内人员的整体素质。

（4）从金融机构角度来讲。区域金融机构对于中小企业的发展与创新活动显得尤为重要。由于创业初期的中小企业，存在风险大、效益低、市场信誉尚未建立等不利因素，企业传统的融资渠道比较单一，许多企业初始的创业资本依赖于家族关系，筹资能力弱。技术开发的新产品在进入成熟阶段，产品的大量生产研究，也需要大量的资金支持。在我国，地方性的金融机构主要包括国有银行的地方分支机构、地方商业银行、城乡信用社、保险机构等。由于区域金融机构的组织体系和服务质量存在许多不规范的地方，一些地方尽管区域内金融资本存量较大，但中小企业在创新和发展过程中可筹集到的资金仍然不足，形成了企业与金融机构发展的"两难"现象，制约了集群发展的活力，降低了创新机会的发生。因此，有必要在我国的企业集群区域内，实现金融机构的自我创新，加强金融机构与中小企业间的密切合作，不断激发集群创新主体的创新活力。进一步完善金融服务体系，缓解集群企业在创新过程中所面临的奖金短缺和融资困难问题，推动资金向集群企业技术创新活动和合作创新注入，为集群成员提供相关金融服务体系。如在一些有条件的集群区域内建立和完善以创业投资基金、中小科技企业创新基金、创业孵化基金和风险投资基金、担保基金等区域创业资本市场。

（5）从政府角度来讲。在目前这个阶段，企业集群政府应建立短链结构的区域创新系统。在这种链状发展结构中，政府扮演极为重要的角色，要在每个创新环节都给予政策支持。

首先，为加大和促进大学—企业—政府间的联系，各级政府要出台一些旨在推动跨学科、跨部门之间的合作研究计划，使各行为主体能共享资源、合作创新。而后鼓励各主体以各自投入的资源入股建立经济实体，建立以产权为纽带的合作方式。在这种连接方式中，各主体之间的合作性主要取决于两个方面：一是产权制度的规范性，在规范的产权制度下，合作者之间在责权利等方面的分配上是明确的，经济实体的运作是规范的，各方可以形成良好的创新合作；二是经济实体运作中的协调性，这取决于双方的合作动机、合作方式以及是否有良好的沟通机制。在产权制度规范以及合作方之间有良好的协调的情况下，这是一种使各主体之间维持长期的紧密合作关系，实现技术创新的有效方式。其次，还需要培育主体之间的市场交易的关系，即科研机构或高校提供技术成果或技术服务，通过外部市场的交易行为将成果或服务出售给产业界。这是一种组织外部化的互动方式，而技术市场是交易双方接触的界面区域，政府往往是这样一种互动方式的界面构造者，即建立和完善技术市场及各种机制，使交易能顺利地进行。在这样的互动模式中，一切与交易对象相关的因素，如技术成果的质量、成果信息的可获得性、成果开发与交易的成本，就成为影响主体之间合作性能的重要因素。最后，政府作为产业政策的制定者，也是集群创新网络与外部沟通的桥梁，在集群创新网络的发展中，应充分发挥好指导、协调、监督和服务等方面的功能，在硬件和软件方面为集群创新网络提供一个良好的创新环境。一方面，在物质基础建设上，进一步投资建立良好的交通运输系统、信息通信网络、企业家聚会场所等基础设施，创造一个良好的投资环境。另一方面，创造激励性的制度与政策环境促进集群创新体系的发展。政府要鼓励人才的流动，特别是企业之间的高层次人才流动、大学科研机构的人才与企业之间的人才流动等，这有利于企业更好地创新，同时政府要提供保障市场体系有效运转的竞争政策和战略信息。

第四章 企业集群创新网络多主体间的决策行为影响与合作涌现

第一节 企业集群创新网络中主体决策行为分析

企业集群创新网络既是相联系的经济活动形成的经济体系，也是一个适应历史现实的动态演化过程。约翰·H. 霍兰认为，适应性造就复杂性（霍兰，2001），企业集群创新网络中的企业通过权限影响、技术、贸易以及信息流动而密切联系，形成一个复杂系统，而且是一个复杂网络系统（叶敏，2006；范如国、许烨，2008）。一直以来，对企业集群创新的研究都是以经济学、管理学为理论基石，以集群创新网络内企业、大学、政府以及相关机构在垂直、水平上的经济关系为研究对象。实际上，企业集群创新网络不仅仅表现为一种基于专业化分工基础上的经济形态，也体现为由社会、集群、文化等各种关系构成的复杂、多重的复杂社会网络（Granovetter, 1985；Burt, 1992；刘军，2004）。企业集群创新网络为什么能够形成并不断演化？这与网络中主体的决策行为是分不开的。在企业集群创新网络这样一个复杂社会网络中，位于每一个网络节点上的主体在企业集群创新网络演化过程中在行为上是彼此依赖的。每一个主体的行为都以其他主体已经采取的行动为条件，任一主体在进行决策时会在考虑其他主体的策略选择之后再决定自己的选择。每个主体都有选择某一种特殊行为的倾向，此时，该主体节点是一个倾向节点。但是该主体的决策可能会与他本身的倾向不同,这是由于其他群体对他的影响。因此,如果一个主体的决策行为与他原来自身的行为倾向不同,我们可以把他看作是主体之间相互影响的结果。

在企业集群创新网络中,构成网络的基本要素有两个:节点以及节点之间相互作用的关系。在这样一个复杂的企业集群创新网络系统中,位于每一个节点上的主体在集群创新网络演化的过程中在行为上是彼此依赖的。每一个主体都有自己的偏好、信念以及支付函数。集群主体依据自己内部模型中的知识结构,对其他集群主体可能的行动进行预测,并在预测的基础上对自己可能采取的行动所带来的收益进行权衡并据此进一步采取具体的行动。因此,在任何一个时刻,集群主体的行动受到两方面因素的影响:对其他集群主体可能采取的行动策略的预测以及对与此相应的对自己可能采取的行动策略得失收益情况的判断。而集群节点之间相互作用的各种关系为节点主体提供了约束和机会,从而对主体的决策行为产生强有力的影响。

在企业集群创新网络中,由于每个集群主体所拥有的资源存量以及想要获取的资源存在差异性,因而他们在选择连接对象的时候往往会采取择优连接机制,这样往往就会导致每个集群主体可能都存在不同程度的连接关系,于是就形成了集群创新网络的"强连接"与"弱连接"关系。强连接意味着该企业在中小企业集群创新网络中是不可被替代的,这种对整体的集群效率起决定作用的某一或几个企业,就是具有较高聚集度的核心企业。在这种强连接关系的维系下,集群创新网络内各行为主体之间的集聚程度往往会比较高,从而就形成了一种小世界网络。在这个网络中,各行为主体之间借助地理位置上的接近性频繁交流与沟通,彼此之间形成较强的信任关系,使得各种隐性知识在集群创新网络内不断扩散与传播,最终在网络内形成一种根植于网络的企业文化,这种企业文化有助于维系网络内各行为主体之间的合作关系与信任关系。另外,较高的集聚系数会造成某些技术和信息的外溢,造成了马歇尔所提出的"外部经济"。在这种强连接下,联系广泛而稳定的集群在本地出现;各企业主体之间具有高强度和高频率的互动;集群创新网络中所有的企业具有共同的集体利益意识等。

弱连接关系是指集群内某企业的变化将带来集群效率的变化，但不必造成其他企业的根本改变，这样的企业我们把它叫作非核心企业，非核心企业意味着该企业可以被其他一些企业所替代；或者弱连接是指不同集群之间存在的某些合作和联系。集群创新网络中存在的弱连接关系将会大大降低该网络的平均路径长度，但却不会影响到该网络的聚集系数，因而在全球网络与区域网络中，各种知识与信息都可以以较快的速度在网络中传播与扩散，这也说明无论是在区域网络内部还是在全球网络范围内，各种知识与信息的流动，以及各种产品之间的市场交易也都是高效的。学者们通过研究也证明了，尽管集群创新网络内的企业可能只会跟与其距离在地理位置上比较接近的少数企业进行联系与合作，但只要是与集群外部的其他行为主体之间存在各种联系，哪怕是数量有限，也同样能够起到显著降低成本的作用，而且集群创新网络内部与外部之间的各种知识、信息或产品都能够有效地进行对流，也就是说，集群创新网络内部的各种知识、信息或产品都能够借助于这些数量有限的外部联系而扩散到其他的区域网络或是全球网络，从而可以在世界范围内流动与扩散。因此，强大的集群创新网络外部需求可以促使集群创新网络内的企业获得外部规模经济，从而可以利用集群创新网络外部刺激来激发网络内部企业的持续创新，进而可以使集群创新网络内企业能够主动加入到全球产业链网络中来。

因此，强连接关系有利于集群创新网络内各行为主体之间建立较强的信任关系，而且基于这种信任关系彼此之间可以建立长期的合作关系，从而有助于双方之间各种信息的交流，甚至包括隐性知识，进而可以为集群主体的技术创新活动提供各种创新资源。弱连接关系则有利于各种信息在集群创新网络内传播与扩散，而集群主体通过网络渠道可以获得较多的新知识与新信息，从而可以有效促进集群创新网络内的各行为主体开展技术创新行为。一方面，集群创新网络的各行为主体之间的强、弱联系与获取不同类型的资源云之间有着较为密切的关系。在集群创新网络，虽然各行为主体之间进行交易活动时会签订各种契约，但这种契约有时候具有不完全性，同时交易环境本身具有不确定性，也在不断发生变化，因此，在此种情形下，集群创新网络内各行为主体之间的强关系则有助于对集群交易的治理。由于契约的不完全以及交易环境的不确定性，强关系是集群交易治理的重要机制。强关系奠定了集群整体的心理基础，它将集群各个企业的利益整合为共同利益，并将集群转化为数量众多的小网络体组成的分工、社会网络形态。这样，集群共同的行事规则及交往规范便成为网络主体的共同准则与共识文化，这就有利于增进各交易方之间的了解；而且强关系网络往往有利于增强网络内各行为主体之间的信任强度，使得各种新知识与各种新信息可以快速地在网络中传播与扩散，实现资源共享，同时在该网络中主要存在某个集群主体的机会主义行为，那么他的这种不道德行为同样将会在网络中传播，从而使得网络中的其他行为主体会中断与其合作，最后可能会导致该集群主体面临被迫退出产业集群，因此，网络的强关系有助于减少网络中的机会主义行为，从而有效维护集群创新网络的合作稳定性。另外，强连接关系在集群创新网络中的资源共享和创新效率上也起到了非常独特的作用。众所周知，企业集群的主要竞争优势之一就在于集群内部集体学习机制。强连接关系维系下的集群创新网络内部各行为主体之间具有频繁的沟通与交流，包括集群企业之间、企业与供应商、客商、大学或科研机构、金融机构、中介机构之间等都存在广泛的沟通与联系，尤其是在集群创新网络中的一些群落中，各成员之间相互信任，拥有共同的利益准则，在这样的环境下，更加有利于一些优势资源或核心竞争资源在群落内部扩散与传播。另一方面，虽然集群创新网络中的强连接关系可以有效促进各种资源在网络中的共享，但是如果强连接关系只是局限于同一网络体内部的彼此连接，结果就有可能会导致大量多余联系的存在，从而可能会给网络中的其他成员提供重复资源，进而造成集群内部资源云的巨大浪费。学者们通过研究表明，一些具有稀疏结构的网络反而会比一些密集性结构的网络为集群创新网络中的主体提供更多与更有效的资源，这个主要原因在于稀疏结构的网络往往具有更多的"结构洞"，这些结构洞横跨在不同网络体之间，实质上也就是格兰诺维特称之为"桥"的弱连接关系。集群创新网络中的桥连接主要是指网络内的企业与其他行为主体之间的唯一性连接，它占据着结构洞的位置。而拥有桥连接的企业往往是网络中的核心节点，它是集群创新网络中其他行为主体获得相关信息的一个桥梁，具有控制本网络信息流向的能力。由于弱连接关系往往可以将集群创新网络中的不同网络体联系起来，这样无形中就增加了集群企业与一些新信息和创新机会相遇的可能性。因此，那些与其他集群具有桥连接的企业往往能够从网络获得更多的信息与创新机会，成为中小企业集群创新网络的信息集中营与创新机会源。一般来说，弱连接关系网络拥有较多的"结构洞"，网络中的各行为主体之间的相互控制较为宽松，有利于获取和采纳外部新的思想理念，因而它往往是集群创新网络不断获得新信息，保持网络信息不断更新的有力保障；强连接网络的内部控制力较强，这就有利于一些结构化问题的快速解决，可以有效增加决策制定和实施的稳定性，以及培育网络成员的忠诚度。因此不同的强、弱联系结合的网络结构适合具有不同创新幅度的集群创新网络。①

一般来说，处于同一个集群子系统内相同类型的主体之间连接比较紧密，形成诸如集群系统的社团结构，而不同子系统主体之间的连接则相对比较稀疏，这样在不同的集群主体之间往往存在所谓"结构洞"问题。Burt于1992年提出的结构洞（structuralhole）理论认为，大部分社会网络并不是完全连通的网络，而是存在着结构洞。所谓存在结构洞的网络，是指网络中的某个或某些个体与有些个体发生直接连接，但与其他个体不发生直接连接，这种联系断开的地方被称作"结构洞"（如图4-1所示）。

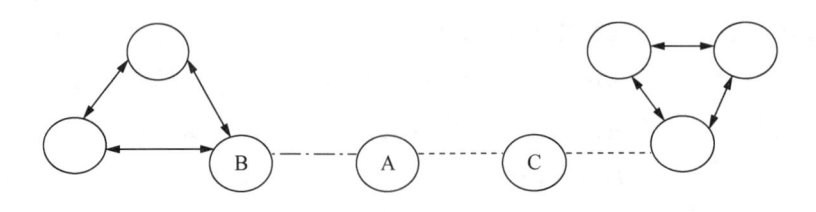

图4-1 集群创新网络结构洞

---

① 谢奉军：《江西工业园区企业网络发展研究》，博士学位论文，南昌大学，2006年；包丽华、李南、冯夏宗：《产业集群的强连接与弱连接现象》，《经济视角》2007年第5期。

因此，结构洞表示的是任意发生直接连接的个体之间的一种关系，它是凝聚网络的力量以及使网络保持结构上的同等性。结构洞就像电路中的绝缘体一样，在网络中的各连接主体之间起到缓冲作用。"强连接"网络比较缺乏结构洞，而"弱连接"则具有较多的结构洞。在图 4-1 中，网络结构中主体 A 与 B、C 发生联系，但是主体 B 与 C 不发生联系。因此，B 与 C 之间就存在"结构洞"，A 是活动于结构洞中的主体，此时，A 就具备 B 与 C 都没有的信息资源。

Burt 的网络结构洞原理表明，单一、强连接的集群网络可能将网路变为封闭、僵化的系统。一方面，在集群网络中，如果集群主体间关联度太大，节点间联系过强将导致主体行为的"同质化现象"，削弱彼此的竞争，降低了集群主体间互动关系的多样性，主体的行为将偏向于某一特定的模式，从而使得集群主体对集群环境变化的反应缺乏灵活性；另一方面，集群主体结构的高度相似将减少集群网络结构洞的数量，降低网络结构及信息的"多样性"，创新氛围缺乏，导致主体行为上的"同质化现象"（张华、席酉民，2008；Gill, P., Swartz, T., 2004）。因此，处于"强连接"网络关系或少结构洞企业集群创新网络中的主体往往会受到网络中其他主体行为的影响，采取所谓的模仿或跟随行动策略。主体要保持自身行为的独立性或少受其他主体行为的影响，最好是处在集群网络"弱连接"的关系之中。

一 主体决策行为模式分析

在这样一个复杂的企业集群创新网络中，位于每一个节点上的集群主体在集群演化的过程中在行为上是彼此依赖的。每一个集群主体的行为都以其他集群主体已经采取的行动为条件，任一集群主体在进行决策时会在考虑其他主体的策略选择之后再决定自己的选择。下面我们对主体的行为决策进行描述。

在企业集群创新网络中，主体的决策主要表现为两种方式，一种决策行为是某个既定群体的跟随者，即主体的决策总是跟随着群体的倾向，并和它保持一致；另一种决策行为是不跟随群体，即主体的决策总是与群体的倾向不同。企业集群创新网络对网络中主体决策行为的影响，可以认为是在集群创新网络中存在许多的可能行为的集合，每个主体在这些可能的行为之间做出抉择。

定义 4.1 对于任意的 $\varphi \neq S \subseteq N$，$B \in \theta$，在影响函数 B 下，群体 S 跟随主体的集合可以表示为：

$$F_B(S) := \{j \in N \mid \forall i \in I_S [(Bi)_j = i_S]\}$$

同理，不跟随主体的集合可以表示为：

$$\overline{F}_B(S) := \{j \in N \mid \forall i \in I_S [(Bi)_j = -i_S]\}$$

定理 4.1 若 $B \in \theta$，S，T 是 N 的两个不相关的非空子集，则下列关系成立：

（1）无论什么时候

$$S \cap T = \varphi, \ F_B(S) \cap F_B(T) = \varphi$$

（2）对于所有

$$B \in \theta_{S \to T}, \ F_B(S) = S \cup T, \ \overline{F}_B(S) = \varphi$$

证明：(1) 假设 $F_B(S) \cap F_B(T) \neq \varphi$，则存在任意的 $j \in F_B(S) \cap F_B(T)$，满足等式 $(Bi)_j = i_S = i_T$。又因为 $S \cap T = \varphi$，所以存在 $i \in I_S \cap I_T$，使得 $i_S = -i_T$，这就与前面的等式 $(Bi)_j = i_S = i_T$ 相矛盾，即原假设不成立，所以 $F_B(S) \cap F_B(T) = \varphi$。

(2) 假设 $t \in S \cup T$。如果 $t \in T$，那么对于任意的 $i \in I_S$，$(Bi)_t = i_S$。如果 $t \in S$，那么对于任意的 $i \in I_S$，$(Bi)_t = i_t = i_S$，因此，$t \in F_B(S)$。反过来，假设 $t \in F_B(S)$，那么对于任意的 $i \in I_S$，$(Bi)_t = i_S$，因此 $t \in S \cup T$。所以 $F_B(S) = S \cup T$。现在假设 $\overline{F}_B(S) \neq \varphi$，即存在 $(Bi)_j = i_S = i_T$。如果存在 $j \in \overline{F}_B(S)$，那么对于任意的 $i \in I_S$，$(Bi)_j = -i_S$。这也与前面的假设相矛盾，即原假设不成立，所以 $\overline{F}_B(S) = \varphi$。

定理 4.1 说明，在集群创新网络中，如果存在两个行为倾向不一致的群体（或社团结构），而这两个群体（或社团结构）的跟随者的决策行为与该群体（或社团结构）的决策行为一致，那么，这两个群体（或社团结构）的跟随者的决策行为也是不一样的。

定理 4.1 的结论与实际的企业集群现象是相符的。长春是中国汽车工业的摇篮，被称为中国的"汽车城"。长春市的汽车企业集群属于内生型汽车企业集群形成方式，是以一汽集团为核心企业，伴随着一汽体制改革衍生而形成的。目前，该汽车企业集群共有汽车及零部件制造企业330户，分别为：汽车整车制造企业2户；改装车制造企业17户；摩托车制造企业1户；零部件制造企业310户，其中规模以上零部件企业222户。这些企业的差异性表现为：目标上的不同；生产内容的不一样；产品及生产工艺不相同。显然，这些企业围绕着他们服务的集群中的企业及自身生产、产品、技术等方面特点要求所做出的生产战略和计划也是不一样的，他们在制订这些战略和计划的过程中的决策行为也会表现出不同的形式和内容。

二 主体决策的影响函数分析

在前面分析群体对主体的影响指数时，我们引入了影响函数 B。这里我们对影响函数进行分析。在现有的文献中一些研究者提出了四种影响函数（Handcock，2003；Rusinowska，2006，2008），结合实际，本书在此主要借鉴了两种影响函数。根据上面的分析，我们知道在企业集群创新网络中，主体在做出最后的行为决策时，往往会有这样一种倾向，即当群体中的绝大多数主体都采取某一种行为时，该主体往往就会认为此种行为是正确的，于是就仿效群体也采取这种行为，我们把这种影响函数称为多数影响函数，用 $B_{S \to j}^{Maj}$ 来表示。另外，在群体中，有一种特殊的主体即它自身具有很强的能力，而且被很多人信服，那么在它采取某一种行为时，其他主体也会跟着做出决策来采取这种行为，我们把这种影响函数称为主导影响函数。

假设主体采取某种行为时用 $i_k = +1$ 表示，不采取某种行为时用 $i_k = -1$ 来表示。采取某种行为的主体的集合可以表示为 $i^+ := \{k \in N \mid i_k = +1\}$，不采取某种行为的主体的集合可以表示为 $i^- := \{k \in N \mid i_k = -1\}$。

定义4.2 给定 $\left|\dfrac{n}{2}\right| \leq m \leq n$，对于任意 $i \in I$，多数影响函数 $B_{S \to j}^{Maj}$ 可以界定为：

$$B_{S \to j}^{Maj} i := \begin{cases} +1_N & if \mid i^+ \mid \geq m \\ -1_N & if \mid i^- \mid < m \end{cases}$$

也就是说，如果大多数主体都采取某一个行为时，所有的主体都会采取这一行为；当大多数主体都不采取这一种行为时，所有的主体都不会采取这一行种行为。

定理 4.2 给定 $\left|\dfrac{n}{2}\right|\leq m\leq n$，考虑多数影响函数 $B_{S\to j}^{Maj}$，则下列关系式成立：

对于 $\varphi\neq S\in N,\ j\in N/S$，

$$D_\alpha(B_{S\to j}^{Maj}, S\to j) = \begin{cases} 1, s\geq m \\ \dfrac{\sum_{i\in I_{\overline{S}\to j}}\alpha_i^{S\to j} + \sum_{i\in I^+ S\to j}\alpha_i^{S\to j}}{\sum_{i\in I_{S\to j}}\alpha_i^{S\to j}} \quad s<m \end{cases}$$

证明：对于 $\varphi\neq S\in N,\ j\in N/S,\ s\geq m$。如果 $i_S = +1$，那么 $|i^+|\geq m$，因此，$(B_{S\to j}^{Maj}i)_j = +1 = i_S$。如果 $i_S = -1$，那么 $|i^-|<m$，因此，$(B_{S\to j}^{Maj}i)_j = -1 = i_S$。这就意味着 $I_{S\to j}^{pos}(B_{S\to j}^{Maj}) = I_{S\to j}$，因而 $D_\alpha(B_{S\to j}^{Maj},\ S\to j) = 1$。对于 $\varphi\neq S\in N,\ j\in N/S,\ s<m$。

因此，我们可以得到：

$$D_\alpha(B_{S\to j}^{Maj}, S\to j) = \dfrac{\sum_{i\in I^{pos} S\to j}\alpha_i^{S\to j}}{\sum_{i\in I_{S\to j}}\alpha_i^{S\to j}} = \dfrac{\sum_{i\in I_{\overline{S}\to j, s<m}}\alpha_i^{S\to j} + \sum_{i\in I^+ S\to j, s\geq m}\alpha_i^{S\to j}}{\sum_{i\in I_{S\to j}}\alpha_i^{S\to j}}$$

定理4.2说明，在一个集群创新网络中，当大部分的主体（即在数量上当做出同一决策行为的主体数目超过集群中主体总数的一半时）都采取某种决策行为时，主体由于受到群体决策行为的影响，会跟随群体并做出与群体相一致的决策行为。当群体中只有少数主体同时采取某种决策行为时，此时，主体会根据群体的各种影响程度来决定是否要跟随群体而做出相同的决策行为。

这个结论跟实际的企业集群中的现象是相吻合的。如在20世纪90年代中期以前，苏州市的吴江引以为荣的是丝绸纺织业，直到苏州新区、苏州工业园区和昆山吸引了一大批电子信息企业，在其周围产生很强的聚集优势的时候，吴江市开始把电子信息产业作为主导产业培育，加大招商引资投资力度。短短几年内，吴江聚集了200多家电子信息产业，实际利用外资已超过了12亿美元。2002年电子信息产业的销售收入达到144亿元。可见，吴江在电子信息产业方面的成功就是因为受到苏州新区、苏州工业园区和昆山的影响，跟随他们发展

电子信息产业的结果。

定义 4.3 给定 $k \in N$，k 为具有主导能力的主体，主导影响函数 $B_{S \to j}^{k}$ 可以界定为：$(B_{S \to j}^{k} i)_{j} = i_{k}$。即如果群体中存在这种主导能力的主体，那么不管这个主体采取什么行为，其他的主体都会跟随它的这种行为。

定理 4.3 给定 $k \in N$，考虑主导影响函数 $B_{S \to j}^{k}$。那么下列的关系式成立：

对于任意 $\varphi \neq S \in N$，$k \in S$，而且 $j \in N/(S \cup \{k\})$，$D_{\alpha}(B_{S \to j}^{k}, S \to j) = 1$，$D_{\alpha}^{neg}(B_{S \to j}^{k}, S \to j) = 0$。

证明：对于 $\varphi \neq S \in N$，$k \in S$，$j \in N/(S \cup \{k\})$。因此，特别是对于每个 $i \in I_S$，$(B_{S \to j}^{k} i)_j = i_k = i_S$，所以这就使得 $D_{\alpha}(B_{S \to j}^{k}, S \to j) = 1$。而且 $\overline{I}_{S \to j}^{neg}(B) = \varphi$，因此，$D_{\alpha}^{neg}(B_{S \to j}^{k}, S \to j) = 0$。

定理 4.3 说明，在一个集群创新网络中，当群体中存在这样一个主体：它在群体中具有很大的影响力，其他的主体总觉得它的决策是合理的，并能够带来一定的回报。此时，群体中的其他主体就会受到这一主体决策行为的影响，而做出相同的决策行为。

这个结论与企业集群的实际情况也是相符合的，特别是在高科技产业。高新技术产业的特点是研究开发投入高，研究开发人员比重大的产业，产业发展速度较快，同时对其他产业渗透能力较强。效率是高技术产业的生命。与传统产业相比，高技术产业的发展在于各种资源的快速流动和结合。在一个产品寿命周期或价格变化是半年或几个月为阶段的情况下，只有各种资源要素的快速整合，才能使高新技术成为有效的商品。这包括资金与技术的结合，供应商与制造商，用户的快速组合，尽量减少从产品构思到产品的最终使用环节。因此，在高技术产业，只有各种资源及时、有效地结合在一起，才能产生效率。而且，发展高科技产业需要一定的条件，这包括：（1）充足的科技与智力资源。即必须能够提供新的知识和技术，为企业进行相关的教育和培训，提供企业所需要的高技术人才，没有科技和智力资源的高新区是先天不足的。（2）良好的创业环境。创业氛围包括企业成立与破产的难易程度，孵化器的多少和工作效率，中介机构的建立，上下游相关企业的多少，政府服务的效率，吸纳人才的难易程度，科技人员的生活环境的好坏等。（3）充裕的创业投资。资金是任何产业发展的保障，高技术产业对资金有特定的需求。

由于高科技产业具有这些特点，从上面的分析中我们可以看出，虽然高科技产业成功时能获得很大的利润，但是同时存在很大的风险，而且需要先期投入大量的成本。刚开始时，一般企业都不会贸然去进军高科技产业，但是当一个企业在这方面已经取得成功，并且确定进军高科技产业能够给企业带来巨大效益时，其他的企业就会纷纷仿效这种做法而采取和已经取得成功的企业相同的决策。

三 主体行为的调整模型分析

由于在企业集群创新网络中的集群主体在选择自身的行为时，都是依据自己行为模型中的知识结构，通过对其他集群主体可能的行动进行预测，以其他集群主体已经采取的行动为条件，在考虑其他集群主体的策略选择之后再决定自己行为的选择。因此，在任何一个时刻，集群主体的行动受到两方面因素的影响：自己的行为模型及集群创新网络中其他主体可能采取的行动策略。于是，集群中主体的行为将会发生调整，产生调整后新的行为模型。

假设在 t 时刻集群创新网络中主体 j 的行为用 $Q_j(t)$ 表示，而群体的行为用 $Q_S(t)$ 表示，$Q_S(t) = \sum \alpha_i^{S-j} Q_i(t) \partial$。则集群创新网络中主体的行为调整模型可以表示为：

$$Q_j(t+1) = \beta Q_S(t) + (1-\beta) Q_j(t)$$

上式中，β 表示群体行为对主体 j 行为调整的影响权重，β 的大小主要由影响指数来确定。影响指数越大，就表明群体对主体的决策行为影响越大，此时，β 的值就越大，主体 j 就会调整自己的行为。影响指数越小，就表明群体对主体的决策行为影响越小，此时，β 的值就越小，主体就不会调整自己的决策行为。α_i^{S-j} 的意义将在下节中进行解释和说明。

从这个模型可以看出，主体在下一阶段的决策行为主要取决于两个方面：一是主体自身的认知结构。当主体自身的认知结构达到一定程度时，它自身会做出某种合理的决策行为，而不受群体环境的影响。二是群体的行为对主体的影响程度。由于人是有限理性的，因此，当群体中的大多数主体都采取某一种行为或者群体中存在一个很有声望的主体采取某一种行为时，主体可能就会跟随群体并做出相同的决策行为，从而在下一阶段调整自己的决策行为。

第二节 企业集群创新网络中主体决策行为加权影响指数分析

从上面的分析中，我们知道企业集群创新网络中主体之间存在密切的相互影响关系，这在主体行为的调整模型得到了反映。在分析这些主体之间的相互影响时，一个很重要的问题就是如何来衡量这种影响程度，即模型中的权重 β。如果我们仅仅只是考虑一个多主体企业集群创新网络中某个主体的行为倾向和最终决策，这个问题并不能得到解决。假如某一个主体的最终决策与它原来的行为倾向不同，但是它的决策行为与集群创新网络中其他的主体行为倾向相一致，那么这个主体的决策行为的改变是由于群体中某个主体的影响，还是群体中的几个主体或是整个群体共同的影响呢？如果仅仅知道影响函数，这些问题并不总是能得到解决，因为我们不能够真正了解到主体之间实际的影响行为。因此，为了衡量网络中主体之间的相互影响，我们还需要分析企业集群社会网络中主体决策行为的影响指数。

我们假定不存在外部的因素来影响主体改变它的决策行为，仅仅是主体之间的相互作用对它的决策行为产生影响。这种影响既有正面的影响，也有负面的影响。因此，本书在借鉴 Michel Grabisch、Agnieszka Rusinowska（2008）研究成果的基础上，分别从这两个方面来设计群体对主体的决策行为的影响指数。

一 群体对主体决策行为影响的正面权重指数设计

关于群体或主体对其他主体的正面影响，本书做出如下的定义。

定义 4.4 如果对于任意一个主体 j，开始的行为倾向与某个群体的行为倾向 S 不同，但在群体 S 的影响下，主体 j 的最终决策行为与群体的行为倾向之间的抽象距离比原来两者之间的抽象距离变得更加接近，那么我们就认为群体 S 对主体 j 产生了正面影响。

在一个集群创新网络中，假设有 $N = \{1, 2, \cdots, n\}$ 个主体（在后文中把它称为节点），由于每个主体都有一个行为倾向，因此，把每个节点又称为倾向节点。集群创新网络存在可能的行为集合用 A ($2 \leq |A| < \infty$) 表示。在这个行为集合里，我们引入一种中性行为。在这里，中性行为界定为这样一种行为：当群体有选择这种行为的倾向时，它没有能力去影响其他的主体，用 A^0 表示。为简单起见，假设每个行为为整数，每个主体都有一个选择这些行为中一个行为的倾向。因此，每个主体的倾向意味着它将要选择的行为，倾向节点用 i 表示，实际上它是由主体的行为构成的一个 n 维节点，用 I 表示所有行为倾向节点集合，$I = A^0$。我们假设主体间相互影响，而且这种影响取决于网络中的影响，每个主体的最终决策可能与它开始的倾向不同。换句话说，在影响函数 B 下，且 $B: I \rightarrow C^n$，$C \subseteq A$，C 表示可能决策的集合，每个倾向节点 i 就转变成一个决策节点 B_i。影响函数的集合用 θ 表示，S 是由具有相同行为倾向的节点构成的，则群体 S 中行为倾向节点集合可表示为 $I_S: = \{i \in I \mid \forall k, [i_k = i_j]\}$，则在既定函数 $B \in \theta$ 下，对于任意：$S \subseteq N$，$j \in N/S$，$i \in I_S$ 有：

$$I_{S \rightarrow j} = \{i \in I_S \mid i_j \neq i_S\} \quad I_{S \rightarrow j}^{pos}(B) = \{i \in I_{S \rightarrow j} \mid d_1 \leq d_2\}$$

其中，$I_{S \rightarrow j}$ 表示群体 S 对主体 j 所产生的所有潜在影响的行为倾向节点的集合。$I_{S \rightarrow j}^{pos}(B)$ 表示在既定影响函数 B 下，S 对 j 产生正面影响的所有倾向节点的集合。$d_1 = |(B_i)_j - i_S|$ 表示主体 j 的最终决策行为与群体 S 的行为倾向节点之间的抽象距离。$d_2 = |i_j - i_S|$ 表示主体 j 原来的行为倾向与群体行为 S 倾向节点之间的抽象距离。

在行为倾向节点 $i \in I_S$ 下，对于 $j \in N/S$，假设群体中每个主体对主体 j 的决策行为影响权重表示为 $\alpha_i^{S \rightarrow j} \in [0, 1]$。$\alpha_i^{S \rightarrow j} \in [0, 1]$ 取决于与群体具有相同行为倾向的主体的数目 $n^{*(S,j,i)}$，即对 $S \subseteq N$，$j \in N/S$，$i \in I_S$，有：

$$n^{*(S,j,i)} = |\{g \in N \mid i_g = i_S\}|$$

定义 4.5 在既定函数 $B \in \theta$ 下，对于任意 $S \subseteq N$，$j \in N/S$，$i \in I_S$，群体 S 对主体 j 的决策行为的正面权重影响指数可以表示为：

第四章　企业集群创新网络多主体间的决策行为影响与合作涌现 | 183

$$D_\alpha^{pos}(B, S \to j) = \frac{\sum_{i \in I_{S \to j}^{pos}(B)} \alpha_i^{S \to j}}{\sum_{i \in I_{S \to i}} \alpha_i^{S \to j}} \in [0,1]$$

二　群体对主体决策行为影响的负面权重指数设计

关于群体或者个体对其他个体的负面影响，我们做出如下定义。

定义 4.6　在群体 S 中存在一种或两种最极端的行为，这些极端行为与群体 S 的一般行为倾向相差甚远。如果一个主体开始时的行为倾向与这些极端行为的倾向不同，但是它的最终决策与群体 S 中的这些极端行为的倾向相同。也就是说，这个主体的最终决策行为与群体 S 的一般行为倾向相差甚远。那么，我们就说群体 S 对这个主体产生了负面影响。用 $M(i_S)$ 表示与群体 S 的行为倾向相差很远的极端行为的集合。则在既定函数 $B \in \theta$ 下，对于任意 $S \subseteq N, j \in N/S, i \in I_S$

$$\overline{I}_{S \to j} = \{i \in I_S \mid i_j \notin M(i_S)\} \quad \overline{I}_{S \to j}^{neg}(B) = \{i \in \overline{I}_{S \to j} \mid (B_i)_j = i_{M(i_S)}\}$$

与前面的方法一样，对于任意的 $S \subseteq N, j \in N/S, i \in \overline{I}_S$，我们引入一个权重 $\alpha_i^{S \to j} \in [0,1]$，表示在任意倾向节点 i 下，群体 S 对主体的影响权重。

定义 4.7　在既定函数 $B \in \theta$ 下，对于任意 $S \subseteq N, j \in N/S, i \in I_S$，群体 S 对主体 j 的决策行为的负面权重影响指数可以表示为：

$$D_\alpha^{neg}(B, S \to j) = \frac{\sum_{i \in \overline{I}_{S \to j}^{negs}(B)} \alpha_i^{S \to j}}{\sum_{i \in \overline{I}_{S \to i}} \alpha_i^{S \to j}} \in [0,1]$$

三　实例分析

为了清晰地揭示上述集群创新网络中主体间影响指数的含义，在这里我们用一个实例来予以说明。为简单起见，假设有三个主体 $N = \{1, 2, 3\}$，一个是这个研发部门的经理（我们把他看作主体1），另外是两个教授（主体2和主体3），它们要为研发部门招聘一个研究人员。现在这里有两个候选研究员可供抉择，其中一个候选研究员的研究领域刚好跟这个研发部门的相同；另一个候选研究员的研究领域跟这个研发部门的研究领域相差甚远。因此，这三个主体必须在下面三种行为中选择一种：

行为1：选择与研发部门研究领域相同的候选研究员（此种行为用 -1 表示）。这个候选研究员可能会研发出与研发部门研究领域相同的一些成果。但是他并不能给这个研发部门一些新的研究领域方面的成果。

行为2：两个都不选择（此种行为用0表示）。研发部门一个都不招收，还是维持原来的研发人员。

行为3：选择与研发部门研究领域不同的候选研究员（此种行为用 +1 表示）。这个候选研究员就会给研发部门带来一些新的研究领域里的成果。

因此，主体的行为集合可以表示为 $A = \{-1, 0, +1\}$，而且这里总共有27个可能的行为倾向节点，$|I| = 27$，见表 4-1。

表 4-1　　　　　　　　　行为倾向节点和决策节点

$i \in I$	Bi	$i \in I$	Bi	$i \in I$	Bi
(-1,-1,-1)	(-1,-1,-1)	(0,0,0)	(0,0,0)	(1,1,1)	(1,1,1)
(-1,-1,0)	(-1,-1,-1)	(0,0,-1)	(0,0,0)	(1,1,-1)	(1,1,1)
(-1,0,-1)	(-1,-1,-1)	(0,-1,0)	(0,-1,0)	(1,-1,1)	(1,1,1)
(0,-1,-1)	(0,-1,-1)	(-1,0,0)	(-1,-1,-1)	(-1,1,1)	(-1,1,1)
(-1,-1,1)	(-1,-1,-1)	(0,0,1)	(0,0,1)	(1,1,0)	(1,1,1)
(-1,1,-1)	(-1,-1,-1)	(0,1,0)	(0,1,0)	(1,0,1)	(1,1,1)
(1,-1,-1)	(1,-1,-1)	(1,0,0)	(1,1,1)	(0,1,1)	(0,1,1)
(-1,0,1)	(-1,-1,1)	(0,-1,1)	(0,-1,1)	(1,-1,0)	(1,-1,1)
(-1,1,0)	(-1,1,1)	(0,1,-1)	(0,1,-1)	(1,0,-1)	(1,1,-1)

下面来考虑网络中主体之间的影响指数。从表 4-1 中可以看出，对于 $S \subseteq \{2, 3\}$，由于对任意 $i \in I$，$(Bi)_1 = i_1$，即主体1不受到群体的影响，它的最终决策节点与它自身的倾向节点相同，所以 $D_\alpha(B, S \to 1) = 0$。

首先，我们计算正面的影响指数。比如考虑主体1对主体2的影响，在这里主体1的倾向节点不能为0，因为如果为0，它就没有能力去影响主体2。同时，主体1的倾向节点要与主体2的倾向节点不同，因为当主体2的决策节点与主体1的倾向节点相同时，我们无法判断主体2是不是受到主体1的影响。从表 4-1 我们可以发现总共有 12 个这样的倾向节点,分别为:(-1,0,-1),(-1,1,-1),(1,-1,-1),(-1,0,1),(-1,1,0),(-1,0,0),(1,0,0),(1,-1,1),(-1,1,1),(1,0,1),(1,-1,0),(1,0,-1)。在这 12 个倾向节点中,我们可以看出主体 2 有 8 个决策节点与主体 1 的倾向节点相同,分别为:(-1,0,-1) 对应的 (-1,-1,-1),(-1,1,-1) 对应的 (-1,-1,-1),(-1,0,1) 对应的 (-1,-1,1),(-1,0,0) 对应的 (-1,-1,-1),(1,0,0) 对应的 (1,1,1),(1,-1,1) 对应的 (1,1,1),(1,0,1) 对应的 (1,1,1),(1,0,-1) 对应的 (1,1,-1)。也就是说,由于主体 1 的影响,主体 2 的行为发生了改变,而且与主体 1 的倾向节点相同,那么根据前面的定义,我们可以认为主体 1 对主体 2 产生了正面影响。

前面我们提到 $\alpha_i^{S \to j} \in [0,1]$ 取决于与团体具有相同行为倾向的主体的数目 $n^{*(S,j,i)}$,且 $n^{*(S,j,i)} = |\{g \in N | i_g = i_S\}|$。因此,$D_\alpha^{pos}(B, 1 \to 2) = \dfrac{\sum_{i \in I_{S \to j}^{pos}(B)} \alpha_i^{S \to j}}{\sum_{i \in I_{S \to i}} \alpha_i^{S \to j}} = \dfrac{8}{12} = \dfrac{2}{3}$。

虽然说主体 2 的最终决策与它原来的行为倾向不一样,但是这个影响的强度是不同的。比如说,我们看这两个倾向节点 (-1,0,-1) 和 (-1,1,-1),它们对应的决策节点都是 (-1,-1,-1),在第一种情况下,主体 2 的倾向节点由 0 变成 -1,而第二种情况下,主体 2 的倾向节点由 1 变成了 -1。

同理我们可以计算出其他的正面影响指数。

$D_\alpha^{pos}(B, 1 \to 3) = \dfrac{2}{3}$ $D_\alpha^{pos}(B, 2 \to 3) = D_\alpha^{pos}(B, 3 \to 2) = \dfrac{1}{3}$

$D_\alpha^{pos}(B, 12 \to 3) = D_\alpha^{pos}(B, 13 \to 2) = 1$

其次,我们来计算负面的影响指数。考虑主体 2 对主体 3 的影响,与前面计算一样,主体 2 的倾向节点不能为 0,也不能与主体 3 的倾向节点相同。从表中我们可以发现总共有 12 个这样的倾向节点,分别为 (-1,1,0),(-1,-1,1),(-1,1,-1),(-1,1,0) (0,-1,0),(0,1,0),(0,-1,1),(0,1,-1),(1,

1，-1），(1，-1，1），(1，1，0），(1，-1，0）。然后与相对应的决策节点进行对照，我们排除掉主体3的倾向节点没有发生变化的所有节点。最后根据前面我们对负面影响的定义，从相对应的决策节点中排除掉主体2的决策节点与主体3的倾向节点相同的节点。我们就会发现最后只剩下2个倾向节点满足上述条件，即（-1，1，0）和（1，-1，0）。

因此根据前文对影响指数的定义，我们可以计算出主体2对主体3的负面影响指数：

$$D_\alpha^{neg}(B,2\to 3) = \frac{\sum_{i\in \bar{I}_{S\to j}^{negs}(B)} \alpha_i^{S\to j}}{\sum_{i\in \bar{I}_{S\to i}} \alpha_i^{S\to j}} = \frac{2}{12} = \frac{1}{6}$$

第三节 企业集群创新网络多主体决策行为相互影响下的合作涌现

从上一节的分析结果中我们可以得知，集群创新网络中主体的决策行为因受到网络中其他行为主体或群体的影响而会调整自己的行为，也就是说，网络中主体的观念或信念也会受到网络中其他主体或群体的影响而发生变化或调整。一般来说，合作涌现的关键在于主体间能否达成共识，在集群创新网络中，由于集群环境的动态性，以及每个主体所拥有的资源与信息的差异，导致了各主体信念或观点的异质性与动态性，而且集群创新网络结构的特殊性使得主体间相互影响的程度更深，因而集群创新网络中主体达成共识的过程也是非常复杂的。这里，我们从观点动力学的角度来讨论集群创新网络多主体决策行为相互影响下的合作是如何涌现的。

一 模型的构建

在集群创新网络中，我们假设有 N 个节点（该节点代表了集群创新网络中的创新主体）和 M 条边（每条边代表了集群创新网络中主体间的联系）。为简化分析，我们利用邻接矩阵 $[a_{ij}]_{N\times N}$ 来表示这个集群创新网络。如果网络中的主体 i 和主体 j 的行为不受网络中其他主体或者群体行为的影响时，则令 $a_{ij}=0$；相反，如果网络中的主体 i 和主体 j 的行为受网络中其他主体或者群体行为的影响时，则令 $a_{ij}=1$。在集群创新网络中，由于每个主体拥有观点的异质性，因而每个主体对各种观点的倾向程度不一样，我们用 $x_i(t)$，$x_i(t) \in [0,1)$ 来表示在 t 时刻主体 i 的观点的倾向程度。由于集群创新网络中主体的行为受到其邻近网络与外部网络行为影响的程度不同，因而 $x_i(t)$ 的取值也在不断发生变化，也就是说，集群创新网络中的主体在其邻近网络与外部网络的影响下会更新或调整其观点。

在给出模型之前，我们先给出如下定义：

定义 4.8 在 t 时刻，集群创新网络中主体 j 对主体 i 的影响用

$$f_j^i(t) = \frac{k_j}{\sum_{<i,l>} k_l} x_j(t)$$

来表示，其中，$\sum_{<i,l>} k_l$ 代表集群创新网络中主体 i 所有最近的邻节点度的总和，k_j 表示主体 j 在集群创新网络中的度。

由于每个主体在集群创新网络中处于结构洞位置的差异以及拥有资源的不同，每个主体在创新网络中的地位也就不一样，而每个主体在集群创新网络中地位的悬殊，也反映了其在网络中受其他主体或群体影响的程度，同样间接地反映了其观点的调整受到邻近网络与外部网络影响的程度。因此，对于集群创新网络中每个主体的地位，我们做出如下定义：

定义 4.9 在集群创新网络中，任意主体 i 在网络中的地位用

$$s_i = \frac{k_i}{\sum_j k_j}$$

来衡量，其中，$\sum_j k_j$ 表示集群创新网络中所有主体的度。

定义 4.10 在 t 时刻，集群创新网络中的主体 i 所有邻近节点的平均观点用

$$\bar{x}_i(t) = \frac{\sum_{<i,j>} k_j x_j(t)}{\sum_{<i,l>} k_l}$$

来表示，其中，$\sum_{<i,j>}$ 和 $\sum_{<i,l>}$ 表示集群创新网络中主体 i 所有的邻近节点。

定义 4.11 集群创新网络中主体 i 的外部网络对主体 i 的影响用 $Ps_i = P \dfrac{k_i}{\sum_j k_j}$ 来表示，其中，P 表示外部网络在集群创新网络中的影响力。

而集群创新网络中主体会根据以下规则来更新自己的网络：(1) 以概率 p 接受其邻近网络里大多数相同观点的主体。(2) 以概率 $1-p$ 移除与其观点不同或者邻近网络里拥有较少数不同观点的主体的连接，而以概率 φ 从其邻近网络的邻节点中随机地选择一个节点进行连接，或以概率 $1-\varphi$ 随机地从其外部网络中选择一个节点进行连接。因此，当集群创新网络本身在不断地发生演化的过程中，主体的邻接网络和外部网络也在不断发生改变，它们相对应的平均观点以及对主体的影响程度也在发生变化。相应地，集群创新网络中的主体会根据以下等式来调整自己的观点：

当 $|\bar{x}_i(t) - x_i(t)| \leqslant \varepsilon$

$$\begin{cases} x_i(t+1) = x_i(t) + \dfrac{x_i(t)}{k_i} \sum_{<i,j>} f_i^j(t) + Ps_i x_i(t) & |P - x_i(t)| \leqslant \varepsilon \\ x_i(t+1) = x_i(t) + \dfrac{x_i(t)}{k_i} \sum_{<i,j>} f_i^j(t) - Ps_i x_i(t) & |P - x_i(t)| > \varepsilon \end{cases}$$

(4.1)

当 $|\bar{x}_i(t) - x_i(t)| > \varepsilon$

$$\begin{cases} x_i(t+1) = x_i(t) - \dfrac{x_i(t)}{k_i} \sum_{<i,j>} f_i^j(t) + Ps_i x_i(t) & |P - x_i(t)| \leqslant \varepsilon \\ x_i(t+1) = x_i(t) - \dfrac{x_i(t)}{k_i} \sum_{<i,j>} f_i^j(t) - Ps_i x_i(t) & |P - x_i(t)| > \varepsilon \end{cases}$$

(4.2)

其中，式 (4.1) 和式 (4.2) 中的 ε 表示集群创新网络中的主体对邻近网络与外部网络的可接受的信任水平。也就是说，只有当主体 i 的观点与邻近网络或外部网络的平均观点差值不超过这个可接受的信任水平时,主体才会考虑这个邻近网络或外部网络的观点。

二 仿真与结果分析

(1)假设集群创新网络中主体的个数 $N=500$,$<k>=18.76$,我们考虑在 $p=0.65$ 的情况下集群创新网络中观点数目与重连概率 φ 的关系图(见图 4-2)。

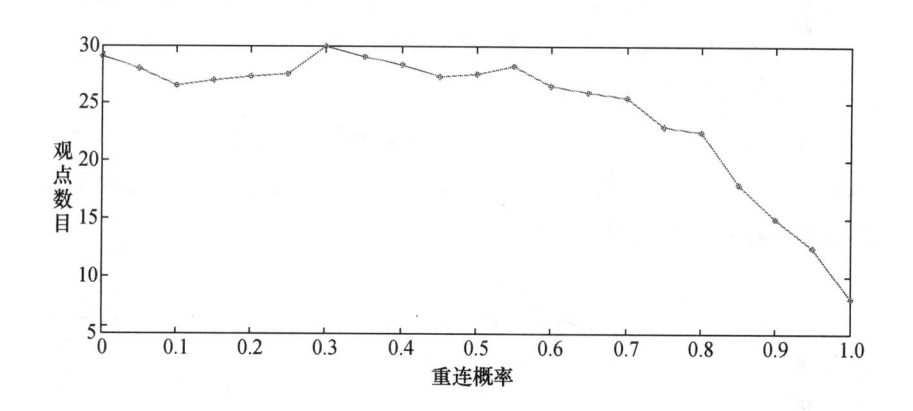

图 4-2 集群创新网络中观点数目随重连概率 φ 的变化

从图 4-2 中可以看出,对于固定的概率 p,随着重连概率 φ 的增加,集群创新网络中的观点数目在减少。在初始阶段,集群创新网络中的观点数目随重连概率的增加而减少的幅度比较慢,而当重连概率 $\varphi \to 1$ 时,集群创新网络中的观点数目会急剧地减少。也就是说,当集群创新网络中的主体趋向于与其邻近网络的邻节点重连时,集群创新网络中现存的观点数目会减少,因而很有可能会导致主体观点的统一。因此,尽管参数 p 决定了集群创新网络中观点的动态变化,但是主体是选择有序重连或是随机重连在观点的演化过程中也起到了不可忽视的作用。

在集群创新网络中,由于企业间地理位置上的接近性为彼此间的沟通与交流以及相互学习提供极为便利的条件,互动是集群创新网络内企业间进行信息交流和经验共享的一种重要方式,而有效的互动对于促进双方的合作关系走向成功是非常必要的。由于集群创新网络内合作成员之间的目标多样性以及组织文化和价值观的异质性,使得对网络成员的管理和沟通更加复杂化,而互动有利于集群创新网络内各行为主体之间的协调，在相互协调决策的情况下，由于网络内各行为主体对其他行为主体的决策情况有一定的了解，这样就减少了行为主体相互之间的猜忌，从而提高网络内各行为主体的参与度。因此，通过各行为主体间有效地互动机制，可以加快集群创新网络各行为主体之间信息的传递速度、避免相互之间对网络内共享信息的误解、增进了网络内各行为主体对其他行为主体观点和信念的了解，从而逐渐地促使了网络内各行为主体之间观点或信念达成一致，进而导致了网络内各行为主体之间合作的涌现。

（2）同样假设 $N = 500$，$<k> = 18.76$，我们考虑在 $\varphi = 0.55$，$\varphi = 0.3$，$\varphi = 0.15$ 三种情况下集群创新网络主体观点达到一致的平均时间与参数 p 的关系图（见图 4 – 3）。

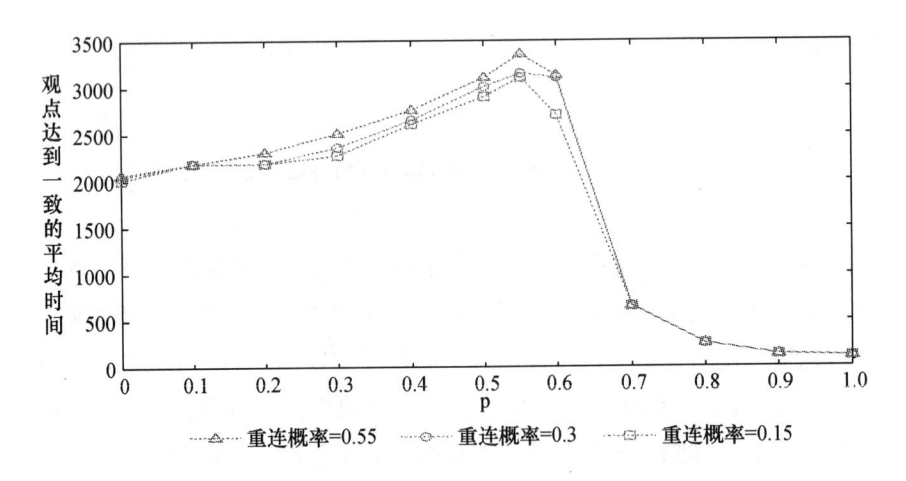

图 4 – 3 观点达到一致的平均时间与参数 p 的关系

从图 4 – 3 中可以看到，在重连概率 $\varphi = 0.55$，$\varphi = 0.3$，$\varphi = 0.15$ 三种情况下，集群创新网络中主体均在 $p = 0.55$ 时观点达到一致的平均时间最长，达到一个峰值。而当 $p < 0.55$ 时，集群创新网络中主体观点达到一致的平均时间随着 p 值的增加而增加；而当 $p > 0.55$ 时，集群创新网络中主体观点达到一致的平均时间随着 p 值的增加而急剧地减少，这也意味着存在一个临界值 $p_c = 0.55$。也就是说，在这个临界值周围，存在着一个阶段的转变，即集群创新网络中主体观点达到一致的平均时间由增加转变为减少。

在集群创新网络中，网络内各行为主体之间的互动会受到各种因素的影响，如各行为主体之间文化方面的差异，显然，文化的差异会导致各行为主体在价值观等多方面存在明显的分歧或不同的观点，从而给行为主体间的互动带来不便，更不用说促使双方的观点达成一致。另外，网络内的制度环境也会影响到各行为主体之间的相互关系，制度是植根于网络内的社会资源，具有不可复制性，它能够减少互动的各行为主体之间的信息成本和不确定性，当然，网络内行为主体的道德风险与机会主义行为也会阻碍各行为主体之间互动的继续展开，因此，这些因素都会导致网络内各行为主体之间合作的延迟。然而，随着市场环境的全球化和开放性，网络内部各行为主体之间的竞争更加激烈，为获得持续竞争优势，需从外部获得更多的优势资源云，因而促进了网络内各行为主体之间互动交流，通过各行为主体之间这种频繁的互动，彼此间才能进一步更好地了解对方，他们的观点或信念才能逐渐趋于一致，并最终导致网络内合作的涌现。因此，网络中各行为主体之间观点达到一致的平均时间才会先增大后减小，这与前面的仿真图 4-2 中所显示的结果相符，在图 4-2 中，我们发现网络中的观点数目并不是一直都在下降，还是出现过增长的阶段。

（3）同样假设 $N = 500$，$<k> = 18.76$，我们考虑在 $\varepsilon = 0.2$ 和 $\varepsilon = 0.5$ 的情况下，主体观点倾向程度随时间的变化图（见图 4-4 和图 4-5）。

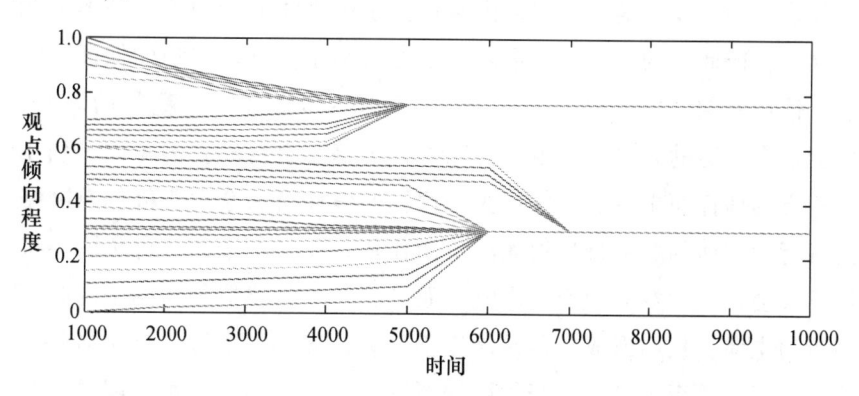

图 4-4　主体观点倾向程度随时间变化（$\varepsilon = 0.2$）

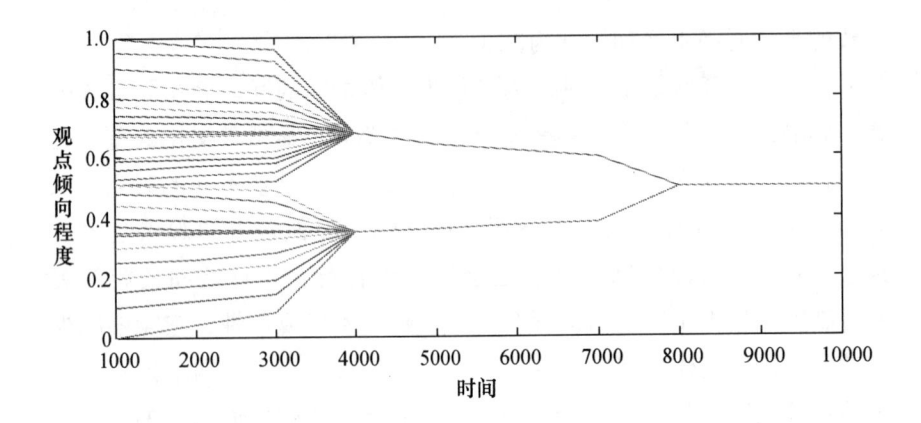

图 4-5 主体观点倾向程度随时间变化（$\varepsilon=0.5$）

从图 4-4 中可以看出，在 $\varepsilon=0.2$ 的情况下，集群创新网络中刚开始形成了三个团体，每个团体内部成员都倾向于某种观点，而随着网络内团体间的相互作用与影响，其中的两个团体都倾向于某种共同的观点而形成了一个更大的团体，最终网络中产生了两个合作团体。从图 4-5 中可以看出，在 $\varepsilon=0.5$ 的情况下，集群创新网络中刚开始形成了两个团体，但最终这两个团体都倾向于某一个共同的观点，于是导致了整个网络都成为一个合作团体。

在集群创新网络中，信任是不可缺少的，它是形成网络内各行为主体关系的基础，因而需要各行为主体长期投入时间和资源来维持这种关系，如果没有信任，网络内各行为主体之间成功的关系是不可能建立的，彼此间的相互信任可以说是各行为主体互动成功的保证。当然，信任就像一把"双刃剑"，给各行为主体带来"双赢"的同时，也会带来一定的风险性。由于互动的一方基于自身利益的考虑，利用另一方的信任而采取非信任行为，这种非信任行为会对集群创新网络内各行为主体的关系带来很大的负面作用，而且信任的这种负面传染性不仅会在互动双方间产生影响，而且会扩展到集群创新网络内的其他行为主体，从而形成一种网络连锁反应，破坏了集群创新网络各企业间的互动关系。因此，当集群创新网络中主体的信任水平越高，往往更易于促进网络中各行为主体间的合作。

第四节 集群创新网络内创新行为涌现与创新决策过程的演化分析

现有研究表明,产业集群的主要优势在于其创新效应,它能够提高集群内企业的持续创新能力。事实上,创新过程的本质就是一个学习过程,而集群之所以能促使企业创新,根源在于集群内部知识学习的高效性和便利性。

大量学者从不同角度对集群创新过程进行了分析,但这些研究均与集群的学习机制密不可分。魏江、叶波(2002)认为,集群学习是推动集群创新纵向集成和横向集成的有效机制。蔡宁、吴结兵(2005)认为,集群中知识、学习与创新能力之间是相互联系的,知识是创新能力的基础,而集群创新能力又依赖于组织中事物结构化的方式。龚毅、李敏(2006)认为,产业集群的创新效率取决于企业的知识获取、转移、整合能力以及企业间的知识扩散程度,集群的创新活动是一种集体学习的动态积累过程。代吉林、李新春等(2006)认为,组织学习是企业竞争优势的重要来源,集群企业依靠组织学习不仅能够提升自身模仿创新能力和竞争力,同时也有利于整个企业集群创新能力的增强。全笑蕾、孙庆波(2006)认为,集群内部首先是集群中的组织通过相互学习及知识的转换,形成集群竞争优势,然后集群中的组织再以集群的竞争优势为基础不断创新产生新知识,通过知识的转换又提升集群的竞争优势。李亚军、陈柳钦(2007)认为,集群是培育企业学习与创新能力的温床,产业集群是一个开放系统,必须通过与外界环境不断沟通和交换以维持其生存及发展。王凯(2010)认为,创新过程是由集群网络环境和核心企业共同驱动的。这个互动学习过程包括集群企业之间的互动,也包括集群企业,特别是核心企业与其他机构之间的互动。吴友军(2010)认为,集群创新能力的获得与集群的学习能力具有直接关系。张靖(2010)认为,创新的本质是知识的集成和创造过程,产业集群之所以促进创新的本质是因为集群企业的知识共享机制。

然而，每次集群创新行为的产生都会有一个创新决策的过程，而且在创新决策过程中，我们随时都会面临着不同的难题，如应该采取何种创新方式（自主创新或模仿创新）、创新效应如何来估算、创新结果如何来评价等，因而对集群创新决策过程进行深入分析是非常必要的，而现有对集群创新决策过程的研究文献很少。因此，本书拟从定量的角度来研究集群创新决策过程的演化行为，我们将集群创新决策过程分为四个阶段：创新信息的搜寻、创新方式的选择、创新效应的估计、创新行为的市场评价，并提出了创新信息的搜寻方式、集群创新方式的选择机制、集群创新效应的估算准则以及集群创新结果的评价标准，最后利用仿真的手段对集群创新决策过程进行了分析。

一 产业集群内创新行为的涌现

在经济全球化下，创新已经逐渐由熊彼特式"线性范式"向"网络范式"转变，企业的竞争也由单个企业内部的能力寻求转向企业与外部环境的联系与互动。在产业集群内，地理位置的接近性为企业之间的正式交流与非正式交流提供了便利，从而加快了企业之间的信息交流和知识转移的速度，促使企业获取新的知识而产生知识溢出效应。同时，集群企业之间的持续互动，使得集群内各企业更早地了解和学习到其他企业一些好的创新理念，而且这些创新理念能够快速地在企业集群内得到传播和扩散。因此，集群创新行为的涌现源于集群内外部网络之间的互动学习。

在第三章中，我们介绍了集群创新网络的网络结构，其中包含核心网络、支撑网络、外部网络。核心网络是指由某一企业为核心的垂直方向和水平方向彼此相关的企业构成的网络。支撑网络由企业、科研机构、地方政府、中介机构以及金融机构之间的知识、信息、资源的传递所构成的网络。外部网络主要是指由集群核心网络以外的企业、研究机构、外部行业协会、国外产业集群等构成的网络。这里，我们做一简单介绍。

1. 集群创新网络核心层主体间的互动学习

在核心网络层中，内部成员主要为企业，它们不仅是核心网络层的主体，也是企业集群创新网络的中心主体。在企业集群创新网络中，企业会具有很多的共性和互补性，这为他们的合作创新带来了基础，它们通过合作共同发展。核心网络层主体间的互动学习主要表现在以下几个方面：

一是核心网络层企业与供应商的互动。通过与供应商的交流，企业可以从供应商那里了解到当前有关各种新兴技术与新型设备的相关信息，并且将获得的信息整合到产品创新中去，因此，可以说供应商是企业创新的重要来源。二是核心网络层企业与客商的互动。客户为满足自身的需求，可以将自身对产品的功能或质量要求提供给供应商，而供应商将客户的信息进行汇总并提交给企业，企业的生产商根据供应商提供的各种信息来重新设计或修改产品。同时，集群创新网络内企业的生产商在进行新产品的研发过程中，也可以与客户或供应商之间进行沟通与交流，从而促进隐性知识在集群创新网络中的流动与扩散。三是核心网络层企业与竞争对手的互动。由于集群创新网络中竞争企业为克服自身能力的有限，往往也会采取与其他主体进行互动合作的方式来减少自身进行技术创新所带来的各种风险。

2. 集群创新网络的支撑层与核心层间的互动学习

企业集群创新网络核心层内部主体间的互动与发展离不开支撑层内各主体提供的多种多样的支持与辅助，因此，集群创新网络的支撑层与核心层内的各主体每时每刻也都在进行着互动学习。

这种互动学习主要体现在以下几个方面：一是大学、科研机构和企业之间的互动。大学或科研机构的研发提高了知识的存量，为企业创新提供了所需的各种知识或技术，从而为企业提供了更多创造新技术的机会。同时，集群创新网络内的大学或科研机构培养了大量的人才，这为集群创新网络内的企业提供了更多的技术创新资源。二是政府和其他行为主体之间的互动。政府可以通过采取相关措施来促使资源在企业集群创新网络内的流动，以提供集群创新网络内企业在进行创新时需要的知识与信息。同时，政府可以建设集群创新网络发展所需的各种基础设施，以及通过建设有利于企业集群创新网络中主体交流的各种正式或非正式平台等，来引导和促进企业集群创新网络中合作的开展。三是金融机构与其他行为主体的互动。通过对集群创新网络内创新项目的投资，金融机构可以有效地促进网络内新企业的诞生，从而会导致新知识或技术在网络中产生，为集群创新网络中的知识网络增加了存量。四是中介机构与其他行为主体的互动。中介机构可以为集群创新网络中的各行为主体提供专业化的各种咨询与培训服务，从而可以有效地降低集群创新网络内各行为主体间的交易成本，并提高他们的交易效率。同时，中介机构可以将企业的科技成果进行转化，并能为集群创新网络建立各种非正式网络，进而促进各种隐性知识在集群创新网络内扩散与流通。

3. 企业集群创新内部网络与外部网络之间的互动学习

随着经济全球化的发展，加强集群本地网络与外部网络的互动，从而获得网络外部全球范围内的各种资源、技术与知识显得尤为重要。通过本地网络与外部网络的互动获得外部的信息和资源，有利于加速本地网络知识基础的更新，避免集群创新网络系统的僵化和锁定。另外，利用从集群创新网络外部获得的各种资源可以促使网络内各行为主体具备根据环境的变化调整他们自己行为的能力，从而提高集群网络的创新能力。同时，通过内外部网络知识的不断交流与互动，有利于创新在企业集群网络中的涌现。

一般来说，集群创新内部网络与外部网络互动主要体现在以下两个方面：一方面，为获得市场竞争优势，集群创新网络中实力较强的企业通过向网络外购买各种技术设备，并加以消化和吸收，从而提高自身的创新能力。另一方面，集群创新网络中的行为主体通过与网络外部的大学或科研机构合作，利用他们的资源和人才优势来提高产品与技术的开发能力，从而可以减少自身的创新风险。

二 产业集群创新决策过程的演化模型

这里，我们在学者 Halina Kwasnicka 和 Witold Kwasnicki 的相关研究基础上，将集群创新决策过程分为四个阶段：创新信息的搜寻、创新方式的选择、创新利润的估计、创新行为的市场评价。下面对这四个阶段分别进行分析。

（一）创新信息的搜寻

在产业集群中，集群企业往往会利用结构洞优势，对集群内外部不同渠道来源的知识进行搜索、选择和整合，不断增加自身的知识积累和更新，从而提高企业的自主创新能力。通过创新来降低产品成本，增加资本生产率，以及提高产品在市场上的竞争力。因此，集群内企业创新信息的搜寻过程也就是集群的学习过程,这种学习过程包括专业化学习、互动学习和区域化学习。

1. 专业化学习

专业化学习过程主要存在于单个集群企业内,他们主要是基于与某种特定产品相关的企业能力的高度专业化。专业化学习可以促使对现在知识库存的不断改善,而且能够被企业之间高层次的竞争加速。事实上,企业之间的竞争能够刺激企业不断地完善他们的产品过程,增加他们的质量标准,以及创新他们的产品和服务。专业化学习取决于纵向一体化的程度和对竞争的偏好程度。因此,专业化学习引起过程创新,这种过程的改进程度取决于主体自身的能力。

2. 互动学习

互动学习过程存在于集群内企业之间的关系网络的建立,他们主要是基于互补性企业之间信息和知识的不断交换。与供应链网络的互动学习取决于供应链网络的连通度;与客户的互动学习是由客户与企业之间的接触或联系所产生的,它主要产生产品创新;与大学或科研机构的互动学习取决于企业与大学或研究中心的地理位置接近程度。因此,互动学习引起过程和产品创新,这种创新程度取决于企业能力。

3. 区域化学习

区域化学习过程主要存在于集群系统,他们主要是基于企业之间的地理接近性以及企业之间正式与非正式关系。一方面,地理位置的接近性能激发企业社会网络的形式,因而使得模仿和产品改进更加便利。另一方面,企业之间的正式与非正式接触对创新扩散具有积极的作用。区域化学习取决于社会网络的连通度。区域化学习决定了过程和产品创新,集群企业地理位置的接近性、个体之间的正式与非正式关系为促进创新创造了环境。

(二) 创新方式的选择

在集群企业发展的任何一个阶段,对集群企业而言,无论是进行自主创新还是模仿创新,均需要相对应的人力、物力和财力来支撑,而这些资本的投入取决于上阶段集群企业的收益与其所拥有的资本。我们假设在 $t-1$ 阶段,集群企业 i 所获得的收益为 $\pi_i(t-1)$,他在该阶段拥有的资本(人力、技术等)为 G_i，同时为了 t 阶段的创新行为，假设集群企业 i 需购买资本 $C_i(t-1)$。如果 $\pi_i(t-1)>0$，集群企业 i 在 t 阶段就会投入 $a_i\pi_i(t-1)$（$a_i\in(0,1)$ 的均匀分布）作为研发资金 H_i，而这些研发资金既可以用于集群企业 i 的根本性创新资金 H_i^1，也可以用于集群企业 i 的模仿创新 H_i^2，而集群企业 i 在每个阶段 t 的研发战略取决于对根本性创新资金和模仿性创新资金的分割系数 λ_i（$\lambda_i\in(0,1)$ 的均匀分布），因此，

$$H_i^1(t)=\lambda_i H_i(t)=\lambda_i a_i\pi_i(t-1)\quad H_i^2(t)=(1-\lambda_i)a_i\pi_i(t-1) \tag{4.3}$$

显然，在集群企业发展的不同阶段，其研发战略也是在不断发生变化的。我们假设如果集群企业通过根本性创新后，其产品在全球市场的占有率不断增加，那么，更多的研发资金将被分配给集群企业的根本性创新，而当集群企业产品的市场占有率在不断下降时，那么更多的研发资金将被分配给集群企业的模仿创新。因此，集群企业 i 的研发资金的分割系数 λ_i 的变化取决于其产品的市场占有率 η_i，即：

$$\lambda_i(t+1)=\frac{\eta_i(t)-\eta_i(t-1)}{\eta_i(t-1)}\lambda_i(t) \tag{4.4}$$

同时，我们假设用 $IN_i(t)$ 和 $IM_i(t)$ 分别表示集群企业 i 在 t 阶段用于根本性创新和模仿创新上费用支出，因此，如果 $\pi_i(t-1)>0$，那么：

$$\begin{aligned}IN_i(t)&=IN_i(t-1)+\lambda_i a_i\pi_i(t-1)\\ IM_i(t)&=IM_i(t)+(1-\lambda_i)a_i\pi_i(t-1)\\ C_i(t)&=C_i(t-1)(1-\varphi)+(1-a_i)\pi_i(t-1)\end{aligned} \tag{4.5}$$

其中，φ 表示资本贬值率。

显然，无论是根本性创新还是模仿创新都是要花费成本的，而且公司规模越大，用于创新所消耗的成本也就越多。对于集群企业 i 来说，如果他用于根本性创新的消耗成本 $IN_i(t)$ 超过 $R[C_i(t)]$，即 $IN_i(t)\geq R[C_i(t)]$，那么他就有机会获取一种新的资本 G_i'（G_i' 服从 $R[G,t]$ 上的均匀分布，而当他用于模仿创新的消耗成本 $IM_i(t)$ 超过 $L[C_i(t)]$，即 $IM_i(t)\geq L[C_i(t)]$，那么他就有机会去复制其邻接企业的最优技术。

因此，集群企业 i 选择根本性创新与模仿创新的决策机制为：

如果 $IN_i(t) \geq R[C_i(t)]$，那么，

$G_i(t+1) = \max\{G_i(t), G'_i(t)\}$ $[G'_i(t)$ 服从 $R(G,t)$ 上的均匀分布$]$

$IN_i(t+1) = IN_i(t) - R_i[C(t)]$

如果 $IM_i(t) \geq L[C_i(t)]$，那么，

$G_i(t+1) = \max\{G_i(t), \max G'_i(t)\}$

$$IM_i(t+1) = IM_i(t) - L_i[C(t)] \tag{4.6}$$

（三）创新利润的估计

在集群企业 i 进行对最终的创新方式进行决策后，接下来的工作就是对所采取的创新方式能够给他创造多少价值的估计。由于在估计根本性创新和模仿性创新给集群企业带来的价值时，其计算原理和过程是相似的，为简单起见，这里，我们只对根本性创新给集群企业带来的价值进行估算。

任何一个集群企业的创新行为都有可能会影响到产品的成本变化、生产率和产品的特征。而一个产品在市场上的吸引力取决于该产品的特征价值和价格。我们假设集群企业的行为在相邻的两阶段变化不大，因此，在时间段 $(t, t+1)$ 内产品的平均价格可以表示为：

$$\overline{P}(t) = P^d(t)[1 - \eta_i(t-1)] + P_i(t)\eta_i(t-1) \tag{4.7}$$

其中，$P_i(t)$ 表示在时间阶段 t 的价格，$P^d(t)$ 表示在时间阶段 t 对产品平均价格的预测值，$P^d(t)$ 可以表示为：

$$P^d(t) = \overline{P}(t-1)\left(\frac{\overline{P}(t-1)}{\overline{P}(t-2)}\right)^\omega \tag{4.8}$$

因此，该产品的全球销售量可以表示为：

$Q(t) = M(t)/\overline{P}(t)c$

$M(t) = N\exp(\varphi t)[\overline{P}(t)^\kappa]$

其中，$M(t)$ 表示产品的全球销售额，N 表示市场的初始规模，φ 表示市场规模的增长率，κ 反映产品平均价格的弹性。

在计算出产品的全球销售量后，集群企业 i 的产品销售量 $Q_i(t)$ 就取决于该产品的市场占有率，即：

$$Q_i(t) = \eta_i(t)Q(t) \tag{4.9}$$

而生产产量 $Q_i(t)$ 所需要的资本为：

$$C_i(t) = \frac{Q_i(t)}{S(t)} \tag{4.10}$$

其中，$S(t)$ 表示资本的生产率。

因此，集群企业 i 创新期望收入为：

$$\prod_i = Q_i(t)[P_i(t) - V(t)U(Q_i(t)) - \chi] \tag{4.11}$$

其中，$V(t)$ 表示产品的可变成本，$U(Q_i(t))$ 表示单位产品成本，χ 表示固定产品成本。

对创新利润的估计

$$\pi_i = \prod_i(t) - (\delta + \varphi)C_i(t) - IN_i(t) \tag{4.12}$$

其中，δ 表示投资回报率，φ 表示资本贬值率。

由于产业集群中的每个主体对每次的创新所带来的收益都会有一个预期的最小值 $\pi_{\min}$，而集群企业 i 最终是否采取创新行为取决于创新所带来的利润 π_i 与 $\pi_{\min}$ 之间的大小比较，因此，集群企业 i 是否采取创新行为的决策规则为：

$$\pi_i \geq \pi_{\min} \tag{4.13}$$

当 $\pi_{\min}$ 的值比较小时，集群企业 i 很容易被满足，并会采取创新行为。而当 $\pi_{\min}$ 的值比较大时，集群企业 i 很难被满足，并不会轻易采取创新行为。

(四) 创新行为的市场评价

对于集群企业而言，每次创新行为在市场上是否取得成功，可根据创新后产品在不同阶段的市场竞争力和市场占有率两个指标来进行反映。不同阶段产品的竞争力取决于创新产品本身所包含的技术竞争力与该阶段所制定的产品价格，而不同阶段产品的市场占有率则取决于每个阶段产品的竞争力状况。

因此，在时间阶段 t，我们假设产品的竞争力可以表示为：

$$f_i(t) = g_i(t)/P_i(t)^\beta \tag{4.14}$$

其中，$g_i(t)$ 表示产品在时间阶段 t 的技术竞争力，$P_i(t)$ 表示在时间阶段 t 的价格，β 表示价格弹性。

同时，我们假设集群企业的行为在相邻的两阶段变化不大，因此，在时间段$(t, t+1)$内产品的平均竞争力可以表示为：

$$\overline{F}(t) = f^d(t)[1 - \eta_i(t-1)] + f_i(t)\eta_i(t-1) \tag{4.15}$$

其中，$f^d(t)$表示在时间阶段t对产品平均竞争力的预测值。$f^d(t)$可以表示为：

$$f^d(t) = \overline{F}(t-1)[\overline{F}(t-1)/\overline{F}(t-2)]^\omega \tag{4.16}$$

在时间段内集群企业i的市场占有率可以表示为：

$$\eta_i(t) = \eta_i(t-1)(f_i(t)/\overline{F}(t)) \tag{4.17}$$

三 仿真与结果分析

（一）参数设置

集群企业i购买的资本$C_i = 4c$，$c \in U(0, 1)$，$a_i = 0.3R(C_i) = 0.2(C_i)^3$，$L(C_i) = 0.3(C_i)^3$，$G'_i(t)$服从$U\left(0, 1 + \dfrac{t}{1500}\right)$分布，$N_0 = 500$，$\varphi = 0.02$，$\kappa = -0.4$，$\chi = 0.1$，$\delta = 0.04$，$\varphi = 0.15$，$\beta = 2$。

（二）主要结果分析

1. 市场价格的动态变化

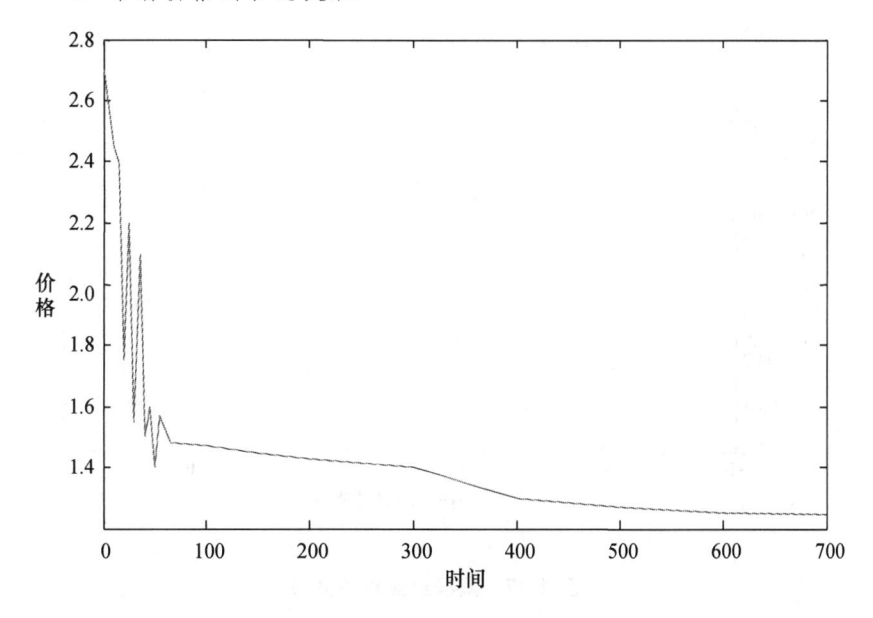

图4-6 价格的动态变化

从图4-6中，可以看出，集群企业在采取创新行为后，其产品投入到市场的初始阶段能够获得较高的市场价格（约为2.7），但由于产业集群网络结构的特殊性，创新信息在网络内得到迅速的传播和扩散，集群企业的邻近企业在获得创新信息后，也会为了获得更多收益而采取创新行为。另外，由于集群网络在不断演化，外部不断地有大量新企业涌入到集群中来，这些企业为了自身的利益也会不断地更新和改善产品技术。因此，随着创新被不断地模仿和竞争的不断增强，产品的市场价格在急剧地下降，最低价格达到约1.1元。同时，集群网络中的一些企业由于无法跟随技术发展的脚步，而被迫退出产业集群。

因此，图4-6显示了市场价格的动态性，当第一个企业进入市场时，产品的价格是非常高的。但随着资本的集聚和产品的扩张，市场价格迅速地下降。这意味着价格序列中存在一个循环模式，而这也反映了需求的循环变动。

2. 集群企业规模分布状况

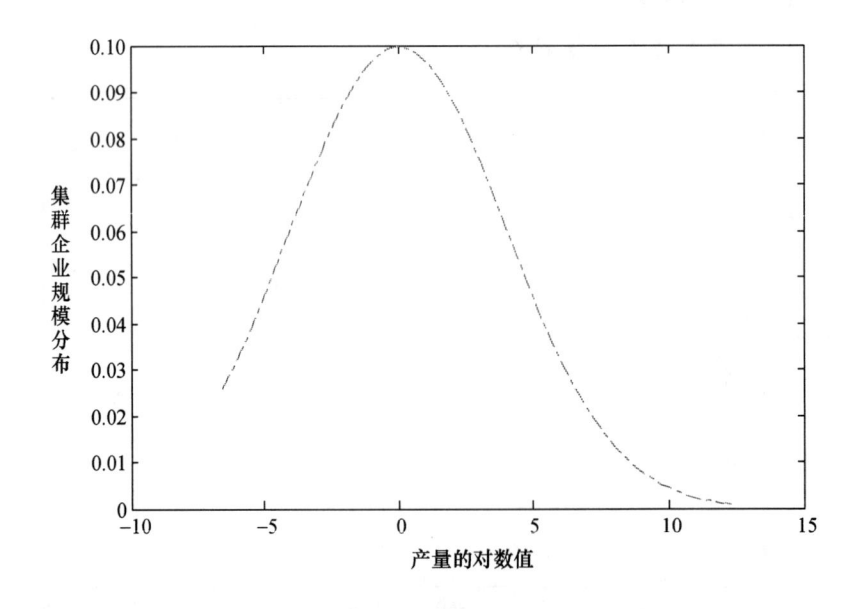

图4-7 集群企业规模分布

图4-7显示了集群企业规模分布情况,从图中可以看出,集群中大规模企业较少,小企业和中等规模企业占多数,而且集群企业规模的平均值大于中等企业的规模,集群企业规模的分布近似地服从正态分布。

集群企业规模分布出现上述情况的原因在于:由于技术复杂性的增强,创新成本的日益增加,以及创新风险的不断提升,单个中小企业很难借助自身所拥有的各种资源与知识去进行创新,从而在组织内部实现知识的经济化。因而创新对企业外部的依赖性越来越强,特别是大量缺乏正式研发职能的中小企业,外部知识资源是其创新的主要源泉。同时,为了减小创新带来的各种风险、缩短创新成果进入市场的时间,集群企业只能凭借自己的竞争优势来从事产业链上的某一项工作,从而实现专业化分工。因此,地理位置接近的众多相互关联的中小企业集聚在一起,依靠集群网络提供的各种基础设施与各种中介机构,实行资源共享、优势互补,强化创新过程中企业间和其他机构成员间的相互作用,从而提高集群的整体创新能力。

3. 资本利润率的动态变化

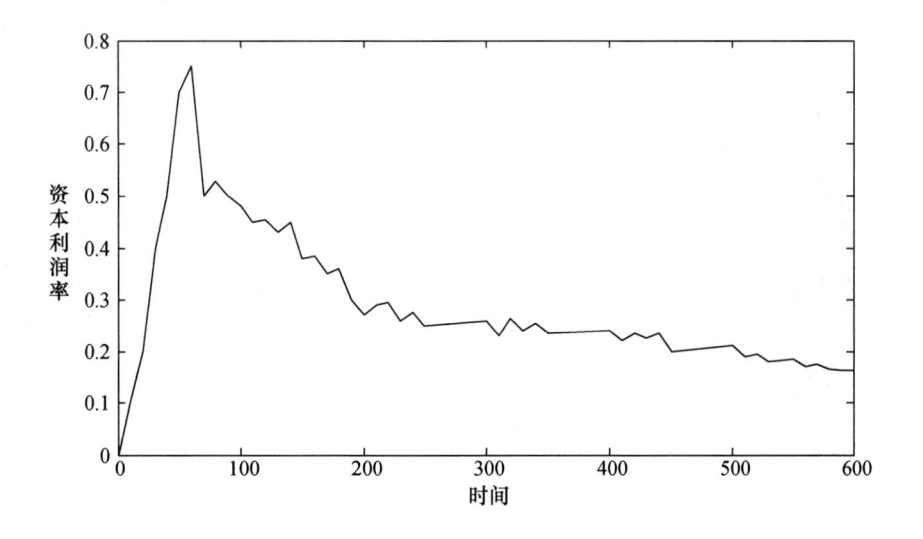

图4-8 资本利润率的动态变化

从图 4-8 中可以看出，率先采取创新行为的集群企业能够获得更大的利润，而且拥有更好的机会使得公司规模扩大，这也正体现了创新先驱者的优势。然而，这些优势并不是一直都存在。由于产业集群中信息扩散与传播的高效性，一项技术创新很容易被集群中其他企业所发现，这些企业通过对此项技术创新的消化、吸收与模仿，并在此基础之上进行技术改良，就会导致渐进性的技术创新不断发生，从而形成强大的挤压效应。因而创新先驱者就会逐渐丧失其优势，可能就会花费少量的资金在研发上，最终在竞争中就会处于落后，从而导致其资本利润率不断下降。因此，创新先驱者的确具有一些优势，但这些优势可能只是在某些阶段存在。

然而，这种创新先驱者优势对欠发达地区来说也是一个启示，也就是说，如果一个处于发达区域的集群能够较早地进入市场，那么这种率先创新行为能够为它克服技术劣势，以及能够长期地维持区域经济的稳定发展。原因在于欠发达区域的集群企业能够进行创新和彼此间相互学习，从而使得产品具有价格优势。

4. 产品单位成本与竞争力的动态变化

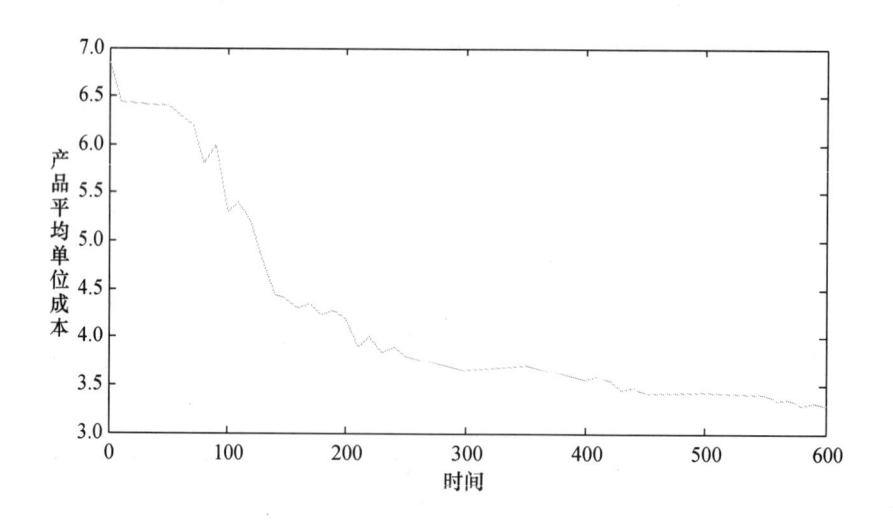

图 4-9　产品平均单位成本的动态变化

从图 4-9 可以看出，集群企业进行创新后，产品平均单位成本不断下降,这也正好体现了集群创新的优势。首先,由于在产业集群内集聚了大量在地理位置上比较接近的从事同一产业或相关产业的企业,因而可以为集群内各企业间的沟通与互动提供便利,进而更加容易建立起一种长期的合作关系和信任关系,从而可以有效限制集群内各种机会主义行为和道德风险,同时还降低了集群内各行为主体之间因讨价还价所带来的交易成本。其次,集群内的共享机制能够促使集群内各企业通过较低的成本就可获得大量的所需信息资源,从而可以为企业节约大量的资源获取成本和对所需资源的搜寻成本。最后,产业集群可以通过网络联系提高整个区域的对外议价能力,从而有效降低整个区域对外的交易成本。

而正是由于产品平均单位成本的下降,使得集群企业的产品进入市场后,与其他企业产品相比,更具有竞争优势,因而,产品的平均竞争力也不断上升(见图4-10)。同时我们也可以看出,产品平均单位成本在不断下降和产品平均竞争力不断上升的过程中,下降和上升的幅度并不是线性的,而是一种波动式的,这主要在于产业集群中还存在许多其他的创新跟随者,他们会对接收到的创新知识进行消化、吸收,最终选择模仿或自主创新;同时,产业集群网络本身也在不断地发生演变,在其演变的每个阶段,都会有大量新企业涌入,而这些新进企业势必会对现有集群企业的产品形成竞争。

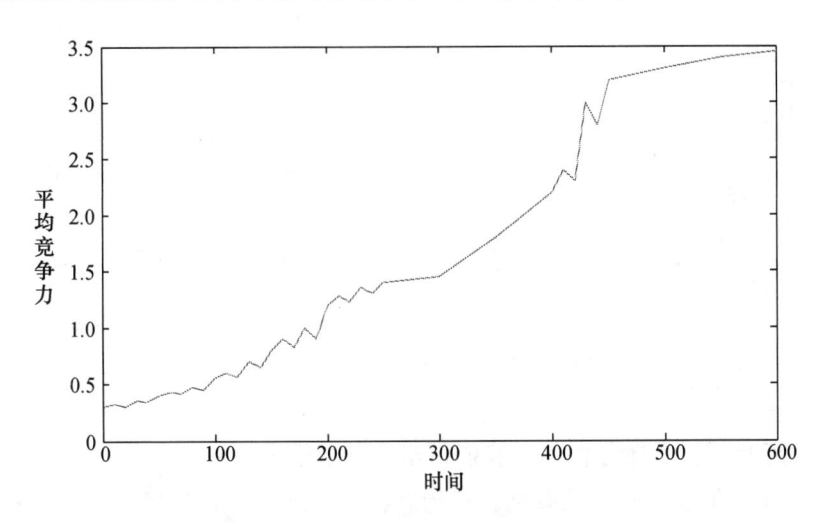

图4-10 产品平均竞争力的动态变化

5. 市场占有率的动态变化

从图4-11可以看出，创新产品在进入市场的初期，市场占有率在不断上升，并能达到一个较高的市场占有率，主要原因在于与非集群企业相比，集群能给企业创新带来产品的低成本优势，而且该阶段市场竞争力也较小，因而创新产品进入市场后能够迅速占领市场。然而，由于产业集群创新网络具有一种良性竞争机制的"挤压效应"，易推动集群企业在创新上实现联动，给各个企业带来极大的创新压力，迫使集群成员尽可能早地了解和学习到企业中各种好的创新理念。特别地，集群网络内企业由于地理接近性和共同的产业文化背景，不仅可以加强显性知识的传播与扩散，更重要的是可以加强隐性知识的传播与扩散，并通过隐性知识的快速流动进一步促进显性知识的流动与扩散。因而一部分集群企业的创新活动及其成果的出现，会带动相关企业进行技术创新，因此，进入中期阶段后，由于竞争力的加剧，市场占有率开始急剧下降，当进入到后期阶段后，产品竞争的强度会更大，市场占有率就会变得更小，而且呈现一种稳态趋势。

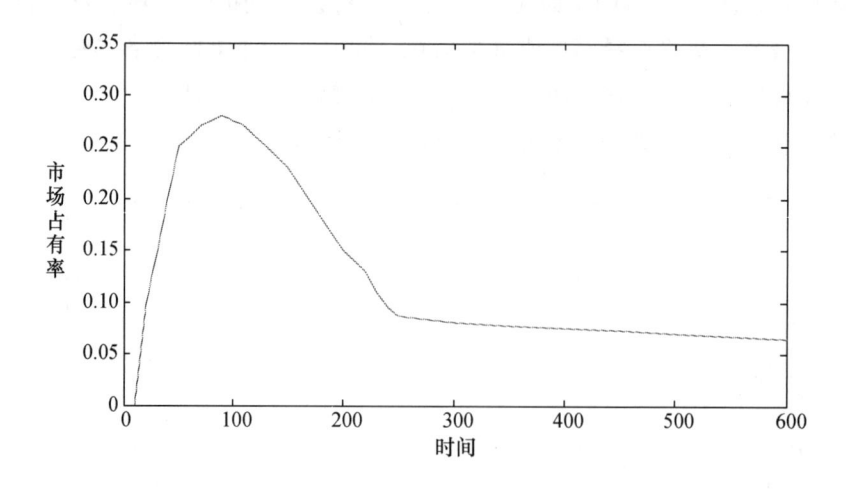

图4-11 市场占有率的动态变化

因此，从上述分析中，我们得出了以下结论：
(1) 集群企业在采取创新行为后，其产品投入到市场的初始阶段能够获得较高的市场价格,但随着资本的集聚和产品的扩张,市场价格迅速下降。这意味着价格序列中存在一个循环模式,而这也反映了需求的循环变动。

(2)集群中大规模企业较少,小企业和中等规模企业占多数,而且集群企业规模的平均值大于中等企业的规模,集群企业规模的分布近似地服从正态分布。

(3)集群中创新先驱者能够获得更大的利润,而且拥有更好的机会使得公司规模扩大,然而,这些优势并不是一直都存在。当此项技术创新被集群中的创新跟随者吸收与模仿后,创新先驱者就会逐渐丧失其优势,从而导致其资本利润率不断下降。

(4)集群企业进行创新后,产品平均单位成本不断下降,而正是由于产品平均单位成本的下降,使得集群企业的产品进入市场后,更具有竞争优势,因而产品的平均竞争力也不断上升,但下降和上升的幅度并不是线性的,而是一种波动式的。

(5)创新产品在进入市场的初期,市场占有率在不断上升,并能达到一个较高的市场占有率,进入中期阶段后,由于竞争力的加剧,市场占有率开始急剧下降,当进入到后期阶段后,产品竞争的强度会更大,市场占有率就会变得更小,而且呈现一种稳态趋势。

第五节 集群创新网络内的创新扩散行为分析

在当今知识经济时代,提高创新能力是集群网络内企业获取核心竞争优势的主要来源之一,而创新扩散是提高集群创新能力的有效途径。因而如何使得创新在集群网络内高效扩散以提高集群企业的竞争能力,从而推动整个集群的发展,促进区域经济增长是值得关注的重要问题。

研究表明,集群网络是高度非均一性的网络,具有无标度特性、小世界特性与集团化的复杂网络。而各种创新正是通过集群网络进行扩散和传播,因此,集群网络结构的特殊性是否会对创新扩散产生影响？创新扩散过程中集群主体的行为特征又表现如何？创新信息能否在集群网络中得到高效扩散？其扩散速度又会受到哪些因素的影响？这些问题都具有重要的研究价值。

近年来，创新扩散成为经济与管理研究中的热点问题，国外对创新扩散的研究起步较早，主要集中于两个方面：一是对与 Bass 模型相关的拓展性研究，大多数关于创新扩散模型的研究均源于 Bass 模型。Chatterjee 和 Eliashberg（1990）提出了传统经济框架下扩散过程的微观模型。Rogers（1995）分析了受早期创新采纳者和晚期创新采纳者交互作用影响的创新采纳者数量变化特征。Mahajan 和 Muller（2000）提出的模型是在 Bass 模型的基础上增加一些新的变量来解释扩散的不同特征。Bemmaor 和 Lee（2002）提出的模型专注于异质性对扩散的影响。二是针对基于社会网络的创新扩散模式的研究（Goldenberg et al., 2000; Weisbuch & Stauffer, 2000），这些模型的研究基础是基于市场动力学与疾病扩散的研究（Moore & Newman, 2000; Newman, 2002; Dodds & Watts, 2005）。

国内对集群创新扩散的研究起步较晚，主要集中于创新扩散作用、创新扩散过程、创新扩散方式、创新扩散模型、创新扩散激励机制等方面的研究。吴添祖、姚杭永从实证研究的角度，揭示产业集群的创新扩散作用。李勇、史占中、屠梅曾分析了集群知识系统中 SIS 模型的创新传播过程。徐建敏、任荣明等基于国际贸易中的技术差距理论，提出知识密集型服务业创新扩散过程，并利用动态博弈的激励设计理论，构建鼓励创新及其专有知识溢出的补偿机制。赵骅、丁丽英、冯铁龙利用激励理论中的委托—代理理论，搭建起企业集群内部技术创新扩散激励机制框架，借鉴"锦标机制"方法构建了企业集群技术创新扩散激励机制模型。曹兴、汤长安构建了基于创新扩散的集群企业竞争优势概念模型，分析了创新扩散系统各要素对集群企业竞争优势的作用机制。李英从社会网络及复杂网络的角度对产业集群网络进行探讨，对集群创新扩散系统、扩散过程、扩散模型等方面进行了分析。汤长安、曹兴、徐磊分析了集群内部企业网络特征及其对创新扩散的影响，提出了初期产业集群技术创新扩散模式。徐磊对技术创新在集群内的扩散方式进行了博弈分析，并运用 Blackman/Fisher –

Pry 模型，对集群内的技术创新扩散状态进行了深入的分析。周岩构建了基于元胞自动机的产业集群创新扩散模型。何铮、张晓军通过构建随机阈值模型，运用仿真方法探讨了不同网络类型集群创新扩散的稳定性和脆弱性问题。

从现有研究文献来看，从社会网络的角度来对集群创新扩散进行研究的文献很少，而且只是从理论的角度来对创新扩散进行定性研究，而从社会网络角度来考虑集群网络结构特性对集群创新扩散的定量研究还处于空白，鉴于此，我们利用社会网络理论从三个方面对集群创新扩散行为进行研究：一是集群网络结构的无标度特性对创新扩散会产生怎样的影响；二是集群创新扩散过程中主体的行为特征如何；三是集群网络的社会效应对创新扩散会产生怎样的影响。

一 集群创新网络中创新扩散模型的建立

在集群创新网络中，构成网络的基本要素有两个：集群主体以及集群主体之间相互作用的关系。在企业集群这样一个复杂的社会网络系统中，位于每一个节点上的集群主体在集群演化的过程中在行为上是彼此依赖的。每一个主体都有自己的偏好和信念，集群主体依据自己内部模型中的知识结构，对其他集群主体可能的行动进行预测，并在预测的基础上对自己可能采取的行动所带来的收益进行权衡并据此进一步采取具体的行动。同时，集群主体的决策行为也会受到它所嵌入的集群网络的其他主体或群体的影响，我们称之为社会影响。因此，集群主体采取创新行为后所获得的总效用包括集群主体的个体偏好效应和集群网络的社会效应两部分。这里，假设集群主体 i 进行创新行为后获得的总效应可表示为：

$$V_i = \alpha y_i + (1 - \alpha) x_i \tag{4.18}$$

其中，V_i 表示集群主体 i 所获得的总效应，x_i 表示集群主体 i 的个体偏好效应，y_i 表示集群主体 i 从集群网络中获得的社会效应，α（$0 \leq \alpha \leq 1$）表示社会效应与个体偏好效应对集群主体决策行为产生影响的相对重要程度，α 值越大，表示集群主体在进行创新决策时越容易受到集群网络中其他主体或群体决策行为的影响，α 值越小，表示集群主体具有很强的自主性，其决策行为不易受到集群网络中其他主体或群体决策行为的影响。

在集群创新网络中，由于每个集群主体在网络中的度和结构洞位置的不同，它受到网络的社会影响程度可能也会不一样，因此本书在考虑集群网络对集群主体是否决定采取创新行为所产生的社会影响时，我们考虑两种特殊情况：一是集群主体的所有邻节点对其创新决策行为所产生的影响程度是等同的；二是集群主体的每个邻节点对其创新决策行为所产生的影响程度与该邻节点的度成比例关系，也就是说，邻节点的度越大，那么它对集群主体的创新决策行为所产生的影响就越大，因此，集群主体 i 从其邻节点所获得社会效应可以表示为：

$$y_i = b \frac{\sum_j c_{ij}}{\sum_j a_{ij}} + (1-b) \frac{\sum_j [(\sum_l c_{ij} a_{jl}) - 1]}{\sum_j [(\sum_l a_{ij} a_{jl}) - 1]} \qquad (4.19)$$

在式 (4.19) 中，参数 b 表示上述两种特殊情况的权重大小，当 $b=0$ 时，说明主体 i 的每个邻节点所产生的影响与其所拥有的邻节点数目是成比例的，当 $b=1$ 时，说明主体 i 的任意邻节点所产生的影响都是一样的。右边第一项表示第一种情形下的社会效应，a_{ij} 是邻接矩阵中的元素，即当主体 i 与主体 j 存在连接时，$a_{ij}=1$，否则，$a_{ij}=0$。c_{ij} 是矩阵 C 中的元素，矩阵 C 反映主体与网络中已经采取创新行为主体之间的连接关系，也就是说，如果集群网络中的任意主体 j 已经采取创新行为，而当另一主体 i 与主体 j 之间存在连接关系时，则 $c_{ij}=1$，否则 $c_{ij}=0$，因此，指标 $\dfrac{\sum_j c_{ij}}{\sum_j a_{ij}}$ 反映了已经采取创新行为的主体 i 的邻接节点在集群网络节点中所占的比重。右边第二项表示第二种情况下的社会效应，其中，$\sum_j [(\sum_l a_{ij} a_{jl}) - 1]$ 表示主体 i 的邻接点所拥有的邻接点总数目，$\sum_j [(\sum_l c_{ij} a_{jl}) - 1]$ 表示主体 i 的邻接点所拥有的邻接点中已采取创新行为的节点数目。

主体 i 的个体效应可以表示为：

$$x_i = \frac{h^\lambda}{h^\lambda + f_i^\lambda} \qquad (4.20)$$

其中，f_i 表示主体 i 的个体偏好，h 表示主体的创新质量。当 λ 取较大值时，如果 $h > f_i$，$x_i = 1$，否则，$x_i = 0$。

由于集群网络中的每个主体对每次的创新效应都会有一个预期的最小效应值 V_{min}，而集群主体 i 最终是否采取创新行为取决于创新所带来的总效应 V_i 与 V_{min} 之间的大小比较，因此，集群主体 i 是否采取创新行为的决策规则为：

$$V_i \geq V_{min} \tag{4.21}$$

当 V_{min} 的值比较小时，集群主体 i 很容易被满足，并会采取创新行为。而当 V_{min} 的值比较大时，集群主体 i 很难被满足，并不会轻易采取创新行为。

另外，在这个模型里，我们给出以下四个假设：

假设1：只有当集群网络中主体 i 与主体 j 之间存在连接关系时，创新信息才能在这两个主体间进行传播和扩散。

假设2：集群网络中最初采取创新行为的主体占网络节点总数 N 的比例 φ 是固定的，而且对已采取创新行为主体的选择是随机的。

假设3：集群网络中每个主体的个体偏好和对社会影响的敏感程度都是不一样的。且参数 V_{min}，α，f_i 在区间 [0，1] 内均服从均匀分布。

假设4：集群网络中的每个主体对创新进行决策的结果只有两种：采纳和不采纳。

二　仿真与结果分析

1. 集群网络结构对创新扩散的影响

为考虑集群网络结构影响，我们假设 $N = 300$，$\lambda = 80$，$\varphi_0 = 1\%$，$\alpha = 0.2$，$h = 0.6$，f 服从区间间隔为 0.6 的均匀分布，也就是说，f 的平均值 $\bar{F}$ 在区间 [0.3，0.9] 之间变动。同时，为确保在此种仿真条件下所获得结果的平均值和标准偏差均收敛于稳定值，此次仿真实验重复进行 50 次。

这里，为更好地反映集群网络结构对集群创新扩散的影响，我们比较了规则网络和集群网络结构两种不同的网络结构对集群创新扩散的影响，同时，我们通过在 [0.3，0.9] 的区间内不断增加集群主体

个体偏好的平均值 $\bar{f}$ 来计算集群网络中创新采纳者所占比重，仿真结果如图 4-12 和图 4-13 所示。

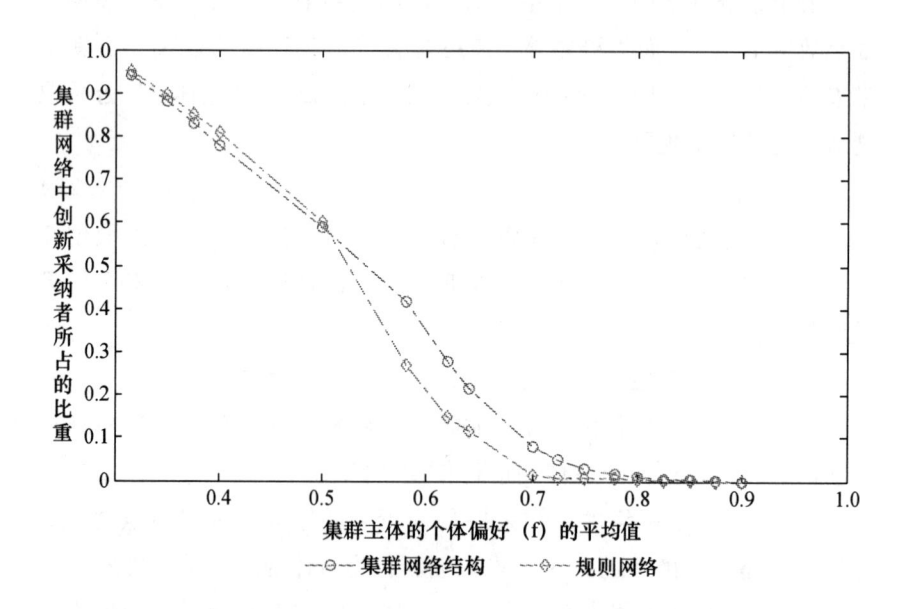

图 4-12　集群网络结构和主体的平均个体偏好对主体创新行为的影响

从图 4-12 中可以看出，网络结构对创新扩散产生了非常重要的影响。在规则网络中，当主体个体偏好的平均值小于 0.5 时，即 $\bar{F}<0.5$，创新扩散很容易发生，在此种情况下，网络中的信息可以传达到每个主体，而且对于创新获得的效应大于其预期的最小效应值（即 $V_i \geq V_{\min}$）的主体来讲，会立即采取创新行为。而当主体个体偏好的平均值大于或等于 0.5 时，即 $\bar{F} \geq 0.5$，在较短的时间后，网络中的扩散就会停止，而且只有小部分的主体（$V_i \geq V_{\min}$）采取了创新行为，在此种情况下，没有采取创新行为的主体并不会把信息传达给网络中的其他主体，导致网络中的许多主体都不能接收到信息，最后的结果是大量潜在的创新采纳者由于网络中信息扩散的中断都没有进行创新。

同时，从图 4-12 中我们也可以看出，与规则网络相比，集群网络中的创新扩散更加容易，因而更多的潜在主体可以接收到创新信息，而且这种创新信息的传达是非常高效的。只有当集群网络中主体的个体偏好比创新质量大得多时，即 $f_i > h$，创新采纳者所占比重开始下降，这主要是由于没有采取创新行为的主体所占的比重在增加，因而他们没有把创新信息传达给网络中的其他主体。然而，与规则网络相比，集群网络中创新采纳者所占比重下降的幅度要小得多。另外，从图中我们可以看到，当 $\bar{F} = 0.6$，有65%的集群主体已接收到创新信息，而且有一半已经采取了创新行为，这说明集群网络中的创新信息已被传送到大量的潜在创新采纳者。

结论 1 集群网络结构对创新扩散效率产生了重要影响，而且与规则网络相比，集群网络的无标度性使得创新信息的扩散效率更高，集群主体往往更易于采取创新行为。

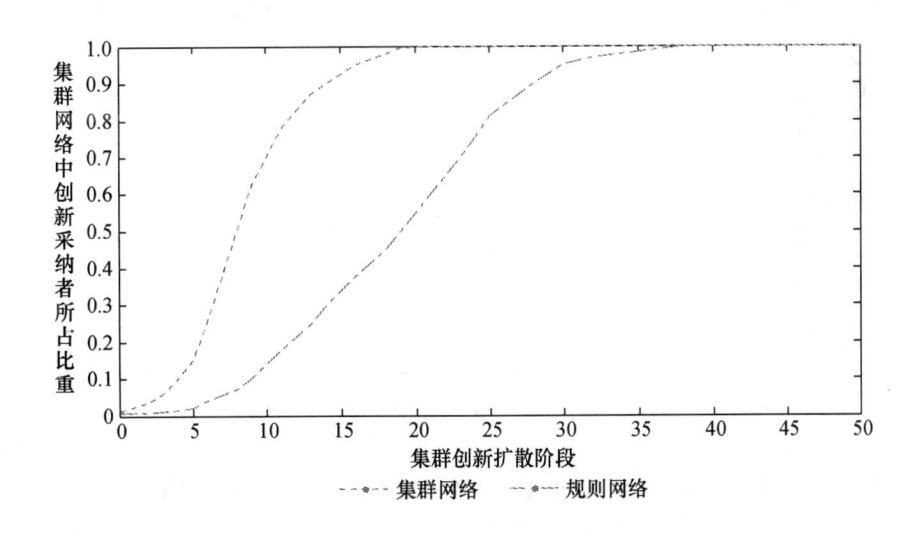

图 4-13 集群网络中的创新扩散速度

当然，网络结构不仅会影响创新扩散效率，而且结构不同的网络中创新扩散过程的速度可能也会不一样。从图 4-13 中可以看出，与规则网络相比，集群网络中的创新扩散速度更加迅速。集群网络中的创新信息在第 20 个扩散阶段就可以扩散到整个网络，这主要在于集群网络中存在大量的社团结构和核心节点,一旦它们采取创新行为,这种创新信息很快就会在网络中被传播。

结论2 集群网络结构对创新扩散过程的速度产生了重要影响,而且与规则网络相比,集群网络中的创新扩散速度更加迅速。

2. 创新扩散过程中集群主体的行为特征分析

在整个创新扩散的过程当中,主体的行为特征如何呢?谁最先开始创新,谁在最后才采取创新行为呢?这里,我们对创新扩散过程中集群主体的行为特征进行分析,在第一次仿真实验参数设置的基础上,我们设置此次仿真实验的参数如下:$f_i \in [0, 1]$,$V_{\min} \in [0, 1]$,$\alpha \in [0, 1]$,仿真实验次数同样为50次。仿真结果如图4-14、图4-15和图4-16所示。

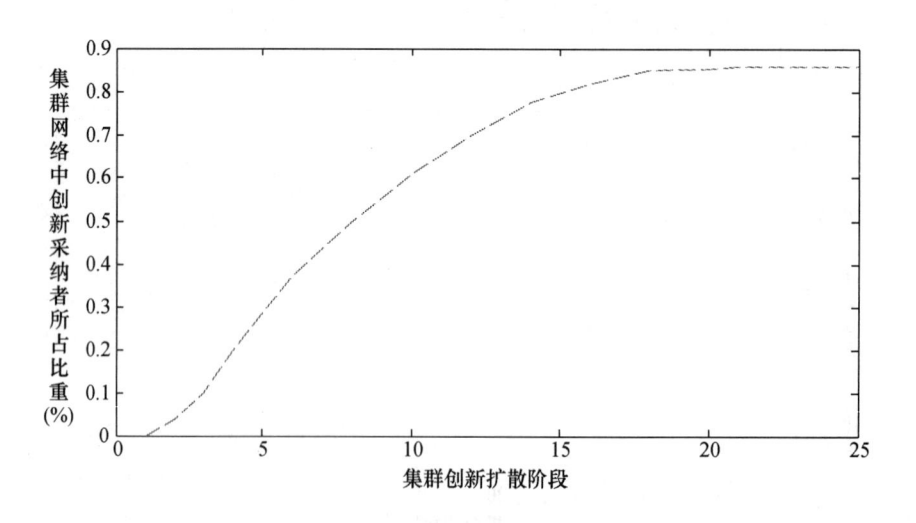

图4-14 集群创新扩散过程中创新采纳者所占比重的变化

从图4-14中可以看出,在集群创新扩散过程中,集群创新采纳者所占的比重在不断增加,而当集群创新扩散到第20个阶段时,集群创新采纳者所占的比重达到一个稳定值,大约占了85%,原因在于集群网络结构的无标度特性使得创新扩散速度非常快,在第20个阶段时,创新信息已被扩散到整个集群网络,这与第一次仿真实验得到的结果相同。而网络另外15%的集群主体最终没有采取创新行为的原因在于其创新获得的总效应低于其对创新预期的最小效应值,即 $V_i < V_{\min}$。

结论3 集群创新采纳者的数目随着集群创新扩散过程的演化在不断地增加,而且当创新信息扩散到这个集群网络后,集群创新采纳者的数目不会再发生改变。

从图4–15中可以看出,最先采取创新行为的集群主体的度往往比较大,原因在于集群主体的度越大,它跟网络中其他主体的接触就越多,能获得创新信息的机会就越大,因而采取创新行为的可能性也就越大。同时,我们从图中还可以看出,随着集群创新扩散阶段的演化,集群创新采纳者的度变得越来越小。这主要在于集群网络结构的无标度特性使得网络内创新信息的扩散更加高效,因而网络内的集群主体可以直接通过这种网络效应来获得创新信息,而并不需要过多地依靠邻接主体,而当创新信息扩散到整个集群网络时,集群创新采纳者的度最终会达到一个稳定值。

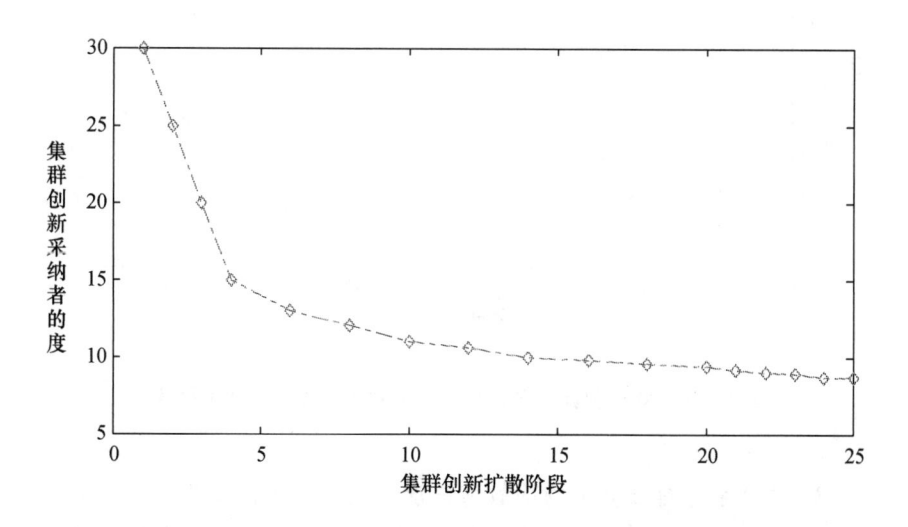

图4–15 集群创新扩散过程中创新采纳者的度的变化

结论4 最先采取创新行为的集群主体的度往往比较大,但集群创新主体的度随着集群创新扩散阶段的演化在不断变小,并最终达到一个稳定值。

从图 4-16 可以看出，集群主体采取创新行为的行动越迟，他们对社会影响的敏感程度（α）就越大。显然，如果集群主体对社会影响的敏感程度较大，他们往往会跟随网络中其他主体所做的决策行为。在集群创新扩散的初期阶段，由于集群网络的其他许多邻接主体并没有采取创新行为，他们自然也就不会采取创新行为。而在集群创新扩散后期阶段，由于集群网络中的其他许多邻接主体采取了创新行为，他们也可能会采取创新行为。相反，如果集群主体在集群创新扩散的初始阶段就采取了创新行为，那么意味着该主体的个体偏好值（f）比较大，他们经常会将个体偏好（f）与创新质量（h）进行比较。

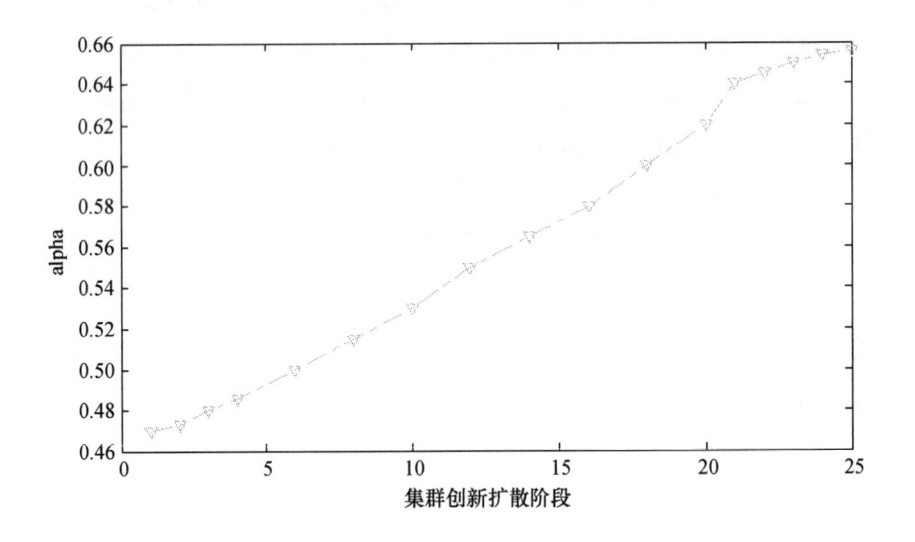

图 4-16　集群创新扩散过程中主体对社会影响的敏感程度

3. 集群主体对社会影响的敏感程度对创新扩散的影响

创新扩散理论表明，集群主体的决策行为会受到集群网络的社会影响，因此，在此次仿真实验中，我们试通过不断改变 α 的平均值 $\bar{\alpha}$，来判断集群网络的社会影响对创新扩散的影响，显然，$\bar{\alpha}$ 越大，集群主体的决策行为越容易受到集群网络的社会影响。基于第一次仿真实验参数设置的基础上，我们设置 $\bar{\alpha}$ = [0.27　0.395　0.52　0.645　0.745

0.795], $\bar{F}$ = [0.3 0.35 0.45 0.55 0.65 0.75], 仿真结果如图 4-17 所示。

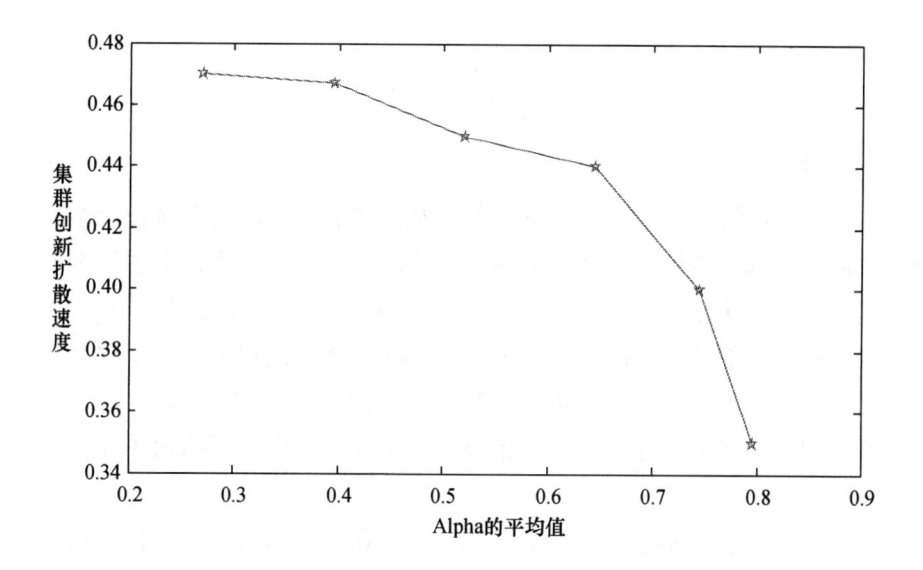

图 4-17　社会影响对集群创新扩散速度的影响

从图 4-17 中可以看出，$\bar{\alpha}$ 值越大，集群创新扩散速度就越小，集群创新扩散就会受到阻碍。显然，$\bar{\alpha}$ 值越大，说明集群主体对社会影响的敏感程度越大，因而只有当集群网络中的其他许多邻接主体采取了创新行为时，他们才会采取创新行为，这就影响了集群网络内创新采纳者的数量。当然，创新采纳者数量的减少与社会影响程度并不是成比例关系，从图 4-17 中可以看到，当 $\bar{\alpha}$ 在区间 [0.645, 0.795] 内变动时，创新采纳者数量的减少与社会影响程度就存在很大的关联，而当 $\bar{\alpha}$ 在区间 [0.27, 0.395] 内变化时，创新采纳者数量的减少与社会影响程度并没有太大的关系，而且当集群主体的个体偏好（f）远远低于创新质量（h）时，集群主体对社会影响的敏感程度低（即 $\bar{\alpha}$ 越小），就越有助于创新信息在集群网络中的扩散。

结论 5　社会影响对集群创新扩散速度产生重要影响，当集群主体对社会影响的敏感程度较低（即 $\bar{\alpha}$ 值较小）时，社会影响有助于创新信息在集群网络中的扩散，而当集群主体对社会影响的敏感程度较大（即 $\bar{\alpha}$ 值较大）时，社会影响将会阻碍创新信息在集群网络中的扩散。

本章小结

从本章的分析中可以看出，集群创新网络中主体的决策行为会受到网络中其他主体或群体的影响，因此，应加强创新网络中主体之间的互动，并为主体间的互动提供良好的环境；同时，从上述分析可知，集群创新网络中的信任水平对主体间的合作涌现也产生了很重要的影响，因而也应该维护创新网络内企业间的"信任与承诺"，推进社会制度和行业标准的建立与完善，从而更好地促进网络内主体间的合作。

（1）重视集群创新网络外部创新源的作用，为网络各主体间的互动搭建各种非正式交流的平台，以加强网络内各行为主体间的联系。

由于市场竞争的日益激烈，以及企业自身能力的有限，因而企业作为集群创新网络内的创新主体，其创新所需的各种资源、信息与知识不仅来自集群创新网络内部，同时也来自网络外部的其他主体。因此，通过加强网络内各行为主体之间的关系互动，可以加速其创新所需的资源云在网络内部的高度集聚，同时也有利于吸收网络外部的优势资源云，为网络内各创新主体所采用。而网络内主体之间的关系互动既包括企业与上下游企业之间的互动、企业与同行合作者和竞争者之间的互动，同时也包括了与中介机构、金融机构、政府部门等之间的互动。首先，加强集群创新网络内企业与大学或科研机构之间的联系，通过联合研发的形式引进重大科技成果并将其实施产业化；其次，加强集群创新网络内中介机构、金融机构等与企业之间的互动，以促使它们对企业的创新提供各种良好的服务；再次，转变政府在集群创新网络中的职能，加强集群创新网络内政府与企业之间的良性互动，加大政府对网络内核心企业的采购力度；最后，在集群创新网络内为各行为主体之间的互动搭建非正式交流的平台，积极促进并引导非正式关系网络的形成，以促进网络内企业的创新。

（2）为集群创新网络内各行为主体之间的创新与互动提供良好的氛围。

首先，通过在集群创新网络内建立知识产权保护机构，以及建立知识产权预警机制，加强对网络内主体的知识产权保护。对网络内出现的知识产权纠纷要及时给予指导，避免网络内同行间的恶性竞争，共同维护网络内各行为主体的合法权益，并对网络内申请专利的各行为主体给予合适的奖励，以激发网络内主体的创新行为。其次，通过完善集群创新网络内金融信贷与风险投资服务，以及吸引与鼓励民间闲散资金参与到网络内企业的创新中来，以改善网络内企业技术创新的投融资环境，从而在网络内培育健康有效的资本市场。对于网络内的中小企业而言，要解决长期存在的融资难问题，就必须想方设法地利用各种方式来搭建与金融机构的交流平台，加强它们之间的沟通与合作。最后，加快集群创新网络内中介机构的建设，积极引进网络内外著名的中介机构，并建立起中介机构与企业的互动渠道，搭建多层次的交流平台，以发挥其对创新的促进作用。

（3）强化集群创新网络内企业间的信任与承诺，以促进网络内各行为主体之间合作的开展。

对集群创新网络内的各行为主体而言，建立网络内各行为主体间的信任关系显得尤为重要，信任是彼此间合作的基础，而网络内信任的产生源于各行为主体间的沟通与交流。因此，集群创新网络内各行为主体之间的信任危机主要是由于沟通不畅所引起的，所以要保持网络内信息传递通畅的方法主要表现在：首先，在集群创新网络内为各行为主体之间良好的互动建立正式的交流机制，以促使更多的内外部知识与信息在网络内流通与共享。其次，随着互联网与物联网的发展，可以在集群创新网络建立多种信息技术沟通渠道，以促进网络内各行为主体之间互动的广度和深度，从而为信任的产生打下稳固的基础。最后，在集群创新网络内加强各行为主体之间的非正式交流与沟通，从而为各行为主体之间的相互信任营造良好的氛围。

第五章 企业集群创新网络多主体合作博弈模型及创新绩效分析

随着技术创新在提升企业集群及集群内企业竞争力方面作用的增强，集群内企业的技术创新活动已经成为企业集群研究的重点，而企业集群的地理集中性与网络结构的特殊性使得集群内的企业纷纷采取合作创新的形式。合作创新作为创新的一种主要战略，相比自主创新和模仿创新具有风险较小、技术和市场领先等优势。当前，我国的经济基础还比较薄弱，每年投入 R&D 的经费占国内生产总值的比重还很低，虽然呈逐年上升的趋势，但是与发达国家相比还有很大的差距，这种差距决定了我国只有实施合作创新，整合各方的优势资源才更有利于创新的顺利开展。集群合作创新不仅有助于缩短创新时间，增强企业的竞争地位，而且还能够分摊企业自身的创新成本和降低创新风险。

第一节 企业集群创新网络中的合作博弈模型

目前，我国产业集群发展已具有一定的规模，但由于产业集群形成的自发性，其发展还处于低级阶段，面临着紧迫的升级问题。尽管产业集群具备一定的竞争优势，但一些中外著名的产业集群走向衰落也值得我们去深思，而这些衰落的产业集群一个共同特征就是没有适时地实现产业升级。而产业集群的升级，则需要集群网络内的企业之间，以及与网络外部的企业和机构之间多方位、多层次的互动与合作，因此，产业集群的地理集中性与网络结构的特殊性使得集群内的企业纷纷采取合作创新的形式，合作创新活动也已经成为产业集群研究的重点。

国外针对集群合作创新问题的研究主要集中于以下三个方面：一是合作创新的概念，如 Fusfeld 和 Hkalishc（1985）认为，合作创新是企业为了共同的研究开发目标投入各自的优势资源而形成的合作契约安排。Mattesich 和 Monsey（1992）认为，合作创新是通过与其他组织合作进行新技术的开发和应用的过程。二是合作创新的动因，如 Skakaibare（1997）认为，企业进行合作创新的主要动机为节省交易成本、独占知识技术和能力异质性。Dodgson（1993）和 Coomb 等（1996）认为，合作的驱动力主要包括技术与市场的全球化、研发成本的增加、技术生命周期的缩短、技术复杂性的增加等方面。Michael Fritsch 认为，地理上的距离对于建立和维持合作关系是不利的；同时他认为要实现合作各方的利益的最大化，就必须保持区域网络与外部环境的互动。Jorge Alves、Maria José Marques、Irina Saur 和 Pedro Marques 认为，产品创新源于大量创新型的思想，而创新思想往往容易在合作的环境中产生。Tobias Schmidt 通过对加拿大企业的调查发现企业外部知识的获得，往往通过相互间的合作来实现。三是合作创新的模式，如首藤信彦（1991）把合作创新分为交叉性联盟、竞争战略联盟、短期联盟、适应环境变化联盟、新领域开拓联盟。Chan P. S. 和 Hride D.（1993）将合作创新分为客户联盟、供应商联盟、竞争者联盟、互补性联盟、便利化联盟等。

国内针对集群合作创新问题的研究可以归纳为以下四条线索：一是合作创新的概念，如傅家骥认为合作创新是指企业间或企业、研究机构、高等院校的联合创新行为。郭晓川提出网络合作化技术创新是指由多个企业形成的技术合作契约关系，共同投资、共同参与，然后基于共同的创新成果进行后续的差异化创新。苏敬勤和王延章（2002）把合作创新定义为各合作技术创新的要素主体以各种形式的合作方式与手段来提高企业能力的活动。二是合作创新的动因，如罗炜（2002）将企业合作创新动机归纳为与研究开发有关的合作动机、技术学习和技术获取有关的合作动机、与市场进入有关的合作动机三个方面。李京文、任伶（2009）认为，合作创新为企业提供了知识交流和融合的平台，且创新过程中的知识转移还为核心能力的发展提供了传动支持。陈云和王浣尘认为，当集群中的企业合作创新时，企业愿意提供更多的信息进行共享。三是合作创新的组织方式，如皮星（2009）在分析横向联盟技术创新模式的基础上，提出了补缺联盟技术创新模式。周赵丹、刘景江和许庆瑞从理论上探讨了合作创新的主要形式，并总结了我国合作创新的模式和机制。朱桂龙和彭有福引用加拿大机器人与智能系统网络中心的案例介绍了产学研合作创新网络的组织模式和运作机制。沈静、蔡建峰、曾令炜（2009）建立了企业合作创新知识转移模型，并在此基础上，建立了企业合作创新知识转移机制。四是合作创新的风险与利益分配，如刘荣、汪克夷（2009）对企业合作创新风险内在本质和系统构成进行了阐述，并以此建立了企业合作创新的综合评价指标体系。苏越良认为，基于 Internet/Intranet 网络环境下的合作技术创新存在许多风险，并探讨了合作技术创新风险系统的构成。陈旭和李仕明采用 3 阶段博弈对企业技术合作创新问题进行了分析，为产业集群内企业技术合作创新决策提供了重要的依据。朱涛通过对合作创新的博弈分析表明，合理的利益分配方案是合作创新的基础。李廉水也认为，合理的利益分配机制是有效保障各方收益的关键。

关于微分博弈方面的研究，早期研究主要集中于控制理论问题的扩展。贝尔科维兹（Berkovitz, 1964）建立了用变异的方法来研究微分博弈。利智文与蒙（Leitmann & Mon, 1967）研究了微分博弈的几何问题。蓬特里亚金等（Pontryagin, 1962）以其最大化原则求出了微分博弈的解法。在微分博弈的解法中，开环解法相对于反馈解法是较易于分析处理和应用的，而反馈解法虽然较为复杂，但却免除了时间一致性问题。克莱霍特和万（Clemhout & Wan, 1974）、弗什特曼（Fershtman, 1987）、利智文和施米腾多夫（Leitmann & Schmitendorf, 1978）等学者则以反馈纳什的形式解决了微分博弈问题。而在随机微分博弈方面，弗莱明（Fleming, 1969）求得了随机控制的解法，使得随机微分博弈能被分析。另外，杨荣基和彼得罗相教授（David W. K. Yueng & Leon A. Petrosyan, 2006）合著的《随机微分合作博弈》一书中，首次为随机合作提供了基础及实体的解法。

我们认为，现实中产业集群内企业间的合作创新从本质上来说，它是一个"互赖—互动—互信—互惠"的动态过程，因此，对集群合作创新问题的研究需要考虑到环境的动态性和时间的连续性，而且产业集群中的每个企业都是理性的，它们会根据参与合作联盟所分配的支付与其非合作创新所获得的报酬做出理性的判断，从而决定是选择非合作创新还是参与合作创新。在这样一个动态的环境下，企业间合作创新的复杂性大大增加，其合作创新也将变得更加困难。

对于企业集群创新网络中的企业来说，一方面，网络内企业之间基于社会网络基础上形成的社会资本可以有效地防止合作企业之间的逆向选择和机会主义。另一方面，网络内企业之间的竞争合作关系以及企业与其他机构之间的紧密联系为这些组织之间结成技术联盟开展合作创新活动提供了组织基础。因此，企业集群创新网络内企业的邻近性、网络结构以及根植性，为合作创新提供了良好的环境，合作创新从而成为企业集群内企业技术创新的首选形式。

集群创新网络内企业间的合作从本质上来说，是一个互赖—互动—互信—互惠的动态过程。显然，在这样一个动态的环境下，企业间的合作将变得更加困难，企业间合作的复杂性也将大为增加。因此，对集群合作创新问题的研究必须考虑到环境的动态性和时间的连续性，不仅要满足合作联盟的整体理性，同时也要满足联盟中每个企业的个体理性，这样才能保证企业间的合作取得成功。因此，在杨荣基和彼得罗相教授研究的基础上，我们结合实际利用微分动态合作博弈来对集群合作创新中的多企业动态合作创新问题进行研究。

在给出集群合作创新的多人动态合作模型前，我们给出了以下2个假设：

假设 1 集群创新网络中的每个参与企业在合作初始都愿意根据一个各方都同意的最优共识原则来分配各自的支付。

在集群创新网络中，由于每个合作参与企业都是理性的，如果企业参与合作获得的报酬并不能满足其个体理性，也就是说，如果合作结束后该企业获得的报酬低于其非合作情况下的报酬，他往往不会加入到合作联盟中，合作也就不会产生。因此，只有在合作的初始阶段，每个企业都同意联盟对于他们的合作支付所采用的分配方式，他们才会参与合作。另外，当合作参与企业在合作初始都同意根据最优共识原则来分配其支付时，它们在合作的过程中往往会尽量忠诚于合作联盟，因为这也关系到它们自身的利益。

假设2 集群创新网络中的支付是可以转移的。

在集群创新网络中，由于各合作参与企业在合作的过程中的每个时间点都会获得一个瞬时报酬，因此，如果支付是可以转移的，各合作参与企业不仅可以比较自身在不同时间点所获得的报酬，而且还可以比较不同合作参与企业间获得的报酬，这样就可以提高它们对合作联盟的信心。

根据杨荣基和彼得罗相教授的研究，我们建立一个由企业集群内 n 个企业组成的动态合作创新模型。假设博弈的开始时间和结束时间分别为 t_0 和 T，则 $T-t_0$ 为博弈的持续时间。博弈的初始状态为 x_0，博弈的状态空间为 $X \in R^m$，$x(t)$ 表示状态变量，其允许的状态轨迹为 $\{x(t), t_0 \leq t \leq T\}$，而 $x_i(t) \in X_i \in R^m$ 表示企业 i 在时间点 t 的状态变量，此状态变量随着时间不断地发生变化。$s_i \in S$ 代表企业 i 的控制，它代表一条随着时间而进展的策略路径，而 $s_i(t)$ 表示企业在时间 t 的控制。

另外，给定一个随着时间转变的贴现率 $r(t)$，对于 $t \in [t_0, T]$，集群合作创新内的每个企业在时间点 t_0 后的时间点 t 的所获都需要根据贴现因子 $\exp\left[-\int_{t_0}^{t} r(\theta) d\theta\right]$ 进行贴现。在每个时间点 t，企业 i 都会获得瞬间报酬 $f^i[t, x_i(t), s_i(t)]$，包括投资赢利、利益和税收等得到的净收益，而在创新的结束时间 T，企业 i 将获得终点报酬 $p^i[x_i(T)]$。

根据以上分析，我们可以计算出每个企业在参与合作创新后所获得的报酬，而每个企业所获得的报酬包含两个方面：一是企业在每个时间点 t 所获得的瞬间报酬；二是在创新结束时每个企业获得的终点报酬，即：

$$R_i[x_i(t), s_i(t)] = \int_{t_0}^{T} f^i[t, x_i(t), s_i(t)] \exp\left[-\int_{t_0}^{t} r(\theta) d\theta\right] dt +$$

$$p^i(x_i(T)) \exp\left[-\int_{t_0}^{T} r(\theta) d\theta\right] f^i(\cdot) \geq 0, p^i(\cdot) \geq 0\, i \in [1, 2, \cdots, n]$$

(5.1)

而博弈状态的动态系统为：

$$\frac{dx_i}{dt} = g^i[t, x_i(t), s_i(t)], \quad x_i(t_0) = x_i^0, \quad i \in [1, 2, \cdots, n] \quad (5.2)$$

在企业集群创新网络内，每个企业都是理性的，网络内的企业是否会选择合作，主要取决于能否满足合作联盟的整体理性和参与企业的个体理性。整体理性要求在一个支付可转移的合作创新联盟型博弈中，每位参与企业所分得的报酬的总和等于合作总联盟的价值。而个体理性要求在一个支付可转移的合作创新联盟型博弈中，每位参与企业所分得的报酬都比各自为政时高。因此，只有满足了参与合作企业的整体理性和个体理性，集群内的企业才会选择参与合作创新。

我们考虑集群创新网络内三个企业进行改进某项技术的实际案例，这三个企业既可以选择自主创新，也可以选择合作创新。假定改善技术的开始时间为 t_0，结束时间为 T，则其持续时间为 $[t_0, T]$。我们用 $x_i(t) \in X_i \in R^m$ 表示企业 i 在时间 t 的技术水平，$s_i(t)$ 表示企业 i 在时间 t 对技术改进时投入的资本。每个企业 i 在时间点 t 的瞬间报酬为 $a_i[x_i(t)^{1/2}] - c_i s_i(t)$，其中，$a_i$，$c_i$ 都是正常数，$a_i[x_i(t)]^{1/2}$ 表示企业 i 的技术水平为 $x_i(t)$ 时的净运营收益，$c_i s_i(t)$ 表示企业 i 的投资成本。

下面结合这个实际问题来对企业集群创新网络内的自主创新和合作创新下企业所采取的最优策略及其对应的最优价值函数进行分析。

一 企业集群创新网络内的自主创新分析

众所周知，在企业集群内，并不是所有的企业都会参与到合作创新中来，对于某些有能力的企业来说，虽然说单独改进某项技术的风险比较大，但基于某些原因它可能也会倾向于选择自主创新，这就是集群合作创新中的非合作情况。自主创新是推动区域产业结构优化升级的关键和原动力。从日本、韩国、新加坡等"后发国家"赶超发达国家的跨越式发展历程来看，它们都走过了一条技术引进、消化吸收并进而自主创新的道路。我国改革开放30多年的实践也证明，技术引进并加以创新，是加快发展的有效途径。

在经济领域中，自主创新属于一种科学技术创新，包括科学创新和技术创新两个层面，科学创新一般是在高校和科研院所中进行；而在区域产业结构的优化升级中，主要源自自主的技术创新，也就是说，将基础研究的成果转化为可资应用的创新技术，一般以企业为主体进行研发。因此，我们有必要先对集群合作创新中企业在这种各自为政的情形下所采取的策略和价值函数进行分析。这里，我们假设共有 $K_1 \in N$ 个采取非合作态度的企业。

对于企业集群创新网络内选择自主创新的企业而言，它由于自主创新而获得的报酬同样分为两个部分：一是他在任意的每个时间点 t 所获得的瞬间报酬；二是他在创新结束时获得的终点报酬；因此，企业在选择自主创新所获得的报酬同样可以根据式（5.1）来计算，因而可以得出网络内企业选择自主创新的情况下，每个企业 i 在时区 $[t_0, T]$ 内的所有得益的现值可以表示为：

$$\int_{t_0}^{T} [a_i x_i(t)^{1/2} - c_i s_i(t)] e^{-r(t-t_0)} dt + p_i [x_i(T)]^{1/2} e^{-r(T-t_0)}, i \in N = \{1, 2, 3\} \tag{5.3}$$

其中，p_i 也为正常数，$p_i[x_i(T)]$ 表示在时间 T 企业 i 的技术的剩余价值。

企业 i 的技术水平 $x_i(t)$ 的进展变化表示如下：

$$\frac{dx_i(t)}{dt} = \beta_i [s_i(t) x_i(t)]^{1/2} - \sigma x_i(t) \tag{5.4}$$

其中，$\beta_i [s_i(t) x_i(t)]^{1/2}$ 表示在投入资本 $s_i(t)$ 时所带来的技术改进，σ 可以抽象地表示为技术贬值率。

对于式（5.3）和式（5.4）的求解，我们参考学者杨荣基、彼得罗相教授和 Bellman 的研究成果中的相关解法和定理，于是可以得到以下的贝尔曼方程：

$$-U_t^{(t_0)i}(t, x_i(t)) = \max \{ [a_i x_i(t)^{1/2} - c_i s_i(t)] e^{-r(t-t_0)} + U_x^{(t_0)i} [\beta_i (s_i(t) x_i(t))^{1/2} - \sigma x_i(t)] \} \tag{5.5}$$

满足边界条件：

$$U^{(t_0)i}(T, x(T)) = p_i (x_i(T))^{1/2} e^{-r(T-t_0)} \tag{5.6}$$

其中，$U^{(t_0)i}(t, x(t))$ 表示自主创新时企业 i 在时间 t，$t \in [\tau, T]$，状态为 $x(t)$ 时的价值函数。

根据蓬特里亚金最大化原则，将式（5.5）进行最大化，可以求得每个企业在进行自主创新时的投资策略：

$$s_i(t) = \frac{\beta_i^2}{4(c_i)^2} [U_{x_i}^{(t_0)i}(t, x_i) e^{r(t-t_0)}]^2 x_i \tag{5.7}$$

将式（5.7）代入到式（5.5）和式（5.6）中，可以得到：

$$-U_t^{(t_0)i}[t, x(t)] = a_i x_i^{1/2} e^{-r(t-t_0)} - \frac{\beta_i^2}{4c_i} [U_{x_i}^{(t_0)i}(t, x_i)]^2 e^{-r(t-t_0)} x_i$$

$$+ \frac{\beta_i^2}{2c_i} [U_{x_i}^{(t_0)i}(t, x_i)]^2 e^{-r(t-t_0)} x_i - \sigma U_{x_i}^{(t_0)i}(t, x_i) x_i \tag{5.8}$$

通过对式（5.8）求解，可以得到：

$$U_i^{(t_0)}(t, x_i(t)) = [y_i(t) x_i^{1/2} + z_i(t)] e^{-r(t-t_0)} \tag{5.9}$$

其中，$\frac{dy_i}{dt} = \left(r + \frac{\sigma}{2}\right) y_i(t) - a_i \quad \frac{dz_i}{dt} = r z_i(t) - \frac{\beta_i^2}{16c_i} [y_i(t)]^2$

因此，根据以上的分析过程，我们可以得出如下结论：

结论1 在企业集群创新网络内企业创新选择自主创新的情况下，企业 i 所获得的收益值随着时间的推移在不断地发生改变，而每个时刻收益值的变化程度取决于该企业在每个时间点所获得的瞬间报酬的贴现值与其状态的最优变化进展为收益值所带来的转变。而它在结束时间所获得的报酬等于该企业的终点报酬进行相应贴现后的贴现值。

二 企业集群创新网络内的合作创新分析

对于企业集群创新内的合作创新情况，由于这些企业可以在资金、技术、资源和人才等方面产生协同效应。因此，每个企业 i 的技术水平 $x_i(t)$ 变化的动态系统与企业选择自主创新时技术水平的动态系统有所不同，此时，$x_i(t)$ 的进展变化可以表示为：

$$\frac{dx_i(t)}{dt} = [\beta_i [s_i(t) x_i(t)]^{1/2} + \lambda_j^{[j,i]} [x_j(t) x_i(t)]^{1/2}$$

$$+ \lambda_l^{[l,i]} [x_l(t) x_i(t)]^{1/2} - \sigma x_i(t)] \tag{5.10}$$

其中，$x_i(t_0) = x_i^0 \in X_i$，$i, j, l \in N = \{1, 2, 3\}$ 且 $i \neq j \neq l$，$\lambda_j^{[j,i]} [x_j(t), x_i(t)]^{1/2}$ 表示在企业间的协同效应下，企业 j 对企业 i 的技术水平的进展变化所产生的正面影响，同样，$\lambda_l^{[l,i]} [x_l(t), x_i(t)]^{1/2}$ 表示在企业间的协同效应下，企业 j 对企业 i 的技术水平的进展变化所

产生的正面影响。因此，三个企业合作的整体收益等于三个企业的合作收益之和：

$$\int_{t_0}^{T}\sum_{i=1}^{3}[a_ix_i(t)^{1/2} - c_is_i(t)]e^{-r(t-t_0)}dt + \sum_{i=1}^{3}p_i[x_i(T)]^{1/2}e^{-r(T-t_0)} \tag{5.11}$$

受制于动态系统即式（5.10）。

对于式（5.11）的求解，我们同样参考学者杨荣基、彼得罗相教授和 Bellman 的研究成果中的相关解法和定理，于是可以得到以下的贝尔曼方程：

$$-V_t^{(t_0)}[t,x(t)] = \max\left\{\sum_{i=1}^{3}[a_i(x_i(t))^{1/2} - c_is_i(t)e^{-r(t-t_0)}]\right.$$

$$+ \sum_{i=1}^{3}V_{x_i}^{(t_0)}[\beta_i(s_i(t)x_i(t))^{1/2} + \lambda_j^{[j,i]}(x_j(t)x_i(t))$$

$$\left. + \lambda_l^{[l,i]}(x_l(t)x_i(t) - \sigma x_i(t)]\right\} \tag{5.12}$$

满足边界条件：

$$V^{(t_0)}[T,x(T)] = \sum_{i=1}^{3}p_i[x_i(T)]^{1/2}e^{-r(T-t_0)} \tag{5.13}$$

其中，$V^{(t_0)}[t, x(t)]$ 表示合作创新时企业 i 在时间 t，$t \in [\tau, T]$，状态为 $x(t)$ 时的价值函数。

类似地，根据蓬特里亚金最大化原则，将式（5.12）进行最大化，便可以得到：

$$s_i(t) = \frac{\beta_i^2}{4(c_i)^2}[V_{x_i}^{(t_0)i}(t, x_i)e^{r(t-t_0)}]^2 x_i \tag{5.14}$$

将式（5.14）代入到式（5.12）和式（5.13）中，可以得到：

$$-V_t^{(t_0)i}(t,x(t)) = \sum_{i=1}^{3}a_ix_i^{1/2}e^{-r(t-t_0)} - \frac{\beta_i^2}{4c_i}[V_{x_i}^{(t_0)i}(t,x_i)]^2 e^{-r(t-t_0)}x_i$$

$$+ \sum_{i=1}^{3}\left\{\frac{\beta_i^2}{2c_i}[V_{x_i}^{(t_0)i}(t,x_i)]^2 e^{-r(t-t_0)}x_i + V_{x_i}^{(t_0)i}(t,x_i)[\lambda_j^{[j,i]}(x_j,x_i) + \lambda_l^{[l,i]}(x_l,x_i) - \sigma x_i]\right\} \tag{5.15}$$

通过对式（5.15）的求解，可以得到：

$$V_i^{(t_0)}(t, x_i(t)) = [y_1(t)x_1^{1/2} + y_2(t)x_2^{1/2} + y_3(t)x_3^{1/2} + z(t)]e^{-r(t-t_0)}$$
(5.16)

其中, $\dfrac{dy_i}{dt} = \left(r + \dfrac{\sigma}{2}\right)y_i(t) - \dfrac{\lambda_i^{[i,j]}}{2}y_j(t) - \dfrac{\lambda_i^{[i,l]}}{2}y_l(t) - a_i$

$$\dfrac{dz(t)}{dt} = rz(t) - \sum_{i=1}^{3} \dfrac{\beta_i^2}{16c_i}[y_i(t)]^2$$

因此, 在三个企业都参与合作时, 每个企业 i 的投资策略为:

$$s_i(t, x_i(t)) = \dfrac{\beta_i^2}{16c_i^2}[y_i(t)]^2, \ i \in \{1, 2, 3\}$$

因此, 根据上述分析过程, 我们可以得到如下结论:

结论 2 在企业集群创新网络中, 当参与合作的每个企业都采取根据当前时间及其相应状态下制定的最优策略时, 合作整体的收益值随着时间的进展也在不断地发生变化, 而在每个瞬间收益值的变化程度则取决于合作整体在每个时间点所获的瞬间报酬的贴现值与合作整体中所有企业的状态的最优变化进展为合作整体的收益值所带来的转变。而集群创新合作整体在合作结束时间的收益值等于合作整体中的所有企业在终点所获得的报酬进行相应贴现后的贴现值总和。

第二节 企业集群创新网络中合作博弈模型的数值模拟及结果分析

为更好体现上述对企业集群创新网络内企业自主创新与合作创新问题的研究, 通过数值模拟从以下三个方面来对上述过程的数值解进行分析: 一是企业的投资策略对企业技术水平的影响; 二是技术水平的变化对企业价值函数的影响; 三是企业投资所获得的价值对企业未来投资策略的影响。参数设置如下:

$r = 0.3$, $\sigma = 0.2$, $a_i = 0.6$, $\beta_i = 0.4$, $c_i = 0.3$, $\lambda_1^{[1,2]} = 0.4$, $\lambda_1^{[1,3]} = 0.6$, $\lambda_2^{[2,1]} = 0.2$, $\lambda_2^{[2,3]} = 0.4$, $\lambda_3^{[3,1]} = \lambda_3^{[3,2]} = 0.4$。

通过式 (5.7) 与式 (5.9)、式 (5.14) 与式 (5.16), 以及上述参数的设置, 我们可以得到图 5-1、图 5-2 和图 5-3, 下面分别对三种情形下图形所得出的结果进行比较分析。

1. 企业的投资策略对企业技术水平的影响

从图 5-1 中我们可以看出：无论网络内的企业是选择自主创新还是参与合作创新，在企业投入一定数量的资本后，企业的技术水平都能够得到不同程度的改善。以北京市为例，该市提出了"十一五"期间将推进产业结构调整和增长方式转变，走高端产业发展之路。加快发展现代服务业，2010年第三产业的比重达到72%左右。适度发展现代制造业。大力发展高新技术产业，2010年高新技术产品出口占地区出口比重达到38%。2006年，该市将成立文化创意产业发展领导小组，研究支持文化创意产业发展的优惠政策等，努力推动产业替代和结构优化升级。而上海市"十一五"期间将坚持"两个优先"（优先发展现代服务业，优先发展先进制造业），加快形成以服务经济为主的产业结构。2006年该市将继续推进现代服务业集聚区和六大产业基地建设，促进产业结构优化升级。江苏省在2006年以发展先进制造业、提高服务业比重和优化投资结构为重点，推进产业结构优化升级。山东省也以自主创新提升产业水平，把加快发展服务业作为产

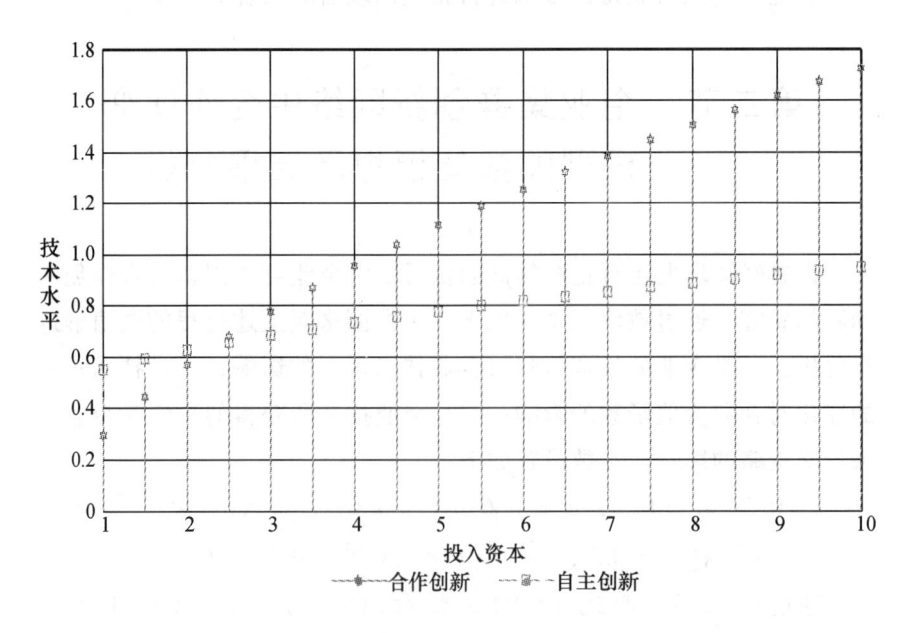

图 5-1 合作创新与自主创新下投入资本对企业技术水平的影响

业结构调整的重中之重，力争在改革创新体制、营造良好发展环境、培植集团和品牌、推动重点行业发展等方面迈出实质性步伐。

然而，在投入资本的初始阶段，与选择合作创新的企业比较而言，选择自主创新的企业在投入资本后技术水平改进的效果要好，这主要在于合作创新的过程中往往会产生外部界面障碍，而界面障碍的产生会增加协调难度，影响创新的效果，从而使得创新效率下降，因而在短时间内技术水平难以得到明显的改善。

当然，从图 5-1 中我们也可以明显地看到：在投入资本的中后期阶段，参与合作创新企业的技术水平改进的程度明显要比自主创新的企业要大，而且随着时间的推移，这种技术水平改善程度的差距越来越大。这主要在于随着集群内企业在合作过程中面对面地相互交流，企业之间的信任程度得到不断提升，从而加强了企业间的合作强度，而且集群内企业在参与合作后更容易获得合作对象的隐性知识。一般来说，隐性知识难以用语言沟通进行转移，只能通过实践和应用才可以外显并获得。因此，企业参与合作后为获得其他企业的经验性知识和技能提供了便利，因而企业的技术水平在参与合作创新后才能得到更快的改善。

2. 技术水平的改进对企业价值函数的影响

从图 5-2 中我们可以看出，无论网络内企业是选择自主创新还是参与合作创新，技术水平的改进均给企业创造了一定的价值，但在技术水平改进的过程中，参与合作创新的企业，其技术水平的改进能给企业创造更多的价值。这主要有以下两个方面的原因：一是研究成本的降低。企业在参与合作后研究开发成本是共同分担的。在许多技术领域，尤其是高新技术领域以及系统性基础研究领域，研究开发成本增速很快。以 2000 年的半导体为例，全球半导体行业收入为 1960 亿美元，当年半导体资本投入为 550 亿美元，占全行业收入的 28%，工艺设备投入 300 亿美元，占全行业收入的 15%，两者之和占全行业收入超过 43%，显然，技术创新所需要的成本是集群内单个企业难以承担的，而合作开发是集中资源的有效途径。二是能够快速获得新的市场，从而给企业快速创造价值。集群内的企业如果与当地企业进行合作，可以更容易地进入当地市场。而且对企业而言，与当地企业的合作有利于利用当地企业的市场经验和销售渠道进行新技术的推广，从而可以为企业创造更多的利润空间。因此，企业在参与合作创新后，技术水平的改进能够给企业创造出更多的价值。

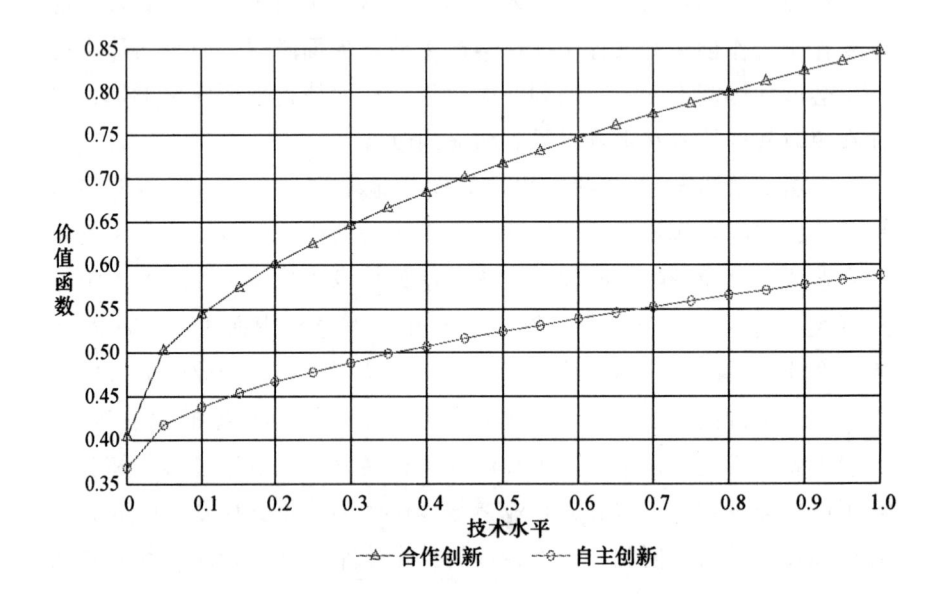

图 5-2 合作创新与自主创新下技术水平对企业价值函数的影响

另外，我们从图 5-2 中也可以看到，在后半阶段，无论是选择自主创新还是参与合作创新，技术水平给企业的价值函数带来变化的幅度越来越小。这主要是因为技术的生命周期比较短。如半导体产业，一般来说，半导体产业的技术生命周期不超过 5 年，因而当新技术超过了它的生命周期时，它为企业创造的价值往往是有限的。

3. 企业投资所获得的价值对企业未来投资策略的影响

从图 5-3 中我们可以看出：无论网络内企业是选择自主创新还是参与合作创新，当投入的资本为企业创造了价值时，企业会选择继续投入资本。以桐乡市濮院的羊毛衫业为例，2001 年，濮院已有毛衫企业 2300 多个、产值 35.8 亿元、羊毛衫加工业从业人员 1.3 万人、羊毛衫产量 1.02 亿件，从而使得该镇的人均 GDP 明显高于桐乡市和浙江省。由于羊毛衫给企业创造了大量的价值，于是政府以濮院羊毛衫为依托，在市场西侧规划建设了占地 1245 亩的中国濮院毛衫城工业园区，引进项目 59 个，吸引投资 7.5 亿元，从而为羊毛衫业的发展注入了大量的投资。

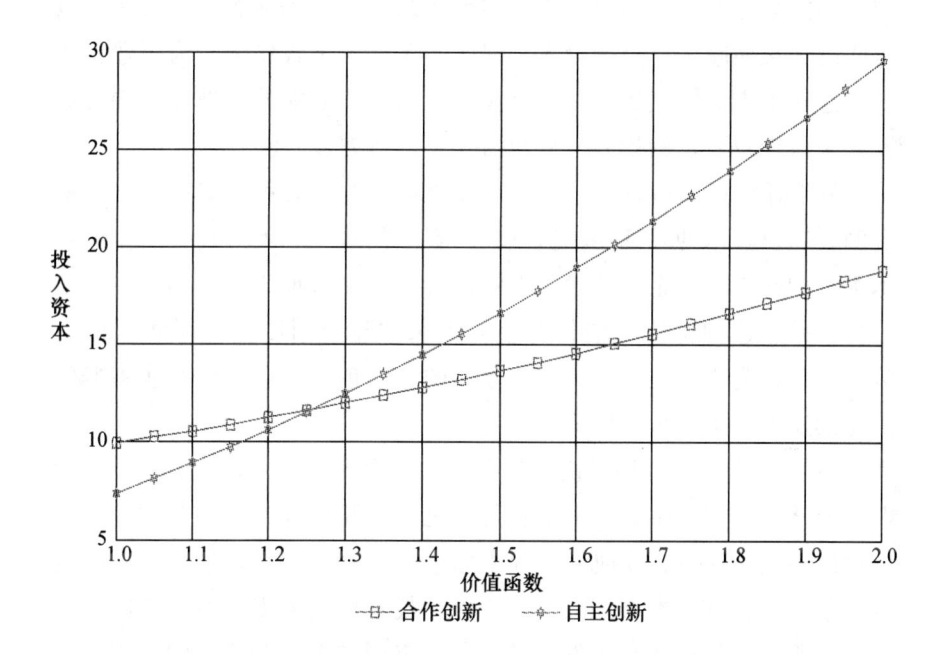

图 5-3　合作创新与自主创新下企业所获得的价值对企业投资策略的影响

另外，从图 5-3 中我们也可以看出：在不同的阶段，两者的资本投入力度不一样，两者若要获得相同的价值，对于选择自主创新的企业而言，它的资本投入力度明显要大，而参与合作创新的企业的资本投入力度就要小。

上述结果可以从以下几个方面来进行合理解释：(1) 参与合作创新的企业可以通过更少的投入就能实现自己的目标，特别是对于中小企业而言，由于其能力有限，往往无法单独完成对某种技术的研发，因而只有通过与其他企业的合作来实现。(2) 参与合作创新的企业可以获得研究与开发的规模优势。一旦企业获得此种优势，就能更加容易地获得技术上的优势，从而可以减少企业的资本投入，并为企业创造价值。(3) 企业间的合作能够促进企业间知识的流动，从而可以获得企业范围以外的技术专长。换句话说，对于单独自主创新的企业来说，要想获得其他企业的技术，可能就需要通过市场购买或者交易来完成，毫无疑问，这将增加企业资本的投入。(4) 合作企业间的资源共享和能力互补。参与合作创新的企业通过利用其他企业的资源来进行研发，从而减少自身的投入。因此，正是由于合作创新为企业带来了上述四个方面的优势，参与合作创新的企业才能通过彼此间的资源互补来减少对研发的投入，从而为企业创造更多的价值。

从上述分析中可以看出，参与合作创新的企业利用集群网络内的资源云以及技术的外部性，通过较少资本的投入，就可以带来企业技术水平的改进，而企业技术水平的改善可以更快地为企业创造更多的价值，并且这种价值的增长对企业未来的投资策略产生了积极的影响。因此，为更好地促进集群企业间的合作创新，以促使产业集群的可持续发展，可以采取以下方式：

(1) 加强大学、科研机构与企业之间紧密合作关系，促进产业集群内的技术转移。企业、大学和科研机构之间形成紧密的合作关系不仅可以使企业通过合作研发过程中的学习增强自身技术能力，提高技术创新意识，从根本上提高企业的内生技术创新能力；而且可以使大学、科研机构的科研活动更重视企业和市场需求以及成果的应用，解决技术供给与技术需求之间脱节的问题。由于技术转移涉及技术的提供方（如大学、科研机构、企业）与技术的需求方（如企业）之间的合作，技术转移可以采用技术许可、技术转让、合作研究开发等合作创新的具体形式。因此，通过加强大学、科研机构与企业之间紧密合作关系，可以更好地促进技术转移，更多地考虑实际应用和企业的需求，推动科研成果产业化。目前我国关于合作创新的政策对参与合作的主体以及合作的具体形式都有所提及，如产学研合作、技术转让、合作研究等，但缺乏针对创新主体之间各种合作创新模式和具体合作方式的完整系统的支持政策。因此，在技术转移过程中，也需要相关政策的支撑，而这个政策内容应该涵盖从研究开发到产业化的技术创新全过程，对技术转移与合作创新相关的多个方面的内容都要做出明确的规定。由于不同的合作创新模式的参与主体及其之间的地位、作用和各自对创新过程的资源投入都存在差别，此种扶持政策同时也需要具有一定的针对性。

（2）采取符合创新主体利益的激励措施，以促进集群内企业间的合作创新。激励就是要对参与主体实施有效激励，使它们能够最大限度地发挥积极性、主动性和创造力，从而有利于创新活动的开展。从集群层面来说，激励的重点应该是如何激发参与主体更多地贡献优势创新资源，更好地融合、合作、创新，更快地促进集群合作创新能力的增强。如对大学、科研机构和企业参与政府资助的科研项目以及它们向企业进行技术转移予以激励，可以推动大学、科研机构和企业科研成果的转移和商业化；对于特定的创新技术，通过政府的激励，可以提高创新企业的最佳投资水平及提高技术创新的社会收益。同时，政府也可以制定一些关于引导企业或引导企业与其他组织合作在某些重点产业或技术领域进行创新的支持合作创新的计划，在执行这些计划的过程中，政府需要投入一定的资金，并参与研发项目的管理。从政府角度讲，激励创新意味着可以提高税收，税收的相对提高又为政府对创新实施资助提供了条件。因此，通过政府的激励可以实现提高企业技术水平、竞争实力、经济效益与促进增加国民经济增长的良性互动发展。

（3）充分发挥集群内龙头企业和行业协会的作用，以解决合作创新中的集体行动问题。一般来说，当集群企业成员之间的收益不对称时，集体行动比较容易产生。如果个别成员能从集体行动中得到比其他成员更多的收益，他为集体行动做贡献的积极性也就越大。由于龙头企业往往更乐于做出具有正外部效应的投资，供给公共产品，因而其存在更有利于集体行动问题的解决。当然，龙头企业拥有对那些可带来共同收益的活动进行投资的动机，但当共同收益超过共同成本时，龙头企业没有动力单独投资。对于这些投资，有必要在企业间分摊成本。此时，行业协会对于集体行动成本的分摊问题将扮演着重要角色。产业集群中的协会多为地方的、行业内的，而且协会规模与功能各有不同，如政治诉求；提供行业信息、交易会和各类展示会、法律咨询和服务、参与地方公共政策的执行等。此外，地方行业协会不仅是协调集体行动和促进地方合作的舞台，同样也具有社会性特征，它为产业集群中的地方生产商提供了聚会和讨论问题的社会性场所。

因此，通过协调集群内的企业间关系，地方行业协会可以帮助解决那些具有公共产品性质的项目在不同集群主体间的成本分摊问题，从而解决集体行动问题，促进公共产品的供给。

第三节　企业集群创新网络多主体间合作利益分配机制的建立

上一节中，我们对集群创新网络中主体间的合作博弈模型进行了分析，研究表明参与合作创新的企业利用集群网络内的资源云以及技术的外部性，通过较少资本的投入，就可以带来企业技术水平的改进，而企业技术水平的改善可以更快地为企业创造更多的价值，并且这种价值的增长对企业未来的投资策略产生了积极的影响。然而，无论是通过溢出效应进行的知识在竞争企业之间流动而形成的合作关系，还是上下游企业间与创新的集成效应而形成的合作关系，利益的分配机制都是导致这些合作创新行为成败的重要因素之一。显然，如果集群创新网络内企业间的合作利益分配不公，将会增加集群合作创新的风险，因为在利益分配中受到不公平待遇的企业可能会减少对自己的约束，甚至不顾自己的利益，从而会导致集群企业间的合作创新以失败告终。

众所周知，在集群创新网络中，参与合作的每个企业都是独立的经济实体，均以实现各自的利益最大化为目标，而且每个企业的目标都是不同的。如集群创新网络中企业的主要利益目标为追求经济利益的最大化；大学和科研机构的主要利益目标为追求科研实力的提升、研发后续资金储备及人才培养等；政府主要利益目标在于增加地区财税收入，追求区域经济增长，提高区域竞争力等；金融机构的主要利益目标是获得利息，期望收益极大化等；中介机构的主要利益目标是获取服务性收入等。因此，集群合作创新获得的利益如何分配显得尤为重要，它对集群企业合作创新的稳定至关重要。

为了实现最初合作各方均同意的最优共识原则，我们依照杨荣基和彼得罗相（2006，2007）的方法来制定一个在每时每刻分发支付的机制。这里，令向量 $A_N^{t_0}(t) = [A_1^{t_0}(t), A_2^{t_0}(t), \cdots, A_n^{t_0}(t)]$ 为集群合作创新中，n 个企业在时间点 $t \in [t_0, T]$ 从合作博弈中所获得的瞬间报酬。换句话说，每个企业 $i \in \{1, 2, \cdots, n\}$ 在时间点 t 将从分配机制中分得相等于 $A_i^{t_0}(t)$ 的报酬。而在合作博弈的结束时间点 T，每个企业都将会得到终点报酬 $p^i(x^*(T))$。因此，根据每个企业 i 在合作博弈中所获得的瞬间报酬 $A_i^t(t)$ 和在合作结束时获得的终点报酬 $p^i(x^*(T))$，我们就可以为集群合作创新博弈制定一个得偿分配机制。

这里，$A_i^{t_0}(t)$ 为企业 i 根据在时间点 t 的合作报酬 $\eta^{(t_0)i}(x_N^0, T-t_0)$ 而获得的瞬间报酬，那么，$\eta^{(t_0)i}(x_N^0, T-t_0)$ 必须满足以下三个条件：

条件1：

$$\eta^{(t_0)i}(x_N^0, T-t_0) = \sum_{K_2 \in N} \frac{(k_2-1)!(n-k_2)!}{n!} [V^{(t_0)K_2}(x_{K_2}^0, T-t_0) - V^{(t_0)K_2/i}(x_{K_2/i}^{t_0}, T-t_0)] =$$

$$\int_{t_0}^{T} A_i(t) \exp\left[-\int_{t_o}^{t} r(\theta) d\theta\right] dt + p^i(x_i^*(T))$$

$$\exp\left[-\int_{t_o}^{T} r(\theta) d\theta\right]$$

也就是说，企业所分得的合作报酬 $\eta^{(t_0)i}(x_N^0, T-t_0)$ 必须等于企业 i 在时区 $[t_0, T]$ 得到的所有瞬间报酬的现值，加上在合作结束时间点 T 获得的终点报酬的现值。

条件2：

$$\eta^{(t_0)i}(x_N^t, T-t) = \sum_{K_2 \in N} \frac{(k_2-1)!(n-k_2)!}{n!} [V^{(t)K_2}(x_{K_2}^t, T-t) - V^{(t)K_2/i}(x_{K_2/i}^t, T-t)] =$$

$$\int_{t}^{T} A_i(t) \exp\left[-\int_{t_0}^{t} r(\theta) d\theta\right] dt + p^i(x_i^*(T))$$

$$\exp\left[-\int_{t_0}^{T} r(\theta) d\theta\right]$$

也就是说，沿着最优轨迹，对于 $i \in N$，$t \in [t_0, T]$，企业 i 在时区 $[t, T]$ 所分得的合作报酬 $\eta^{(t_0)i}(x_N^t, T-t)$ 必须等于其在时区 $[t, T]$ 获得的所有瞬间报酬的现值，与其在结束时间点 T 获得的终点报酬的现值。

条件 3：

$$\eta^{(t_0)i}(x_N^{t^*}, T - t_0) = \eta^{(t)i}(x_N^{t^*}, T - t)\exp\left[-\int_{t_0}^{t} r(\theta)d\theta\right]$$

也就是说，沿着最优轨迹，在同一个时间点和状态下，每个企业在原合作博弈中所获得的合作报酬和在以后开始的合作博弈中所得到的合作报酬，进行相应的贴现后，都必须相等。

此外，为了使集群合作创新整体能够达到帕累托最优，合作创新中的所有企业所获得的瞬间报酬 $A_N^{t_0}(t) = [A_1^{t_0}(t), A_2^{t_0}(t), \cdots, A_n^{t_0}(t)]$ 必须满足以下条件：

$$\sum_{i=1}^{n} A_i(t) = \sum_{i=1}^{n} f^i[t, x_N^{t^*}, \varphi^{(t_0)N^*}(t, x_N^{t^*})], t \in [t_0, T]$$

也就是说，在每个时间点 $t \in [t_0, T]$，所有集群合作创新企业所得到的报酬的总和，都必须等于所有企业在总联盟 N 中采用的最优合作策略时所获得的瞬间报酬的总和。

第四节 集群创新网络内异质性主体间的合作安排分析

在这样一个动态的集群合作创新博弈中，要使合作能够取得成功，就必须既要保证满足合作联盟的整体理性，又要满足合作联盟中每个企业的个体理性。整体理性要求，各参与企业共同议定的合作策略能导致帕累托最优解法，而个体理性要求沿着博弈最优轨迹的每时每刻，合作参与企业的个体理性都必须得到维持。下面我们对整体理性和个体理性给出如下简单的定义：

定义 5.1 在一个支付可转移的集群创新网络内多企业动态合作联盟型博弈中，当且仅当每位参与合作的集群企业所获得的报酬的总和等于合作总联盟的价值时，我们就称之为整体理性或整体最优，因为整体（所有参与合作的集群企业）的总价值实现了最优化。

定义 5.2 在一个支付可转移的集群创新网络内多企业动态合作

联盟型博弈中,当且仅当每位参与合作的集群企业所获得的报酬都比独自创新时获得的收益高,我们就称之为个体理性,因为理性的合作参与企业在一个合作方案中所谋求的报酬,必定不会低于自己所能保证的收益。

一 整体理性要求的满足条件

根据前面对整体理性的定义,整体理性要求多个集群企业的合作方案能最大化集群合作联盟的合作收益。这里,假设在这个集群创新网络内有 $K_2 \in N$ 个企业组成一个联盟,因而这些企业就可以在资金、技术、资源和人才等方面产生协同效应。下面,我们来对这个集群企业联盟的支付进行分析,而为了满足整体理性要求,就必须实现式(5.1)的整体收益最大化,即满足以下条件:

$$\max \sum_{i \in K_2} R_i [x_i(t), s_i(t)] = \max \left\{ \int_{t_0}^{T} \sum_{i=1}^{k_2} f^i [t, x_i(t), s_i(t)] \exp\left[-\int_{t_0}^{T} r(\theta) d\theta\right] dt + \sum_{i=1}^{K_2} p^i (x_i(T)) \exp\left[-\int_{t_0}^{T} r(\theta) d\theta\right] \right\}$$

(5.17)

并受制于以下的动态系统:

$$\frac{dx_{K_2}(t)}{dt} = g^{K_2} [t, x_{K_2}(t), s_{K_2}(t)] \qquad (5.18)$$

对于上述最优化模型的求解,我们主要参考贝尔曼的动态规划,于是可以得到:

定理 5.1 如果最优控制集合 $\{s_{K_2}^*(t, x_{K_2}(t))\} = \phi_{K_2}^{(t_0)*}(t, x_{K_2}(t))\}$,且 $\phi_{K_2}^{(t_0)*}(t, x_{K_2}(t)) = [\phi_1^{(t_0)*}(t, x_1(t)), \phi_2^{(t_0)*}(t, x_2(t)), \cdots, \phi_{k_2}^{(t_0)*}(t, x_{k_2}(t))]$ 为式(5.17)的最优解法,当且仅当在 $[t_0, T]$ 内,存在连续可微函数 $V^{(t_0)}(t, x(t))$,满足以下的贝尔曼方程:

$$-V_t^{(t_0)}(t, x(t)) = \max \left\{ \sum_{i=1}^{K_2} f^i [t, x_i(t), s_i(t)] \exp\left[-\int_{t_0}^{t} r(\theta) d\theta\right] + V_x^{(t_0)} \sum_{i=1}^{K_2} g^i [t, x_i(t), s_i(t)] \right\}$$

(5.19)

满足边界条件:

$$V^{(t_0)}(T,x(T)) = \sum_{i=1}^{K_2} p^i(x_i(T))\exp-\left[-\int_{t_0}^{T} r(\theta)d\theta\right] \quad (5.20)$$

其中,$V^{(t_0)}(t,x(t))$ 表示在初始时间为 t_0 的原博弈中,在时间为 t 和状态为 $x(t)$ 时,合作整体在时区 $[t,T]$ 的价值函数。

证明:在时间为 t 和状态为 $x(t)$ 时,合作整体的最优价值函数可以表示为:

$$V_t^{(t_0)}(t,x(t)) = \max\left\{\int_t^T \sum_{i=1}^{K_2} f^i[t,x_i(t),s_i(t)]dt\exp\left[-\int_{t_0}^{t} r(\theta)d\theta\right] + \right.$$

$$\left.\sum_{i=1}^{K_2} p^i(x_i(T))\exp\left[-\int_{t_0}^{T} r(\theta)d\theta\right]\right\} =$$

$$\int_t^T \sum_{i=1}^{K_2} f^i[t,x_i^*(t),\phi_i^*(t,x_i^*(t))]dt\exp\left[-\int_{t_0}^{t} r(\theta)d\theta\right] +$$

$$\sum_{i=1}^{K_2} p^i(x_i^*(T))\exp\left[-\int_{t_0}^{T} r(\theta)d\theta\right] \quad (5.21)$$

满足边界条件:

$$V^{(t_0)}(T,x^*(T)) = \sum_{i=1}^{K_2} p^i(x_i(T))\exp\left[-\int_{t_0}^{T} r(\theta)d\theta\right]$$

且 $\dfrac{dx_i}{dt} = g^i[t,x_i^*(t),\phi_i^*(t,x_i^*(t))]$

假设除了最优控制集合 $\{s_{K_2}^{(t_0)*}(t,x_{K_2}(t)) = \phi_{K_2}^{(t_0)*}(t,x_{K_2}(t))\}$,存在另外任意 $s(t) \in S$,其相应的状态轨迹为 $x(t)$ 时,那么,式(5.19)就暗含了下列数学关系是成立的:

$$\sum_{i=1}^{K_2} f^i[t,x_i(t),s_i(t)]\exp\left[-\int_{t_0}^{t} r(\theta)d\theta\right] + V_x^{(t_0)}(t,x(t))$$

$$\sum_{i=1}^{K_2} g^i[t,x_i(t),s_i(t)] + V_t^{(t_0)}(t,x(t)) \leq 0 \quad (5.22)$$

$$\sum_{i=1}^{K_2} f^i[t,x_i^*(t),\phi_i^*(t,x_i^*(t))]\exp\left[-\int_{t_0}^{t} r(\theta)d\theta\right] + V_{x^*}^{(t_0)}(t,x^*(t))$$

$$\sum_{i=1}^{K_2} g^i[t,x_i^*(t),\phi_i^*(t,x_i^*(t))]\} + V_t^{(t_0)}(t,x^*(t)) = 0 \quad (5.23)$$

将式 (5.22) 和式 (5.23) 扩展到区间 $[t_0, T]$ 内，我们可以得到：

$$\int_{t_0}^{T}\sum_{i=1}^{K_2} f(t,x_i(t),s_i(t))dt\exp\left[-\int_{t_0}^{t}r(\theta)d\theta\right]+V(T,x(T))-V(t_0,x(t_0))=$$

$$\int_{t_0}^{T}\sum_{i=1}^{K_2} f(t,x_i(t),s_i(t))dt\exp\left[-\int_{t_0}^{t}r(\theta)d\theta\right]+\sum_{i=1}^{K_2} p^i(x_i(T))$$

$$\exp\left[-\int_{t_0}^{T}r(\theta)d\theta\right]-V(t_0,x(t_0))\leq 0 \quad (5.24)$$

$$\int_{t_0}^{T}\sum_{i=1}^{K_2} f(t,x_i^*(t),\phi_i^*(t,x_i^*(t)))dt\exp\left[-\int_{t_0}^{t}r(\theta)d\theta\right]+$$

$$V(T,x^*(T))-V(t_0,x^*(t_0))=$$

$$\int_{t_0}^{T}\sum_{i=1}^{K_2} f(t,x_i^*(t),\phi_i^*(t,x_i^*(t)))dt\exp\left[-\int_{t_0}^{t}r(\theta)d\theta\right]+$$

$$\sum_{i=1}^{K_2} p^i(x_i^*(T))\exp\left[-\int_{t_0}^{T}r(\theta)d\theta\right]-V(t_0,x(t_0))=0 \quad (5.25)$$

由式 (5.24) 和式 (5.25) 可得到以下数学关系式：

$$\int_{t_0}^{T}\sum_{i=1}^{K_2} f(t,x_i(t),s_i(t))dt\exp\left[-\int_{t_0}^{t}r(\theta)d\theta\right]+$$

$$\sum_{i=1}^{K_2} p^i(x_i(T))\exp\left[-\int_{t_0}^{T}r(\theta)d\theta\right]\leq$$

$$\int_{t_0}^{T}\sum_{i=1}^{K_2} f(t,x_i^*(t),\phi_i^*(t,x_i^*(t)))dt\exp\left[-\int_{t_0}^{t}r(\theta)d\theta\right]+$$

$$\sum_{i=1}^{K_2} p^i(x_i^*(T))\exp\left[-\int_{t_0}^{T}r(\theta)d\theta\right]$$

因此，这也说明了最优控制集合 $\{s_{K_2}^*(t, x_{K_2}(t))=\phi_{K_2}^{(t_0)*}(t, x_{K_2}(t))\}$，且 $\phi_{K_2}^{(t_0)*}(t, x_{K_2}(t))=[\phi_1^{(t_0)*}(t, x_1(t)), \phi_2^{(t_0)*}(t, x_2(t)), \cdots, \phi_{k_2}^{(t_0)*}(t, x_{k_2}(t))]$ 为此合作博弈的一个最优解法。

从定理 5.1 中我们可以看出：

在集群创新网络内的多企业动态合作联盟中，当参与合作的每个集群企业都采取根据当前时间及其相应的状态下制定的最优策略时，该合作联盟整体的收益值随着时间的推移在不断地发生改变，而在每个瞬间收益值的变化程度取决于两个方面：一是集群合作联盟在每个时间点所获得的瞬间报酬的贴现值；二是集群合作联盟中所有企业状态的最优变化为合作联盟整体的收益值所带来的变化。同时，集群合作联盟在合作结束时间的收益值等于合作联盟中所有企业在终点所获得的报酬进行相应贴现后的贴现值总和。

定理 5.2 对于任意的 ζ，满足 $t_0 \leq \zeta \leq t \leq T$，下列数学关系式成立：

$$V^{t_0}(t, x^*(t)) = V^{\zeta}(t, x^*(t)) \exp\left[-\int_{\zeta}^{t} r(\theta) d\theta\right]$$

证明：从定理5.1的证明过程可知，对于 $t \in \beta[\zeta, T]$ 的合作最优控制问题，同样可以得到以下的贝尔曼方程：

$$-V_t^{(\zeta)}(t, x(t)) = \max\left\{\sum_{i=1}^{K_2} f^i[t, x_i(t), s_i(t)] \exp\left[-\int_{\zeta}^{t} r(\theta) d\theta\right] + V_x^{(\zeta)} \sum_{i=1}^{K_2} g^i[t, x_i(t), s_i(t)]\right\} \quad (5.26)$$

满足边界条件：

$$V^{(\zeta)}(T, x(T)) = \sum_{i=1}^{K_2} p^i(x_i(T)) \exp\left[-\int_{\zeta}^{T} r(\theta) d\theta\right] \quad (5.27)$$

比较式（5.19）和式（5.26），我们不难发现以下数学关系是成立的：

对于 $t_0 \leq \zeta \leq t \leq T$，$\phi_i^{(\tau)*}(t, x_i^*(t)) = \phi_i^{(t_0)*}(t, x_i^*(t))$

因此，根据上述的结果：

$$V_t^{(t_0)}(t, x^*(t)) = \left\{\int_t^T \sum_{i=1}^{K_2} f^i[t, x_i^*(t), \phi_i^*(t, x_i^*(t))] dt \exp\left[-\int_{t_0}^{t} r(\theta) d\theta\right] + \sum_{i=1}^{K_2} p^i(x_i^*(T)) \exp\left[-\int_{t_0}^{T} r(\theta) d\theta\right]\right\} =$$

$$\left\{\int_t^T \sum_{i=1}^{K_2} f^i[t, x_i^*(t), \phi_i^*(t, x_i^*(t))] dt \exp\left[-\int_{\zeta}^{t} r(\theta) d\theta\right] + \sum_{i=1}^{K_2} p^i(x_i^*(T)) \exp\left[-\int_{\zeta}^{T} r(\theta) d\theta\right]\right\} \exp\left[-\int_{t_0}^{\zeta} r(\theta) d\theta\right]$$

$$= V^{(\zeta)}(t,x^*(t))\exp\left[-\int_{t_0}^{t}r(\theta)d\theta\right]$$

从定理 5.2 中我们可以看出：

在集群创新网络内的多企业动态合作博弈中，在合作初始时间不同的情况下，参与合作的集群企业在同一时间和状态下所采取的最优合作策略都是一样的，而且此种情况下合作联盟整体的收益值通过贴现后的贴现值也都是相等的，这说明了最初制定的合作利润分配的解决方案在整个合作博弈过程中仍然是一个最优方案。

因此，当集群创新网络中的企业均参与到合作联盟时，即 $K_2 = N$ 时，在合作的安排下，基于整体理性，集群创新网络中的每个集群企业都会采用满足定理 5.2 的最优控制，即：

$$\phi_N^{(t_0)*}(t,x_N(t)) = [\phi_1^{(t_0)*}(t,x_1(t)), \phi_2^{(t_0)*}(t,x_2(t)), \cdots, \phi_n^{(t_0)*}(t,x_n(t))]$$

而集群合作整体的最优价值函数可以表示为：

$$V_t^{(t_0)N*}(t,x(t)) = \int_t^T \sum_{i=1}^N f^i[t,x_i^*(t),\phi_i^*(t,x_i^*(t))]dt\exp\left[-\int_{t_0}^{t}r(\theta)d\theta\right] + \sum_{i=1}^N p^i(x_i^*(T))\exp\left[-\int_{t_0}^{T}r(\theta)d\theta\right]$$

集群合作整体的最优状态轨迹的动态变化为：

$$\frac{dx_N(t)}{dt} = g^n[t,x_N^*(t),\phi_N^*(t,x_N^*(t))]$$

二 个体理性要求的满足条件

根据假设 1，集群合作创新中的每个企业在合作初始都同意某一个特定的最优共识原则，因此，我们假定在这个最优共识原则下各合作企业的支付分配向量为：

$$\eta_N(x_N^0, T-t_0) = [\eta^1(x_N^0, T-t_0), \eta^2(x_N^0, T-t_0), \cdots, \eta^n(x_N^0, T-t_0)]$$

也就是说，在集群合作创新中的每个企业都同意在 $[t_0, T]$ 中，企业 i 应该获得的报酬为 $\eta^i(t_0, T-t_0)$。

根据前面所给出的个体理性的定义，理性的集群合作创新参与者在一个合作方案中所谋求的报酬，必定不会低于独自创新所能获得的收益。因此，在时间为 t_0，初始状态为 x_N^0 时，以下条件必须满足：
$$\eta^i(x_N^0, T-t_0) \geqslant \delta^i(x_N^0, T-t_0), \ i \in \{1, 2, \cdots, n\}$$

其中，$\eta^i(x_N^0, T-t_0)$ 表示集群主体 i 参与合作创新所谋求的报酬，$\delta^i(x_N^0, T-t_0)$ 表示集群主体 i 独自创新时所能获得的收益。

关于 $\eta^i(x_N^0, T-t_0)$ 的求解，我们根据沙普利定理，于是可以计算出在时间为 t_0，而状态为 x_N^0 时，企业 i 的分配支付：

$$\eta^{(t_0)i}(x_N^0, T-t_0) = \sum_{K_2 \in N} \frac{(k_2-1)!(n-k_2)!}{n!}$$
$$[V^{(t_0)K_2}(x_{K_2}^0, T-t_0) - V^{(t_0)K_2/i}(x_{K_2/i}^{t_0}, T-t_0)]$$

其中，K_2/i 表示企业 i 不属于企业联盟 K_2，$V^{(t_0)K_2}(x_{K_2}^0, T-t_0)$ 表示联盟 K_2 的合作利润，而 $[V^{(t_0)K_2}(x_{K_2}^0, T-t_0) - V^{(t_0)K_2/i}(x_{K2/i}^0, T-t_0)]$ 表示企业 i 在参与联盟后对联盟 K_2 的边际贡献，$\dfrac{(k_2-1)!(n-k_2)!}{n!}$ 表示有关联盟 K_2 的加权因子。

根据前文所述，集群主体独自进行创新所获得的价值函数即为式（5.1）和式（5.2），而对于式（5.1）和式（5.2）的求解，我们参考学者杨荣基、彼得罗相著作中的反馈纳什均衡解法以及相关定理，于是可以得到：

定理 5.3 最优策略集合 $s_{K_1}^{(t_0)*}(t, x_i(t)) = \delta_{K_1}^{(t_0)*}(t, x_i(t))$，且 $\delta_{K_1}^{(t_0)*}(t, x_{K_1}(t)) = [\delta_1^{(t_0)*}(t, x_1(t)), \delta_2^{(t_0)*}(t, x_2(t)), \cdots, \delta_{k_1}^{(t_0)*}(t, x_{k_1}(t))]$ 为此非合作博弈的一个反馈纳什均衡解法，当且仅当在 $[t_0, T]$ 内存在连续微分函数 $U^{(t_0)i}(t, x_i(t))$ 满足以下的偏微分方程：

$$-U_t^{(t_0)i}(t, x_i(t)) = \max\left\{ f^i[t, x_i(t), s_i(t), \delta_j^{(t_0)*}(t, x_j(t))] \right.$$
$$\left. \exp\left[-\int_{t_0}^t r(\theta)d\theta\right] + U_x^{(t_0)i} g^i[t, x_i(t), s_i(t), \delta_j^{(t_0)*}(t, x_j(t))] \right\}$$
$$(5.28)$$

满足边界条件：
$$U^{(t_0)i}(T, x(T)) = p^i(x_i(T)) \exp\left[-\int_{t_0}^T r(\theta)d\theta\right] \quad (5.29)$$

第五章　企业集群创新网络多主体合作博弈模型及创新绩效分析 | 245

其中，$i \in K_1$，$j \in N/K_1$，$U^{(t_0)i}(t, x_i(t))$ 表示企业 i 在初始时间为 t_0 的博弈中，在时间 t 和状态为 $x(t)$ 时，它在以后的时区 $[t, T]$ 的价值函数。

证明：在时间为 t 和状态为 $x(t)$ 时，企业 $i \in K_1$ 的价值函数可以表示为：

$$U_t^{(t_0)}(t, x(t)) = \int_t^T f^i[t, x_i(t), s_i(t)] dt \exp\left[-\int_{t_0}^t r(\theta) d\theta\right] +$$

$$p^i(x_i(T)) \exp\left[-\int_{t_0}^T r(\theta) d\theta\right] =$$

$$\int_t^T f^i[t, x_i^*(t), \delta_i^*(t, x_i^*(t))] dt \exp\left[-\int_{t_0}^t r(\theta) d\theta\right] +$$

$$p^i(x_i^*(T)) \exp\left[-\int_{t_0}^T r(\theta) d\theta\right] \qquad (5.30)$$

满足边界条件：

$$U^{(t_0)}(T, x^*(T)) = p^i(x_i(T)) \exp\left[-\int_{t_0}^T r(\theta) d\theta\right]$$

且 $\dfrac{dx_i}{dt} = g^i[t, x_i^*(t), \delta_i^*(t, x_i^*(t))]$

假设除了最优控制集合 $\{s_i^*(t, x_i(t)) = \delta_i^{(t_0)*}(t, x_i(t))\}$，存在另外任意 $s(t) \in S$，其相应的状态轨迹为 $x(t)$ 时，那么，式（5.28）就暗含了下列数学关系是成立的：

$$f^i[t, x_i(t), s_i(t)] \exp\left[-\int_{t_0}^t r(\theta) d\theta\right] + U_x^{(t_0)}(t, x(t))$$

$$g^i[t, x_i(t), s_i(t)] + U_t^{(t_0)}(t, x(t)) \leq 0 \qquad (5.31)$$

$$f^i[t, x_i^*(t), \delta_i^*(t, x_i^*(t))] \exp\left[-\int_{t_0}^t r(\theta) d\theta\right] +$$

$$U_{x^*}^{(t_0)}(t, x^*(t)) g^i[t, x_i^*(t), \delta_i^*(t, x_i^*(t))] + U_t^{(t_0)}(t, x^*(t)) = 0$$

$$(5.32)$$

将式（5.31）和式（5.32）扩展到区间 $[t_0, T]$ 内，我们可以得到：

$$\int_{t_0}^T f^i(t, x_i(t), s_i(t)) dt \exp\left[-\int_{t_0}^t r(\theta) d\theta\right] + U(T, x(T)) - U(t_0, x(t_0)) =$$

$$\int_{t_0}^T f^i(t, x_i(t), s_i(t)) dt \exp\left[-\int_{t_0}^t r(\theta) d\theta\right] + p^i(x_i(T))$$

$$\exp\left[-\int_{t_0}^{T}r(\theta)d\theta\right]-U(t_0,x(t_0))\leqslant 0 \qquad (5.33)$$

$$\int_{t_0}^{T}f^i(t,x_i^*(t),\delta_i^*(t,x_t^*(t)))dt\exp\left[-\int_{t_0}^{t}r(\theta)d\theta\right]+$$

$$U(T,x^*(T))-U(t_0,x^*(t_0))=$$

$$\int_{t_0}^{T}f^i(t,x_i^*(t),\delta_i^*(t,x_i^*(t)))dt\exp\left[-\int_{t_0}^{t}r(\theta)d\theta\right]+p^i(x_i^*(T))$$

$$\exp\left[-\int_{t_0}^{T}r(\theta)d\theta\right]-U(t_0,x(t_0))=0 \qquad (5.34)$$

由式（5.33）和式（5.34）可得到以下数学关系式：

$$\int_{t_0}^{T}f^i(t,x_i(t),s_i(t))dt\exp\left[-\int_{t_0}^{t}r(\theta)d\theta\right]+p^i(x_i(T))$$

$$\exp\left[-\int_{t_0}^{T}r(\theta)d\theta\right]\leqslant\int_{t_0}^{T}f^i(t,x_i^*(t),\delta_i^*(t,x_i^*(t)))dt$$

$$\exp\left[-\int_{t_0}^{t}r(\theta)d\theta\right]+p^i(x_i^*(T))\exp\left[-\int_{t_0}^{T}r(\theta)d\theta\right]$$

从定理 5.3 中可以看出：

集群企业在进行独自创新时，当其他的企业都采用根据当前时间及其相应的状态而定的最优策略时，集群企业 $i\in K_1$（K_1 表示非合作性联盟）的价值函数的值将随着时间的变化而转变，而在每一瞬间转变的减数则等于它的时间报酬的贴现值与状态的最优变化进展为价值函数的值所带来的转变之和。而它在结束时间所获得的报酬等于该企业的终点报酬进行相应贴现后的贴现值。

因此，集群企业 $i\in K_1$ 独自进行创新时在初始时间为 t_0，$[t,T]$ 内的价值函数可以表示为：

$$U^{(t_0)i}(t,x_i(t))=\int_{t_0}^{T}f^i[t,x_i(t),\delta_i^{(t_0)*}(t,x_i(t)),\delta_j^{(t_0)*}(t,x_j(t))]$$

$$\exp\left[-\int_{t_0}^{t}r(\theta)d\theta\right]dt+p^i(x_i(T))\exp\left[-\int_{t_0}^{T}r(\theta)d\theta\right] \qquad (5.35)$$

博弈的动态系统为：

$$\frac{dx}{dt}=g^i[t,x_i(t),\delta_i^{(t_0)*}(t,x_i(t)),\delta_j^{(t_0)*}(t,x_i(t))],$$

$$x_i(t_0)=x_{t_0}^0,\ i\in K_1,\ j\in N/K_1$$

三 实例分析

这里,我们考虑一个集群创新网络内三个企业进行改进某项技术的案例。假定改进技术的开始时间为 t_0,结束时间为 T,则其持续时间为 $[t_0, T]$。我们用 $x_i(t) \in X_i \in R^m$ 表示企业 i 在时间 t 的技术水平,此状态变量随着时间不断地发生变化,$s_i(t)$ 表示企业 i 在时间 t 对技术改进时投入的资本。每个企业 i 在时间点 t 的瞬间报酬为 $a_i[x_i(t)^{1/2}] - c_i s_i(t)$,其中 a_i,c_i 都是正常数,$a_i[x_i(t)]^{1/2}$ 表示企业 i 的技术水平为 $x_i(t)$ 时的净运营收益,$c_i s_i(t)$ 表示企业 i 的投资成本。根据前面的分析可知,每个企业 i 在时区 $[t_0, T]$ 内的获得的所有报酬为它的瞬间报酬与终点报酬的贴现值之和,因此,无论企业是否如何参与合作,每个企业 i 在时区 $[t_0, T]$ 内的所有得益的现值都可以表示为:

$$\int_{t_0}^{T} [a_i x_i(t)^{1/2} - c_i s_i(t)] e^{-r(t-t_0)} dt + p_i [x_i(T)]^{1/2} e^{-r(T-t_0)}, i \in N = \{1,2,3\} \tag{5.36}$$

其中,p_i 也为正常数,$p_i[x_i(T)]$ 表示在时间 T 企业 i 的技术的剩余价值。企业 i 的技术水平 $x_i(t)$ 的动态变化表示如下:

$$\frac{dx_i(t)}{dt} = \beta_i [s_i(t) x_i(t)]^{1/2} - \sigma x_i(t) \tag{5.37}$$

其中,$\beta_i[s_i(t)x_i(t)]$ 表示在投入资本 $s_i(t)$ 时所带来的技术改进,σ 可以抽象地表示为技术贬值率。

1. 整体理性的分析

在此种情况下,由于企业间可以产生协同效应,因此,每个企业 i 的技术水平 $x_i(t)$ 变化的动态系统与三个企业各自为政时的技术水平的动态系统有所不同。由于三个企业中的任意两个企业都可以进行协作,所以此时 $x_i(t)$ 的进展变化可以表示为:

$$\frac{dx_i(t)}{dt} = [\beta_i [s_i(t) x_i(t)]^{1/2} + \lambda_j^{[j,i]} [x_j(t) x_i(t)]^{1/2} + \lambda_l^{[l,i]} [x_l(t) x_i(t)]^{1/2} - \sigma x_i(t)] \tag{5.38}$$

其中,$x_i(t_0) = x_i^0 \in X_i$,$i, j, l \in N = \{1, 2, 3\}$ 且 $i \neq j \neq l$,$\lambda_j^{[j,i]} [x_j(t), x_i(t)]^{1/2}$ 表示在企业间的协同效应下,企业 j 对企业 i 的技术水平的进展变化所产生的正面影响,同样,$\lambda_l^{[j,i]} [x_l(t), x_i(t)]^{1/2}$ 表

示在企业间的协同效应下，企业 j 对企业 i 的技术水平的进展变化所产生的正面影响。因此，三个企业合作的整体收益等于三个企业的合作收益之和：

$$\int_{t_0}^T \sum_{i=1}^3 [a_i x_i(t)^{1/2} - c_i s_i(t)] e^{-r(t-t_0)} dt + \sum_{i=1}^3 p_i [x_i(T)]^{1/2} e^{-r(T-t_0)} \tag{5.39}$$

受制于动态系统即式（5.38）。

根据定理 5.1，可以得到以下的贝尔曼方程：

$$-V_t^{(t_0)}(t, x(t)) = \max \left\{ \sum_{i=1}^3 [a_i (x_i(t))^{1/2} - c_i s_i(t) e^{-r(t-t_0)}] + \sum_{i=1}^3 V_{x_i}^{(t_0)} [\beta_i (s_i(t) x_i(t))^{1/2} + \lambda_j^{[j,i]}(x_j(t) x_i(t)) + \lambda_l^{[l,i]}(x_l(t) x_i(t) - \sigma x_i(t)] \right\} \tag{5.40}$$

满足边界条件：

$$V^{(t_0)}(T, x(T)) = \sum_{i=1}^3 p_i (x_i(T))^{1/2} e^{-r(T-t_0)} \tag{5.41}$$

根据蓬特里亚金最大化原则，将式（5.39）进行最大化，可以得到：

$$s_i(t) = \frac{\beta_i^2}{4(c_i)^2} [V_{x_i}^{(t_0)i}(t, x_i) e^{r(t-t_0)}]^2 x_i \tag{5.42}$$

将式（5.42）代入到式（5.40）和式（5.41），可以得到：

$$-V_t^{(t_0)}(t, x(t)) = \sum_{i=1}^3 a_i x_i^{1/2} e^{-r(t-t_0)} - \frac{\beta_i^2}{4c_i} [V_{x_i}^{(t_0)i}(t, x_i)]^2 e^{-r(t-t_0)} x_i + \sum_{i=1}^3 \left\{ \frac{\beta_i^2}{2c_i} [V_{x_i}^{(t_0)i}(t, x_i)]^2 e^{-r(t-t_0)} x_i + V_{x_i}^{(t_0)i}(t, x_i) \right. $$

$$\left. [\lambda_j^{[j,i]}(x_j, x_i) + \lambda_l^{[l,i]}(x_l, x_i) - \sigma x_i] \right\} \tag{5.43}$$

通过对式（5.43）的求解，可以得到：

$$V_t^{(t_0)}(t, x(t)) = [y_1(t) x_1^{1/2} + y_2(t) x_2^{1/2} + y_3(t) x_3^{1/2} + z(t)] e^{-r(t-t_0)} \tag{5.44}$$

其中，$\dfrac{dy_i}{dt} = \left(r + \dfrac{\sigma}{2}\right)y_i(t) - \dfrac{\lambda_i^{[i,j]}}{2}y_j(t) - \dfrac{\lambda_i^{[i,l]}}{2}y_l(t) - a_i$

$\dfrac{dz(t)}{dt} = rz(t) - \sum_{i=1}^{3}\dfrac{\beta_i^2}{16c_i}[y_i(t)]^2$

因此，根据整体理性要求，式（5.44）就是集群创新网络内多企业动态合作联盟整体的最优价值函数。

同时，从式（5.37）至式（5.44）的分析过程中，我们可以判断出集群企业的投入资本对该企业的技术水平产生的影响，以及技术水平的动态变化对企业价值函数的影响程度。这里，我们设置参数如下：$r = 0.3$，$\sigma = 0.2$，$a_i = 0.6$，$\beta_i = 0.4$，$c_i = 0.3$，$\lambda_i^{[j,i]} = 0.6$，$\lambda_l^{[l,i]} = 0.5$（如图5-4所示）。

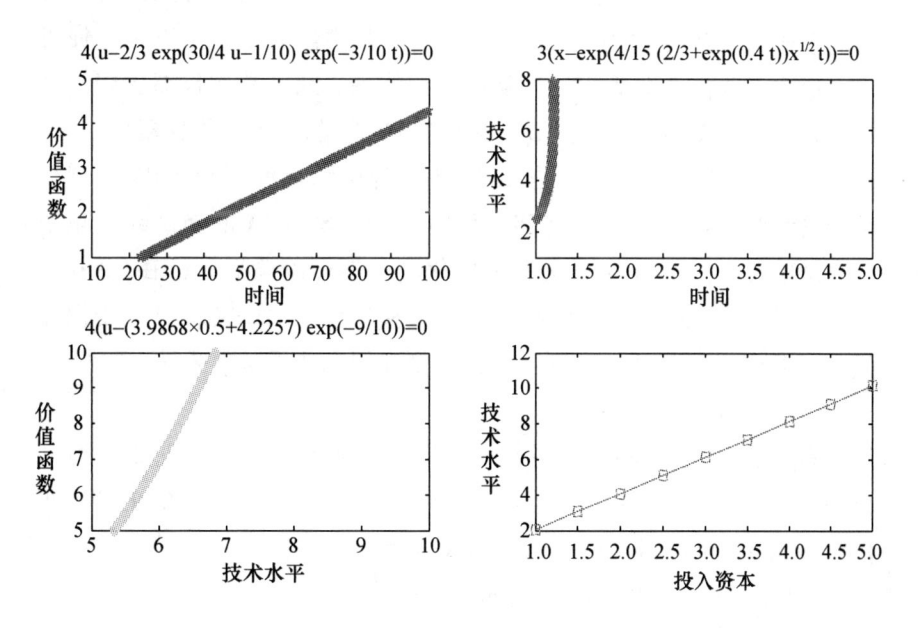

图5-4 企业共同合作时的仿真

从图5-4仿真结果来看，我们可以得出：

参与合作的集群企业由于企业间协同作用的缘故，随着投入资本的增加，企业的技术水平得到了不断的提升，同时，企业技术水平的改进也为企业创造了更多的价值。因此，集群企业的技术水平随着时间的推移在不断地提高的同时，它给企业所带来的价值也随着时间的进展在不断地增长。这也体现了很多企业都愿意与其他企业进行合作创新的一个重要原因。如闪联信息技术工程中心，2005 年，闪联技术标准的主要成员联想集团、TCL 集团、长城集团、长虹集团、创维集团、海信集团、康佳集团、中和威八家企业联合出资设立了一家研发合作产业联盟——闪联信息技术工程中心。闪联信息技术工程中心以企业形式注册，其目标是共同研发闪联技术标准的共性技术，推动闪联技术标准的产业化。该研发合作联盟集中了成员的互补性资源，特别是技术特长，提高了研发的效率。产业联盟对共性技术的研究大幅减少了企业的重复投入。另外一个是 TD – SCDMA 产业联盟，国内企业主导的 TD – SCDMA 技术早期产业化步伐缓慢，主要原因是难以形成有竞争力的产业链，运营商和消费者信息不足。政府有关部门支持国内企业组成产业联盟。TD – SCDMA 产业联盟成立 4 年以来，促进国内形成了国内企业为主体，从系统到终端、从芯片到仪器仪表、从软件到配套设备的完整的 TD – SCDMA 产业链。产业联盟缩短了 TD 产业化周期，TD – SCDMA 自 2001 年成为国际标准，到 2006 年规模化网络实验，仅用了 5 年时间。目前，TD – SCDMA 的测试经过单系统测试阶段、产业专项测试和规模化测试三个阶段后，已在 2006 年 11 月进入"专业用户/友好用户"的规模生产能力，芯片已具备商用能力，系统已可以批量供货，为大规模商用创造了基本条件。

2. 个体理性的分析

当集群企业 i 独自进行创新时，它所获得价值函数即为式 (5.36) 和式 (5.37)，而对于式 (5.36) 和式 (5.37) 的求解，根据定理 5.3，可以得到以下的贝尔曼方程：

$$-U_t^{(t_0)i}(t, x_i(t)) = \max\{[a_i x_i(t)^{1/2} - c_i s_i(t)]e^{-r(t-t_0)} + U_x^{(t_0)i}[\beta_i(s_i(t)x_i(t))^{1/2} - \sigma x_i(t)]\} \quad (5.45)$$

满足边界条件：

$$U^{(t_0)i}(T, x(T)) = p_i(x_i(T))^{1/2} e^{-r(T-t_0)} \quad (5.46)$$

根据蓬特里亚金最大化原则，将式 (5.45) 进行最大化，可以得到：

$$s_i(t) = \frac{\beta_i^2}{4(c_i)^2}[U_{x_i}^{(t_0)i}(t, x_i)e^{r(t-t_0)}]^2 x_i \quad (5.47)$$

将式 (5.47) 代入到式 (5.45) 和式 (5.46) 中，可以得到：

$$-U_t^{(t_0)i}(t, x(t)) = a_i x_i^{1/2} e^{-r(t-t_0)} - \frac{\beta_i^2}{4c_i}[U_{x_i}^{(t_0)i}(t, x_i)]^2 e^{-r(t-t_0)} x_i +$$

$$\frac{\beta_i^2}{2c_i}[U_{x_i}^{(t_0)i}(t, x_i)]^2 e^{-r(t-t_0)} x_i - \sigma U_{x_i}^{(t_0)i}(t, x_i) x_i \qquad (5.48)$$

通过对式（5.48）求解，可以得出：

$$U^{(t_0)}(t, x_i(t)) = [y_i(t) x_i^{1/2} + z_i(t)] e^{-r(t-t_0)} \qquad (5.49)$$

其中，$\frac{dy_i}{dt} = \left(r + \frac{\sigma}{2}\right) y_i(t) - a_i \quad \frac{dz_i}{dt} = r z_i(t) - \frac{\beta_i^2}{16 c_i}[y_i(t)]^2$

根据个体理性的要求，需满足条件 $\eta^i(x_N^0, T - t_0) \geq \delta^i(x_N^0, T - t_0)$，$i \in \{1, 2, \cdots, n\}$，即：

$$\sum_{K_2 \in N} \frac{(k_2 - 1)!(n - k_2)!}{n!} [V^{(t_0)K_2}(x_{K_2}^0, T - t_0) - V^{(t_0)K_2/i}$$

$$(x_{K_2/i}^{t_0}, T - t_0)] \geq [y_i(t) x_i^{1/2} + z_i(t)] e^{-r(t-t_0)}$$

其中，$V^{(t_0)K_2}(x_{K_2}^0, T - t_0)$ 和 $V^{(t_0)K_2/i}(x_{K_2/i}^0, T - t_0)$ 可以根据式（5.44）来计算。

因此，只要满足了上述条件，就满足了参与集群合作创新主体的个体理性。

同时，从式（5.45）至式（5.49）的分析过程中，我们也可以判断出集群企业进行自主创新情形下，它所投入的资本对提升其技术水平的影响程度，以及技术水平的提升对该企业价值函数产生的影响如何。这里，我们设置参数如下：$r = 0.3$，$\sigma = 0.2$，$a_i = 0.6$，$\beta_i = 0.4$，$c_i = 0.3$（如图 5-5 所示）。

从图 5-5 的图形中，我们可以得出以下结论：

随着企业投入资本数量的增加，技术得到了明显的改进。而随着企业技术水平的提高，它为企业所创造的价值也不断增长。但如果与合作创新相比，我们可以看出，在投入相同资本的情形下，参与合作创新企业的技术水平提升得更快，而且给创新企业带来更多的价值。

因此，我们可以看出企业在各自为政的情况下，投入一定的资本也可以改进企业的技术水平，并给企业创造价值。如江苏省在 2006 年以发展先进制造业、提高服务业比重和优化投资结构为重点，推进了产业结构优化升级。山东省以自主创新提升产业水平，把加快发展服务业作

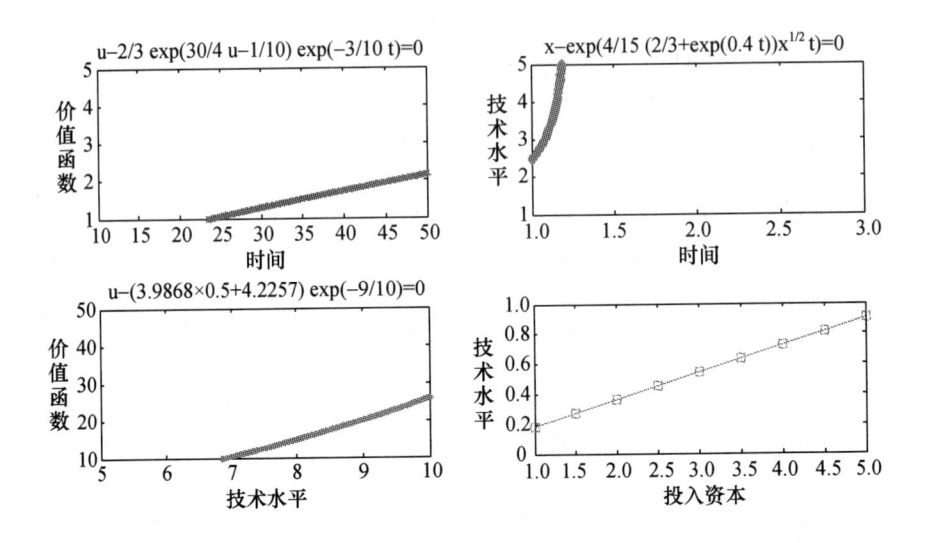

图 5-5　企业自主创新的仿真

为产业结构调整的重中之重，力争在改革创新体制、营造良好发展环境、培植集团和品牌、推动重点行业发展等方面迈出实质性步伐。

第五节　集群创新网络内的创新能力与创新绩效分析

通过上述的研究表明，参与合作创新的企业利用集群创新网络内的资源云，通过较少资本的投入，就可以带来企业技术水平的改进，而企业技术水平的改进可以更快地为企业创造更多的价值，并且这种价值的增长对企业未来的投资策略产生了积极的影响，从而可以提高企业的创新能力，有效防止企业集群的衰退。

在中小企业集群网络的发展中，不同时期的驱动因素是不同的。在集群网络发展的初级阶段，初级生产要素优势，即资源在初期发挥了重要作用。但是随着集群的逐步发展，初级生产要素对集群进一步发展的贡献逐渐减少，投资成为推动集群发展的主要动力。然而，当集群网络发展到一定阶段后，光靠资源驱动和投资驱动难以维持集群的持续发展。因为后发展起来的集群可以依靠更具有比较优势的初级生产要素获得成本等方面的领先，可以依靠更加优惠的政府政策吸引投资。然而，随着中国"人口红利"的逐渐消失以及生产成本的上升，近年来东南亚国家的中小企业以比中国更加低廉的价格和更优惠的政府政策对中国制造产生了实质性的威胁，大量的外商直接投资转向东南亚国家。因此集群网络要想保持持续竞争优势，必须不断进行合作创新，依靠创新驱动中小企业集群网络的升级和转型，这意味着单靠企业个体的技术创新模式已经逐渐被淘汰，集群的创新必须从群内创新走向开放式的群外创新，不仅要整合群内的优势资源，更要注重集群与集群之间、集群与全球产业价值链之间的互动。中小企业集群的绩效以及它的行为主体中小企业的绩效都来自其独特的创新能力，不同的创新能力带来中小企业集群以及中小企业之间绩效的差异，研究中小企业集群创新能力的差异性对集群绩效的影响十分重要。

虽然大多数文献都认为中小企业集群创新能力是影响集群绩效和保持持续竞争优势的关键因素。然而很少有研究深入考察它们之间的数量关系，大多数文献仍然停留在理论分析阶段，已有的少量文献也只是单一地分析集群创新能力对集群绩效的影响，没有将产业之间的交流和其他创新机构的知识溢出考虑进来，在经济全球化的今天，知识更新速度非常快，要保持集群创新的活力，就要不断更新内部知识等资源基础，及时从集群外部引入新的信息和技术。因此，要保持企业集群对新进入者的开放性以及对新信息的敏感性，避免内部僵化，不断推进集群持续学习和调整。如果一个地区没有知识流动，那么它就是孤立和封闭的，创新就不具有系统性。由于中小企业集群在创新资源上的局限性，因而合作创新对于中小企业集群尤其重要。因此，集群内企业间的合作创新对企业的创新能力会产生怎样的影响呢？反过来，这种创新能力的提升对集群创新网络的创新绩效又会产生怎样的影响呢？

一 变量选取与数据来源

基于上述问题的考虑，我们选取 54 个国际级高新产业技术开发区作为实证样本来进行分析。而实证分析所需数据来源是《中国火炬统计年鉴 2009》和《中国科技统计年鉴 2009》。54 个高新技术开发区的创新能力指标数据和创新绩效指标数据分别如表 5-1 和表 5-2 所示。

表5-1 54个高新技术开发区的集群创新能力指标数据

序号	高新区	科技活动人员数（人）	R&D活动经费支出（百万元）	技术总收入（千万元）	序号	高新区	科技活动人员数（人）	R&D活动经费支出（百万元）	技术总收入（千万元）
1	北京	320955	3244.865	16934.334	28	潍坊	15005	172.25	231.3677
2	天津	28710	425.6026	2844.6225	29	威海	9525	178.81	9.6015
3	石家庄	14940	159.1119	452.8233	30	郑州	37860	338.82	615.9634
4	保定	9826	109.4919	2.1741	31	洛阳	14071	164.08	454.0127
5	太原	14735	180.5178	529.3554	32	武汉	52272	556.99	1681.025
6	包头	12806	129.2109	126.9789	33	襄樊	11866	163.17	320.9042
7	沈阳	20421	348.1193	1920.6064	34	长沙	26680	279.62	108.8133
8	大连	34273	219.3406	1453.9595	35	株洲	10576	105.74	19.1618
9	鞍山	7351	98.2466	272.8729	36	广州	51075	853.78	2522.865
10	长春	13110	258.4276	152.4672	37	深圳	71058	985.56	111.0227
11	吉林	11074	242.0889	201.107	38	珠海	8879	59.015	51.6995
12	哈尔滨	16995	272.2237	26.6556	39	惠州	7946	156.86	2.489
13	大庆	8822	145.6908	335.9402	40	中山	11934	179.06	3.0362
14	上海	62164	1058.812	2359.7914	41	佛山	19683	247.23	72.7977
15	南京	32762	325.8687	122.3695	42	南宁	7499	22.341	817.055
16	常州	16546	257.2372	42.1451	43	桂林	7163	77.582	8.7988
17	无锡	20377	379.2434	37.7647	44	海南	1276	8.9009	0.5647
18	苏州	20765	376.0277	789.6193	45	成都	61674	711.88	2239.195
19	杭州	34978	485.8392	3420.1227	46	重庆	18555	147.34	1662.819
20	宁波	9792	174.5628	675.0661	47	绵阳	14065	181.91	0.6194
21	合肥	19777	339.2537	638.9215	48	贵阳	7024	23.32	63.7693
22	福州	7507	46.828	50.4462	49	昆明	5386	70.773	48.8829
23	厦门	7217	26.743	41.5135	50	西安	48355	581.72	2604.518
24	南昌	17801	135.9641	243.6947	51	宝鸡	15122	196.02	16.7883
25	济南	16826	233.9591	2265.7966	52	杨凌	640	0.058	1.3955
26	青岛	12148	199.2227	57.4822	53	兰州	2915	19.28	43.5055
27	淄博	11001	213.2615	249.6468	54	乌鲁木齐	2849	14.22	78.9228

表 5-2　　54个高新技术开发区的创新绩效指标数据

序号	高新区	出口创汇（千美元）	产品销售收入（千万元）	工业总产值（千万元）	序号	高新区	出口创汇（千美元）	产品销售收入（千万元）	工业总产值（千万元）
1	北京	20735378	52292	38051	28	潍坊	1453414	9171	8530
2	天津	4175050	12455	13219	29	威海	3744721	6861	6878
3	石家庄	481441	5792	6487	30	郑州	435645	6943	6948
4	保定	1819510	3777	3904	31	洛阳	882805	5565	5508
5	太原	372344	8561	8762	32	武汉	1104383	15086	15743
6	包头	531814	7216	7842	33	襄樊	389159	5084	5205
7	沈阳	985124	10116	10643	34	长沙	1185053	10699	11121
8	大连	5046458	11323	11461	35	株洲	316996	4013	4353
9	鞍山	189211	5946	5564	36	广州	10748921	14862	14211
10	长春	116403	14279	16090	37	深圳	11231345	21580	22493
11	吉林	254751	8060	7911	38	珠海	10434041	10118	10557
12	哈尔滨	520965	10474	10513	39	惠州	5585086	6451	6240
13	大庆	107315	6098	6308	40	中山	4699490	7732	8054
14	上海	20900881	32424	27908	41	佛山	5930181	11361	11968
15	南京	7258644	22750	23548	42	南宁	260578	3243	3736
16	常州	3099638	9743	10072	43	桂林	532051	2978	3400
17	无锡	17346779	23081	23278	44	海南	174474	1601	1593
18	苏州	23615788	17980	18453	45	成都	4593987	16702	16468
19	杭州	4455428	10016	10201	46	重庆	1188555	6758	6569
20	宁波	3820460	6051	6266	47	绵阳	853743	4013	4697
21	合肥	1032058	7427	8375	48	贵阳	240454	2426	2640
22	福州	1438112	3583	3758	49	昆明	528738	4816	4796
23	厦门	7665260	8991	9186	50	西安	2188721	15078	15660
24	南昌	479988	5450	5595	51	宝鸡	437102	5716	6059
25	济南	1884248	7689	7815	52	杨凌	185795	414	445
26	青岛	1808002	7113	7192	53	兰州	76887	3637	3735
27	淄博	1255281	9428	9539	54	乌鲁木齐	725163	945	1298

在研究合作创新对创新能力的提升时，以参与合作创新的大学 R&D 经费支出（UNIEXP）、研究机构 R&D 经费支出（RESEXP）为自变量，以科技活动人员数量（HUINPUT）、科技活动经费支出（CAPINPUT）、创新产出（OUTPUT）为因变量；在研究创新能力的提升对创新绩效的影响时，以大学 R&D 经费支出（UNIEXP）、研究机构 R&D 经费支出（RESEXP）、科技活动人员数量（HUINPUT）、科技活动经费支出（CAPINPUT）、创新产出（OUTPUT）为自变量，以工业生产总值（PRO）、出口总值（EXPORT）和产品销售收入（SALES）为因变量。

二 实证结果分析

1. 集群创新网络内企业间的合作创新对于创新能力提升的影响

从回归结果中可以看出（见表5－3），大学 R&D 经费支出和研究机构 R&D 经费支出均对科技活动人员数量、科技活动经费支出以及创新产出产生了显著的正向影响。一方面，大学和研究机构创新产出的增加能够为集群创新提供更多的技术来源和选择。集群内的企业为了更好地消化和吸收这些技术和知识，必然要增加集群科技活动人员和科技活动经费，最终形成真正具有竞争优势的自主创新能力；另一方面，大学和研究机构创新产出的增加对集群内企业产生示范作用，促使企业通过增加科技活动人员和科技活动经费而提高企业的创新产出。因此，通过网络内企业间的合作创新，可以提高集群的创新能力。

表5－3　　　　　合作创新对集群创新能力提升的影响

变量	科技活动人员数量		科技活动经费支出		合作创新产出	
	系数	t 值	系数	t 值	系数	t 值
c	6581.272	1.608098	57.20772	1.218941	179.3156	0.668666
UNIEXP	83.42968**	2.787755	0.302082	0.880207	6.340831***	3.233468
RESEXP	20.56039***	8.04238	0.217663***	7.424427	2.936045***	4.514043
R^2	0.874		0.853		0.816	
DW	1.74		1.6		1.48	

注：*代表在10%水平上显著，**代表在5%水平上显著，***代表在1%水平上显著。

企业作为创新主体，必须吸收大学、科研机构和社会其他技术创新要素，才能更快、更好和持续地增强创新能力。因而，合作创新是集群提高创新能力和绩效的主要途径之一。合作创新促使一批最新科研成果在较短时间内向现实生产力转化，创造出可观的经济价值；高校本身也孵化出部分高新技术企业，对培育新兴技术产业，进而创造新的经济增长点发挥了重要作用；高等院校的研究人员通过掌握相关学科研究最前沿的发展动态、把握最新成果，并且在与企业合作的实践中发现问题、探索问题、解决问题，向企业注入了科学技术的新活力，从而提高了集群的创新能力。

2. 集群创新能力对创新绩效的影响

表 5 – 4　　　　　　　　集群创新能力对创新绩效的影响

变量	工业生产总值 系数	t 值	出口总值 系数	t 值	国内产品销售收入 系数	t 值
HUINPUT	0.05	0.703078	137.7391 *	1.878028	0.037568	0.59086
CAPINPUT	17.33393 ***	3.34674	13965.70 **	2.401588	17.23799 ***	3.41934
OUTPUT	1.328945 **	2.273906	−391.292	−0.596318	1.071551 *	1.88369
UNIEXP	44.48582 ***	8.694099	13362.56 **	2.325967	36.11665 ***	7.251742
RESEXP	5.527810 **	2.25616	−1133.23	−0.411951	−3.494306	−1.465243
R^2	0.818		0.636		0.88	
DW	2.08		1.48		2.05	

注：* 代表在10%水平上显著，** 代表在5%水平上显著，*** 代表在1%水平上显著。

从回归分析的结果中可以看出（见表 5 – 4），在各个自变量中，除了科技活动人员数量外，其他的自变量都对工业总产值有显著的影响。在正向影响因素里面，大学 R&D 经费支出对工业总产值的影响系数最大，这说明加大大学 R&D 经费支出，增加大学的创新成果，能对集群产生巨大的溢出效应。在对出口总值的影响因素中，科技活动人员数量、科技活动经费支出、大学 R&D 经费支出都有显著的正面影响，而研究机构 R&D 经费支出和集群创新产出对出口总值的影响却是不显著的。对国内产品销售收入产生正面影响的因素中，大学的 R&D 经费支出的影响系数也是最大的。此外，科技活动经费支出、创新产业对国内产品销售收入也产生了正面的影响。因此，集群网络创新能力的提升对创新绩效有着非常重要的影响。

一般来说，提升集群创新能力的方式有三种：一是通过自组织。从系统科学角度看，中小企业创新能力低实际上是处于平衡的无序状态。集群创新网络内各行为主体之间缺乏有效的沟通合作，整体创新能力较差。许多新成立的高技术园区，企业出于政策等优惠条件进入，企业间呈现彼此孤立的状态。随着经济行为的增多和联系的日益紧密以及网络内其他主体不断根据自身利益改变集群系统的时候，就有可能达到远离平衡的状态，这就为企业集群创新能力的提升提供了必要条件，此时集群会加强与外部联系时，系统的熵被来自外部的负熵抵消，集群创新能力就会形成耗散结构，从而达到提升创新能力的结果。二是通过他组织。集群内各行为主体之间形成的网络是嵌入在一定的环境当中的，因而集群创新能力的发展也会受到制度主体、文化主体、企业主体等的自发调节，这种作用是在人为的因素下发生的，因此可以将他作为系统的他组织。三是通过自组织和他组织结合。集群创新能力系统是一个开放系统，能够形成耗散结构是提升其创新能力的重要方式。集群创新能力的演化是一个自组织过程，在系统随机涨落中把偶然和必然统一，产生创新能力的自我提升；但在提升集群创新能力过程中，自组织和他组织并不完全割裂，而是辩证统一的。短期的自组织行为，在长期来看可能就是系统他组织的一部分。充分认识到自组织和他组织的关系，对企业集群创新能力提升是非常重要的。

本章小结

从本章的分析中可以看出，与企业的自主创新相比，参与合作创新的企业利用集群网络内的资源云以及技术的外部性，能够更快地为企业创造更多的价值；同时，如果集群创新网络内企业间的合作利益分配不公，将会增加集群合作创新的风险，从而会导致集群企业间的合作创新以失败告终。因此，需要采取相关的措施来促进集群创新网络中各行为主体之间的合作，并设置合理的利润分配机制。①

（1）通过改善集群创新网络环境来激发网络内各行为主体的创新激情。首先，在集群创新网络内及时发布和传递各种政策与信息，以及对一些具备竞争优势的高科技产业采取优惠税收的政策，将其吸引到集群创新网络中来，以提高网络内各行为主体进行创新的积极性。其次，加大政府对集群创新网络内的科技投入，采取相关措施鼓励网络内各行为主体进行技术创新。一方面，通过在集群创新网络内制定相关政策法规以形成政府对科技投入的稳定机制，并充分发挥市场机制的作用，采用多种政策工具调动网络外部对科技投入的积极性；另一方面，对由政府在集群创新网络内投资所产生的科技成果，实行一定的保护管理制度。

（2）积极协调集群创新网络内各行为主体间的合作关系。首先，在集群创新网络内加强中介机构建设。各行为主体之间合作创新的开展离不开中介机构的服务，一方面，各种人才的引进与培训、产品的研发等都离不开中介机构的咨询服务；另一方面，合作创新所产生的科技产品需要中介机构向市场进行推广，因此，要充分依托地方政府、大学、科研机构等网络内的资源，建设和维护好网络内的各类配套科技中介机构。其次，通过在集群创新网络内制定有效的技术开发和技术保护措施，促进合作创新科技成果转移。一方面，通过加强相关立法来对集群当地的市场经济秩序进行整顿和规范，建立有利于网络内各行为主体进行技术创新的相关政策法规；另一方面，在集群创新网络内大力宣传当地政府制定的相关政策法规，以提高各行为主体的知识产权保护意识。

（3）完善集群创新网络内各行为主体开展合作的管理体制与政策法规。不断吸引集群创新网络外部的大学或科研机构以及优秀高新技术产业到集群中来，以促进各种先进技术、信息等生产要素的流动，不断将网络外部的负熵引入到网络内部，以抵消网络内部的正熵，从

---

① 黄海云：《区域创新网络的构建及运行研究》，硕士学位论文，福州大学，2006年。

而为集群创新网络内各行为主体之间的合作提供良好的外部环境。同时，制定与加强针对集群创新网络内各行为主体间合作的相关法律法规，以使各行为主体之间合作的开展与运行做到有法可依。另外，在各行为主体进行合作的过程中，制定各种优惠政策引导与鼓励彼此之间的合作，从而提高集群创新网络的竞争能力。

第六章 企业集群创新网络多主体间合作的信任机制分析

对于企业集群创新网络来讲，社会信任代表着一个区域的社会形象，它对于集群内企业吸收外部资金、人才、客户等具有非常重要的作用，从而利于形成区位品牌。同时，信任环境作为企业集群环境的一部分，也可以促进企业之间的合作。在企业集群创新网络中，人们的经济行为总是与行为人在这个群体中所处地位有密不可分的联系。从实践来看，硅谷发展成功的因素有很多，其中硅谷内各行为主体之间的合作文化和精神是其成功不可忽视的重要因素，我国浙江、广东等省以及意大利西北部等企业集群的兴起与发展也同这些区域中浓厚的信任机制密不可分。因此，信任作为集群创新网络企业间的一种特殊的社会关系，对企业集群创新网络的形成与其竞争优势的培育有着重要的贡献，因而对集群信任机制的研究有着重要的理论意义和现实意义。

国内外学者对产业集群内的信任机制问题进行了大量的研究。Sabel从集群的经济效率角度认为，意大利北部产业集群中一个与众不同的特点是集群企业间的高度信任。一方面，它使交易成本降低到使交易主体具有足够竞争力的程度；另一方面，信任使交易行为在较长时间内保持较稳定状态，减少了外部环境变化带来的冲击。Putnam认为，信任是社会资本的重要来源之一，支撑区域社会资本的一个重要因素是这个社会中各个成员和集团之间的信任关系。它对于构建产业集群的分包网络起着关键性的作用。Schmitz研究了信任对集体效率的促进作用，他认为随着集群的成长，在社区差异化程度的增加及外部进入者的作用下，社会文化的影响强度随着时间而减弱并不断被侵蚀，但信任的必要性并未减弱。Dyer等也认为在企业间建立信任有助于提高组织的协作及经济效率。Banks 等也认为，在一个需要密集社会关系、信息交易与网络关系的产业部门里，信任关系对于加强企业合作提高企业创造力是极为重要的。Chen 以中国台湾地区自行车产业集群为例做了实证分析，他认为集群内分包网络建立后，信任作为社会资本有助于企业隐性知识的共享，这有利于企业在时间上的经济节约并适应外部环境。孟韬等指出，信任机制会促进组织之间加快交易的速度，对于形成产业集群柔性、高效的竞争优势非常重要。李兰冰认为，信任作为一种减少社会复杂性的机制，在物流产业集群这种社会经济网络的发展过程中发挥着非常重要的作用。孟华兴等认为，信任能够促进产业集群的技术创新，增强区域竞争力。信任可以创造出一种比较自由和民主的交流环境，在这种环境中，面对面交流信息反馈比较快，能激发人们的创造性思维。黎晓燕等认为，信任是知识共享、创新必不可少的条件和重要的激励因素。企业间信任的提高，相应提高了企业间联系的稳定性，减少了机会主义，降低了创新的风险。王小丽认为，信任作为一种社会资本有利于企业在物质和人力资源上的有形投入得到较高的回报。徐涛等认为信任是合作的基础，信任关系对于加强企业合作和提高企业创造力是极为重要的，并由此促进产业集群的创新。李乃文认为，产业集群内企业的生存发展是建立在企业家相互信任的基础之上的，而社会网络的协作信任机制降低产业集群内企业间的交易成本，从而增强了产业集聚的对外竞争优势。葛萍萍认为，信任可以消除合作双方的疑虑、促成双方的合作，降低交易成本，提高信息的共享度，促进双方合作的融合，提高合作的灵活性，在规避技术和市场不确定性因素等合作创新中的风险方面发挥重要的作用。

第一节　集群创新网络多主体间合作信任机制的动态性分析

产业集群作为一种独特的产业组织形式，引起了国内外学者极大的研究兴趣。研究者从不同角度来解释产业集群的竞争优势。现实中，硅谷发展成功的因素有很多，但是硅谷内部各成员间的合作文化和精神是其成功不可忽视的重要因素，我国浙江、广东等省以及意大利西北部等产业集群的兴起与发展也同这些区域中浓厚的信任机制密不可分。可见，信任作为企业间的一种特殊的社会关系，对产业集群的形成与其竞争优势的培育有着重要的贡献。现有集群信任机制问题的研究主要集中于理论上对影响企业间信任关系转变的因素和信任对集群的作用方面的分析，尚未有从定量的角度对企业间的信任关系状态转移的过程方面的研究。

企业集群这种独特产业组织形式之所以被广泛地应用，必然有其内在的经济合理性（魏江，2005）。关于其竞争优势，大量学者从多个角度均予以了深入的分析。由于企业集群是特定空间内的企业集聚，企业空间的接近使企业之间的社会交流增多，同时企业集群受当地的社会、文化、历史和制度等方面的影响，所以企业集群中的经济交易行为紧密地嵌入在由个体形成的社会关系中。正是由于这种嵌入性的存在，企业的经济行为受制于所嵌入的环境。从根本上来说，企业集群内组织间信任普遍存在于企业集群的网络组织中，成为集群机制的一大机制，而且此种信任表现得比非集群的组织间信任和个人间信任更为深厚，因此，企业集群所产生的网络效应就主要依赖于这种组织间的信任。

在企业集群创新网络内，企业间信任的来源是不一样的，综合许多学者的观点，我们认为集群创新网络内信任的来源主要有三个方面：基于对其他企业过去行为方式的认可程度、基于对其他企业行为可预期性的理性计算、基于制度的信任机制。其中，第一种信任来源主要基于一个企业对其他企业过去的行为方式的认可程度，该认可程度就决定了这个企业对其他企业的可信程度，特别是在企业集群的初期阶段。而这种可信程度一方面取决于该企业自己与其他企业在过去的交流过程中所获得的一些历史记录；另一方面取决于从第三方对交易双方的信用观察，或者是通过集群网络内的其他企业对该企业声誉的反复传播而获得的关于该企业的一些知识和信息。第二种信任来源主要是基于一种对其他企业行为可预期性的计算。此种信任来源往往是偶然交易中的短期信任，短期信任是长期信任的基础。在企业集群创新网络内，企业之间短期信任往往会被连续性多次交易所形成的长期信任所替代。也就是说，网络内企业可以预测到其他企业的行为，那么这个企业就会按照其他企业所预期的那样去做，否则就会造成成本的过高。因此，如果合作者出现违约行为或不诚实行为，网络内部的制度就会产生某种形式的制止。因此，这种形式的信任机制本质上可以被看作是一种"双赢"信任机制。第三种信任来源主要是一种基于制度的信任机制。一般来说，在企业集群创新网络的后期，集群信任机制就往往体现为基于制度的信任机制，这种机制能够为企业集群其他层次的治理机制提供一种正式制度的支持，并且能够促进信任范围的进一步扩展。而且当制度性信任变得越来越成熟时，企业之间的信任越容易发展起来。

企业集群创新网络内组织间信任主要是基于长期交易而产生的一种持久性信任，因而此种信任机制能够在一定程度上减少企业集群组织的复杂性和不确定性，降低企业间的交易成本，而且它能够有效防止集群内个别企业的机会主义和道德风险，这对形成企业集群创新网络内柔性的、高效的竞争优势是非常重要的。然而，网络内组织间的信任状态并不是固定不变的，而是具有一定的动态性。

一方面，企业集群创新网络中的信任机制随着时间的推移在不断地发生变化。这是因为信任本身嵌入在社会结构和经济交易之中，所以当社会结构和经济交易发生变化时，信任本身的内涵和功能也会相应地发生变化。例如，在企业集群创新网络发展的初期阶段，网络内企业数量较少，企业间的信任主要是基于企业家个人之间的友谊建立起来的信任。如在意大利北部的企业集群中，紧密的家庭、文化纽带在巩固信任与合作方面起到了非常重要的作用。印度、墨西哥等发展中国家企业集群都具有这样突出的特征，中国浙江等省的集群也是这样。但是这种信任在没有外部监督约束的情况下，会受到机会主义的威胁，而且对于实施机会主义的企业，会导致集群内其他企业对其信任程度的降低，甚至会终止合作的过程，从而被迫退出企业集群。而在企业集群创新网络发展的后期阶段，网络内企业之间经过长期交易和合作后，在对原有的人际信任完善的基础上，逐渐形成了制度信任和过程型信任等。这种基于制度的信任的产生会导致企业间原有信任程度得到增强。例如：中国温州皮鞋集群、柳市镇低压电器集群、义乌小商品集群等都经过了依据产品质量标准、商标法等打击假冒伪劣产品的过程，从而使企业之间的信任和消费者对集群企业的信任都经过正式制度的作用而得到了大大加强。当然，在企业集群创新网络的后期阶段中，即使有制度信任、过程型信任等的存在，人际信任仍然非常重要，只不过其重要程度比企业集群创新网络的发展前期要小些。只有将这几种类型的信任相互补充和完善，才能够使企业集群的强力的、持续的信任机制得以形成，并且能够始终伴随集群的发展而发挥其作用。

另一方面，企业集群创新网络内的信任在随企业集群的发展不断发生演化的过程中，企业间的信任关系状态并不是每时每刻都在发生变化。实际上，在这种信任关系状态发生转变的过程中，由于企业间的信任关系在不断地增强，彼此间的信任关系会越来越稳定。那么，信任关系状态发生转移的频率会慢慢降低。也就是说，企业间的信任关系状态在一定时期内会维持在某种状态不变，或者说在不同的时刻企业间的关系状态可能会处于某种相似的关系状态，我们把这些时刻称为该种信任关系状态的逗留期。对企业间信任关系状态的逗留期的分析，有助于我们更加深刻地了解这种信任关系状态的动态演化。

因此，在企业集群创新网络中，随着企业间的长期合作以及企业双方彼此之间进一步的了解，企业之间的信任关系逐步增强，网络内企业之间最终会形成一种持久性信任。然而，在集群创新网络内的信任达到一种稳态的过程中，由于机会主义的存在，网络内的某些企业与其他企业间的信任关系发生恶化，并使其合作关系终止。因此，我们的目的就是研究在集群创新网络内企业间的信任关系达到一种稳态的过程中，企业间信任关系状态的变化。一方面，某些企业由于对其他企业实施机会主义而导致信任关系的破坏，那么，这些企业有可能会被迫退出企业集群；另一方面，其他企业基于长期的合作而产生信任关系的增强，最终整个网络内企业间的信任关系状态达到一种稳定状态。而为了更好地从定量的角度来反映企业集群创新网络中信任机制的这个特性，这里，我们采用概率论中的状态转移方程来对其进行分析。

一 集群创新网络多主体间信任机制的转移模型及信任关系的逗留

为简化起见,我们把集群创新网络中的企业称为行为主体,企业间的关系称为信任关系。由于主体间的信任关系状态随时间的变化是一个渐进过程,因此,假设主体间的信任关系状态包含有两个信任关系好的状态 H_1 和 H_2, m 个信任关系差的状态 W_1, $\cdots$, W_m, m 为有限正整数。主体间的信任关系状态在这些状态之间发生转移。

我们把信任关系状态在 H_1 和 H_2 之间的转移称为主体间信任关系状态的良性转移,这主要是指正常企业(合作良好,没有实施机会主义的企业)之间的信任关系的转移。把信任关系状态在 H_1 或 H_2 向 W_1, $\cdots$, W_m 的转移称为主体间信任关系的恶性转移,这主要是指那些实施机会主义的企业与其他企业之间的信任关系转移。

令 (t_1, t_2) 是时间区间, $0 \leq t_1 < t_2 < \infty$。在时刻 t_1,个体处于状态 H_α,在时间区间 (t_1, t_2) 内,个体可能不断往返于 H_α 和 H_β 之间,也可能达 W_δ。由一个状态向另一个状态的转移取决于使主体间信任关系状态发生转变的良性强度 $v_{\alpha\beta}$ 和恶性强度 $u_{\alpha\delta}$,对于 $v_{\alpha\beta}$ 和 $u_{\alpha\delta}$,我们做出如下定义。

定义 6.1 对于任意的 ε, $t_1 \leq \varepsilon \leq t_2$,

$v_{\alpha\beta}\Delta + o(\Delta) = Pr\{$在时刻 ε 处于状态 H_α 的个体将于时刻 $\varepsilon + \Delta$ 处于状态 $H_\beta\}$, $\alpha \neq \beta$; $\alpha, \beta = 1, 2$。

$u_{\alpha\delta}\Delta + o(\Delta) = Pr\{$在时刻 ε 处于状态 H_α 的个体将于时刻 $\varepsilon + \Delta$ 处于状态 $W_\delta\}$, $\alpha = 1, 2$; $\delta = 1, 2, \cdots, m$。

定义 6.2 $P_{\alpha\beta}(t_1, t_2) = Pr\{$在时刻 t_1 处于状态 H_α 的个体在时刻 t_2 将处于状态 $H_\beta\}$, $\alpha, \beta = 1, 2$ 为主体间信任关系状态的良性转移概率。

定义 6.3 $Q_{\alpha\delta}(t_1, t_2) = Pr\{$在时刻 t_1 处于状态 H_α 的个体在时刻 t_2 将处于状态 $W_\delta\}$, $\alpha = 1, 2$; $\delta = 1, 2, \cdots, m$ 为主体间信任关系的恶性转移概率。

因此,根据概率论中的状态转移方程,主体间的信任关系状态的转移概率随时间的演化过程可以用下面的微分方程来表示:

$$\frac{\partial}{\partial t}P_{\alpha\alpha}(t_1, t_2) = P_{\alpha\alpha}(t_1, t_2)v_{\alpha\alpha} + P_{\alpha\beta}(t_1, t_2)v_{\beta\alpha}$$

$$\frac{\partial}{\partial t}P_{\alpha\beta}(t_1, t_2) = P_{\alpha\alpha}(t_1, t_2)v_{\alpha\beta} + P_{\alpha\beta}(t_1, t_2)v_{\beta\beta}, \alpha \neq \beta; \alpha, \beta = 1, 2 \tag{6.1}$$

$$Q_{\alpha\delta}(t_1, t_2) = \int_{t_2}^{t_1} P_{\alpha\alpha}(t_1, t_2)u_{\alpha\delta}dt + \int_{t_2}^{t_1} P_{\alpha\beta}(t_1, t_2)u_{\beta\delta}dt \tag{6.2}$$

对于式 (6.2)，我们令：

$$\begin{cases} P_{\alpha\alpha}(t_1, t_2) = K_{\alpha\alpha}e^{\gamma(t_2-t_1)} \\ P_{\alpha\beta}(t_1, t_2) = K_{\alpha\beta}e^{\gamma(t_2-t_1)} \end{cases} \tag{6.3}$$

将式 (6.3) 代入到式 (6.2)，可以得到下列方程组：

$$\begin{cases} (\lambda - v_{\alpha\alpha})K_{\alpha\alpha} - v_{\beta\alpha}K_{\alpha\beta} = 0 \\ (\lambda - v_{\beta\beta})K_{\alpha\alpha} - v_{\beta\alpha}K_{\alpha\beta} = 0 \end{cases} \tag{6.4}$$

要使 $K_{\alpha\alpha}$ 和 $K_{\alpha\beta}$ 才有解，当且仅当行列式

$$\begin{vmatrix} \lambda - v_{\alpha\alpha} & -v_{\beta\alpha} \\ -v_{\beta\alpha} & \lambda - v_{\beta\beta} \end{vmatrix} = 0 \tag{6.5}$$

因此，我们可以得到：

$$\lambda_1 = \frac{1}{2}[v_{11} + v_{22} + \sqrt{(v_{11} - v_{22})^2 + 4v_{12}v_{21}}]$$

$$\lambda_2 = \frac{1}{2}[v_{11} + v_{22} - \sqrt{(v_{11} - v_{22})^2 + 4v_{12}v_{21}}] \tag{6.6}$$

根据式 (6.1)、式 (6.5)、式 (6.7) 可以解出求出主体间信任关系在状态 H_α 和 H_β 之间的转移概率为：

$$P_{\alpha\alpha}(t_1, t_2) = \sum_{i=1}^{2} \frac{\lambda_i - v_{\beta\beta}}{\lambda_i - \lambda_j}e^{\lambda_i(t_2-t_1)} \tag{6.7}$$

$$P_{\alpha\beta}(t_1, t_2) = \sum_{i=1}^{2} \frac{v_{\alpha\beta}}{\lambda_i - \lambda_j}e^{\lambda_i(t_2-t_1)}, \alpha \neq \beta, i \neq j; \alpha, \beta = 1,2 \tag{6.8}$$

对于式 (6.2) 的求解，它与式 (6.1) 有一定的联系，处于状态 H_α 的个体可以直接由 H_α 转移到状态 W_δ 或通过 H_β 转移到 W_δ。将式 (6.7) 和式 (6.8) 代入到式 (6.2) 中，就可以得到：

$$Q_{\alpha\delta}(t_1, t_2) = \sum_{i=1}^{2} \frac{e^{\lambda_i(t_2-t_1)} - 1}{\lambda_i(\lambda_i - \lambda_j)}[(\lambda_i - v_{\beta\beta})u_{\alpha\delta} + v_{\alpha\beta}u_{\beta\delta}] \tag{6.9}$$

其中，$\alpha \neq \beta$, $i \neq j$; $\alpha, \beta = 1, 2$, $\delta = 1, 2, \cdots, m$

为简单起见，这里，令 $t_1 = 0$ 以及 t 是区间长度，那么式 (6.7)、

式（6.8）、式（6.9）就可以表示为：

$$P_{\alpha\alpha}(0,t) = \sum_{i=1}^{2} \frac{\lambda_i - v_{\beta\beta}}{\lambda_i - \lambda_j} e^{\lambda_i t} \tag{6.10}$$

$$P_{\alpha\beta}(0,t) = \sum_{i=1}^{2} \frac{v_{\alpha\beta}}{\lambda_i - \lambda_j} e^{\lambda_i t}, \alpha \neq \beta, j \neq i; j, \alpha, \beta = 1,2 \tag{6.11}$$

$$Q_{\alpha\delta}(0,t) = \sum_{i=1}^{2} \frac{e^{\lambda_i t} - 1}{\lambda_i(\lambda_i - \lambda_j)} [(\lambda_i - v_{\beta\beta})u_{\alpha\delta} + v_{\alpha\beta}u_{\beta\delta}] \tag{6.12}$$

定理 6.1 对于任意的 τ，$\tau \in (0, t)$，主体之间信任关系状态的良性转移过程是一个马尔可夫过程，即有下列等式成立：

$$P_{\alpha\alpha}(0, t) = P_{\alpha\alpha}(0, \tau)P_{\alpha\alpha}(\tau, t) + P_{\alpha\beta}(0, \tau)P_{\beta\alpha}(\tau, t) \tag{6.13}$$

$$P_{\alpha\beta}(0, t) = P_{\alpha\alpha}(0, \tau)P_{\alpha\beta}(\tau, t) + P_{\alpha\beta}(0, \tau)P_{\beta\beta}(\tau, t), \alpha \neq \beta,$$
$$j \neq i; j, \alpha, \beta = 1, 2 \tag{6.14}$$

证明：将式（6.10）和式（6.11）代入到式（6.13）中可以得出：

$$\sum_{i=1}^{2} \frac{\lambda_i - v_{\beta\beta}}{\lambda_i - \lambda_j} = \left[\sum_{i=1}^{2} \frac{\lambda_i - v_{\beta\beta}}{\lambda_i - \lambda_j} e^{\lambda_i \tau}\right]\left[\sum_{i=1}^{2} \frac{\lambda_i - v_{\beta\beta}}{\lambda_i - \lambda_j} e^{\lambda_i (t-\tau)}\right] +$$

$$\left[\sum_{i=1}^{2} \frac{v_{\alpha\beta}}{\lambda_i - \lambda_j} e^{\lambda_i \tau}\right]\left[\sum_{i=1}^{2} \frac{v_{\beta\alpha}}{\lambda_i - \lambda_j} e^{\lambda_i (t-\tau)}\right] \tag{6.15}$$

展开式（6.15）右边第一项，我们可以得到：

$$\left[\sum_{i=1}^{2} \frac{\lambda_i - v_{\beta\beta}}{\lambda_i - \lambda_j} e^{\lambda_i \tau}\right]\left[\sum_{i=1}^{2} \frac{\lambda_i - v_{\beta\beta}}{\lambda_i - \lambda_j} e^{\lambda_i (t-\tau)}\right] = \left[\frac{\lambda_1 - v_{\beta\beta}}{\lambda_1 - \lambda_2} e^{r_1 \tau} + \frac{\lambda_2 - v_{\beta\beta}}{\lambda_2 - \lambda_1} e^{\lambda_2 \tau}\right]$$

$$\left[\frac{\lambda_1 - v_{\beta\beta}}{\lambda_1 - \lambda_2} e^{\lambda_1 (t-\tau)} + \frac{\lambda_2 - v_{\beta\beta}}{\lambda_2 - \lambda_1} e^{r_2(t-\tau)}\right] = \sum_{i=1}^{2} \left(\frac{\lambda_i - v_{\beta\beta}}{\lambda_i - \lambda_j}\right)^2 e^{\lambda_i t} -$$

$$\frac{(\lambda_1 - v_{\beta\beta})(\lambda_2 - v_{\beta\beta})}{(\lambda_1 - \lambda_2)^2} \sum_{\substack{i=1 \\ i \neq j}}^{2} e^{\lambda_i \tau + \lambda_j (t-\tau)} \tag{6.16}$$

展开式（6.15）右边第二项，我们可以得到：

$$\left[\sum_{i=1}^{2} \frac{v_{\alpha\beta}}{\lambda_i - \lambda_j} e^{\lambda_i \tau}\right]\left[\sum_{i=1}^{2} \frac{v_{\beta\alpha}}{\lambda_i - \lambda_j} e^{\lambda_i (t-\tau)}\right] = \left(\frac{v_{\alpha\beta}}{\lambda_1 - \lambda_2} e^{\lambda_1 \tau} + \frac{v_{\alpha\beta}}{\lambda_2 - \lambda_1} e^{\lambda_2 \tau}\right)$$

$$\left(\frac{v_{\beta\alpha}}{\lambda_1 - \lambda_2} e^{\lambda_1 (t-\tau)} + \frac{v_{\beta\alpha}}{\lambda_2 - \lambda_1} e^{\lambda_2 (t-\tau)}\right) =$$

$$\frac{v_{\alpha\beta}v_{\beta\alpha}}{(\lambda_1 - \lambda_2)^2} e^{\lambda_1 t} + \frac{v_{\alpha\beta}v_{\beta\alpha}}{(\lambda_1 - \lambda_2)(\lambda_2 - \lambda_1)} e^{\lambda_1 \tau + \lambda_2 (t-\tau)} +$$

$$\frac{v_{\alpha\beta}v_{\beta\alpha}}{(\lambda_2-\lambda_1)(\lambda_1-\lambda_2)}e^{\lambda_2\tau+\lambda_1(t-\tau)}+\frac{v_{\alpha\beta}v_{\beta\alpha}}{(\lambda_2-\lambda_1)^2}e^{\lambda_2 t}=$$

$$\sum_{i=1}^{2}\frac{v_{\alpha\beta}v_{\beta\alpha}}{(\lambda_i-\lambda_j)^2}e^{\lambda_i t}-\frac{v_{\alpha\beta}v_{\beta\alpha}}{(\lambda_1-\lambda_2)^2}\sum_{\substack{i=1\\i\neq j}}^{2}e^{\lambda_2\tau+\lambda_j(t-\tau)} \tag{6.17}$$

因此,将式 (6.16) 和式 (6.17) 合并,式 (6.15) 的右边为:

$$\sum_{i=1}^{2}\left(\frac{\lambda_i-v_{\beta\beta}}{\lambda_i-\lambda_j}\right)^2 e^{\lambda_i t}-\frac{(\lambda_1-v_{\beta\beta})(\lambda_2-v_{\beta\beta})}{(\lambda_1-\lambda_2)^2}\sum_{\substack{i=1\\i\neq j}}^{2}e^{\lambda_i\tau+\lambda_j(t-\tau)}+$$

$$\sum_{i=1}^{2}\frac{v_{\alpha\beta}v_{\beta\alpha}}{(\lambda_i-\lambda_j)^2}e^{\lambda_i t}-\frac{v_{\alpha\beta}v_{\beta\alpha}}{(\lambda_1-\lambda_2)^2}\sum_{\substack{i=1\\i\neq j}}^{2}e^{\lambda_2\tau+\lambda_j(t-\tau)}=$$

$$\sum_{i=1}^{2}\frac{(\lambda_i-v_{\beta\beta})^2+v_{\alpha\beta}v_{\beta\alpha}}{(\lambda_i-\lambda_j)^2}e^{\lambda_i t}-\frac{(\lambda_1-v_{\beta\beta})(\lambda_2-v_{\beta\beta})+v_{\alpha\beta}v_{\beta\alpha}}{(\lambda_1-\lambda_2)^2}\sum_{\substack{i=1\\i\neq j}}^{2}e^{\lambda_i\tau+\lambda_j(t-\tau)}=$$

$$\sum_{i=1}^{2}\frac{(\lambda_i-v_{\beta\beta})^2+v_{\alpha\beta}v_{\beta\alpha}}{(\lambda_i-\lambda_j)^2}e^{\lambda_i t}=$$

$$\sum_{i=1}^{2}\frac{\lambda_i-v_{\beta\beta}}{\lambda_i-\lambda_j}e^{\lambda_i t}$$

[因为$(\lambda_i-v_{\beta\beta})^2+v_{\alpha\beta}v_{\beta\alpha}=(\lambda_i-v_{\beta\beta})(\lambda_i-\lambda_j)$,

且$(\lambda_1-v_{\beta\beta})(\lambda_2-v_{\beta\beta})+v_{\alpha\beta}v_{\beta\alpha}=0$]

因此,式 (6.13) 是成立的。同理,也可以证明式 (6.14) 是成立的。

定理 6.2 对于任意的τ, $\tau\in(0,t)$,主体之间信任关系状态的恶性转移过程也是一个马尔可夫过程,即有下列等式成立:

$Q_{\alpha\delta}(0,t)=Q_{\alpha\delta}(0,\tau)+P_{\alpha\alpha}(0,\tau)Q_{\alpha\delta}(\tau,t)+P_{\alpha\beta}(0,\tau)Q_{\beta\delta}(\tau,t)$, $\alpha\neq\beta$; $\alpha,\beta=1,2$

证明:我们假设时刻 $t=0$ 处于良性信任关系状态的主体将在 t 时刻处于恶性信任关系状态的概率为 $Q_{\alpha\delta}(0,t)$。那么,这种转移过程会出现三种可能情况:

(1) 如果设τ为区间 $(0,t)$ 内的任意一点,则主体间的信任关系状态有可能在时刻τ或τ之前就已经从良性状态转移到恶性的信任关系状态。我们假设此种情况下主体间的信任关系状态转移的概率为$Q_{\alpha\delta}$。

如果主体间的信任关系状态在τ时刻处于状态 H_α 或 H_β,而在区间 (τ,t) 内才进入 W_δ,这就是后面出现的两种情况:

(2) 当主体间的信任关系状态在 τ 时刻处于状态 H_α，而在区间 (τ, t) 内才进入 W_δ。那么，此种情况下主体间信任关系状态转移的概率为 $P_{\alpha\alpha}(0, \tau) Q_{\alpha\delta}(\tau, t)$。

(3) 当主体间的信任关系状态在 τ 时刻处于状态 H_β，而在区间 (τ, t) 内才进入 W_δ。那么，此种情况下主体间信任关系状态转移的概率为 $P_{\alpha\beta}(0, \tau) Q_{\beta\delta}(\tau, t)$。

因此，把这三种情况的概率合起来，我们就可以得出方程：

$$Q_{\alpha\delta}(0, t) = Q_{\alpha\delta}(0, \tau) + P_{\alpha\alpha}(0, \tau) Q_{\alpha\delta}(\tau, t) + P_{\alpha\beta}(0, \tau) Q_{\beta\delta}(\tau, t), \alpha \neq \beta; \alpha, \beta = 1, 2$$

这也就验证了定理 6.2 是成立的。

从定理 6.1 和定理 6.2 我们可以得出下面一个结论：

在集群创新网络中，主体间信任关系的未来状态转移独立于过去的信任关系状态已经做出的转移。也就是说，无论主体间信任关系过去的状态转移是良性转移还是恶性转移，信任关系的未来状态转移主要取决于主体间以后所发生的一系列行为，这些行为有可能导致主体间的信任关系状态发生良性转移，也有可能导致主体间的信任关系状态发生恶性转移。

在上述的信任关系状态的演化模型中，我们只是对这种状态的演化过程进行了分析，并没有针对具体的某时刻的信任关系状态进行研究，而主体间的信任关系状态随时间在发生演变的过程中，对于给定的时间段内，主体间的信任关系状态在不同的时刻可能相同，也可能不一样，这就存在信任关系状态的逗留问题。因此，我们有必要对信任关系状态的逗留期进行简要的分析。这个变量主要依赖于主体间信任关系状态的初始状态和相应的信任关系状态转移概率。因此，我们假定对于给定一段时间 t 内，信任关系状态的初始状态为 H_α，我们称 $f_{\alpha\beta}(t)$ 为信任关系状态在 H_β 的逗留期，$g_{\alpha\delta}(t)$ 为信任关系状态在 W_δ 的逗留期。

定义 6.4 对于任意的 τ，$\tau \in (0, t)$，$f_{\alpha\beta}(t)$ 和 $g_{\alpha\delta}(t)$ 可以表示为：

$$f_{\alpha\beta}(t) = \int_0^t P_{\alpha\beta}(0, \tau) d\tau \qquad (6.18)$$

$$g_{\alpha\delta}(t) = \int_0^t Q_{\alpha\delta}(0,\tau)d\tau \tag{6.19}$$

将式（6.12）、式（6.13）和式（6.14）代入到 $P_{\alpha\beta}(0,\tau)$ 和 $Q_{\alpha\delta}(0,\tau)$，可以得到下面的表达式：

$$f_{\alpha\alpha}(t) = \int_0^t \sum_{i=1}^2 \frac{\lambda_i - v_{\beta\beta}}{\lambda_i - \lambda_j} e^{\lambda_i \tau} d\tau = \sum_{i=1}^2 \frac{\lambda_i - v_{\beta\beta}}{\lambda_i(\lambda_i - \lambda_j)}(e^{\lambda_i t} - 1) \tag{6.20}$$

$$f_{\alpha\beta}(t) = \int_0^t \sum_{i=1}^2 \frac{v_{\alpha\beta}}{\lambda_i - \lambda_j} e^{\lambda_i \tau} d\tau = \sum_{i=1}^2 \frac{v_{\alpha\beta}}{\lambda_i(\lambda_i - \lambda_j)}(e^{\lambda_i t} - 1) \tag{6.21}$$

$$g_{\alpha\delta}(t) = \int_0^t \sum_{i=1}^2 \frac{e^{\lambda_i \tau} - 1}{\lambda_i(\lambda_i - \lambda_j)}[(\lambda_i - v_{\beta\beta})u_{\alpha\delta} + v_{\alpha\beta}u_{\beta\delta}]d\tau =$$

$$\sum_{i=1}^2 \left[\frac{1}{\lambda_i}(e^{\lambda_i t} - 1) - t\right]\frac{(\lambda_i - v_{\beta\beta})u_{\alpha\delta} + v_{\alpha\beta}u_{\beta\delta}}{\lambda_i(\lambda_i - \lambda_j)} \tag{6.22}$$

二 模型仿真和结果分析

1. 第一次仿真

参数设置：$v_{11} = -0.4$，$v_{12} = 0.2$，$u_1 = 0.2$，$v_{21} = 0.4$，$v_{22} = -0.6$，$u_2 = 0.2$。由式（6.6）可以算出：$\lambda_1 = -0.2$，$\lambda_2 = -0.8$。则信任状态的转移概率和信任状态的逗留期的结果分别可以用图6-1和图6-2表示出来。

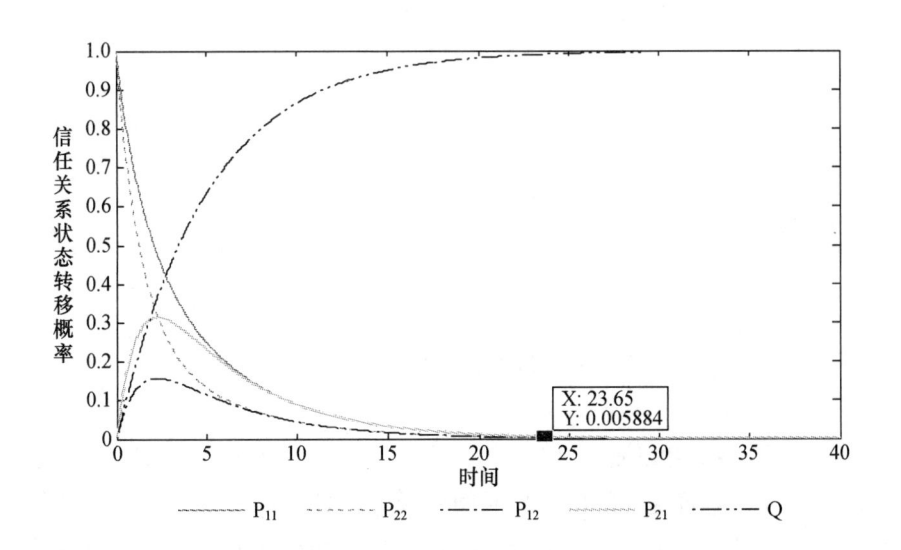

图6-1 信任状态转移概率第一次仿真

从图 6-1 可以看出，无论 P_{11}、P_{12}、P_{21}、P_{22} 和 Q 的曲线图刚开始发生怎样的变化，在经过一段时间演化后，它们的曲线图最终会变得很平稳，它们的值保持在一个固定值不变。也就是说，主体间的信任状态转移概率不再发生改变，这个时候整个网络内主体间的信任关系状态达到一种稳态。从 P_{12} 和 P_{21} 的曲线图可以看出，它们的值是先变大，到达一个顶点后，又开始变小，最终保持一个固定值不变。也就是说，在初始阶段，主体之间的信任关系很不稳定，经过长期的合作后，主体之间的信任关系增强，最终它们之间的信任关系也会到达一种稳定的状态。从 Q 的曲线图我们可以看出，Q 的值是一直在变大，最后保持一个固定值不变。也就是说，当主体间的信任关系变得越来越差时，主体间很难再取得信任，最终会到达一种恶化状态，主体间的合作关系也不会存在。

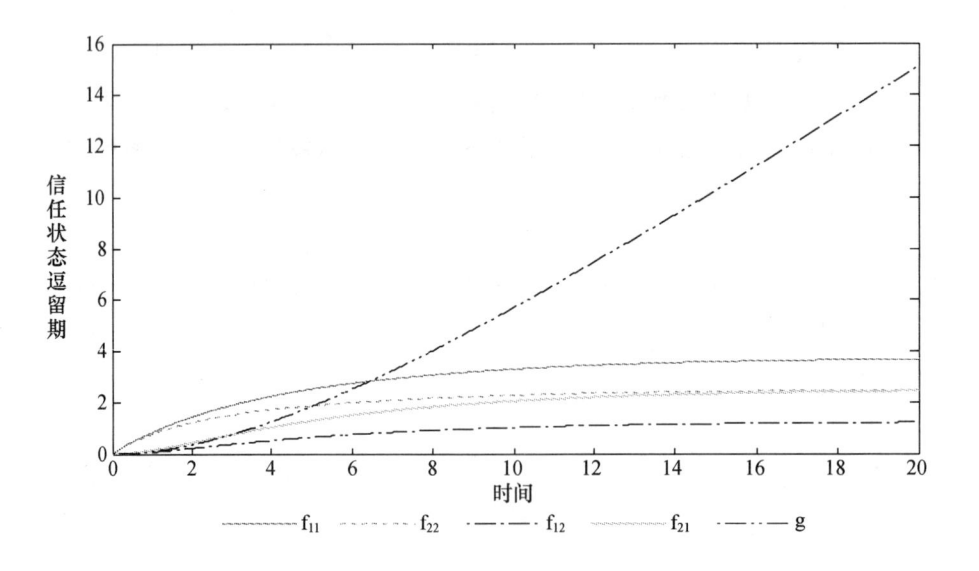

图 6-2　信任状态逗留期第一次仿真

从图 6-2 可以看出，f_{11}、f_{12}、f_{21}、f_{22} 的曲线图都是在逐渐上升。也就是说，随着主体间的合作时间变长，彼此之间更加了解，信任关系得到了增强。那么，信任状态的转移就会变得缓慢，在某种信任状态的逗留期就会延长。

2. 第二次仿真

现在改变参数 v_{11} 和 v_{12} 的值,并将得出的仿真结果与第一次仿真结果进行比较,看是否发生了变化。

参数设置:$v_{11}=-0.8$,$v_{12}=0.6$,$u_1=0.2$,$v_{21}=0.4$,$v_{22}=-0.6$,$u_2=0.2$。由式(6.6)可以算出:$\lambda_1=-0.2$,$\lambda_2=-1.2$。则信任状态的转移概率和信任状态的逗留期的结果分别可以用图 6-3 和图 6-4 表示出来。

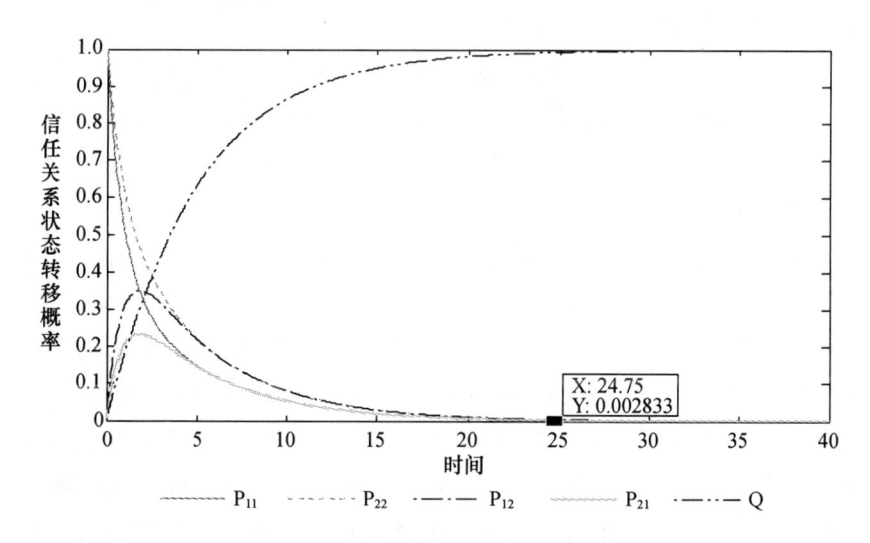

图 6-3 信任状态转移概率第二次仿真

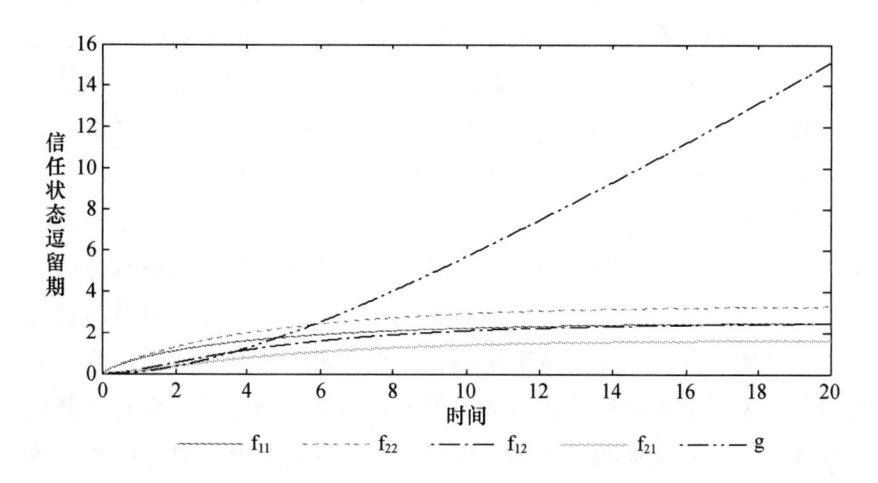

图 6-4 信任状态逗留期第二次仿真

在对第一次仿真中的参数 v_{11} 和 v_{12} 的值进行修改后，我们得到了第二次的仿真图形。从图 6-1 与图 6-3 的比较来看，我们发现图 6-1 所得出的结果从图 6-3 中也可以得到，这也验证了第一次仿真所得的结论的准确性。但是我们发现在参数 v_{12} 的值变大后（从 0.2 变到 0.6），主体间信任状态达到稳态的时间变长了（从 23.65 变到 24.75）。这也说明了当促使主体间的信任关系状态发生转移的强度越大时，主体间的信任状态越不容易达到一种稳定状态。另外，我们发现曲线 P_{12} 和 P_{21} 的峰值比第一次仿真要大。

从图 6-2 与图 6-4 的比较来看，在参数 v_{11} 和 v_{12} 的值进行修改后，f_{11} 和 f_{21} 的信任状态逗留期变短了，而 f_{22} 和 f_{12} 的信任状态逗留期变长了。

通过对上面模型分析，我们可以得出以下结论：

结论 1 企业间信任关系的未来状态转移独立于过去的信任关系状态已经做出的转移。也就是说，无论企业间信任关系过去的状态转移是良性转移还是恶性转移，信任关系的未来状态转移主要取决于企业间以后所发生的一系列行为，这些行为有可能导致企业间的信任关系状态发生良性转移，也有可能导致企业间的信任关系状态发生恶性转移。在企业集群创新网络中，有些企业间过去一直都维持在一种较好的合作关系，彼此间相互信任，但是由于其中某个企业实施机会主义损害了其他企业的利益，从而导致该企业与其他企业的信任关系发生恶化。同样，有些企业之间之前从未有过合作，但是通过其他企业的引荐，或者是通过集群网络内的其他企业对该企业声誉的反复传播而获得的关于该企业的一些知识和信息，于是企业间有了初步的合作，双方成功的合作使得两者之间的信任关系不断地增强。

结论 2 无论企业之间的信任关系状态如何发生变化，在经过一段时间的演化后，整个集群创新网络内企业之间的信任关系状态会达到一种稳定状态。在企业集群中，实施机会主义的企业会导致与其他企业之间的信任关系变得越来越差，甚至会发生恶化。此时，企业间的合作关系可能就会被终止，从而被强迫退出企业集群。而对于其他企业来说，随着企业间长期的合作与交易，企业彼此间更加了解，企业之间的信任关系在不断增强，最终企业之间信任关系会达到一种稳定的状态。

结论 3 当促使企业间的信任关系状态发生转移的强度越小,企业之间的信任状态越容易达到一种稳定状态。在企业集群创新网络中,首先,地理的接近性。如果企业间在地理位置上更加接近,企业共处于一个有着鲜明特点的区域中,企业家们更容易因对当地的认同而互相信任,进而更容易采取联合行动。其次,对方企业信息的被了解程度。如果企业目前的经营信息、企业的行事风格、交往意图与能力能够被对方企业所了解,这有助于提高其他企业对它的认可程度。最后,集群的制度供给。这里的制度是独立于双方企业的、能被信任方感知并作为信任基础的第三方因素等。显然,这三种因素对于企业间建立信任以及加强信任程度都有着非常重要的作用。

结论 4 随着企业间的合作时间变长,彼此之间更加了解,信任关系得到了增强。此时,信任状态的转移就会变得缓慢,在某种信任状态的逗留期就会延长。在现实的企业集群中,随着企业双方了解程度的加深,信息的不对称性程度下降,双方逐渐明了对方的经营状况及需求,这使得企业放下对对方的防备心理,在合作与交流不断加深的过程中增进了信任。而且双方的信任关系随着时间的推移会越来越趋于稳定。也就是说,企业间在一段时间内会维持在某一种信任关系状态,并继续进行合作。

三 案例分析

下面用图来形象地演示企业集群内企业间的信任关系状态的演化(见图 6-5)。在这个集群网络内,假设 7、1、3 是三个企业,4 是 1 的供应商,5、6 是 3 的供应商,同时 2 又是 1 的供应商。

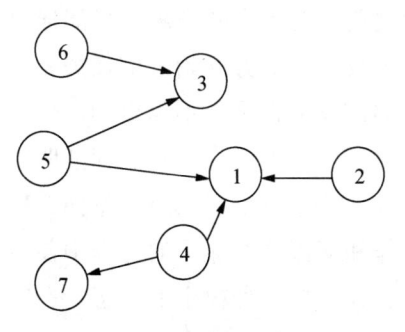

图 6-5 企业集群简单网络

我们假设企业 4 过去一直负责企业 1 的一些原材料的供应，它们之间保持一种好的合作关系，信任关系也比较稳定，但现在企业 4 对企业 1 产生机会主义行为。那么，企业 4 和企业 1 之间的信任关系就会因为企业 4 的机会主义行为而变差，甚至会发生恶化。同时，由于集群中供应商的集聚使得 1 能很容易地改变供应商，把订单转给企业 5 或者企业 2 等其他供应商，转移成本也很低。这样就会导致企业 4 和企业 1 之间的合作关系终止。另外，企业 3 由于与企业 1 地理接近，企业 4 实施欺诈行为后，容易从市场和社区中获得该信息，从而降低对企业 4 的评价，对企业 4 构成一种市场风险。而且，企业 2 作为企业 1 的下游企业，因为企业 4 的欺诈行为也会对企业 2 的自身利益产生一定影响，因而，企业 2 也会对企业 4 做出制裁行为，或督促企业 1 对企业 4 实施制裁。企业 5 和企业 6 作为企业 4 的竞争对手通过信息在网络中的扩散也较容易得到这个事件的信息，他们会很积极地将这一信息传播给企业 3，从而会影响企业 3 对企业 4 的评价，希望能够从企业 3 获得更多的交易机会和市场中的有利地位。企业 7 也可能在企业 1、企业 5 和企业 6 等的要求或怂恿下，停止与企业 4 的合作，而寻求企业 5 或企业 6 的供应。因此，从上面的分析我们可以看出，企业间未来的信任关系主要取决于企业未来所发生的行为。同时，一旦企业实施机会主义行为，它与其他合作企业的信任关系就会恶化，从而导致合作关系的终止。而且还造成其他非合作企业对其声誉的一些负面的看法。

企业 5 作为企业 1 和企业 3 两者的供应商，在与这两个企业合作的过程中，它发现企业 1 和企业 3 在某些方面可以进行合作。由于企业 1 对企业 3 之间之前没有太多的了解，只能通过企业 5 来获知对方的情况，并以此为出发点，双方开始了信任关系的构建。因此，在初始阶段，两者之间的信任关系是很不稳定的。但是，随着双方了解程度的加深，信息不对称性程度下降，双方逐渐明了对方的经营状况及需求，企业表现出信守承诺及承担风险的意愿，这使企业放下对对方的防备心理，在合作和交流不断加深的过程中使企业 1 和企业 3 的信任关系得到了增强，并维持一种稳定的状态。一方面，企业 1 和企业 3 由于地理上的接近性，两者之间具有共同的社会文化背景，更容易对当地的认同而相互信任，减少发生机会主义的概率，进而更容易采取联合行动。西班牙 Mondragon 的经济联合体可以说明这一点。Mondragon 的经济联合体包含了 Basque 地区 Mondragon 镇 173 个中小企业，这些企业有着 190 多条生产线，其产品的 30% 对外出口。当地的区域主义对企业信任与合作的成功起着重要的作用。这种成功反过来也造就了一种积极的外部性，鼓励组织认同于地区，进一步加强对地区成员（即具有地理接近性的企业）的认可。另一方面，随着企业 1 和企业 3 的沟通增多，双方更好地得知对方企业的行事风格、交往意图与能力，这也使得企业间的信任关系增强。因此，当企业地理接近、双方对对方企业信息更加了解时，企业间的信任关系越能够达到一种稳定状态，并且能使企业间的这种信任关系维持得更长。

总的来说，在企业集群网络组织下，企业间的利益关系、社会关系会对企业的行为产生了较大的约束力，企业如果实施机会主义最终会损失它自己的经济利益和社会声誉。因此，在企业集群中，企业应该竭力保持正直的行为，以使自己的声誉不受损失，企业只有通过与其他企业保持较好的信任关系才会获得长期利益。

第二节 集群创新网络结构对多主体间合作信任机制的影响

现实中大多数企业集群的兴起与发展同这些区域中浓厚的信任机制是密不可分的。关于企业集群内的信任机制问题以及信任对企业集群的作用方面的问题，国内外学者均进行了相关研究。

在国外的研究中，Sabel（1993）从集群的经济效率角度认为，意大利集群一个与众不同的特点是集群企业间的高度信任。Putnam（1993）认为，信任是社会资本的重要来源之一，它对于构建企业集群的分包网络起着关键性的作用。Danson 和 Geoff Whittam（1998）认为，信任与协作是保持区内创新与网络优势的关键因素。Schmitz（1999）认为，在社区差异化程度的增加及外部进入者的作用下，社会文化的影响强度随着时间而减弱并不断被侵蚀，但信任的必要性并未减弱。Banks 等（2000）认为，在一个需要密切社会关系、信息交易与网络关系的产业部门里，信任关系对于加强企业合作提高企业创造力是极为重要的。Dyer 和 Chu（2000）认为，在企业间建立信任有助于提高"组织的协作及经济效率"。Ming–chi Chen（2002）认为，集群内分包网络建立后，信任作为社会资本有助于企业隐性知识的共享。

在国内的研究中，王春晓与和丕禅（2003）从博弈论和实证的角度研究后认为，集群内企业间信任机制呈现从基于个人的信任向基于制度的信任的动态变迁过程。孟韬、史达（2006）指出，信任机制会加快组织之间交易的速度，对于形成企业集群柔性、高效的竞争优势非常重要。孟华兴、赵瑞君（2007）认为，信任能够促进企业集群的技术创新，增强区域竞争力。王小丽（2008）认为，信任作为一种社会资本有利于企业在物质和人力资源上的有形投入得到较好的回报。徐涛、张昭华（2008）认为，信任是合作的基础，信任关系对于加强企业合作是极为重要的，并由此促进企业集群的创新。闫俊周（2009）从博弈的角度通过对物流企业间一次性博弈和重复博弈的分析，阐释了物流企业集群信任机制的形成机理。

由于产业集群是企业通过纵向联系、横向联系和社会联系组成的网络，而企业是由人的行为来控制的，所以对集群中信任关系的研究包含于社会网络分析的范畴。社会网络分析的工具有很多，包括用图论方法分析网络的拓扑关系，到建立严密的数量模型，引入很多数学工具，并结合了仿真试验，它已经从一种具体的研究方法拓展为一种理论框架。

近年来，西方学者在社会网络分析的理论研究方面进一步发展，拓展了结构分析观。突出的代表成果是罗纳德·伯特（Burt）的"结构洞理论"（structure hole）、林南等人的社会资本（social capital）研究等。随着社会测量法发展到社会网络分析方法，国内也开展了相关的研究。社会学对社会关系网络的研究较为充分，出现了许多理论成果。如边燕杰对求职过程的专题研究等，张文宏、阮丹青等对天津与美国居民社会网络的比较研究等。

显然，目前对集群信任机制的研究并没有考虑到集群创新网络的拓扑结构是否会对企业集群中的信任机制产生影响，而在实际的企业集群创新网络中，大多数企业的行为都根植于由集群内企业所构成的社会网络之中，网络内企业的行为及行为结果都会受其所嵌入的社会网络的影响。

一 企业集群创新网络信任机制演化模型的构建

企业集群创新网络作为一个具有网络形态结构的复杂社会经济系统，它同样具有复杂网络的"小世界"特性和无标度特性。一方面，在企业集群创新网络内，由于地理位置的接近性使得网络成员的互动关系广泛而频繁，因而企业集群创新网络通常有着较高的集聚程度，集群企业间这种密集的互动关系称为网络的"小世界"特性。另一方面，在集群创新网络中，企业间往往具有非常密集的关系连接，由于企业选择连接对象是有意识的过程，企业会倾向于选择连接数目较多的网络节点，因而组织间互动关系的分布并不是均匀的，网络中的一些企业会有大量连接，成为集群创新网络中的核心企业，因此企业集群创新网络关系连接分布具有无标度特性。

既然企业集群创新网络同样具有"小世界"特性和无标度特性，而企业间的信任本身又嵌入在网络中，那么，此网络的拓扑结构是否会对网络中企业间的信任关系造成影响呢？如果会产生影响，那么又分别会产生怎样的影响呢？因而我们拟从以下四个方面来探讨集群创新网络的结构特征对信任机制演化的影响。

（1）企业集群创新网络中企业的中心度。中心度体现的是网络中的个体与其他个体之间的连接情况，一个个体与其他个体存在的连接数目越多，其中心度越大。显然，一个节点在网络中拥有的连接越多，它所获得的物质资源和信息的量就越大，与自身资源的互补性越强，那么它在网络中的影响力和权力就越大。对于集群创新网络而言，我们可以计算一个企业或组织在该集群创新网络中的中心度，当集群成为全球价值链的一环时，我们也可以将集群看作是一个节点，计算该集群在全球价值链中的中心度，从而可以推断一个企业在网络中、一个集群在全球价值链中的地位和竞争的主动性。因此，集群创新网络中企业的中心度是否会对整个集群网络的信任机制产生影响呢？这里，网络中任意节点 i 的中心度用 β_i 来表示。

（2）企业集群创新网络中企业间的路径长度，即企业间地理位置上的接近性。一般来说，当企业间的距离越短时，它们的沟通越便利，从而能更好地促进彼此间的合作。从集群创新网络中企业交流的视角来讲，如果企业与研发机构、同类企业以及中介机构联系紧密，就可以增加面对面接触和交流的机会，从而增加企业对其他企业的熟悉程度，因而较短的平均路径长度增强了集群社会网络中企业之间的正式和非正式交流的便利性；从信息和知识的角度来说，网络中的平均路径长度越长，企业彼此之间沟通与交流越少，从而不利于信息在网络中的传播。而在高密度网络中，与其他企业和单位有大量联系的企业，更容易获取集群中共享的信息。因此，拥有较短平均路径长度的网络内企业往往与周边企业和单位间有较高的交流水平和交流密度，相互间的影响程度也就会越大。因此，集群创新网络中企业间的路径长度是否会对整个集群的信任机制产生影响呢？这里，网络中任意两节点 i 和 j 的路径用 d_{ij} 来表示。

（3）企业集群创新网络中企业间的强弱连接。所谓连接是指各种社会关系。其中，个人与其较为紧密、经常交往的社会关系称为强连接；反之则为弱连接。在企业集群创新网络中，弱连接表现为集群间的跨区域联系，这大大降低了网络的平均路径，因而全球网络和区域网络都具有较高的信息传播速度。强连接则表现为企业与其邻近企业之间的联系。在开放经济环境下企业集群的结构中，弱连接使世界范围的信息通过集群区域内的强连接传播；而强连接传递的区域内部信息则在世界范围内通过弱连接传播。一般来说，企业间关系的强弱取决于维护关系的资源投入量和主体的个性差异。为了提高网络关系的强度，它们往往会投入较多的资源来维护关系，由于地理接近带来了交往的便利性，往往更容易形成一种近乎社区或俱乐部形式的社会网络。因此，集群创新网络中企业间的强弱连接是否也会对整个集群的信任机制产生影响呢？这里，网络中任意两节点 i 和 j 的强弱连接用 r_{ij} 来表示。

（4）企业集群创新网络中企业的结构自治度。结构自治源于 Burt 的结构洞概念，但与之又有一定的差别。所谓"结构自治性"是指其节点必须首先处于网络的"结构洞"位置，同时，其与任何其他"结构洞"的连接数量较少。而这种连接数量的多少直接影响着节点的结构自治度,一般来说,这种连接数量越少,则其结构自治程度越高,而具有高"结构自治度"的节点,在享受由于处于"结构洞"位置,从而拥有较低的关系维持成本、易于获得物质资源和新信息,以及能够控制不同群体之间的交往的便利同时,还较少受其他处于"结构洞"位置的节点的影响和控制。因此,具有高"结构自治度"的节点在整个网络中具有行动上的主动性。一般来说,节点的结构自治度越大,它的行为越不会受到其他节点行为的影响。因此,集群创新网络中企业的结构自治度是否也会对整个集群的信任机制产生影响呢?这里,网络中任意节点 i 的结构自治度用 α_i 来表示。

下面,以上述四个方面为基础来建立企业集群创新网络中信任机制的演化模型。

为简化起见,我们把集群网络中企业间的关系称为信任关系,企业间相互信任的状态取值抽象为关系上的权重。考虑到企业集群网络中企业间信任状态程度在不同时刻的差异性,我们用对称的标度 $\{-N, -N+1, \cdots, 0, \cdots, N-1, N\}$ 来表示企业间相互信任的程度,其中,$-N$ 表示网络中企业间完全不信任,0 表示网络中企业间的信任程度为中性,N 则表示网络中企业彼此间信任度极高,甚至是完全信任的。用 $x_{ij}^n(t)$ 表示在 t 时刻企业 i 对企业 j 的信任程度为 n 的概率,$\sum_{n=-N}^{N} x_{ij}^n(t) = 1$,$-N \leq n \leq N$。$E(x_{ij}) = \sum_{n=-N}^{N} n x_{ij}^n$ 表示在 t 时刻企业 i 对企业 j 的信任状态的期望值。

这里,我们假设对变量 $x_{ij}^n(t)$ 的影响仅来自 $x_{ij}^{n-1}(t)$、$x_{ij}^{n+1}(t)$,而不考虑 $x_{ij}^{n-2}(t)$、$x_{ij}^{n+2}(t)$ 等的影响。毫无疑问,在 t 时刻企业 i 对企业 j 的信任程度 n 来自以下两个方面的变化:一是信任程度 n 的增加,即信任程度由 $n-1$ 或 $n+1$ 转变为 n;二是信任程度 n 的降低,即信任程度由 n 转变为 $n-1$ 或 $n+1$,由此产生出四种信任程度转移的方式,但每种信任程度转变的概率不相同。对于集群整体的信任状态到达稳态,我们给出如下定义:

定义 6.5 对于任意 $i, j(i \neq j)$,我们把满足下列条件:

$$\frac{dx_{ij}}{dt} = \left[\frac{dx_{ij}^{-N}}{dt}, \cdots, \frac{dx_{ij}^{0}}{dt}, \cdots, \frac{dx_{ij}^{N}}{dt}\right] = 0$$

常向量 $\overline{x}_{ij} = [\overline{x}_{ij}^{-N}, \cdots, \overline{x}_{ij}^{0}, \cdots, \overline{x}_{ij}^{N}]$ 称为企业集群创新网络的信任稳态。

在定义上述概念和变量的基础上，利用概率论中的状态转移方程，我们给出企业集群创新网络内企业间信任机制的演化模型：

$$x_{ij}^n(t) = w_{ij}(n \mid n-1)x_{ij}^{n-1} + w_{ij}(n \mid n+1)x_{ij}^{n+1} - w_{ij}(n-1 \mid n)x_{ij}^n - w_{ij}(n+1 \mid n)x_{ij}^n \quad (6.23)$$

其中，$w_{ij}(n \mid n-1)$ 表示集群创新网络中企业 i 对企业 j 的信任程度由 $n-1$ 向 n 转移的概率，$w_{ij}(n \mid n-1)x_{ij}^{n-1}$ 表示集群创新网络中企业 i 对企业 j 的信任程度由 $n-1$ 向 n 的概率波动。另外，我们令：

$$u_{ij}(n) = w_{ij}(n+1 \mid n) \qquad v_{ij}(n) = w_{ij}(n-1 \mid n)$$

于是，式 (6.23) 可以简化为：

$$x_{ij}^n(t) = u_{ij}(n-1)x_{ij}^{n-1} + v_{ij}(n+1)x_{ij}^{n+1} - (u_{ij}(n) + v_{ij}(n))x_{ij}^n \quad (6.24)$$

其边界条件为：

$$u_{ij}(N)x_{ij}^N = v_{ij}(-N)x_{ij}^{-N} = 0$$

因此，要解决上述问题，最关键的是要求出 $u_{ij}(n)$、$v_{ij}(n)$，而对于 $u_{ij}(n)$、$v_{ij}(n)$ 的计算，学者谈正达、D. W. Pearson，Albert P.，Besombes B. 等均进行了相关的研究，其研究结果为：

$$u_{ij}(n) = \alpha_i e^{-(a_{ij}-(n+1))^2/2} + (1-\alpha_i)\prod e^{-d_{ki}((n+1)-E(x_{ij}))^2/\beta_i}$$

$$v_{ij}(n) = \alpha_i e^{-(a_{ij}-(n-1))^2/2} + (1-\alpha_i)\prod e^{-d_{ki}((n-1)-E(x_{ij}))^2/\beta_i}$$

其中，α_i 表示企业 i 不受他人影响的程度，这与我们前面所阐述企业集群创新网络中企业的结构自治度表示的含义相似；β_i 表示企业 i 在网络中的影响力，这与前面的企业集群创新网络中企业的中心度含义类似；d_{ij} 表示企业 i 到企业 j 的距离，这与我们前面企业集群创新网络中企业间的路径长度含义相同。

然而，在企业集群创新网络的拓扑结构中，还有一个同样非常重要的结构特性，即网络中企业间的连接强度 r_{ij}，因此，我们在学者谈正达的研究基础之上增加了这一个新的变量，于是可以计算出上述演化模型中的信任程度转移概率：

$$u_{ij}(n) = \alpha_i r_{ij} e^{-(a_{ij}-(n+1))^2/2} + (1-\alpha_i)\prod e^{-d_{ki}((n+1)-E(x_{ij}))^2/\beta_i} \quad (6.25)$$

$$v_{ij}(n) = \alpha_i r_{ij} e^{-(a_{ij}-(n-1))^2/2} + (1-\alpha_i)\prod e^{-d_{ki}((n-1)-E(x_{ij}))^2/\beta_i} \quad (6.26)$$

式（6.26）中，a_{ij} 为初始状态下企业间信任状态的期望值，一旦确定，在整个过程中就不会再发生改变，其他符号的含义在前文已经做出了界定。另外，式（6.25）和式（6.26）中的第一项表示企业 i 对企业 j 信任状态的改变受自身影响的程度，第二项表示企业 i 对企业 j 信任状态的改变受网络中与企业 i 对企业 j 有关联的其他企业的影响程度。

二 模型的仿真与结果分析

1. 参数的初始化

为简单起见，我们考虑一个由企业集群内 4 个企业构成的网络（见图 6-6），每个企业之间都相互连接，图中的连线表示企业间的信任关系，实线和虚线表示企业间信任状态的异质性。假设企业间信任程度值的设定 $N=2$，即企业间信任状态的程度为 $\{-2, -1, 0, 1, 2\}$ 五种。另外假定在初始状态企业间的信任状态只有以下两种情况（见图 6-7）：$x_{ij1}^n(0) = \{0.55, 0.4, 0.05, 0, 0\}$ 和 $x_{ij2}^n(0) = \{0, 0, 0.05, 0.4, 0.55\}$。而 4 个企业间信任状态的初始值见表 6-1。我们假定初始状态下企业 1 对其他企业的信任状态值较高，而初始状态下企业 4 对其他企业的信任状态值较低，企业 2 和企业 3 介于这两者之间。

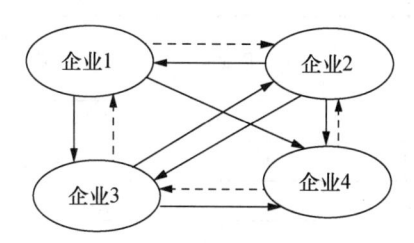

图 6-6 企业集群内 4 个企业构成的网络

表 6-1　　　　　　　　企业间信任状态的初始值

j \ i	企业 1	企业 2	企业 3	企业 4
企业 1	—	$x_{ij2}^n(0)$	$x_{ij2}^n(0)$	$x_{ij2}^n(0)$
企业 2	$x_{ij2}^n(0)$	—	$x_{ij1}^n(0)$	$x_{ij2}^n(0)$
企业 3	$x_{ij1}^n(0)$	$x_{ij2}^n(0)$	—	$x_{ij1}^n(0)$
企业 4	$x_{ij1}^n(0)$	$x_{ij1}^n(0)$	$x_{ij1}^n(0)$	—

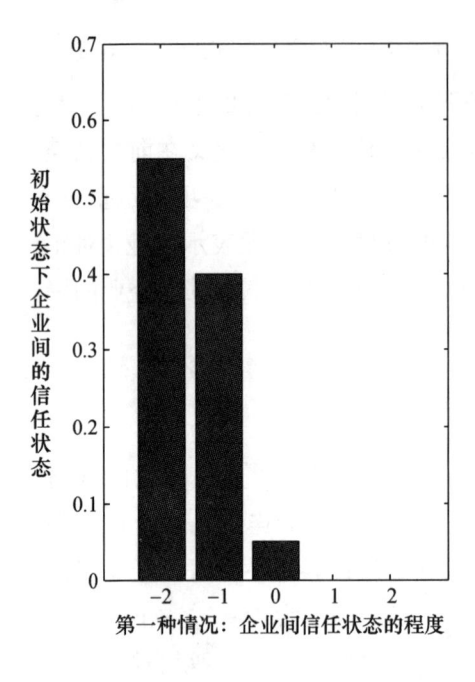

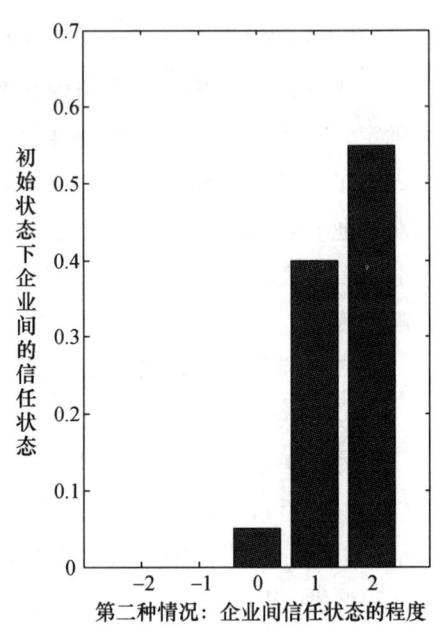

图 6-7 初始状态下企业间信任状态

根据表 6-1 中的数据，我们可以算出 a_{ij} 的值（见表 6-2）。

表 6-2　　　　　　初始状态企业间信任状态的期望值

j i	企业 1	企业 2	企业 3	企业 4
企业 1	—	1.5	1.5	1.5
企业 2	1.5	—	-1.5	1.5
企业 3	-1.5	1.5	—	-1.5
企业 4	-1.5	-1.5	-1.5	—

2. 仿真及结果分析

这里需要特别指出的是，以下的仿真结果反映的是网络内企业间信任状态的期望值随时间发生变化的情况。即 $E(x_{ij}) = \sum_{n=-N}^{N} n x_{ij}^n$。

（1）首先，假设网络中所有企业的中心度即 β_i 均为 2，企业间的路径长度 d_{ij} 均为 3，企业间的强弱连接程度 r_{ij} 均为 0.5，企业的结构

自治度 α_i 为 0.5，这样我们可以得到网络中企业间信任状态期望值随着时间变化的第一次仿真图（见图 6-8）。

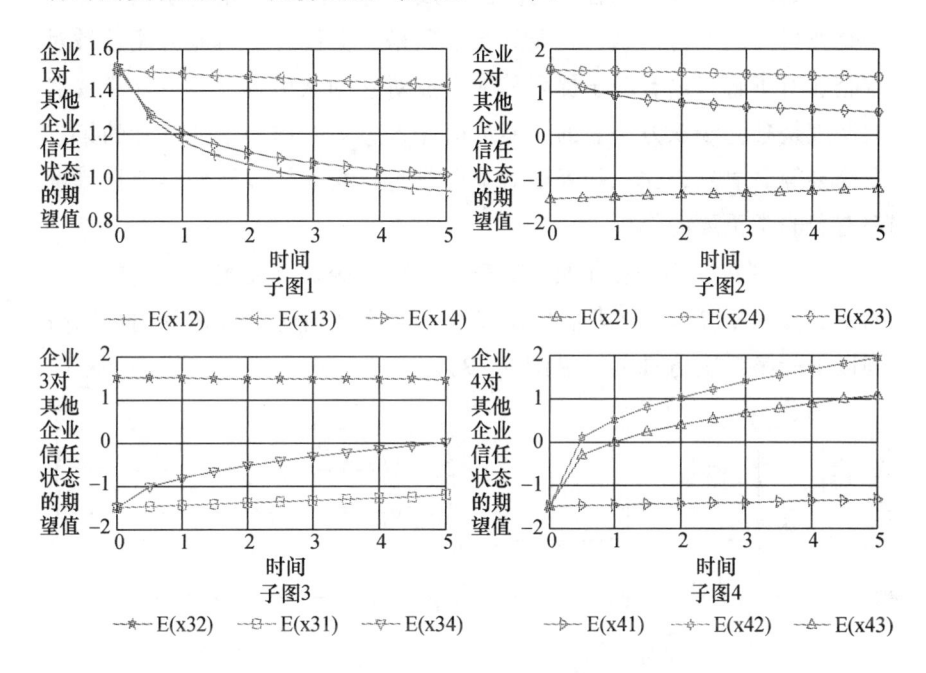

图 6-8　集群整体信任状态期望值变化

从图 6-8 中可以看出，子图 1 反映了企业 1 对企业 2、企业 3、企业 4 信任状态的期望值都有所下降；子图 2 反映了企业 2 对企业 1 和企业 4 的信任状态的期望值大致维持不变，但对企业 3 的信任状态的期望值有所下降；子图 3 反映了企业 3 对企业 2 和企业 1 的信任状态的期望值几乎维持不变，但对企业 4 的信任状态的期望值有所提高；子图 4 反映了企业 4 对企业 1、企业 2、企业 3 的信任状态的期望值都有所提升。

企业间这种信任状态期望值的变化（下降、不变或提升）是由于受到企业所嵌入的社会网络的影响，这种影响因素就包含了企业间地理位置的接近性、对方企业的被了解程度以及集群的制度供给。如果企业间在地理位置上更加接近，企业共处于一个有着鲜明特点的区域中，企业家们更容易因为对当地的认同而互相信任，进而更容易采取联合行动。一般来说，随着企业双方了解程度的加深，信息的不对称性程度下降，双方逐渐明了对方的经营状况及需求，这使得企业放下对对方的防备心理，在合作与交流不断加深的过程中增进了信任。如果企业目前的经营信息、企业的行事风格、交往意图与能力能够被对方企业所了解，这有助于提高其他企业对它的认可程度。另外，集群的制度是独立于双方企业的、能被信任方感知并作为信任基础的第三方因素等。显然，这三种因素对于企业间建立信任以及加强信任程度都有着非常重要的作用。

（2）现在在第一次仿真的基础上，改变企业 4 在集群社会网络中的中心度，令 $\beta_4 = 8$，其他参数与第一次仿真相同，于是我们可以得到以下的第二次仿真图（见图 6-9）。

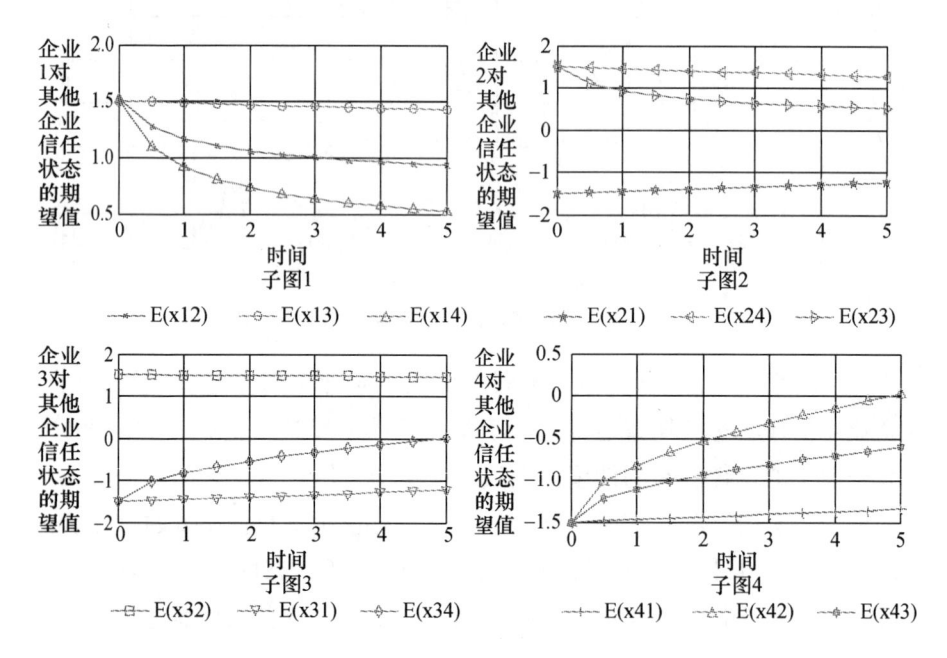

图 6-9　中心度改变后集群整体信任状态期望值变化

比较图 6-9 和图 6-8，在提高企业 4 在集群创新网络中的中心度后，我们可以发现整体网络中企业间的信任状态的期望值都有所下降。这是由于企业 4 在初始状态时对其他 3 个企业的信任状态值较低，而随着企业 4 在网络中影响力的提升，企业 4 的行为对网络中的其他企业的行为产生了非常重要的影响，从而导致整个网络的信任程度出现了下降,这也说明了网络中具有较高影响力的企业的信任状态对企业集群整体的信任程度起着正向的作用。由此,我们可以得到如下结论:

结论 5 集群创新网络内企业中心度的增强,会使得企业集群整体信任状态的期望值得到提高。

在集群创新网络中,企业中心度的变化源于集群中企业的进入与退出。由于集群内较好的基础设施、信息服务、技术工人、市场资源等,有利于企业的衍生和创建,空间集聚具有正反馈效应,而且进入壁垒较低,这就导致了集群内企业大量进入。同时,集群内企业退出壁垒较低,同一产业中部分企业退出,养老、失业保险等社会制约因素反应不会太强烈,加上集群内为生产提供服务的金融与咨询等服务业较为配套,市场发育相对健全,企业可以通过产权交易或企业并购的形式退出产业。因此,集群中企业的进入与退出势必会改变集群创新网络中企业的中心度,而这种中心度的变化会对集群整体信任状态产生影响。

(3) 现在在第一次仿真的基础上,改变企业间的路径长度,令 $d_{ij}=12$,其他参数与第一次仿真相同,于是我们可以得到以下的第三次仿真图(见图 6-10)。

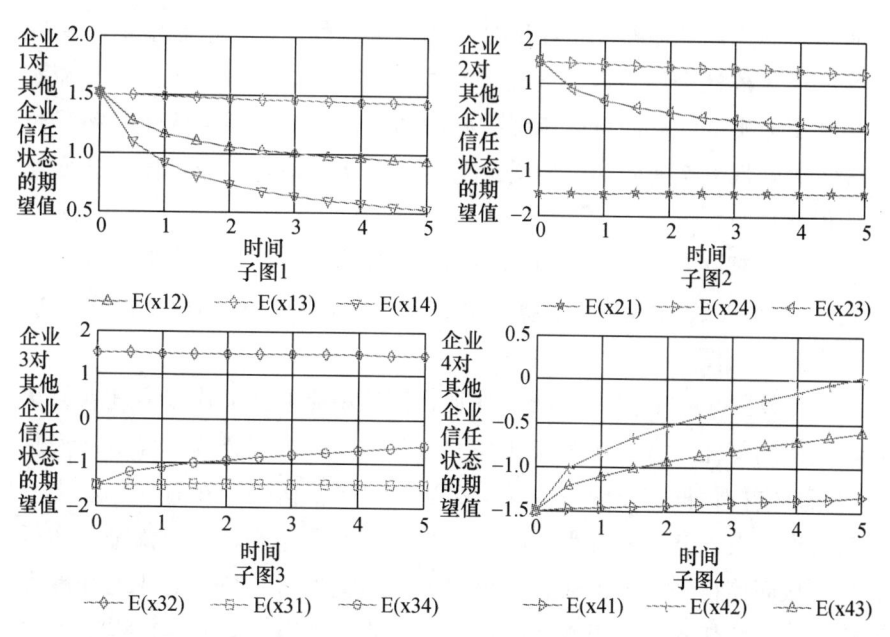

图 6-10 路径长度改变后集群整体信任状态期望值变化

比较图 6-10 和图 6-8，在扩大网络中企业间的距离后，我们发现企业集群整体信任状态的期望值改变的程度变弱。也就是说，集群整体信任状态的期望值在发生变化，但变化的幅度开始减弱。在企业集群中，当企业间的距离变大时，毫无疑问会导致企业间沟通的不便，这样会导致企业对彼此间经营状况和信息的不了解，难以让企业家们对彼此的信任产生认同，从而使企业间的信任程度不怎么会发生改变。由此，可以得到如下结论：

结论 6 集群创新网络内企业间距离的扩大，会使得集群整体信任状态的期望值变化的程度变弱。

在集群创新网络中，企业间的平均路径长度会影响到企业间的沟通和交流的便利性。一方面，企业间的距离越短，企业与研发机构、同类企业以及中介机构之间的联系就会更加紧密，从而可以增加面对面接触和交流的机会，进而增加企业对其他企业的熟悉程度，因而较短的平均路径长度增强了集群社会网络中企业之间的正式和非正式交流的便利性；另一方面，在高密度网络中，与其他企业和单位有大量联系的企业，更容易获取集群中共享的技术和信息，从而有利于信息和最新知识以及创新成果在网络中的传播。因此，拥有较短平均路径长度的集群社会网络内企业往往与周边企业和单位间有较高的交流水平和交流密度，从而可以增强彼此间的互信程度，而企业间的路径长度扩大降低了企业间的长期交流与沟通，从而使得集群整体信任变化的程度减弱。

（4）现在在第一次仿真的基础上，改变企业间连接程度，令 r_{ij} = 0.8，其他参数与第一次仿真相同，于是我们可以得到以下的第四次仿真图（见图 6-11）。

比较图 6-11 和图 6-8，在加强网络中企业间的连接强度后，集群整体的信任状态的期望值都有了明显的提升。在企业集群中，人际信任是支持集群创新网络中知识交流的前提。信任存在时，企业之间表现出对彼此意图和行为的高度信心，并引致企业之间的自愿合作行为，从而使得企业可以通过知识和技术的交流与共享创造性地开展和执行自己的任务，实现创新的目标。因此，当企业间的连接程度增强时，企业之间的信息更加透明化，这有助于网络中企业间的相互了解，

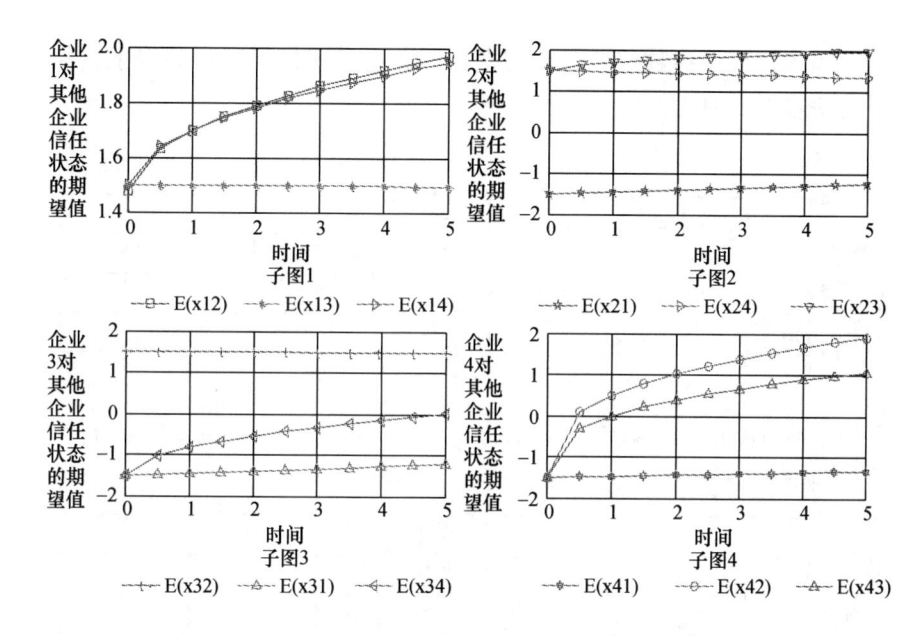

图6-11 连接强度改变后集群整体信任状态期望值变化

从而促进企业间的相互合作,在合作的过程中增强彼此间的信任程度。因此,可以得出如下的结论:

结论7 集群创新网络内企业间的连接强度越大,会使集群整体的信任状态的期望值得到提升。

显然,企业的社会网络联系强度越大,企业间的信任程度越高,而企业之间良好的信任关系,有利于隐性知识的交流与传播,促进企业不断创新。一般来说,企业间的连接强度取决于企业之间的长期交流和沟通,企业之所以加入到企业集群中来,其中一个重要原因是能够实现资源的共享,特别是获取一些企业不具备的资源。因此,在企业集群中,信息共享机制和团队学习以及各种正式或非正式的交流会或者大型活动经常会出现,如EDI、Internet、电子商务等信息技术都可以实现集群企业之间高效的信息沟通与共享。另外,集群内持续性的团队学习不仅能够促使集群企业之间技术知识交流和改进,而且还能够使网络内企业间的连接程度得到增强,从而使得学习型信任能够得以形成并逐渐强化和加深,以促进企业间信任水平的提高。

(5) 现在在第一次仿真的基础上,改变企业1的结构自治度,令

α_1 为 0.9，其他参数与第一次仿真相同，于是我们可以得到以下的第五次仿真图（见图 6-12）。

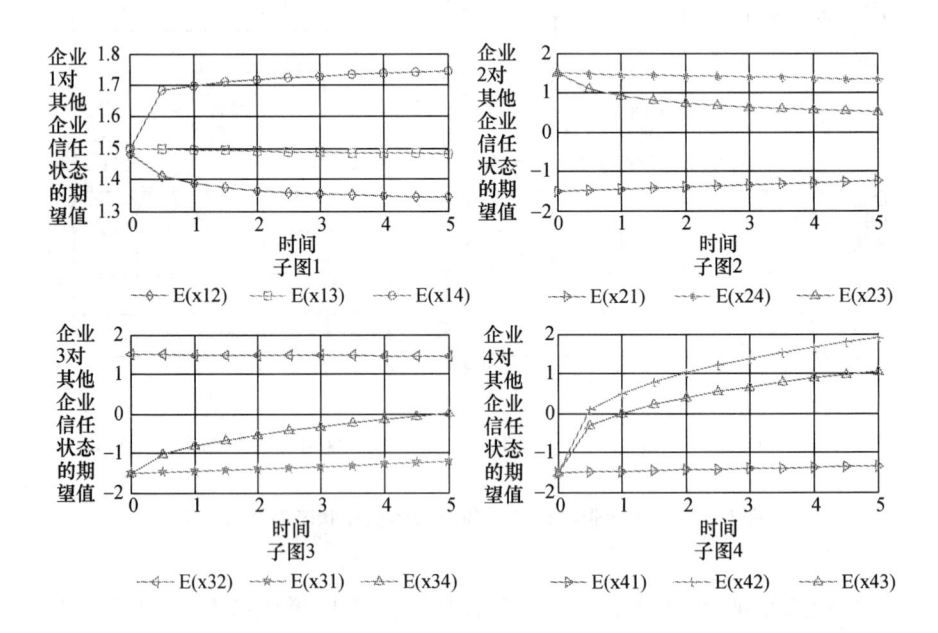

图 6-12 结构自治度改变后集群整体信任状态期望值变化

比较图 6-12 和图 6-8 中的子图 1，在增强企业 1 的结构自治度之后，我们发现在集群整体信任状态随时间演化的过程中，企业 1 的信任状态对其他企业的信任状态的改变越来越小，到后阶段几乎都保持在一个稳定的状态。一般来说，结构自治度与企业的结构自主性是相对应的，在集群网络中，企业往往会通过网络的重构来建立以自己为中心的结构洞，使自己处于中心位置，接近集群创新网络中更多的资源，其他主体必须通过它才能与对方发生联系，从而获得信息优势和控制优势，于是它就成了一个结构洞中的渔人得利者。因此，当企业的结构自治度增强后，企业的结构自主性也会增强，它的行为就越不会受到网络中其他企业行为的影响，所以它对其他企业的信任程度也不会受到外来的影响。由此，可以得出如下结论：

结论 8 集群社会网络中企业的结构自治度越高，该企业对网络中其他企业信任状态的期望值越不容易发生改变。

根据伯特的"结构洞"理论,处于结构洞位置的企业往往会比集群创新网络内的其他企业更具有竞争优势,从而使得自身更具有结构自主性,而不会受到网络中其他企业的影响,因而网络中的企业都会想法设法地使自己处于网络中的结构洞位置。当然,网络中每个企业建立结构洞的目的并不一样。一些企业完全是为了实现自己的利益,与在网络中没有发生直接联系的企业建立结构洞,使自己处于两者信息传递网络中间,并且极力地控制另外两者之间的信息传递,不让其轻易地联系起来,我们把这类结构洞称为自利性结构洞。相反,另外一些企业为了促进集群网络中一些由于联系成本等原因而不可能发生直接联系的企业之间进行有效的信息资源流动,而在它们之间建立结构洞,我们把这种结构洞称为公益性结构洞。显然,企业构建结构洞的目的不同,对集群整体的信任状态也会产生一定的影响。

三 实例分析

下面以学者葛萍萍研究成果中的案例作为背景材料从四个方面来验证上述所建立的模型。

永康市星月集团主要经营汽油机、摩托车、电动滑板车、电动自行车、小型汽油机、发电机、割草机、水泵、太阳能热水器、防盗门及与这些相关的配套件。而永康市双健健身器材有限公司是专业生产电动滑板车、气动滑板车及电动助力车的公司,公司在2006年以前一直在寻找休闲运动车行业更新换代的产品,经过一年多的努力,公司看中了气垫船这一新概念的产品。然而,在进行开发这一产品的过程中,双健公司遇到了一个难题:公司不具备大马力发动机的研发能力,如果到国外购买,然后再销往国外,产品就不具备价格上的优势,市场竞争力不大。于是在多方面的考虑之后,公司选择了星月集团作为自己这个研发项目的合作伙伴。而星月与双健合作中信任关系的产生可以从企业在网络中的中心度与网络中企业间的路径长度(即地理位置的接近性)两个方面来进行解释。

双健之所以信任星月,并与之进行合作创新,其原因在于:一方面,从星月的实力来看,星月是行业的老大,企业规模大,实力雄厚,名列"浙江省民营企业百强"、"中国民营企业500强",并被列为"全国大型工业企业"。不仅如此,集团始终坚持"以市场为导向、以科技为依托、以质量为根本、以诚信为准则",先后被评为"金华市诚信企业"、"浙江省优秀诚信企业"、"全国诚信守法企业",坚持以"诚信"的形象立足于商场。另外,星月集团还具备一定的研发能力,集团不仅长期与高校合作研发,还自建研发中心,该研发中心每年的研发技改经费都在千万元以上。因此,星月在永康市五金产业集群里的影响力可想而知,这也是促成双健选择星月合作的原因之一。另一方面,从两者地理位置的接近性来看,双方企业都是永康产业集群内的企业,不仅如此,双方还同属于永康市休闲运动车行业协会,正是由于两者交流和沟通的便利性,双健对星月的情况了解得比较多。从星月的角度来说,信任来源于彼此多年的接触积累的对双健老总董健的认识和了解,也是基于在对双健的考察后的结果,双健公司的核心优势在于幽浮产品的生产,而星月公司以大排量发动机为核心产品,在幽浮产品的生产方面是弱项。双方之间的优势互补以及双方在一定程度上的初始信任促成了双方的合作。

而星月与双健在合作创新中信任关系的增强可以从两者的关系强度和结构自主性两个方面来进行解释。首先,双方在合作的过程中,考虑到水上休闲运动产品是一个新的领域,需要开辟新的市场,因此,又联合了具有外贸优势的永康市聚源进出口有限公司。三家企业凭借各自的优势,投资 500 万元组建了一家新公司——星月健源船艇有限公司。双方为避免因立场不同而发生冲突,星月健源定期举行会议,为合作双方的沟通提供条件,减少了双方之间的猜忌。也正是因为双方之间长期的交流与沟通,使得合作双方的关系强度不断地得到增强。气垫船研发的成功,证明了两个企业在各自优势项目上的能力,增强了对彼此的信任。双方之间这种立场中立、信息透明、能力保障、分配公平的合作大大降低了双方在合作过程中的疑虑,促进了信任程度的加深。

其次,集群环境保障了合作中各企业的结构自主性。永康五金产业集群能够为星月与双健之间的合作创新提供信任的保障,有地域接近性的原因,也有行业协会和政府制度惩罚等方面的原因。一方面,永康五金产业集群向西以原东永二线、铁路为界,向东至规划中的东永三线,向北至规划中的北外环线,向南至规划中的南外环线,区域范围包括东城、芝英街道及石柱镇的 29 个行政村，在永康市范围内集聚。这些企业由于彼此长期的业务交往，更进一步加深了彼此的友谊和信任。在这样的情况下，企业之间一般不会发生欺诈、恶意拖欠等失信现象。另一方面，政府也在加强对失信企业的惩罚，通过加大惩罚力度来避免企业的失信行为，从而为企业间的信任行为提供保障。浙江省工商局 2008 年一号文件，就是《企业信用预警制度》。文件规定，监管部门对企业失信行为应及时通过网站、短信平台及公众媒体，向企业、相关部门及社会公众披露、发布预警信息。而且政府也会建立统一的工商企业信用评价体系，将企业信用信息统一采集到该体系中，形成统一的信用评价，以此来增加对企业信任程度的辨别。

从上述的分析过程来看，现实中，产业集群社会网络的结构特性的确会影响到网络中企业间信任关系的产生、加强和变化。企业在选择合作伙伴时应该从上述 4 个结论方面所阐述的特点来考虑，以促进企业间信任关系的增强，从而更好地促使企业间成功的合作。

本章小结

从前文的分析中可以看出，集群社会网络结构对集群整体信任状态会产生深刻的影响，其中，企业的中心度对集群信任机制的影响源于集群中企业的进入与退出，而企业间的路径长度与连接强度对集群信任机制的影响则在于企业间的沟通与交流频率，另外，企业的结构自治度对集群信任机制的影响取决于企业建立结构自治度的目的，因此，我们在这里就如何构建和改善集群创新网络多主体合作信任机制方面给出如下的建议：

第一，加强集群创新网络内企业中心度高的企业的信用建设。

对于网络中心度高的企业要加强对其守信行为的引导，充分利用这些企业在集群网络中的优势地位，让这些企业对网络中的其他企业在守信方面建立起标杆效应，提高企业集群的整体信任水平。各级政府应该扶持一批有良好信用记录的企业，使他们成为企业集群网络里的中枢节点，其他企业与这些核心企业在相互信任的基础上开展创新合作，从而提高其他企业的技术创新能力和创新效率，进而提高企业集群的整体创新水平。

第二，构建一个良好的信用法律体系，以促进集群创新网络健康与持续的发展。

在企业集群中建立起一种能为各社会成员普遍认可的信用体系的社会制度性安排与制度性承诺，促使集群中的各社会成员自觉遵守相关制度，为集群内企业信任关系的产生提供一个良好的制度保障。同时，对于企业集群中的机会主义和逆向选择等行为，制定一些相关的严惩制度或是增大背叛者的违约风险来对其行为进行约束，从而有效提高集群内企业的信誉度。

第三，利用集群创新网络的网络优势，加强集群创新网络内企业间信息的沟通与交流。

与非集群企业相比，集群内的企业在构建信任过程中拥有着非常好的社会网络优势，集群内企业间地理位置的接近性为企业间信息的沟通与交流提供了极大的便利性，一方面，企业通过对对方信息的了解，可以更好地掌握对方企业的行事风格与交往意图，从而对双方信任关系的建立打下了基础；另一方面，集群内企业间的信息共享可以使得企业更加清楚地了解对方的能力与经营状况，这也为企业判断对方是否值得信任提供了重要的依据。因此，企业应当充分而合理地加以利用，首先，在集群内建立正式的信息交流机制，使企业更好地共享内部知识与外部市场信息。如日本汽车企业集群内，在以丰田为主要客户的供应商体系里，供应商们通过丰田的顾问团以及参与供应商自愿学习团队等多个途径进行广泛的交流与沟通。其次，为集群企业间信息的沟通与交流建立多种沟通渠道，如虚拟的网络社区、电子邮件、电话传真以及传统媒体宣传资料、编码化的产品技术文档等。最后，定期举办各种大型活动，为企业间员工的非正式交流与沟通提供平台。毫无疑问，企业间人际交流的增进会提高双方企业行为和策略的透明度，为相互信任建立良好的氛围与一致的文化基础。因而应当鼓励企业间的员工通过各种非正式渠道进行感情上的交流。

第四，在集群创新网络中提倡并鼓励企业建立公益性的结构洞，尽可能减少自利性结构洞。

根据前面的分析可知，对于建立自利性结构洞的企业而言，他们考虑的是尽力阻止那些对他们有威胁的企业之间的关系来往，从而使他们之间的资源不对称，从中获得控制优势。另外，他们可以从不同的利益相关者中得到异质性的资源，并在某种程度上使其他的结构洞主体处于"孤立"状态，自己操纵一些资源，使其向有利于自己的方向流动。显然，以此目的来建立结构洞的企业可能会降低整个集群网络的信任。相反，对于建立公益性结构洞的企业而言，他们注重的是引导资源在网络中的企业之间有效地流动，使各个企业都能获得相关的资源，减少合作主导关系的企业之间的信息或资源的不对称，使其在集群网络中进行充分的合作。显然，以此目的来建立结构洞的企业毫无疑问对整个集群网络良好信誉环境的营造起着非常积极的作用，因此，在集群创新网络中应该大力提倡并鼓励企业建立公益性的结构洞。

第七章 企业集群创新网络多主体间的合作促进对策

从前文的分析中可以看出，企业集群创新网络能否成功运作，关键在于能否保证核心网络层各行为主体之间、支撑网络层各行为主体之间、内部网络（包括核心网络层与支撑网络层）与外部网络之间的良好互动与高效协作，而创新网络内的这种高效互动将会对各行为主体的决策行为产生重要的影响，进而影响到各行为主体之间的合作涌现，而且在合作涌现的过程中，网络内信任也对各行为主体之间合作的涌现产生了影响；同时，集群创新网络内各行为主体之间合作的产生将会提升网络的创新能力；反过来，创新能力的提升对网络的创新绩效也产生了重要的影响。因此，为更好地促进集群创新网络内各行为主体之间的合作，我们从核心网络、支撑网络、内部网络与外部网络关系的角度来提出相应的策略。

第一节 从核心网络的角度

1. 重点培植企业集群核心网络层中的"龙头企业"

企业集群创新网络的形成有赖于研发和核心竞争能力具有互补性的核心企业的存在，而企业集群一般都具备这样的结构基础。"龙头企业"是集群形成不可缺少的，否则企业集聚缺少核心、主心骨，整个集群就难以应对来自外部的竞争，集群难以稳定、持续地发展。这里提到的龙头可以是重量级的企业，也可以是有影响力的专业市场。

"龙头企业"是集群发展和集群创新的核心，是集群得以可持续发展壮大的关键，龙头企业和龙头产业在高新区的形成，会使高新区形成一个"增长极"，这个"增长极"能够带动相关产业和其他配套产业的发展，从而带动整个高新区的跨越式发展和壮大。因而对于企业集群创新网络的发展而言，培育核心企业，以龙头企业为核心，全力支持骨干企业发挥龙头集聚及创新作用。首先，核心企业与网络内其他企业或者组织发生联系最频繁，这个节点拥有的相连接的边最多，是核心网络中的核心节点。如果这个核心节点出现问题就会对整个集群创新网络带来很大的影响，所以首要目标要保证核心企业的稳定发展。其次，由于多数中小企业都与核心企业有密切的合作关系，为了使它们能很好地与核心企业配套，中小企业的创新能力就需要不断地提升。最后，核心企业专攻营销战略、产品研发等技术含量较高的领域，中小企业就要在专业化的领域里谋求更尖端的技术专长，中小企业之间就要建立更紧密的联系去协调交流技术的分工问题。比如，硅谷有很多世界知名的龙头企业公司，但数量更多的是小公司，大小公司之间不是孤立地而是有机地联系在一起的。大小公司互为平台，研发、制造、流通和服务等每一个环节都可以直接创造效益。小公司期待因技术或创意领先而被收购或者获得资金支持是非常现实的。小公司为大公司提供产品和技术，或者为大公司从事某方面的研究。大公司有众多的小公司在后台支撑而处于金字塔顶端，众多的小公司虽处于金字塔下部，同样也可以生存。

因此，集群中的核心企业凭借其自身条件成为集群创新系统的"领头羊"，为集群内的联系密切的配套企业提供创新孵化空间、资金支持、专业技术知识、产品市场。集群中的核心企业还可以为集群提供稳定的受过训练的人才流、商业信息、顾客基础、供应商基础，同时为高新区内中小企业提供一种技术、市场和专业知识的获取渠道。深化产业分工与协作体系，形成一批专业化配套企业，降低研发、生产、采购、库存等方面的协作成本，建立纵向延伸、横向协作的新型产业组织体系。

2. 确立公平竞争的机制，强化集群核心网络层内企业的合作创新，推动传统资源要素竞争向技术、信息、人才等新要素竞争转型

竞争如同一个筛选过程，它使低效率企业失去市场，并进而对厂

商行为、产业绩效、用户利益和配置效率产生积极影响。在竞争性市场，企业可以在各个供给者之间进行选择，在流动的前提下加强资源配置，在公平的环境下鼓励参与，在竞争的基础上择优选拔和支持，这就迫使企业降低成本或进行产品和服务创新，并通过降低产品或服务的价格将利益传递给客户。如果企业集群内维持一对一的垄断，企业就不必担心在价格上涨或质量下降时客户流失，更不必为了占领新的市场和满足新的需求开发新产品或新服务。只有采取措施保持企业集群的可竞争性，避免一些环节因为企业数量过少出现垄断弊病，集群总体绩效才能得到提升。当然，集群网络中光有竞争也不行，还必须强化集群网络内企业间的合作创新意识。

此外，创新往往是由新进入的企业，而不是由现存的企业来提供的。因此，实现创新需要一个好的创新及竞争环境，保证企业的自由进入和退出。目前，我国中小企业仍普遍缺乏创新的文化氛围和开展技术创新的网络环境。集群应该是开放的、灵活的、有吸引力的和高度创新能力的。集群必须有能力吸引世界范围内的优秀人才、成功经验和其他资源。大力开展对中小企业各类人员的培训，根据企业需要定制人才，根据企业要求调整教材、授课方式和实践计划。充分发挥行业协会（商会）、中小企业培训机构的作用，开展政策法规、企业管理、市场营销、专业技能、客户服务等各类培训，为企业集群内具有创新技术的人员从事创业提供帮助。高度重视对企业经营管理者的培训，尤其是注重对高层次人才的培养。高素质的人才是提高创新能力的重要人力资本，只有高素质人才能够产生高质量的创新。这些人才是企业集群创新重要的资源云——人力资源，对其经营管理者实施全面培训。

建立开放的用人制度。建立科研机构研究人员和企业科技人员的双向流动机制，以较高的报酬或"第二住宅"吸引高校和科研院所的专家、技术人员兼职。形成知识和技术的循环、转化与开发，即所谓"第五种自由"。比如，从事应用研究的大院大所的科研人员每三年去企业工作一段时间，同时，要求企业的科技人员定期在科技机构从事一段时间的科研工作，这个国际通行的办法证明是行之有效的。它不仅使科研机构的科研人员能够及时掌握企业之所需，使科研工作更直接地面向经济建设,而且使企业了解国际上相关技术的发展动态,拓宽企业科技人员的视野,这对改善我国目前的科技系统现状很有意义。大量外派和引入高端人才,实现高端人才在国内、国际的广泛交流,搭建人才积聚平台。

建立市场工资机制。人才的价值由市场供求关系确定,工资报酬按市场机制调节,建立以业绩为取向的分配机制;探索和推行经营者年薪制、期权股份制、特殊劳动贡献分红等多种要素分配形式,体现人才的创造价值。建立健全有效的激励机制吸引人才。集群企业对关键性技术人员可实行年薪制度,也可以采用补充医疗保险、补充公积金等办法,稳定、激励和吸引人才。为吸纳紧缺人才,可采用柔性流动的办法,不求所有,但求所用。随着现代企业制度的建立,要大胆探索实行关键技术折价入股、股份奖励和股份期权等新型的分配办法和激励形式,建立重业绩、重贡献,向关键岗位和优秀人才倾斜的分配机制。

3. 在集群核心网络层成立企业家精神促进社,培育"异质性集群式企业家"及企业家精神

集群创新首先取决于异质性的创新型企业家和科技人才,集群创新的基础是需要不断整合异质性的企业家,形成集群特有的"共同知识"。越能吸引、整合集群内外部具有各类异质性知识的企业家,集群越能在竞争中立于不败之地。同时,集群内部所具有的创新活力来源于地方文化中蕴含的企业家精神和催生新产业的企业网络,这种有利于创新思想传播的较为宽容的社会文化和有弹性的社会网络结构是创新集群和一般企业集群的显著区别。

企业集群创新网络的存在是为了以最快的速度、最小的成本、最高的效率来获取创新资源云,实现创新,形成集群及企业的核心竞争力。因此,企业家在集群创新网络中是一个创建网络、维护网络、拓展网络和利用网络的重要行为者,同时企业家能将自身富有的企业家精神在整个集群网络中渗透,导致了企业家精神的"外溢",提升整个集群网络中企业的创新精神。企业家对于集群创新网络的意识和能力将直接影响集群创新网络的构建和创新的绩效。企业家的创新冲动往往是企业创新启动的关键,企业家管理集群创新系统的才能往往也

是决定创新成败的关键。在企业集群创新网络这样一种不断变革的环境中，更需要有雄心勃勃的企业家精神以及创意。对于这些创新的集群，需要加强知识能力，这样就可以将风险多元化，增强集群的创新竞争能力，并且找到不同的办法来实现集群的转型和升级。因此，有无足够的企业家是集群创新发展的重要问题。

但是，创新集群中的企业家要不同于独立企业中的企业家。在企业集群内，大量同类型但异质性企业积聚在一起，同时也聚集了大量的企业家。这些企业家都处在相似的集群文化背景中，称为"异质性集群式企业家"。集群中的企业家和外部的企业家相比，由于处在某一特定的环境之中，所以有独特的创新优势；同时，"异质性集群式企业家"之间由于频繁的联系能够实现信息的快速传递，相互交流技术、工艺、管理方法，加速了创新的产生，而且在集群内部由于同类企业的大量聚集，企业之间的竞争激烈。这就使异质性集群式企业家不断地提高自身的素质和能力，同时整个集群的创新竞争力也得到了提高。因此，提升企业集群的创新能力，需要培养"异质性集群式企业家"。同时，通过成立企业家精神促进社，充分利用"异质性集群式企业家"在企业集群内聚积的条件和优势，培养极具集群特质的企业家精神，促进企业家精神的"外溢"和集群创新的发展。

企业集群理论一直强调集群发展的内生力量，注意到企业家或龙头企业作为企业集群形成和创新的主要资源及企业网络的创建者、促进者和催化剂发挥着关键的作用。企业家的判断性决策实质上是一种冒险精神。企业家敢于在外部环境不确定的情况下作出判断，以首创的行动干预经济行动的原有规则，这种精神对于企业集群的萌芽发展也具有重要影响。许多企业集群往往发端于某一家企业的创业行动，在此之后，才引起了其他企业的跟随，直至最后同类企业不断集聚发展。但是，一个企业集群的形成与发展所需要的也许还不只是个别人所具有的企业家冒险精神，它往往还需要一个可以不断造就企业家精神的文化基础作为支撑。如果本地的企业家精神不够浓厚，缺乏其他企业的持续效仿与跟进，集群仍是难以形成与发展的。

第二节 从支撑网络的角度

1. 扶持集群中介服务机构使其发挥对合作创新的促进功能，辅助完善企业集群创新网络发展社会服务网络的形成

创新网络是一个复杂系统，网络中不仅仅是中小企业，还要引入各种中介服务机构来为集群网络中的企业进行合作创新提供各种服务与培训，这些中介服务机构促使集群网络中从事产、供、销、设计等活动的企业加强联系，降低物流成本和交易费用；促使产、学、研、用互动，使科研成果产业化获得成功；同时，这些中介服务机构也承担着与外部（包括国外）合作和交流的任务，包括集体对付外贸摩擦的麻烦等。总之，它们为企业集群内企业合作创新起到必要的"黏合"和支撑，加强集群网络主体的集体效率和增加协同效果的作用。我国一些创新绩效较差的集群，往往正是由于缺乏这类合作中介服务机构，因而无法获得网络外部性，所谓网络外部性，是指消费者使用某种产品得到的效用，与使用该产品消费者的总数量有关。消费者人数越多，每个消费者获得的效用就越高。

就目前我国企业集群发展的实践看，政府推进集群创新发展的重点之一应该是推进集群公共服务机构和以行业协会为代表的集群代理机构的发展，使其成为企业和政府之间的重要协调力量。

以行业协会来说，在集群创新网络中，当各行为主体间的收益出现不对称情况时，往往会比较容易产生集群行动。尽管龙头企业可以做出具有正外部效应的投资，以解决集群创新网络中的集体行动问题，但当创新网络中行为主体合作获得的共同收益要大于因合作产生的共同成本时，创新网络中的龙头企业往往没有动力去进行单独投资，因而只有将这些成本在合作行为主体之间进行分摊，此时，创新网络中的行业协会通过协调各行为主体之间的关系，可以有效解决集群创新网络中各行为主体的成本分摊问题，从而解决集群创新网络中的集体行动问题，促进网络中公共产品高效率的供给。

2. 创立企业集群创新网络融资的"蜂窝煤模式"

在企业集群网络发展过程中,融资难始终是制约中小企业成长的关键因素,早在1931年,英国麦克米伦报告就指出了中小企业融资中面临的缺乏长期性资金来源这一困难,认为中小企业融资存在着长期资金缺乏的"麦克米伦缺口"。

不过,与传统企业相比,集群企业融资的渠道主要通过非正式社会网络,但是创新网络中的这种非正规金融对企业起到的金融支撑作用是非常有限的。因此,为更好解决此类问题,应该在集群创新网络中构建企业集群信用合作的"小世界"网络。在传统的企业信贷市场中,由于信贷双方的信息不对称,导致贷款后容易发生道德风险问题。为了解决此类信息不对称问题,一些信贷机构采用"关系型借贷",通过对借款企业进行分析与跟踪的方式,显然,这种融资模式会产生成本高的问题,从而导致出现亏损的情况。然而,如果通过与集群内具有一定社会资本的社会网络进行合作,借助它们所拥有的信用资源在集群网络内建立信用合作网络"小世界",从而可以成功地解决企业集群融资中的"麦克米伦缺口"问题。

信用合作网络"小世界"是由集群网络中的多个经济行为主体基于互惠合作的目的而自主建立起来的一种合作金融机制,这种"小世界"对集群中的借款人具有很强的约束力。例如,在集群创新网络内,需要发放贷款给予某核心大企业存在配套生产的企业,此时通过该核心企业就可以提高对该借款的配套企业约束力。这主要在于集群创新网络中存在很多中介服务机构,如行业协会的存在能够在提高创新网络内各行为主体的市场应变能力以及协调各行为主体之间的行为等方面起到较强的约束作用,因而如果通过行业协会来向集群创新网络内的企业发放贷款,那么对这些借款企业也会产生较强的约束力。

3. 在集群创新网络内培育深厚的集群创新文化

显然,任何创新都是在一定的文化环境中进行的,企业集群内相同的社会文化氛围促使集群内部形成一种相互信赖关系。企业间彼此信任的协作关系是企业集群区域创新的关键。处于创新文化中的企业,善于发现市场潜在的需求,并产生创业及创新的强烈要求,这不仅强化了创新氛围,而且保持了创新的持续性。

企业集群的创新文化具有嵌入性,集群的形成与发展及创新网络深深根植于该区域的社会文化和制度文化环境之中。在世界各国试图依照所谓"硅谷模式"进行移植或再造硅谷的浪潮中,很少有成功者。究其原因主要在于这些后来的模仿者都没有能够形成一种创新文化,而这却是硅谷成功的关键因素。硅谷的创新文化对"硅谷"地区风起云涌的创新活动的推动是巨大的,但它本身并没有形成一种系统的理论,它是通过硅谷地区非正式化社会网络组织体现出来的。硅谷的创新文化深深扎根于硅谷地区的社会体系中,这种社会体系就是硅谷人几十年来形成的非正式化的组织联系。企业集群内企业共同的价值观念、良好的人际关系、正式的学习制度和非正式的学习惯例及社会规则等社会文化因素使企业间、企业与其他经济组织间能够相互协调,实现互动创新。

因此,政府应重视社会文化传统对合作行为的重要影响,采取相应措施帮助集群内各行为主体寻找一些共同的兴趣与要求,定期或不定期地召开一些讲习会、座谈会、展览会,建立一些民间的科技与文化活动组织,提供一些共同活动场所,鼓励企业间以及企业与大学、研究机构之间相互作用,引导它们进行多维合作,培养它们之间的结网意识。

第三节 从内部网络与外部网络的互动关系角度

1. 构建"独联体"式企业集群创新网络

即加强资源整合,建立由企业、大学、研究机构、协会以及融资和咨询机构组成的企业集群"独联体"式创新网络。所谓"独联体"式创新网络就是通过在集群内各独立的主体间建立起来的研发活动、产品设计、采购、加工、分销以及各个支援性活动的创新关联网络。"独联体"式创新网络有两个显著的特征:一是参加的各主体具有相对独立、平等的地位;二是它们是为各自的利益而结合的。各主体通过联合起来进行创新投资、占有市场、组建研究中心、订立交叉使用专利协议等方式进行合作，使它们既能相互弥补各自在资金、技术、经营或市场等创新资源云方面的不足，又能够在激烈的市场竞争中采取灵活措施，有效地解决创新上面临的制约。

要实现企业集群的持续发展，提高集群自身的创新能力，尤其是利用集群网络这一创新平台对创新的支撑作用，推动创新网络的培育，促进企业集群内部集体学习，增强集群整体创新能力，形成良好的以政府部门、企业、大学和科研院所、中介机构等独立的创新主体为节点的具有较强创新能力的合作创新网络，设立由官、产、学、研、用各集群主体构成的"独联体"董事会，显著地增强公共投入的规模经济效应。

为了充分地发挥企业集群"独联体"式创新网络的价值，需要平等地对待集群网络权力关系中每个成员的权力和利益，也就是通过集群成员之间的协调，形成相互制约、相互制衡的合作创新机制，否则会挫伤各主体创新的积极性，甚至压制其他主体的创新，导致集群创新效率的损失。因此，集群企业在关注内部"独联体"式创新网络时，还应该注意集群外部创新网络的构建，加强与外部网络的联系，形成企业集群外部"创新联盟"，在内部"独联体"式创新网络和外部"创新联盟"框架下实施集群创新和集聚政策，这种外部新鲜的资源云往往是影响企业突破创新的关键因素。如在集群的发展过程中，有意识地增加产品链中同级企业和上、下游企业的相对集中分布，使生产同一种产品及其某一工序的企业在地理上相对集中，形成空间上的合理布局，在引进龙头企业的同时为其上、下游企业留下足够的空间，创造小规模经济关系网络形成的外在条件。又如大企业应在保留自身核心专用性资产的同时，将非核心的生产制造甚至产品设计、售后服务等环节外包出去，形成大、中、小企业在集群内的协作生产体系。总之，应有意识地培育小规模的创新关系网络，创造企业集群得以生成的初始条件。

2. 与海外企业集群结盟，融入全球价值链，改善在价值创造网络中的"网络位"，实现集群创新网络的国际化

我国企业集群发展受到资源、环境、技术、人才等方面的制约，

与国外企业集群结成联盟,可以弥补资金匮乏、人才不足、技术短缺等问题,同时还可以依托其技术、管理模式和知名度提升我国企业集群在全球产业链中的位置。鼓励企业进行对口会谈、到外国企业实地参观,探讨合作机遇。

当今世界经济环境的动荡也凸显了集群之间合作的重要性。在全球化大背景下,作为地方生产组织形式的企业集群已被日益卷入全球生产、服务组织活动中,并成为全球价值链的一环。集群的竞争压力与发展机会已脱离本地区域空间的限制,转而被拓宽至国际化的大视角下。在这种情况下,保持本地集群网络的开放性与外向性,发展多样化、广泛的国际合作联系。

由于许多集群中的企业都将自身的业务活动国际化了,集群应该实行国际化并进行广泛的国际合作与交流,融入全球价值链。我国企业集群大多处于价值链中低端的低权力序阶,这就直接导致了我们在剩余价值分配过程中的不利地位。因此,必须不断创新,通过加强与外部联系,嵌入全球价值链,推进集群的产品升级、效率升级和生产环节升级,放弃低附加值的活动而转向高附加值的活动。

由于跨国公司转移到国内的多是高科技产品的加工装配的劳动密集型环节,转移到国内的技术也多为非核心、成熟技术,因此集群的升级应建立在国内企业提升创新能力基础上的价值链环节上的攀升,这就要求国内企业应尽快实现从技术消化、吸收到模仿创新再到建立在自身知识积累和学习能力基础上的自主创新。此外,企业集群要持久地保持竞争优势,其内部的产业必须国际化,实现企业集群创新的国际化。

3. 科学制定企业集群发展规划,实现从产业支持政策向集群政策转变

区域经济的发展固然需要"龙头"企业的牵引,但是区域经济的崛起,还是要靠处在"草根"地位的中小企业。德国是世界上最大的制造出口国,但德国的出口靠的不是西门子或奔驰这样的巨头,而是名不见经传、在窄小行业里1000多家做到了极致的中小企业,正是这1000多家所谓"隐形冠军"的中小企业使德国在制造方面真正成为世界出口大国。因此,根据区域经济的比较优势,制定中小企业集

群的发展规划，依据中小企业集群发展规划，引导中小企业集聚，将中小企业集群作为促进区域中小企业发展的优先战略就显得非常重要。

中央及各级地方政府要制定完整的中小企业集群的发展战略和科学系统的中小企业集群促进政策体系。把中小企业集群建设纳入当地经济、社会发展的整体规划，避免短期行为的负面影响，将培育地方中小企业集群作为每一届政府持之以恒的事业来做，通过规划引导企业集聚和创新方向，将产业政策转变为产业集群和区域创新政策，实现从产业支持政策向集群政策的转变，以集群政策替代产业政策，大力扶持区域内关联企业和关联产业的成长，提高区域创新能力。例如，2001年，日本经济产业省在全国范围内启动了产业集群计划。该计划明确指出，制造业、信息技术、生物技术、环境/能源将是肩负21世纪日本经济兴衰荣辱使命的重点领域，并结合国情在全国范围内规划了19个产业集群。这些企业群将在日本全国各地形成独自的"产官学"合作网络。为了实现这个计划，日本政府进行了大量的投入。仅2005年一年的项目支援经费就高达568亿日元。这些资金主要运用于"产官学"合作网络的形成、新技术的研发、企业孵化器的建设、培养扶植市场、企业融资机制的改善、人力资源的培养等方面。现在，参与企业已经超过了6000家，而参与的高等学府也超过了200所。从实效来看，参与产业集群计划的中小企业收益明显，销售、利润和雇员人数等各项指标均超出全国平均水平（张浩川，2010）。

需要特别注意的是，政府在制定规划时，要因地制宜，反对任何不顾实际的规划思路。立足自身比较优势，将集群与区域创新体系建设紧密结合起来，针对中小企业集群的不同阶段及集群内产业的不同特点，提出适合本地集群实际的、有地方特色的产业集群发展战略。加强对创新型中小企业集群网络的研究，及时制定引导中小企业集聚和促进产业集群发展的政策措施和行动计划，逐步加大公共财政对集群创新的支持力度。要综合考虑产业增长率、就业和收入潜力、当地资源匹配、环境因素、与当地供应商和知识机构的联系、生活水平、与当地机构和其他企业的协同等因素，因地制宜，选择需要扶持的产业集群，出台适宜的集群政策。

目前，各地普遍存在争相模仿和过度运用产业优惠政策，忽视产业发展本身对技术和其他要素的需求规律。从政策的供给上看，针对具体项目的政策多，针对整个产业集群的政策少。非连续、同质化的产业政策以及项目导向的政策割裂了集群与区域创新体系的关联，阻碍了区域核心竞争力的形成。

本章小结

本章从企业集群创新网络的结构出发，提出了多主体间的合作促进对策。从核心网络的角度提出了三个对策：重点培植企业集群核心网络层中的"龙头企业"、确立公平竞争的机制；强化集群核心网络层内企业的合作创新，推动传统资源要素竞争向技术、信息、人才等新要素竞争转型；在集群核心网络层成立企业家精神促进社，培育"异质性集群式企业家"及企业家精神。从支撑网络的角度也提出了三个对策：扶持集群中介服务机构使其发挥对合作创新的促进功能，辅助完善企业集群创新网络发展社会服务网络的形成；创立企业集群创新网络融资的"蜂窝煤模式"；在集群创新网络内培育深厚的集群创新文化。从内部网络与外部网络的互动关系角度，同样提出了三个对策：构建"独联体"式企业集群创新网络；与海外企业集群结盟，融入全球价值链，改善在价值创造网络中的"网络位"，实现集群创新网络的国际化；科学制定企业集群发展规划，实现从产业支持政策向集群政策转变。以期能够为现实集群创新网络中主体间的合作成功提供参考与借鉴作用。

第八章 结论与展望

在绿色约束和低碳经济环境下，传统集群的劣势和非可持续性发展问题日益显现出来，传统集群如果不能按照绿色约束和低碳经济的要求尽快实现创新，将会很快被淘汰。目前，我国企业集群发展虽然已具有一定的规模，并具备一定的竞争优势，但由于企业集群形成的自发性，面临着紧迫的升级问题，中外一些著名的产业集群走向衰落值得我们去深思，而这些集群衰落的一个共同特征就是没有适时地实现产业升级。现阶段我国的一些集群尚属于低成本型集群，处在低端道路的发展阶段，因此需要创新。即使有集聚优势的区域，如果不创新也会衰退。同时，作为制造业大国，建立在低成本基础上的产业集群（包括高新技术的）是现阶段我国集群发展的主流。我国的制造业集群以传统制造业为主，大多集群主要分布在低附加值的劳动密集型终端产品上，而随着劳动力成本和其他商务成本的上升，劳动密集型产业集群的成本竞争优势正在不断削减，劳动密集型产业集群升级压力日益增加。因此，在发展过程中遇到的成本上升、产业转移、贸易壁垒和绿色壁垒等障碍使得创新和升级迫在眉睫，而且，随着现代技术的不断进步，技术研发呈现出开放性、系统性和复杂性等特点，集群内企业技术创新活动中面对的技术问题越来越复杂，技术的综合性和集群性越来越强，因而对中小企业集群创新速度和质量要求越来越高，创新风险与创新投入也越来越大，使得中小企业集群创新必然超越自身现有的资源与要素，积极参与构建创新网络，寻求利用更多的外部创新资源，保持和提高竞争力。与大型企业相比，中小企业虽富有创新活力，但由于规模小，在资金、人才和信息的获取、研究开发、市场开拓等方面均处于明显的劣势地位，单个企业即使是大型企业想依靠自身能力取得技术创新的成功也相当困难，更何况中小企业。为了尽量规避创新带来的巨大风险，中小企业应尽力寻找共同体和协作，因而以企业间分工合作方式进行重大的技术创新，将成为新形势下企业技术创新的必然趋势。另外，集群企业间创新的发生是一个相互作用的非线性的复杂过程，随着创新的复杂性和不确定性、市场竞争日益激烈、产品生产周期的日益缩短，集群企业由于规模小、技术落后与资源有限等因素的制约，任何单个的创新主体不可能拥有所有的全部知识与信息。对于中小企业集群而言，创新能力的不足普遍成为制约集群持续快速发展的"瓶颈"所在，因此，为了解决上述集群发展中存在的问题，集群企业需要与集群网络内的其他行为主体以及与网络外部的各行为主体之间进行多方位、多层次的合作，以达到资源共享和相互学习，从而能够拓展集群创新的空间，以获得提高集群企业创新能力而不具备的互补性资源。本书运用复杂网络理论分析企业集群创新网络中的节点、节点间的链接模式，剖析企业集群创新网络中的企业、政府、大学或科研机构、金融机构、中间机构等多个节点之间的相互作用机理与合作动力机制；分析企业集群创新网络结构特征对网络内主体合作决策行为的影响，以及在这种影响下的合作涌现机制，同时对合作创新行为的涌现及其创新决策过程的演化进程进行分析；建立企业集群创新网络内多企业动态合作创新微分博弈模型，比较分析在合作创新与自主创新情形下企业所采取的最优策略及其对应的最优价值函数；同时，为保障合作取得成功，构建基于主体理性要求的合作安排与利益分配机制；基于概率论中的状态转移方程分析集群创新网络多主体合作信任机制的动态性，同时，利用仿真手段分析集群创新网络的结构特性对网络内企业间信任关系状态的影响；基于企业集群创新网络的结构属性，提出促进网络内多主体间合作的对策，为现实中更好地促进集群企业的合作提供政策指导和实践参考依据。

第一节 主要结论

本书在研究过程中得到以下主要结论。

1. 企业集群创新网络多主体间的互动机制与合作动力

集群的核心是以企业之间的网络联系为基础的企业集聚与企业网络的综合，即集群＝集聚＋网络，涉及企业、高校与研究机构、中介机构与政府等多个创新行为主体。其中企业是技术创新的主体，高校与研究机构是技术创新源，中介机构是技术的黏合剂，政府的主要功能则是为技术提供政策与创新环境。因此，在这样一个结构层次复杂的中小企业集群创新网络中，不同的中小企业主体相互联系在一起，每个层次上的中小企业都拥有自身的专业知识、经验技能和专有信息，他们以信息处理、整合、协作、创新能力为核心能力，以与其他中小企业进行合作、协作创新，构成一个中小企业集群创新网络演化的复杂网络结构。通过分析，我们将企业集群创新网络划分为核心网络、支撑网络与外部网络三个层次。其中，核心网络是指由以某一企业为核心的垂直方向和水平方向彼此相关的企业构成的网络，是由相互关联的企业在协同竞争过程中形成的一个群落。支撑网络由企业和研究机构、地方政府、中介机构以及金融机构之间的知识、信息、资源的传递所构成的网络。这层网络中的行为主体不是集群网络中直接从事生产的主体，而是为核心网络成员企业提供技术、人才、资本以及咨询培训等服务功能，实现知识、信息、资源等从第二层网络向第一层核心网络的流动和传递。外部网络主要是指由集群核心网络以外的企业、研究机构、外部行业协会、国外产业集群等构成集群的外部网络。这种外部网络间互动能够为集群网络内成员的创新提供各种新的技术、人员、信息支持，从而有利于本地创新网络的发展和升级。

我们通过对企业集群创新网络结构属性的分析发现，企业集群创新网络结构具有以下特征：（1）集群创新网络关系集聚的"小世界"特征；（2）集群创新网络关系连接分布的无标度特征与自组织临界性；（3）企业集群创新网络的鲁棒性；（4）企业集群创新网络的脆弱性；（5）企业集群创新网络的群落特征；（6）企业集群创新网络中的择优连接特征。

通过对集群创新网络内多主体间的互动机制分析，我们认为，核心网络层中的企业与供应商、客商以及竞争者之间都在通过不同的方式进行交互作用；核心网络层与支撑网络层之间也在不断进行互动，包括大学或科研机构与企业之间，政府、金融机构与中介结构与网络内的其他行为主体之间；而内部网络（核心网络与支撑网络）与外部网络之间也在通过不同途径进行交互。通过对企业集群创新网络内多主体间合作动力的分析，我们认为其主要合作动力因素在于：（1）集群的不完整性促使集群创新网络多主体间协同创新，以促进集群的可持续发展；（2）通过集群创新网络多主体协同创新可以创造网络内的资源云，并拥有利用网络内资源云的权限来提升自身的竞争优势；（3）集群是一种俱乐部产品，集群创新网络多主体间的合作可以创造出新的俱乐部产品。而集群这种俱乐部产品的一个重要特性就是集群创新网络内的企业数目增加到一定程度时，就会产生网络的拥挤效应，而且随着网络外部新企业的进入，集群公共产品的边际收益也会呈现一种递减趋势，因此，我们通过对集群创新网络最优边界问题的分析，认为企业集群创新网络中的竞争优势源于创新网络内所拥有的资源云以及对资源云的构建与管理能力，而集群创新网络的规模可以改变网络内各行为主体所拥有的资源和创新网络的结构方式，进而影响着集群创新网络内企业的竞争优势。而在集群创新网络内资源一定的情况下，创新网络内企业的数目对成员企业获得的收益呈反向关系。也就是说，当集群创新网络内企业的数目达到一定的临界状态时，再有外部新企业加入到集群创新网络中来时，会降低创新网络内企业的收益。所以为实现集群创新网络的优势效应，需要对集群创新网络中的资源进行整合、保持创新网络内部适度的企业数量、实行集群创新网络多企业间的协同效应。

2. 企业集群创新网络多主体间的决策行为影响与合作涌现

在企业集群创新网络这样一个复杂社会网络中，位于每一个网络节点上的主体在企业集群创新网络演化过程中在行为上是彼此依赖的。每一个主体的行为都以其他主体已经采取的行动为条件，任一主体在进行决策时会在考虑其他主体的策略选择之后再决定自己的选择。主体的决策主要表现为两种方式，一种决策行为是某个既定群体的跟随者，即主体的决策总是跟随着群体的倾向，并和它保持一致；另一种决策行为是不跟随群体，即主体的决策总是与群体的倾向不同。企业集群创新网络对网络中主体决策行为的影响，可以认为是在集群创新网络中存在许多的可能行为的集合，每个主体在这些可能的行为之间做出抉择。

本书在阐述企业集群创新网络结构特点的基础上，分析了创新网络内各行为主体的决策行为模式、群体（或社团结构）对创新网络内行为主体的影响函数，通过分析表明：

（1）在集群创新网络中，如果存在两个行为倾向不一致的群体（或社团结构），而这两个群体（或社团结构）的跟随者的决策行为与该群体（或社团结构）的决策行为一致，那么，这两个群体（或社团结构）的跟随者的决策行为也是不一样的。

（2）在集群创新网络中，当大部分的主体（即在数量上当做出同一决策行为的主体数目超过集群中主体总数的一半时）都采取某种决策行为时，主体由于受到群体决策行为的影响，会跟随群体并做出与群体相一致的决策行为。当群体中只有少数主体同时采取某种决策行为时，此时，主体会根据群体的各种影响程度来决定是否要跟随群体而做出相同的决策行为。

（3）在一个集群创新网络中，当群体中存在这样一个主体：它在群体中具有很大的影响力，其他的主体总觉得它的决策是合理的，并能够带来一定的回报。此时，群体中的其他主体就会受到这一主体决策行为的影响，而做出相同的决策行为。同时，我们还提出了在群体（或社团结构）影响下，创新网络内主体行为调整的结构模型，从这个模型中我们看出，主体在下一阶段的决策行为主要取决于两个方面：一是主体自身的认知结构。当主体自身的认知结构达到一定程度时，它自身会做出某种合理的决策行为，而不受群体环境的影响。二是群体的行为对主体的影响程度。由于人是有限理性的，因此，当群体中的大多数主体都采取某一种行为或者群体中存在一个很有声望的主体采取某一种行为时，主体可能就会跟随群体并做出相同的决策行为，从而在下一阶段调整自己的决策行为。

在集群创新网络中，由于集群环境的动态性，以及每个主体所拥有的资源与信息的差异，导致了各主体信念或观点的异质性与动态性，而且集群创新网络结构的特殊性使主体间相互影响的程度更深，因而集群创新网络中主体达成共识的过程也是非常复杂的。因此，我们利用 Opinion 动力学对创新网络中主体决策行为相互影响下的合作涌现机制进行了分析，包括模型的构建与仿真结果的分析。通过分析，我们得出：

（1）对于固定的概率 p，随着重连概率 ϕ 的增加，集群创新网络中的观点数目在减少。在初始阶段，集群创新网络中的观点数目随重连概率的增加而减少的幅度比较慢，而当重连概率 $\phi \to 1$ 时，集群创新网络中的观点数目会急剧地减少。也就是说，当集群创新网络中的主体趋向于与其邻近网络的邻节点重连时，集群创新网络中现存的观点数目会减少，因而很有可能会导致主体观点的统一。同时，当集群创新网络中主体的信任水平越高，往往更易于促进网络中各行为主体间的合作涌现。

（2）在重连概率 $\phi = 0.55$、$\phi = 0.3$、$\phi = 0.1$ 三种情况下，集群创新网络中主体均在 $p = 0.55$ 时观点达到一致的平均时间最长，达到一个峰值。而当 $p < 0.55$ 时，集群创新网络中主体观点达到一致的平均时间随着 p 值的增加而增加；而当 $p > 0.55$ 时，集群创新网络中主体观点达到一致的平均时间随着 p 值的增加而急剧地减少，这也意味着存在一个临界值 $p_c = 0.55$。也就是说，在这个临界值周围，存在着一个阶段的转变，即集群创新网络中主体观点达到一致的平均时间由增加转变为减少。

（3）在集群创新网络中的主体对邻近网络与外部网络的可接受的信任水平 $\varepsilon = 0.2$ 的情况下，集群创新网络中刚开始形成了三个团体，每个团体内部成员都倾向于某种观点，而随着网络内团体间的相互作用与影响，其中的两个团体都倾向于某种共同的观点而形成了一个更大的团体，最终网络中产生了两个合作团体。在 $\varepsilon = 0.5$ 的情况下，集群创新网络中刚开始形成了两个团体，但最终这两个团体都倾向于某一个共同的观点，于是导致了整个网络都成为一个合作团体。

每次集群创新行为的产生都会有一个创新决策的过程，而且在创新决策过程中，我们随时都会面临着不同的难题，如应该采取何种创新方式（自主创新或模仿创新）、创新效应如何来估算、创新结果如何来评价等。因此，本书从定量的角度来研究集群创新决策过程的演化行为，我们将集群创新决策过程分为四个阶段：创新信息的搜寻、创新方式的选择、创新效应的估计、创新行为的市场评价，并提出了创新信息的搜寻方式、集群创新方式的选择机制、集群创新效应的估算准则以及集群创新结果的评价标准，最后利用仿真的手段对集群创新决策过程进行了分析。我们得出了以下结论：

（1）集群企业在采取创新行为后，其产品投入到市场的初始阶段能够获得较高的市场价格，但随着资本的集聚和产品的扩张，市场价格迅速下降。这意味着价格序列中存在一个循环模式，而这也反映了需求的循环变动。

（2）集群中大规模企业较少，小企业和中等规模企业占多数，而且集群企业规模的平均值大于中等企业的规模，集群企业规模的分布近似地服从正态分布。

（3）集群中创新先驱者能够获得更大的利润，而且拥有更好的机会使公司规模扩大，然而，这些优势并不是一直都存在。当此项技术创新被集群中的创新跟随者吸收与模仿后，创新先驱者就会逐渐丧失其优势，从而导致其资本利润率不断下降。

（4）集群企业进行创新后，产品平均单位成本不断下降，而正是由于产品平均单位成本的下降，使集群企业的产品进入市场后，更具有竞争优势，因而产品的平均竞争力也不断上升，但下降和上升的幅度并不是线性的，而是一种波动式的。

（5）创新产品在进入市场的初期，市场占有率在不断上升，并能达到一个较高的市场占有率，进入中期阶段后，由于竞争力的加剧，市场占有率开始急剧下降，当进入后期阶段后，产品竞争的强度会更大，市场占有率就会变得更小，而且呈现一种稳态趋势。

本书从社会网络理论的角度来研究集群网络中创新扩散行为，构建了集群网络中的创新扩散模型，并利用仿真的手段从以下三个方面进行分析：一是集群网络结构的特殊性（无标度性）对创新扩散的影响；二是集群创新扩散过程中集群主体的行为特征分析；三是集群网络的社会效应对创新扩散的影响。通过上述分析，得出了5个重要结论：

（1）集群网络结构对创新扩散效率产生了重要影响，而且与规则网络相比，集群网络的无标度性使创新信息的扩散效率更高，集群主体往往更易于采取创新行为。

（2）集群网络结构对创新扩散过程的速度产生了重要影响，而且与规则网络相比，集群网络中的创新扩散速度更快。

（3）集群创新采纳者的数目随着集群创新扩散过程的演化在不断地增加，而且当创新信息扩散到这个集群网络后，集群创新采纳者的数目不会再发生改变。

（4）最先采取创新行为的集群主体的度往往比较大，但集群创新主体的度随着集群创新扩散阶段的演化在不断变小，并最终达到一个稳定值。

（5）社会影响对集群创新扩散速度产生重要影响，当集群主体对社会影响的敏感程度较低时，社会影响有助于创新信息在集群网络中的扩散，而当集群主体对社会影响的敏感程度较大，社会影响将会阻碍创新信息在集群网络中的扩散。

3. 企业集群创新网络多主体合作博弈模型与创新绩效分析

当前，我国的经济基础还比较薄弱，每年投入到 R&D 的经费占国内生产总值的比重还很低，虽然呈逐年上升的趋势，但是与发达国家相比还有很大差距，这种差距决定了我国只有实施合作创新，整合各方的优势资源才更有利于创新的顺利开展。集群创新网络内企业间的合作从本质上来说，它是一个互赖—互动—互信—互惠的动态过程。显然，在这样一个动态的环境下，企业间的合作将变得更加困难，企业间合作的复杂性也将大为增加。因此，对集群合作创新问题的研究必须考虑到环境的动态性和时间的连续性，不仅要满足合作联盟的整体理性，同时也必须要满足联盟中每个企业的个体理性，这样才能保证企业间的合作取得成功。因此，我们基于两个假设条件下，即集群创新网络中的每个参与企业在合作初始都愿意根据一个各方都同意的最优共识原则来分配各自的支付；集群创新网络中的支付是可以转移的。本书建立了一个企业集群创新网络内多企业动态合作创新微分博弈模型，并采用仿真手段从主体理性的角度比较分析了在合作创新与自主创新情形下集群创新网络内企业所采取的最优策略及其对应的最优价值函数：一是企业的投资策略对企业技术水平影响；二是技术水平的变化对企业价值函数的影响；三是企业投资所获得的价值对企业未来投资策略的影响。通过研究表明：（1）无论网络内的企业是选择自主创新还是合作创新，在企业投入一定数量的资本后，企业的技术水平都能够得到不同程度的改善。然而，在投入资本的初始阶段，与选择合作创新的企业比较而言，选择自主创新的企业在投入资本后技术水平改进的效果要好，这主要在于合作创新的过程中往往会产生外部界面障碍，而界面障碍的产生会增加协调难度，影响创新的效果，从而使得创新效率下降，因而在短时间内技术水平难以得到明显的改善。（2）无论网络内企业是选择自主创新还是参与合作创新，技术水平的改进均给企业创造了一定的价值，但在技术水平改进的过程中，参与合作创新的企业，其技术水平的改进能给企业创造更多的价值。在后半阶段，无论是选择自主创新还是参与合作创新，技术水平给企业的价值函数带来变化的幅度越来越小。（3）无论网络内企业是选择自主创新还是参与合作创新，当投入的资本为企业创造了价值时，企业会选择继续投入资本。我们也可以看出：在不同的阶段，两者的资本投入力度不一样，两者若要获得相同的价值，对于选择自主创新的企业而言，它的资本投入力度明显要大，而参与合作创新的企业的资本投入力度就要小。

在企业集群创新网络内，每个企业都是理性的，网络内的企业是否会选择合作，主要取决于能否满足合作联盟的整体理性和参与企业的个体理性。整体理性要求在一个支付可转移的合作创新联盟型博弈中，每位参与企业所分得的报酬的总和等于合作总联盟的价值。而个体理性要求在一个支付可转移的合作创新联盟型博弈中，每位参与企业所分得的报酬都比各自为政时高。因此，只有满足了参与合作企业的整体理性和个体理性，集群内的企业才会选择参与合作创新。也就是说，在这样一个动态的集群合作创新博弈中，要使合作能够取得成功，就必须既要保证满足合作联盟的整体理性，又要满足合作联盟中每个企业的个体理性。整体理性要求，各参与企业共同议定的合作策略能导致帕累托最优解法，而个体理性要求沿着博弈最优轨迹的每时每刻，合作参与企业的个体理性都必须得到维持。因此，我们提出了集群合作创新下的集体理性要求与个体理性要求，在此基础上，对整体理性下集群创新合作联盟与个体理性下集群主体的投资策略、最优价值函数进行了比较分析。通过分析，我们得出：（1）在集群创新网络内的多企业动态合作联盟中，当参与合作的每个集群企业都采取根据当前时间及其相应的状态下制定的最优策略时，该合作联盟整体的收益值随着时间的推移在不断发生改变，而在每个瞬间收益值的变化程度取决于两个方面：一是集群合作联盟在每个时间点所获得的瞬间报酬的贴现值；二是集群合作联盟中所有企业状态的最优变化为合作联盟整体的收益值所带来的变化。同时，集群合作联盟在合作结束时间的收益值等于合作联盟中所有企业在终点所获得的报酬进行相应贴现后的贴现值总和。（2）集群企业在进行独自创新时，当其他企业都采用根据当前时间及其相应的状态而定的最优策略时，集群企业 $i \in K_1$（K_1 表示非合作性联盟）的价值函数的值将随着时间的变化而转变，而在每一瞬间转变的减数则等于它的时间报酬的贴现值与状态的最优变化进展为价值函数的值所带来的转变之和。而它在结束时间所获得的报酬等于该企业的终点报酬进行相应贴现后的贴现值。同时，我们还利用仿真手段对此过程进行了分析，我们也发现：（1）参与合作的集群企业由于企业间协同作用的缘故，随着投入资本的增加，企业的技术水平得到了不断的提升，同时，企业技术水平的改进也为企业创造了更多的价值。因此，集群企业的技术水平随着时间的推移在不断提高的同时，它给企业所带来的价值也随着时间的进展在不断增长。（2）随着企业投入资本数量的增加，技术得到了明显的改进。而随着企业技术水平的提高，它为企业所创造的价值也不断增长。但如果与合作创新相比，我们可以看出，在投入相同资本的情形下，参与合作创新企业的技术水平提升得更快，而且给创新企业带来更多的价值。

另外，为从实证的角度对集群企业创新能力与创新绩效之间的关系进行分析，我们选取了 54 个国际级高新产业技术开发区作为实证样本。在研究合作创新对创新能力的提升时，以参与合作创新的大学 R&D 经费支出（UNIEXP）、研究机构 R&D 经费支出（RESEXP）为自变量，以科技活动人员数量（HUINPUT）、科技活动经费支出（CAPINPUT）、创新产出（OUTPUT）为因变量；在研究创新能力的提升对创新绩效的影响时，以大学 R&D 经费支出（UNIEXP）、研究机构 R&D 经费支出（RESEXP）、科技活动人员数量（HUINPUT）、科技活动经费支出（CAPINPUT）、创新产出（OUTPUT）为自变量，以工业生产总值（PRO）、出口总值（EXPORT）和产品销售收入（SALES）为因变量。从回归结果中我们得出：（1）大学 R&D 经费支出和研究机构 R&D 经费支出均对科技活动人员数量、科技活动经费支出以及创新产出产生了显著的正向影响。一方面，大学和研究机构创新产出的增加能够为集群创新提供更多的技术来源和选择。集群内的企业为了更好地消化和吸收这些技术和知识，必然要增加集群科技活动人员和科技活动经费，最终形成真正具有竞争优势的自主创新能力。另一方面，大学和研究机构创新产出的增加对集群内企业产生示范作用，促使企业通过增加科技活动人员和科技活动经费而提高企业的创新产出。因此，通过网络内企业间的合作创新，可以提高集群的创新能力。（2）在各个自变量中，除了科技活动人员数量外，其他的自变量都对工业总产值有显著的影响。在正向影响因素里面，大学 R&D 经费支出对工业总产值的影响系数最大，这说明加大大学 R&D 经费支出，增加大学的创新成果，能对集群产生巨大的溢出效应。在对出口总值的影响因素中，科技活动人员数量、科技活动经费支出、大学 R&D 经费支出都有显著的正面影响，而研究机构 R&D 经费支出和集群创新产出对出口总值的影响却是不显著的。对国内产品销售收入产生正面影响的因素中，大学的 R&D 经费支出的影响系数也是最大的。此外，科技活动经费支出、创新产业对国内产品销售收入也产生了正面的影响。因此，集群网络创新能力的提升对创新绩效有着非常重要的影响。

4. 企业集群创新网络多主体间合作的信任机制

对于企业集群创新网络来讲，社会信任代表着一个区域的社会形象，它对于集群内企业吸收外部资金、人才、客户等具有非常重要的作用，从而利于形成区位品牌。同时，信任环境作为企业集群环境的一部分，也可以促进企业之间的合作。在企业集群创新网络中，人们的经济行为总是与行为人在这个群体中所处地位有密不可分的联系。从实践来看，硅谷发展成功的因素有很多，其中硅谷内各行为主体之间的合作文化和精神是其成功不可忽视的重要因素，我国浙江、广东等省以及意大利西北部等企业集群的兴起与发展也同这些区域中浓厚的信任机制密不可分。因此，信任作为集群创新网络企业间的一种特殊的社会关系，对企业集群创新网络的形成与其竞争优势的培育有着重要的贡献。因此，我们利用概率论中的状态转移方程对集群创新网络多主体合作信任机制的动态性进行了分析，并利用仿真手段分析了企业集群创新网络中企业间的信任关系的动态演变特性，我们得出了与集群发展实际相吻合的四个重要结论：

（1）在集群创新网络中，企业间信任关系的未来状态转移独立于过去的信任关系状态已经做出的转移。也就是说，无论企业间信任关系过去的状态转移是良性转移还是恶性转移，信任关系的未来状态转移主要取决于企业间以后所发生的一系列行为，这些行为有可能导致企业间的信任关系状态发生良性转移，也有可能会导致企业间的信任关系状态发生恶性转移。在企业集群创新网络中，有些企业间过去一直都维持在一种较好的合作关系，彼此间相互信任，但是由于其中某个企业实施机会主义损害了其他企业的利益，从而导致该企业与其他企业的信任关系发生恶化。同样，有些企业之间之前从未有过合作，但是通过其他企业的引荐，或者是通过集群网络内的其他企业对该企业声誉的反复传播而获得的关于该企业的一些知识和信息，于是企业间有了初步的合作，双方成功的合作使得两者之间的信任关系不断地增强。

（2）在集群创新网络中，无论企业之间的信任关系状态如何发生变化，在经过一段时间的演化后，整个集群创新网络内企业之间的信任关系状态会达到一种稳定状态。在企业集群中，实施机会主义的企业会导致与其他企业之间的信任关系变得越来越差，甚至会发生恶化。此时，企业间的合作关系可能就会被终止，从而被强迫退出企业集群。而对于其他企业来说，随着企业间长期的合作与交易，企业彼此间更加了解，企业之间的信任关系在不断增强，最终企业之间信任关系会达到一种稳定的状态。

（3）在集群创新网络中，当促使企业间的信任关系状态发生转移的强度越小，企业之间的信任状态越容易达到一种稳定状态。在企业集群创新网络中，首先，地理的接近性。如果企业间在地理位置上更加接近，企业共处于一个有着鲜明特点的区域中，企业家们更容易因对当地的认同而互相信任，进而更容易采取联合行动。其次，对方企业信息的被了解程度。如果企业目前的经营信息、企业的行事风格、交往意图与能力能够被对方企业所了解，这有助于提高其他企业对它的认可程度。最后，集群的制度供给。这里的制度是独立于双方企业的、能被信任方感知并作为信任基础的第三方因素等。显然，这三种因素对于企业间建立信任以及加强信任程度都有着非常重要的作用。

（4）在集群创新网络中，随着企业间的合作时间变长，彼此之间更加了解，信任关系得到了增强。此时，信任状态的转移就会变得缓慢，在某种信任状态的逗留期就会延长。在现实的企业集群中，随着企业双方了解程度的加深，信息的不对称性程度下降，双方逐渐明了对方的经营状况及需求，这使得企业放下对对方的防备心理，在合作与交流不断加深的过程中增进了信任。而且双方的信任关系随着时间的推移会越来越趋于稳定。也就是说，企业间在一段时间内会维持在某一种信任关系状态，并继续进行合作。

在企业集群创新网络内，由于地理位置的接近性使得网络成员的互动关系广泛而频繁，因而企业集群创新网络通常有着较高的集聚程度，集群企业间这种密集的互动关系称为网络的"小世界"特征。另外，在集群创新网络中，企业间往往具有非常密集的关系连接，由于企业选择连接对象是有意识的过程，企业会倾向于选择连接数目较多的网络节点，因而组织间互动关系的分布并不是均匀的，网络中的一些企业会有大量连接，成为集群创新网络中的核心企业，因此企业集群创新网络关系连接分布具有无标度特征。因此，企业集群创新网络作为一个具有网络形态结构的复杂社会经济系统，具有复杂网络的"小世界"特征和无标度特征。因而我们利用仿真手段分析了集群创新网络的结构特性对网络内企业间信任关系状态的影响：网络中企业的中心度（即企业的影响力）、网络中企业间的路径长度（即地理位置的接近性）、网络中企业间的强弱连接、网络中企业的结构自治度。通过分析，我们也得出了与实际相吻合的四个重要结论：

（1）集群创新网络内企业中心度的增强，会使企业集群整体信任状态的期望值得到提高。在集群创新网络中，企业中心度的变化源于集群中企业的进入与退出。由于集群内较好的基础设施、信息服务、技术工人、市场资源等，有利于企业的衍生和创建，空间集聚具有正反馈效应，而且进入壁垒较低，这就导致了集群内企业大量进入。同时，集群内企业退出壁垒较低，同一产业中部分企业退出，养老、失业保险等社会制约因素反应不会太强烈，加上集群内为生产提供服务的金融与咨询等服务业较为配套，市场发育相对健全，企业可以通过产权交易或企业并购的形式退出产业。因此，集群中企业的进入与退出势必会改变集群创新网络中企业的中心度，而这种中心度的变化会对集群整体信任状态产生影响。

（2）集群创新网络内企业间距离的扩大，会使集群整体信任状态的期望值变化的程度变弱。在集群创新网络中，企业间的平均路径长度会影响到企业间的沟通和交流的便利性。一方面，企业间的距离越短，企业与研发机构、同类企业以及中介机构之间的联系就会更加紧密，从而可以增加面对面接触和交流的机会，进而增加企业对其他企业的熟悉程度，因而较短的平均路径长度增强了集群社会网络中企业之间的正式和非正式交流的便利性；另一方面，在高密度网络中，与其他企业和单位有大量联系的企业，更容易获取集群中共享的技术和信息，从而有利于信息和最新知识以及创新成果在网络中的传播。因此，拥有较短平均路径长度的集群社会网络内企业往往与周边企业和单位间有较高的交流水平和交流密度，从而可以增强彼此间的互信程度，而企业间的路径长度扩大降低了企业间的长期交流与沟通，从而使集群整体信任变化的程度减弱。

（3）集群创新网络内企业间的连接强度越大，会使集群整体的信任状态的期望值得到提升。显然，企业的社会网络联系强度越大，企业间的信任程度越高，而企业之间良好的信任关系，有利于隐性知识的交流与传播，促进企业不断创新。一般来说，企业间的连接强度取决于企业之间的长期交流和沟通，企业之所以加入到企业集群中来，其中一个重要原因是能够实现资源的共享，特别是获取一些企业不具备的资源，因此，在企业集群中，信息共享机制和团队学习以及各种正式或非正式的交流会或者大型活动经常会出现，如EDI、Internet、电子商务等信息技术都可以实现集群企业之间高效的信息沟通与共享。另外，集群内持续性的团队学习不仅能够促使集群企业之间技术知识交流和改进，而且还能够使网络内企业间的连接程度得到增强，从而使学习型信任能够得以形成并逐渐强化和加深，以促进企业间信任水平的提高。

（4）集群社会网络中企业的结构自治度越高，该企业对网络中其他企业信任状态的期望值越不容易发生改变。根据伯特的"结构洞"理论，处于结构洞位置的企业往往会比集群创新网络内的其他企业更具有竞争优势，从而使得自身更具有结构自主性，而不会受到网络中其他企业的影响，因而网络中的企业都会想方设法地使自己处于网络中的结构洞位置。当然，网络中每个企业建立结构洞的目的并不一样。一些企业完全是为了实现自己的利益，与在网络中没有发生直接联系的企业建立结构洞，使自己处于两者信息传递网络中间，并且极力地控制另外两者之间的信息传递，不让其轻易地联系起来，我们把这类结构洞称为自利性结构洞。相反，另外的一些企业为了促进集群网络中一些由于联系成本等原因而不可能发生直接联系的企业之间进行有效的信息资源流动，而在它们之间建立结构洞，我们把这种结构洞称为公益性结构洞。显然，企业构建结构洞的目的不同，对集群整体的信任状态也会产生一定的影响。

第二节　本书的不足及展望

由于本人能力有限，因此，在本书的撰写过程中，也发现了本书存在的一些不足之处，希望在以后的工作中能够在这些方面继续做一些尝试：

（1）虽然本书在研究集群创新网络多主体间的合作机理时，从复杂网络的角度考虑到了集群创新网络结构的特性对合作（互动机制、合作涌向、信任机制等）产生的一系列影响，但本书并没有针对不同的集群网络类型来进行展开分析，显然，这也存在一定的局限。因为现实中的集群创新网络是具有不同的网络结构，而不同的网络结构对网络中企业间的合作所产生的影响也是不同的，因此，应该从不同的集群创新网络结构类型来进行分类考虑。

（2）本书在对企业集群创新网络中的合作博弈问题进行分析时，虽然考虑了环境的动态性和时间的连续性，但并没有将随机因素考虑进来，而现实的环境充满了随机性，因此，如果能够将这些随机因素加入进来，将更加贴近现实，因此，可以尝试利用随机微分博弈来对集群创新网络中的合作博弈问题进行研究。

（3）本书在对集群创新网络中信任机制的动态性进行分析时，采用的是概率论中的状态转移方程，但如果考虑到外部环境的变化对信任机制的影响时，可以考虑尝试采用随机微分方程来进行分析；另外，在考虑集群创新网络的结构对信任机制的影响时，本书为了简化分析，采用的是信任的期望值，这些都存在一些不足。

参考文献

[1] [德] 阿尔弗雷德·韦伯:《工业区位论》,李刚剑译,商务印书馆 1997 年版。

[2] 包丽华、李南、冯夏宗:《产业集群的强连接与弱连接现象》,《经济视角》2007 年第 5 期。

[3] 鲍华俊:《非正式创新网络影响因素及其作用实证研究》,硕士学位论文,浙江大学,2004 年。

[4] 边燕杰:《网络脱生:创业过程的社会学分析》,《社会学研究》2006 年第 6 期。

[5] 仇保兴:《小企业集群研究》,复旦大学出版社 1999 年版。

[6] 曹宝明、王晓清:《区位选择视角下产业集群形成的微观机制分析》,《江苏社会科学》2008 年第 6 期。

[7] 曹瑄玮、席酉民:《产业集群发展中路径依赖的形成——社会心理学的观点》,《经济社会体制比较》2007 年第 4 期。

[8] 曹洋:《国家级高新技术产业园区技术创新网络研究》,博士学位论文,天津大学,2008 年。

[9] 陈旭、李仕明:《产业集群内双寡头企业合作创新博弈分析》,《管理学报》2007 年第 1 期。

[10] 陈昱中:《复杂网络上的演化动力学研究》,硕士学位论文,兰州大学,2009 年。

[11] 陈继祥、徐超等:《产业集群与复杂性》,上海财经大学出版社 2005 年版。

[12] 蔡宁、吴结兵、殷鸣:《产业集群复杂网络的结构与功能分析》,《经济地理》2006 年第 3 期。

[13] 陈良斌、江德兴、吴荣顺:《社会网络视角下企业组织的合作

信任研究》,《现代管理科学》2009年第6期。

[14] 陈云、王浣尘、杨继红、戴晓波:《产业集群中的信息共享与合作创新研究》,《系统工程理论与实践》2004年第8期。

[15] 董景荣:《技术创新过程管理——理论、方法及实践》,重庆出版社2000年版。

[16] 代吉林、李新春:《集群企业学习导向、模仿创新和绩效》,《软科学》2006年第4期。

[17] 傅家骥:《技术创新学》,清华大学出版社1998年版。

[18] 费钟琳:《基于国家创新体系的产学研合作创新内涵剖析》,《科学论坛》2009年第1期。

[19] 范旭、方一兵:《区域创新系统中高校与政府和企业互动的五种典型模式》,《中国科技论坛》2004年第1期。

[20] 范如国、许烨:《基于复杂网络理论的产业集群演化及其治理研究》,《技术经济》2008年第9期。

[21] 冯长利、王勇、张羿:《基于博弈论的知识联盟合作创新研究》,《情报杂志》2009年第7期。

[22] 高沫丽:《北京市高新技术产业集群创新模式研究》,硕士学位论文,中国地质大学,2007年。

[23] 顾慧君:《基于社会网络演化分析的产业集群升级研究》,硕士学位论文,山东大学,2006年。

[24] 葛萍萍:《集群企业合作创新的风险及信任机制研究》,硕士学位论文,浙江师范大学,2009年。

[25] 郭晓川:《企业网络合作化技术创新及其模式比较》,《科学管理研究》1998年第5期。

[26] 盖文启:《创新网络——区域经济发展新思路》,北京大学出版社2002年版。

[27] 盖文启、王缉慈:《论区域创新网络对我国高新技术中小企业发展的作用》,《中国软科学》1999年第9期。

[28] 关家麟:《知识经济与信息经济》,《情报学报》1998年第3期。

[29] 郭利平:《产业群落的空间演化模式研究》,经济管理出版社

2006年版。

[30] 顾乃康：《现代企业理论的新发展：企业知识理论》，《经济学动态》1997年第11期。

[31] 胡宇辰、罗贤栋：《企业集群的竞争力分析》，《管理科学文摘》2003年第6期。

[32] 胡思华：《产学研合作创新中问题及对策研究》，《研究与发展管理》2002年第1期。

[33] 何大韧、刘宗华、汪秉宏：《复杂系统与复杂网络》，高等教育出版社2009年版。

[34] 韩新严：《非正式创新网络在中小企业创新中的应用》，硕士学位论文，浙江工业大学，2001年。

[35] 霍兰：《涌现》，陈禹译，上海科学出版社2001年版。

[36] 霍云福、陈新跃、杨德礼：《企业创新网络研究》，《科学学与科学技术管理》2002年第10期。

[37] 郝莹莹、杜德斌：《从"硅谷"到"网谷"：硅谷创新产业集群的演进及其启示》，《世界经济与政治论坛》2005年第3期。

[38] 贾生华：《产业演进、协同创新与民营企业持续成长：理论研究与浙江经验》，浙江大学出版社2007年版。

[39] 贾根良：《网络组织：超越市场与企业两分法》，《经济体制比较》1998年第4期。

[40] 龚毅、李敏：《产业集群知识转移对创新的影响及组织能力调节作用的研究》，《中国软科学》2006年增刊。

[41] 姜明辉、牛晓妹：《政府在区域创新网络中的角色定位》，《学习与探索》2005年第4期。

[42] 蒋庆琅：《随机过程原理与生命科学模型》，上海翻译出版公司1987年版。

[43] 姜照华、李桂霞：《产学研联合：科技向生产力的直接转化》，《科学学研究》1994年第1期。

[44] 姜沁池：《产业集群的形成和成长机理研究》，硕士学位论文，北京交通大学，2007年。

[45] 姜晓婧：《基于创新网络的企业合作问题研究》，硕士学位论

文，西安建筑科技大学，2006 年。
[46] 刘友金：《中小企业集群式创新研究》，博士学位论文，哈尔滨工程大学，2002 年。
[47] 李君华、彭玉兰：《基于全球供应链的产业集群的竞争优势分析》，《经济理论与经济管理》2002 年第 7 期。
[48] 李廉水：《论产学研合作创新的利益分配机制》，《软科学》1997 年第 2 期。
[49] 李新安：《产业集群合作创新自增强机制的博弈分析》，《经济经纬》2005 年第 3 期。
[50] 刘磊、李梦奇、綦振法：《产业集群内企业合作创新行为的博弈分析》，《山东理工大学学报》2008 年第 5 期。
[51] 雷静、潘杰义：《企业合作创新战略模式选择的博弈分析》，《情报杂志》2009 年第 5 期。
[52] 林洁：《产业集群内企业合作创新的动态博弈分析》，《技术经济与管理研究》2010 年第 1 期。
[53] 李平：《复杂网络的动力学行为研究》，博士学位论文，电子科技大学，2009 年。
[54] 李志刚：《基于网络结构的产业集群创新机制和创新绩效研究》，博士学位论文，中国科学技术大学，2007 年。
[55] 李亚军、陈柳钦：《产业集群的创新特征及其创新效应分析》，《产经透视》2007 年第 1 期。
[56] 罗伟、连燕华、方新：《技术创新与政府政策》，人民出版社 1996 年版。
[57] 廖文琛：《基于产业集群的创新网络研究》，硕士学位论文，福建师范大学，2006 年。
[58] 李缨：《发展产业集群的几个战略问题》，《经济论坛》2004 年第 5 期。
[59] 刘晓斌：《专业化分工与市场中介组织的形成与演进机理分析》，《软科学》2009 年第 3 期。
[60] 李金华、孙东川：《创新网络的演化模型》，《科学研究》2006 年第 2 期。

[61] 李金华:《非正式创新网络的演化模型》,《科技管理研究》2007年第9期。

[62] 李勇、屠梅曾、史占中:《企业集群创新网络动态演化模型》,《系统工程理论方法应用》2006年第4期。

[63] 梁孟荣:《基于社会网络结构的产业集群技术创新研究》,硕士学位论文,南京航空航天大学,2007年。

[64] 罗炜、唐元虎:《大学—企业合作创新的博弈分析》,《系统工程》2002年第1期。

[65] 李京文、任伶:《通过合作创新提升企业核心能力的模式研究》,《经济纵横》2009年第4期。

[66] 刘杨根:《产业集群企业合作创新机制研究》,《经济研究导刊》2008年第9期。

[67] 李新安:《产业集群合作创新优势的演变机制研究》,《科技进步与对策》2007年第2期。

[68] 李新春:《高新技术创新网络——美国硅谷与128号公路的比较》,《中外科技信息》2000年第1期。

[69] 李新春:《企业联盟与网络》,广东人民出版社2000年版。

[70] 李钟文:《硅谷优势——创新与创业精神的栖息地》,人民出版社2002年版。

[71] 刘慧:《集群创新网络内的企业学习研究》,硕士学位论文,浙江大学,2003年。

[72] 刘军:《社会网络分析导论》,社会科学文献出版社2004年版。

[73] 林聚任:《论社会网络分析的结构观》,《山东大学学报》2008年第5期。

[74] 刘荣、汪克夷:《企业合作创新风险的多层次模糊综合评价模型及应用》,《科技与管理》2009年第4期。

[75] [英]马歇尔:《经济学原理》,商务印书馆1997年版。

[76] 迈克尔·波特:《国家竞争优势》,李明轩等译,华夏出版社2002年版。

[77] 孟韬、史达:《论产业集群的信任机制》,《社会科学辑刊》2006年第2期。

[78] 孟华兴、赵瑞君:《产业集群中的信任问题研究》,《北京工商大学学报》2007年第4期。

[79] 聂泳祥:《产业集群的合作博弈性质和形成机制——企业家合作能力的分析视角》,《中南财经政法大学学报》2008年第3期。

[80] 宁钟:《国外创新与空间集群理论评述》,《经济学动态》2001年第3期。

[81] 皮星:《基于补缺联盟的生物制药企业技术合作创新模式》,《重庆工学院学报》2009年第5期。

[82] 潘志杰:《高技术集群企业创新网络机制研究》,博士学位论文,辽宁大学,2008年。

[83] 全笑蕾、孙庆波:《集群学习机制研究》,《上海商学院学报》2006年第12期。

[84] 苏敬勤、王延章:《合作技术创新理论及机制研究》,大连理工大学出版社2002年版。

[85] 沈静、蔡建峰、曾令炜:《企业合作创新过程中知识转移影响因素及机制研究》,《科技进步与对策》2009年第8期。

[86] 孙运建:《中小企业集群创新网络发展研究》,硕士学位论文,四川大学,2007年。

[87] [美]萨克森宁:《地区优势:硅谷和128公路地区的文化与竞争》,上海远东出版社1999年版。

[88] 史占中:《企业战略联盟》,上海财经大学出版社2001年版。

[89] 盛亚、范栋梁:《结构洞分类理论及其在创新网络中的应用》,《科学学研究》2009年第9期。

[90] 沈静、蔡建峰、曾令炜:《企业合作创新过程中知识转移影响因素及机制研究》,《科技进步与对策》2009年第8期。

[91] 谭文柱:《产业集群的机理研究》,硕士学位论文西南交通大学,2003年。

[92] 谈正达:《基于信任和知识共享的产业集群创新机制研究》,硕士学位论文,东南大学,2006年。

[93] 童昕、王辑慈:《全球化背景下的区域创新网络》,《中国软科学》2000年第9期。

[94] 魏江、顾强等：《中国产业集群发展报告》，机械工业出版社 2009 年版。

[95] 魏江：《企业技术能力论——技术创新的一个新视角》，科学出版社 2002 年版。

[96] 魏江：《产业集群：创新系统与技术学习》，科学出版社 2003 年版。

[97] 魏江：《小企业集群创新网络的知识溢出效应分析》，《科研管理》2003 年第 4 期。

[98] 王辑慈：《创新的空间——企业集群与区域发展》，北京大学出版社 2001 年版。

[99] 王志敏：《从集聚到集群：产业集群形成机制分析》，《企业经济》2007 年第 2 期。

[100] 魏守华、王辑慈、赵雅沁：《产业集群：新型区域经济发展理论》，《经济经纬》2002 年第 2 期。

[101] 王珺：《衍生型集群：珠江三角洲西岸地区产业集群生产机制研究》，《管理世界》2005 年第 8 期。

[102] 王燕：《物流产业集群创新机制形成的影响因素分析》，《中国流通经济》2009 年第 7 期。

[103] 王笑君、朱强：《论产学研联合技术创新风险承担的合理性》，《软科学》2001 年第 4 期。

[104] 王小帆、李翔、陈关荣：《复杂网络理路及其应用》，清华大学出版社 2006 年版。

[105] 魏江：《企业集群发展面临的问题和对策》，《科技进步与对策》2005 年第 2 期。

[106] 王春晓、和丕禅：《信任、契约与规制：集群内企业间信任机制动态变迁研究》，《中国农业大学学报》（社会科学版）2003 年第 2 期。

[107] 王小丽：《信任机制下的产业集群创新网络构建策略》，《企业经济》2008 年第 1 期。

[108] 王甲：《基于复杂网络的产业集群创新网络结构与演化研究》，硕士学位论文，北京工业大学，2009 年。

[109] 王洋:《基于产业集群视角下钢铁产业创新网络的研究》,硕士学位论文,北京交通大学,2008 年第 6 期。

[110] 王大洲:《企业创新网络的进化与治理:一个文献综述》,《科研管理》2001 年第 5 期。

[111] 王大洲:《高技术产业创新的治理——美国硅谷的创新网络及其启示》,《决策借鉴》2001 年第 8 期。

[112] 王怡:《高新技术企业合作创新网络的风险管理机制研究》,硕士学位论文,中国海洋大学,2008 年。

[113] 王凯:《中卫型企业集群的互动学习与分层耦合创新研究》,《科技进步与对策》2010 年第 2 期。

[114] 吴友军:《集群学习与产业集群创新》,《科技管理研究》2010 年第 8 期。

[115] 许继琴:《产业集群与区域创新系统》,经济科学出版社 2006 年版。

[116] 许继琴:《企业技术创新途径选择》,《中国科技论坛》2005 年第 1 期。

[117] 徐涛、张昭华:《高技术产业集群的信任与声誉机制研究》,《当代经济管理》2008 年第 8 期。

[118] 夏若江、吴宇茜、谢威炜:《基于共性技术的产业集群合作创新机制研究》,《科技管理研究》2007 年第 6 期。

[119] 徐盟:《产业集群内创新网络运行机制研究》,博士学位论文,山东大学,2009 年。

[120] 谢冰:《软件产业集群创新网络研究》,硕士学位论文,华中师范大学,2007 年。

[121] 杨冬梅、陈柳钦:《基于产业集群的区域创新体系构建》,《科学学与科学技术管理》2005 年第 10 期。

[122] 俞文华:《美国高技术产业区产业群模式及其优势来源分析》,《国土开发与整治》1998 年第 2 期。

[123] 亚当·斯密:《国民财富的性质和原因的研究》,郭大力、王亚南译,商务印书馆 1981 年版。

[124] 杨小凯、黄有光:《专业化与经济组织—一种新兴古典微观经济

学框架》，经济科学出版社 1999 年版。

[125] 叶建亮：《知识溢出与企业集群》，《经济科学》2001 年第 3 期。

[126] 叶华光：《横向产业集群形成的动力机制研究》，《科技和产业》2009 年第 8 期。

[127] 约瑟夫·熊彼特：《经济发展理论》，商务印书馆 1990 年版。

[128] 叶敏：《组织中社会关系网络对员工道德行为的影响研究》，《现代管理科学》2006 年第 7 期。

[129] 杨荣基、彼得罗相、李颂志：《动态合作——尖端博弈论》，中国市场出版社 2007 年版。

[130] 闫俊周：《物流产业集群信任机制博弈分析》，《商业经济与管理》2009 年第 8 期。

[131] 张米尔、武春友：《产学研合作创新的交易费用》，《科学学研究》2001 年第 1 期。

[132] 周竺、黄瑞华：《产学研合作中的知识产权冲突及协调》，《研究与发展管理》2004 年第 1 期。

[133] 张奇、张志刚、王晓蓬：《基于技术许可的校企合作创新博弈模型构建研究》，《科学学研究》2009 年第 6 期。

[134] 章忠志：《复杂网络的演化模型研究》，博士学位论文，大连理工大学，2006 年。

[135] 张新年、达庆利：《基于循环经济视角的产业集群规模和阈值研究》，《南京航空航天大学学报》2008 年第 2 期。

[136] 朱明礼：《企业集群最优规模——基于俱乐部理论的研究》，《全国商情》《经济理论研究》2007 年第 1 期。

[137] 张华、席酉民：《从结构到内容——社会网络理论中主要研究问题的讨论》，第四届中国社会网及关系管理研讨会，2008 年。

[138] 左健民：《产学研合作的动力机制研究》，《学海》2002 年第 6 期。

[139] 朱涛：《产业集群内企业之间合作创新的理论分析》，《经济经纬》2007 年第 3 期。

［140］祖廷勋、张云虎、陈天仁、罗光宏：《产学研合作创新的动力机制——基于新制度经济学层面的分析》，《河西学院学报》2006年第1期。

［141］周赵丹、刘景江、许庆瑞：《合作创新形式的研究》，《自然辩证法通讯》2003年第5期。

［142］朱桂龙、彭有福：《产学研合作创新网络组织模式及其运作机制研究》，《软科学》2003年第4期。

［143］周静珍、万玉刚、高静：《产学研合作创新的权交模式》，《经济师》2005年第3期。

［144］周荣辅、单莹洁、吴玉文：《合作创新中的"囚徒困境"及其防范机制》，《科技管理研究》2009年第5期。

［145］周泯非、魏江：《产业集群创新能力的概念、要素与构建研究》，《外国经济与管理》2009年第9期。

［146］张阁：《产业集群竞合行为及竞争力提升研究》，硕士学位论文，西安科技大学，2009年。

［147］赵涤非：《产业集群的内在机理和发展模式分析》，博士学位论文，沈阳农业大学，2004年。

［148］张四海：《基于社会网络和博弈论的合作理论研究》，博士学位论文，中国科学技术大学，2006年。

［149］张靖：《集群学习与集群创新发展》，《科技管理研究》2010年第19期。

［150］Anthony J. Venables, "Cities and Trade: External Trade and Internal Geography in Developing Economies", *Working Paper*, 2000.

［151］Aspremont, Claude and Jacquemin, Alexis, "Cooperative and Non–cooperative R&D in Duopoly with Spillovers: Erratum", *Americal Economic Review*, 80, 641–642, June 1990.

［152］Abramson G., Kuperman M., "Social Games in A Social Network", *Physical Review E*, 63 (3): 9–11, 2001.

［153］A. L. Barabaasi and R. Albert, "Emergence of Scaling in Random Networks", *Science*, 286: 509–512, 1999.

［154］A. L. Barabaasi, R. Albert and Jeong H., "Mean–field Theory of scale – free Random Networks", *Physica A*, 272: 173 – 187, 1999.

[155] Branstetter, Lee and Sakakibara, Marik, "Japanese Research Consortia: A Microeconometric Analysis of Industrial Policy", *The Joural of Industrial Economics*, Vol. XLVI, No. 2, June 1998.

[156] Bernhard Dachs, Bernd Ebersberger and Hans Loof, "The Innovative Performance of Foreign – owned Enterprises in Small Open Economics", *The Journal of Technology Transfer*, 33 (4): 393 – 406, 2008.

[157] Börgers, T. and R. Sarin, "Learning Through Reinforcement and Replicator Dynamics", *Journal of Economic Theory*, 77: 1 – 14, 1997.

[158] Barney J., "Firm Resources and Sustained Competitive Advantage", *Journal of Management*, (17): 99 – 120, 1991.

[159] Burt R. S., *Structural Holes: The Social Structure of Competition*, America: Harvard University Press, 1992.

[160] Bellman, R., *Dynamic Programming*, Princeton: Princeton University Press, 1957.

[161] Baldmin, R. E., "Agglomeraton and Endogeneous Capital", *European Economic Review*, 43: 253 – 280, 1999.

[162] Challet D., Zhang Y. C., "Emergence of Cooperation and Organization in An Evolutionary Game", *Physica A*, 246 (3 – 4): 407 – 418, 1997.

[163] Catherine Beaudry and Peter Swarm, "Growth in Industrial Cluster: A Bird's Eye View of the United Kingdom", SIEPR Discussion Paper, No30 – 38, 2001.

[164] Baraczyk H., Cooke P. and Heidenreich R. (eds.), *Regional Innovation Systems*, London: University of London Press, 1996.

[165] Cyert, Richard M. and Goodman, Paul S., "Creating Effictive University Industry Alliances: An Organizational Learning Perspective", *Organizational Dynamics Spring*, 20 – 25, 1997.

[166] Christakis, N. , "Social Networks and Collateral Health Effects", *BMJ*, 329 (7459), 184 - 185, 2004.

[167] D. J. Watts and S. H. Strogatz, "Collective Dynamics of 'small - world' Networks", *Nature*, 393: 440 - 442, 1998.

[168] Doebeli M. , Hauert C. , "Models of Cooperation Based on the Prisoner's Dilemma and the Nowdrift Game", *Ecology Letters*, 8 (7): 748 - 766, 2005.

[169] D. W. Pearson, Albert. P. , Besombes. B. , et al. , "Modeling Enterprise Networks: A Master Quation Approach", *European Journal of Operational Research*, (3): 663 - 670, 2002.

[170] Dyer, Linda & Ross, Christopher, "Customer Communication and the Small Ethnic Firm", *Journal of Developmental Entrepreneurship*, 8 (1): 19 - 40, 2003.

[171] Dunning John H. , "Towards an Interdisciplinary Explanation of International Production", *The Theory of Transaction Corporations*, 1993.

[172] Etzkowitz Henry, Leydesdorff Loe, "The Dynamics of Innovation: From National Systems and 'Mode 2' to a Triple Helix of University - industry - government Relation", *Research Policy*, (2): 109 - 123, 2000.

[173] Etzkowitz Henry, Loet Leydesdorff, "The Triple Helix of University - industry - government Relations: A Laboratory for Knowledge - based Economic Development", *EASST Review*, (1): 14 - 19, 1995.

[174] Erdos P. , Renyi A. , "On the Evolution of Random Graphs", *Publications of the Mathematical Institute of the Hungarian Academy of Sciences*, 5: 17 - 61, 1960.

[175] E. Lieberman, C. Hauert, and M. A. , Nowak, "Evolutionary Dynamics On Graphs", *Nature*, 433, 312, 2005.

[176] Foster, D. , and P. Young, "Stochastic Evolutionary Game Dynamics", *Theoretical Population Biology*, 38: 219 - 232, 1990.

[177] Fudenberg, D. and C. Harris, "Evolutionary Dynamics with Aggre-

gate Shocks", *Journal of Economic Theory*, 57: 420 – 441, 1992.

[178] Fu F., Liu L. H., Wang L., "Evolutionary Prisoner's Dilemma on Heterogeneous Newman – Watts Small – world Network", *European Physical Journal B*, 56 (4): 367 – 372, 2007.

[179] Freeman, L., "The Development of Social Network Analysis: A Study in the Sociology of Science", *Empirical Press, Vancouver, BC*, 2004.

[180] Friedman J. W., *Game Theory with Application to Economics*, Oxford: Oxford University Press, 1986.

[181] Junfu Zhang, "Growing Silicon Valley on a Landscape: An Agent – based Approach to High – tech Industrial Clusters", *J Evol Econ*, 13: 529 – 548, 2003.

[182] Grant R. M., "The Resource – based Theory of Competitive Advantage: Implications for Strategy Formulation", *California Management Review*, (33): 114 – 135, 1991.

[183] Granovetter M., "The Strength of Weak Ties", *American Journal of Sociology*, (78): 1360 – 1380, 1973.

[184] Grabher, G., *The Embedded Firm: On the Socioeconomics of Industrial Networks*, London and New York: Routledge, 1993, p. 255 – 277.

[185] Gomez – Gardenes J., Campillo M., Floria L. M., etc., "Dynamical Organization of Cooperation in Complex Topologies", *Physical Review LeRers*, 98 (10): 103 – 108, 2007.

[186] Gill, P., Swartz, T., "Bayesian Analysis of Directed Graphs Data with Applications to Social Networks", *Roy. Stat. Soc. C – App. Stat*, 53, 249 – 260, 2004.

[187] Henry G. Overman, Stephen Redding, and Anthony J. Venabtes, "The Economic Geography of Trade, Production and Income: A Survey of Empiries", *NBER, Working Paper*, 2001.

[188] Handcock, M., "Assessing Degeneracy in Statistical Models of Social Networks", *Center for Statistics and Social Sciences, University*

of Washington, Seattle, 2003.

[189] Henderson, J. V. , "Marshall's Scale Economies", *Journal of Urban Economics*, 53: 1 – 28, 2003.

[190] Halina Kwasnicka, Witold Kwasnicki, "Evolutionary Modeling and Industrial Structure Emergence", http://kwasnicki.prawo.uni.wroc.pl/todownload/HandbookHK&WK.pdf.

[191] Ingham, Marc and Mothe, Caroline, "How to Learn in R&D Partnerships?", *R&D Management*, 28: 4, 1998.

[192] J - Vernon Hendersm, Zmarak Shalizi, and Anthony J. Venables, "Geography and Development", *NBER, Working Paper*, 2001.

[193] Jorge Alves, Maria JoséMarques, Irina Saur and Pedro Marques, "Creativity and Innovation through Multidisciplinary and Multisectoral Cooperation", *Creativity and Innovation Management*, 16 (1): 4 – 6, 2007.

[194] Krugaman P. , *Geography and Trade*, Canbridge, Mass: MIT Press, 1991.

[195] Kandori, M. G. Mailath, and R. Rob, "Learning, Mutation, and Long - run Equilibria in Games", *Econometrica*, 61: 29 – 56, 1993.

[196] Kim B. J. , Tmsina A. , Holme P. , etc. , "Dynamic Instabilities Induced by Asymmetric Influence: Prisoners Dilemma Game in Small World Networks", *Physical Review E*, 2002, 66 (2): 021907.

[197] Lindholm Dahlstrand, "Technology - based SMES in the Goteborg Region: Their Origin and Interaction with Universities and Large Firms", *Regional Studies*, 33 (4): 379 – 389, 1999.

[198] Langer P. , Nowak M. A. , Hauert C. , "Spatial Invasion of Cooperation", *Journal of Theoretical Biology*, 250 (4): 636 – 643, 2008.

[199] Lin, Nan, *Social Capital: Theory of Social Structure and Action*, Cambridge: Cambridge University Press. 2001.

[200] Maynard Smith, J. and G. R. Price, "The Logic of Animal Con-

flict", *Nature*, 246: 15 – 18, 1973.

[201] M. A. Nowak and R. M. May, "Evolutionary Games and Spatial Chaos", *Nature*, 359: 824 – 827, 1992.

[202] M. A. Nowak and R. M. May, "The Spatial Dilemmas of Evolution", *Int. J. Bifurcation Chaos*3, 35, 1993.

[203] M. H. Vainstein and J. Arenzon, "Disordered Environments in Spatial Games", *Phys. Rev. E*, 64, 051905, 2001.

[204] Michael Fritsch, Christian Schwirten, "Enterprise – university Cooperation and the Role of Public Research Institution in Regional Innovation Systems", 6: 69 – 83, 1999.

[205] Michel Grabisch, Agnieszka Rusinowska, "A Model of Influence in a Social Network", *Theory Dec*, 2008.

[206] Newman M. E. J., Watts D. J., "Scaling and Percolation in the Small – world Network Model", *Physical Review E*, 60: 7332 – 7342, 1999.

[207] Newman M. E. J., Watts D. J., "Renormalization Group Analysis of the Small – world Metwork Model", *Physics. Letters. A*, 263: 341 – 436, 1999.

[208] Nelson R. R., *National Innovation Systems: A Comparatives Analysis*, Oxford: Oxford University Press, 1993.

[209] Nooteboom, B., "Problems and Solutions in Knowledge Transfer", in D. Fornahl and T. Brenner (eds.), *Cooperation, Networks and Institutions in Regional Innovation Systems*, Cheltenham: Edward Elgar, 105 – 125, 2003.

[210] Porter M., "Cluster and New Economics of Compition", *Harvard Business Review*, No. 2: 77 – 90, 1998.

[211] P. Holme, A., Trusina, B. J. Kim, and P. Minnhagen, "Prisoners' Dilemma in Real – world Acquaintance Networks: Spikes and Quasiequilibria Induced by the Interplay between Structure and Dynamics", *Phys. Rev*, E 68, 030901 (R), 2003.

[212] Pontyagin L. S., "On the Theory of Differential Games", *Uspekhi*

Mat. Nauk, 21: 219 - 274, 1966.

[213] R. Axekod and W. D. Hamilton, "The Evolution of Cooperation, Science", 211: 1388 - 1390, 1981.

[214] R. H. Coase, "The Nature of the Firm", *Economica*, 28 - 35, 1937.

[215] Rusinowska, A., *On the Not - preference - based Hoede - Bakker index*. Forthcoming in: Petrosjan, L. A., and Mazalov, V. V. (eds.), Game Theory and Applications, New York: Nova Science Publishers, 2008.

[216] Rusinowska, A., De Swart, H., "Generalizing and Modifying the Hoede - Bakker index. In: De Swart, H., et al. (eds.), Theory and Applications of Relational Structures as Knowledge Instruments", *Springer's Lecture Notes in Artificial Intelligence*, LNAI 4342, *Springer*, p. 60 - 88. 2006.

[217] R. H. Coase, "The Nature of the Firm", *Economica*, P28 - 35, 1937.

[218] Shang L. H., Li X., Wang X. F., "Cooperative Dynamics of Snowdrift Game on Spatial Distance - dependent Small - world Networks", *European Physical Journal B*, 54 (3): 369 - 373, 2006.

[219] Santos F. C., Rodrigues J. F., Pacheco J. M., "Graphtopology Plays a Determinant Role in the Evolution of Cooperation", *Proceedings of the Royal Society B*, 273 (1582): 51 - 55, 2006.

[220] Smilor, Raymond W. and Gibson, David V., "Technology Transfer in Muti - Organizational Environments: The Case of R&D Consortia", *IEEE Transactions on Engineering Management*, Vol. 38, No. 1, February 1991.

[221] Selten, R., " A Note on Evolutionarily Stable Stratifies in Asymmetric Animal Conflicts", *Theoret. Biol*, 84: 93 - 101, 1980.

[222] S. Milgram, "The Small World Problem", *Psychology Today*, 60 (2), 1967.

[223] Taylor, P. D. and L. B. Jonker, "Evolutionarily Stable Strategy and Game Dynamics", *Math Biosci*, 40: 145 – 156, 1987.

[224] Tomassini M., Luthi L., Giacobini M., "Hawks and Doves on Small – world Networks", *Physical Review E*, 73 (1): 016132, 2006.

[225] Tichy G., Clusters: Less Dipensable and More Risky than Ever, *Londan: Pion Limited*, 207 Brondesbury Park, NW25JM, 1998.

[226] Tang C. L., Wang W. X., WU X., etc., "Effects of Average Degree on Cooperation in Networked Evolutionary Game", *European Physical Journal B*, 53 (3): 411 – 415, 2006.

[227] Vukov J., Szolnoki A., "Cooperation in the Noisy Case: Prisoner Dilemma Game on Two Types of Regular Random Graphs", *Physical Review E*, 73 (6): 67 – 103, 2006.

[228] Vukov J., Szolnoki A., "Evolutionary Prisoner's Dilemma Game on Newman – Watts Networks", *Physical Review E*, 77 (2): 026109, 2008.

[229] Vito Albino, Nunzia Carbonara, Ilaria Giannoccaro, "Innovation in Industrial Districts: An Agent-based Simulation Model", *Int. J. Production Economics*, 104: 30 – 45, 2006.

[230] Wernerfelt B., "A Resource – based View of the Firm", *Strategic Management Journal*, (5): 171 – 180, 1984.

[231] Wang W. X., Ren J., Chen G. R., etc., "Memory – based Snowdrift Game on Networks", *Physical Review E*, 74 (5): 056113, 2006.

[232] Witold Kwasnicki, Halina Kwasnicka, "Market, Innovation, Competition: An Evolutionary Model of Industrial Dynamics", *Journal of Economic Behavior and Organization*, 19: 343 – 368, 1992.

[233] Willianmson O. E., *The Economic Institutions of Capitalism*, New York: Free Press, 1985: 68.

[234] Xu C., Hui P. M., Zheng D. F., "Networking Effects on Evolutionary Snowdrift Game in Networks with Fixed Degrees", *Physica*

A, 385 (2): 773 – 780, 2007.

[235] Zhong L. X., Zheng D. F., Zheng B., etc., "Networking Effects on Cooperation in Evolutionary snowdrift Game", *Europhysics Letters*, 76 (4): 724 – 730, 2006.

[236] Ziss, Steffen, "Strategic R&D With Spillovers, Collusion and Welfane", *The Journal of Industrial Economies*, 1994.

后　记

本书是在导师范如国教授的悉心指导下完成的，在这里，谨向我的导师范如国教授致以衷心的感谢。回首在武汉大学三年的博士生涯，感谢范教授给了我攻读博士研究生的机会，给我提供自由宽松的科研环境，无私提供科研学习的各种相关信息。范教授渊博的学识、严谨的治学态度、对学术敏锐的洞察力和乐观的为人使我受益匪浅，非常感谢他在学习和生活上给予我的极大关怀。同时，在参与范如国教授的国家社会科学基金项目（07BJY007）与其书稿《博弈论》的研究与编写的过程中，本人收获颇多，本书的研究内容中也体现和引用了其中的部分研究成果。

感谢武汉大学经济与管理学院管理科学与工程专业的各位导师在科研上给予本人的指导与照顾，他们是徐绪松教授、王先甲教授、柳瑞禹教授、徐莉教授、郑君君教授，在此，我对他们致以最真挚的感谢。

感谢师兄张鹏飞，在与师兄共同参与导师范如国教授的国家社会科学基金项目过程中，张师兄给予本人很多的指导，本书的理论研究内容中也有涉及张师兄的研究成果。同时感谢师妹蔡海霞、张宏娟、李丹、黎玉英、王莉莉、刘畅，师弟许烨、韩振威，与他们的交流和探讨，对本书提供了许多的帮助与建议。

感谢我的家人以及我的朋友们对我的支持与鼓励，你们的支持给了我在博士生涯的学习与科学研究过程中源源不断的动力。还有许多给予我帮助和支持而没有在这里提及的人，在此一并予以感谢！

李星
2011年6月